대박꿈풀이사전

내일의 운명을 밝혀주는

대박

꿈풀이사전 夢

송순 엮음 | 엄원섭 역학강사 감수

백만문화사

■ 엮은이 **송순**

엮은이 송순은 1939년 서울에서 출생, 중앙대학교 경제과를 졸업하였다. 한글학회, 동아출판사, 삼성출판사, 중앙일보 등에서 20여 년 동안 좋은 책 만들기에 전념해 왔으며, 최근에는 역학연구에 전념하고 있다. 역서로는 〈산업공학용어사전〉, 〈사랑을 위해 죽다〉, 〈죄와 벌〉, 〈검은 고양이〉, 〈고객관리 노하우〉 등 다수가 있다.

■ 감수자 **엄원섭**

감수자 엄원섭은 충남 서산에서 출생, 한국외환은행 외자부장 대리와 한국수출입은행 금융부차장을 역임했으며, 영국 버클레이 뱅크에서 국제 금융업무 연수를 마쳤다. 기업경영지도사(재무)국가 자격을 취득했으며, 중앙일보 부설 중앙문화센터 역학강사, 한국 수상학회 회장을 역임하기도 했다. 일간스포츠, 스포츠서울 등에서 칼럼니스트로 활동했으며, 20여 년간 서양수상학을 연구하였다. 저서로는 〈신통수상술 대전〉, 〈신비의 손금〉, 〈인생 108수〉, 〈복 있는 이름짓기 사전〉, 〈손금 좀 봅시다〉 등 다수가 있다.
☎ 연락처 : 02-2254-4358

대박 꿈풀이사전

3판 1쇄 발행 | 2021년 12월 15일
3판 2쇄 발행 | 2024년 5월 20일

엮은이 | 송 순
감수자 | 엄원섭 역학강사
펴낸이 | 이현순

펴낸곳 | 백만문화사
주소 | 서울특별시 마포구 토정로 214
전화 | (02)325 – 5176
팩스 | (02)323 – 7633
신고번호 | 제2013-000126호
전자우편 | bmbooks@naver.com
홈페이지 | www.bm-books.com
Copyright ⓒ 2021 by BAEKMAN Publishing Co.
Printed & Manufactured in Seoul, Korea

ISBN 979-11-89272-27-2
값 25,000원

* 잘못된 책은 바꾸어 드립니다.

감수자의 한마디

그리스 철학자 아리스토텔레스의 설에 의하면 "꿈이란 신으로부터 보내지는 것도 아니고 신령적인 성질의 것도 아니다. 요컨대 초자연적인 계시에서 비롯되는 것도 아니다. 인간 정신(인성은 신성을 갖고 있다)의 법칙들로부터 비롯되는 것이다."

라고 정의하고 있습니다.

꿈은 사람이 자고 있는 동안의 정신적 활동이라고 하여 심리학의 연구 대상으로 남아 있습니다. 이런 꿈에 관한 내용을 금번 책으로 엮어 백만문화사에서 책을 펴냄에 있어 감수자는 다음과 같이 책의 내용을 조감하여 제현에게 알기 쉽게 설명하고자 합니다.

시중에는 꿈에 대한 수많은 책과 연구 기록들이 존재합니다. 모두 거의 비슷비슷한 내용들입니다. 꿈이란 한정된 소재이기 때문이기도 하지만 연구가 한계에 있기 때문에 거의 비슷한 내용들이라 사료됩니다.

그런데 이번 책자에는 특이한 내용이 보입니다. 일반적인 꿈풀이에 더하여 주택은행의 복권 사업과 관련하여 주택복권 당첨에 얽힌 재미있는 꿈들이 적나라하게 우리들의 흥미를 유발시키며 나아가 꿈을 복권과 연관하여 일확천금 횡재의 부푼 꿈에 불을 당기기에 충분합니다.

독자들은 평소 부의 열망과 꿈의 해석에 있어 궁금한 점과 복권 당첨의 꿈의 형태는 어떤 것인지 살펴 자신의 진짜 현실의 꿈을 실현하는 데 일조할 수 있으리라 믿습니다.

태몽에 관한 꿈도 뜻이 있습니다.

옛 문헌인 성경에도 수없이 꿈의 기록들이 산견됩니다.

일곱 마리 살찐 소와 마흔 마리 소의 꿈 이야기와 이의 해몽 등 다양한 꿈풀이가 등장합니다.

미루어 보건대 꿈은 마냥 헛된 것만은 아니고 우리의 미래나 앞으로 전개되는 개인이나 사회 국가의 장래가 담겨 있는 중요한 내용들도 포함되어 있습니다.

이 꿈풀이 책을 통하여 궁금증도 풀고 나아가 개인의 희망인 부자의 꿈도 성취하기를 감수자는 희망합니다.

머 리 말

당신은 어젯밤 어떤 꿈을 꾸었습니까?

꿈이란 즐거운꿈 · 슬픈꿈 · 무서운꿈 · 행복한꿈 등 여러 가지가 있습니다. 그러나 꿈이란 잠자는 동안의 단순한 심리 현상에 불과하다고 무심히 흘려 버리지는 않는지요?

그런 꿈에도 당신이 모르는 '비밀의 미래'가 숨겨져 있기 때문에 내일의 일도 먼 미래의 일도 정확히 어드바이스해 줄 것입니다.

꿈에는 당신만이 간직한 비밀의 바람이 적나라하게 나타나므로 중요한 측면과 중요한 포인트가 있습니다.

즉 영몽이라든지 예지몽이라든지 경고몽이라는 영적인 내용을 포함한 꿈도 많습니다. 이른바 꿈이란 과거 · 현재 · 미래라는 시공을 초월한 당신 자신의 '영혼의 여행'이라 할 수 있습니다. 꿈 속에는 4차원의 세계와 영계에서 보낸 메시지가 숨겨져 있다고 할 수 있습니다. 이 책에서는 보다 정확하게 꿈풀이를 하기 위해 사람에 관한 꿈에서 복권당첨에 관한 꿈까지 획기적인 내용으로 꾸며졌습니다. 이 책을 통해서 독자 여러분의 과거와 미래를 예견하여 보다 충실한 삶을 살아가길 바랍니다.

차 례

꿈이란 무엇인가

1. 꿈의 정의

고대인들은 꿈을 대단히 중요시하였다. 꿈은 곧 신의 계시와 같다고 생각하여 미래에 일어날 일을 예언하는 것이라고 믿었다. 고대 이집트의 12대 왕조(BC1991~1786) 때 이미 꿈을 해석한 기록이 발견되었고 고대 그리스의 서사시 <일리아스>에는 아가멤논의 꿈에 제우스의 사자가 나타나 앞으로 해야 할 일을 가르쳐 주었다는 기록이 있고 아시리아의 옛 도읍지 니네베의 유적지에서 고대 바빌로니아의 해몽서가 발견되기도 했다. 특히 <성서>에 나와 있는 파라오 왕(王)의 꿈에 대한 요셉의 해석과 <창세기> 편에 있는 야곱의 꿈은 유명하다. 서양뿐 아니라 고대 중국 이를테면 송나라 때 백과사전격인 <태평어람>이나 <신집 주공 해몽서(新集 周公 解夢書)> 등에 꿈에 대한 정의와 해설이 나와 있고 우리 나라에도 <삼국유사>에 신라의 김유신 장군의 누이인 보희(寶姬)가 어느 날 높은 곳에 올라가 소변을 보았는데 그 물이 온 나라에 가득 차 보이는 꿈을 꾸었으므로 너무 이상하여 동생인 문희(文姬)에게 꿈 이야기를 하였더니 문희가 그 꿈을 사서 마침내 김춘추(훗날 태종 무열왕)와 결혼하게 되어 왕후가 되었다. 이뿐만 아니라 꿈에 관한 수많은 일화들이 고려, 조선시대에도 전해지고 있다.

2. 꿈의 연구

지금까지 서양에서 꿈에 관한 연구로써 업적을 남긴 사람으로서는 아르테미도로스를 비롯하여 오스트리아의 정신의학자 프로이트(Freud. S. 1856~1939년)와 스위스의 정신의학자 융(Jung. C. G. 1875~1961년)을 들 수 있다.

아르테미도로스는 서기 2세기 그리스의 해몽가이다. 그는 꿈에 관한 자료를 수집하기 위하여 자기 나라뿐 아니라 이탈리아 에게해(海)의 여러 섬을 찾아다니며 꿈에 관한 이야기들을 수집했다. 그의 저서에는 꿈의 이론과 함께 풍부한 실제 예들이 들어 있다. 태몽과 죽음의 예지몽(豫知夢)·성생활·농업·국가·조직 사회·신에 관한 사항 등 많은 항목이 들어 있으며 특히 꿈과 성욕의 관계에 대해서도 설명되어 있다.

꿈은 억눌린 섹스에 대한 욕망·소망과 관련이 깊다는 것은 이미 오래 전부터 전해 오는 이야기이지만 이를 본격적으로 연구하여 <꿈 해석>이라는 명저를 저술하고 꿈에 관하여 최초로 체계를 세워 학설로서 확립한 이가 프로이트였다.

그의 학설에 의하면 꿈이란 마음속 깊이 간직되어 있으면서도 겉으로는 드러내지 않는 무의식이 나타나는 현상이다. 따라서 꿈을 분석하여 해몽하는 일은 그 사람의 무의식을 알아내는 지름길이라고 생각했다. 꿈을 꾸는 것은 평소에 억눌린 리비도(욕망·소망)를 변태적으로 드러내어 충족하는 데 있다. 이를테면 굶주린 사람이 배불리 밥을 먹는 꿈을 꾼다든지 수험생이 자기가 지망했던 학교의 학생이 되어 있는 꿈을 꾸는 것이다. 그러나 꿈은 꼭 그렇게 단순하게 나타나는 경우는 드물다. 대부분 평소의 마음속 깊이 간직된 욕망·소망이 왜곡되거나 변태되어 나타나기 때문이다. 그의 설명에 의하면 꿈의 대부분은 욕망 특히 섹스에 대한 욕망의 변형으로 남자의 성기는 창·총·지팡이·펜과 같은 뾰족한 도구 또는 뱀·용 같은 동물로 여자의 성기는 구멍이나 동굴·집·문·창문·장롱·트렁크·섬·꽃·조개 등으로 나타나며 또한 성교는 쟁기로 논밭을 간다든지 바다를 헤엄치는 꿈, 자위 콤플렉스는 이가 빠지는 꿈, 어머니에 대한 사랑은 임금을 죽이는 것 같은 꿈으로 나타난다고 한다. 이처럼 프로이트가 꿈이란 과거에 억눌린 소망을 충족하고자 하는 욕구가 있기 때문에 그 결과로 나타난 것이 즉 꿈을 인과(因果) 관계로 본 데 비하여 융(Jung)은 욕구 불만이나 열등감에 빠졌을 때 그 불만이나 결함을 다른 것으로 보충함으로써 보상받으려는 보상 심리가 나타난 것이 꿈이라 하였다. 이를테면 평소에는 아주 얌전하고 소극적인 사람이 꿈속에서는 거칠고 적극적인 행동을 하는 경우를 볼 수 있다. 이는 의식의 상태(현실 세계)에 대하여 무의식의 상태인 꿈에서 보상받으려는 심리의 작용이라 보았다. 이러한 프로이트와 융의 학설은 1세기 동안 확신을 받아 왔으나 현재로는 꿈의 지나친 확대 해석이 비판을 받아 상당한 부분을 수정해야만 했다.

우리 나라에서 꿈에 대한 이론을 세운 이로 조선 영조 때 실학자 성호(星湖) 이익(李瀷)을 들 수 있다. 그는 그의 저서 <성호 사설>의 <몽감론(夢感論)>에서 우리가 꿈을 꾼다는 것은 어떤 외부의 사물이 꿈속으로 들어와서 일러주는 것이 아니라 바로 꿈 꾼 사람 자신의 정신(마음)이 느끼는 감촉에서 생각이 일어나 계속 반복해서 나타나는 현상 (…非彼能入夢與語 卽我精神成觸 思

慮起作如是反復也…)이라고 하였다. 즉 북 치는 소리를 듣고 잠자면 꿈속에서는 북 치며 공격하는 군사에 관한 장면이 나타나고 책 읽는 소리를 들으면 꿈속에서는 문학에 관한 일이 끝없이 나타난다는 것이다. 또한 거북이나 자라 등이 꿈에 나타나 억울함을 호소하는 것은 원한의 기운이 사무쳐 잠자는 사람의 정신에 감촉되는 까닭이라고 하였다. 또 <몽조론(夢兆論)>에서 꿈의 조짐(몽조)은 대개 생각(사상)에서 일어나고 때로는 귀매(도깨비)가 장난으로 만들기도 하는데 귀매는 바로 기(氣)이다. 즉 기(氣)의 작용인데 이 기가 꿈꾸는 사람의 마음을 움직이게 하여 허다한 환상을 만들게 된다고 하였다. 꿈에 대한 이러한 이익의 해석은 세상 만물의 근본 요소인 이기(二氣·음양) 사상에 근거한 것으로 프로이트나 융과는 분명히 다른 이론이다. 일찍이 중국 송나라의 사상가 장자(莊子, BC 365?~290?)는 어느 날 나비가 되어 산천을 훨훨 날아다니는 꿈을 꾸었다. 그는 꿈속에서 자신은 인간이 아니라 나비인 줄로만 알고 있었다. 그러나 문득 눈을 떠보니 자신은 틀림없는 인간이었다. 여기에서 그는 자기가 나비 꿈을 꾼 것인지 아니면 나비가 장자인 자기의 꿈을 꾼 것인지 알 수가 없었다. 그래서 그는 꿈과 현실을 가리켜, "잠잔다는 것은 영혼이 서로 교류하는 것이고, 깨어 있는 상태는 형체가 열려 있는 것이다(其寐也魂交 其覺 也形開)." 라고 하였다.

　여기에서 형체라 함은 사람의 육체 즉 눈·귀·코 등 감각 기관의 문을 가리키며 그 기관이 열려 있다 함은 욕망의 세계로 달린다는 중국 춘추시대 사상가 노자(老子)도 그의 저서 <노자>에서 "그 구멍을 막고 그 문을 닫으면…(塞其兌 開其門…)

　이와 같이 <노자>·<장자>에서도 꿈의 세계와 깨어 있는 세계가 서로 다른 세계임을 가리키고 있다. 이 밖에도 여러 가지 이론이 있다. 그러나 1957년 미국의 시카고대학의 클라이트만(N. Klitman)과 미국의 이 아제린스키(E. Aserinsky) 생리학자들이 우리들의 머리(뇌)에 나오는 미약한 전류의 파장인 뇌파(腦波)를 이용해서 다음과 같은 꿈에 관한 연구 결과를 발표함으로써 꿈 연구의 새 시대가 열렸다.

인간이 잠자는 것은 먼저 꾸벅꾸벅 졸기 시작하거나 스르르 오는 졸음에서 시작된다. 그리고 다음에는 깊은 잠(숙면)에 빠진다. 이 때 뇌파를 검사해 보니 델타파(波)라고 하는 굴곡이 느슨하고 커다란 파장이 나타난다. 그러나 이 현상이 1시간 반쯤 되니 눈동자가 매우 빠르게 움직이는 현상, 즉 렘(REM : rapid eye movement) 단계에 이르는데 이 때에는 우리가 깨어 있을 때와 거의 비슷한 굴곡이 심하고 빠른 베타파(波)라는 파장이 나타난다. 이 렘(REM) 단계는 육체는 잠들고 있는데 두뇌는 깨어 있는 상태와 비슷한 수면 상태이다. 그렇기 때문에 무시무시한 꿈을 꾸게 되면 꿈속에서도 빨리 달아나려고 몸부림을 하고 안간힘을 쓰지만 몸이 뜻대로 움직여 주지 않는다. 우리가 흔히 꿈꾸다가 가위눌려서 몸을 마음대로 움직이지 못하고 답답하여 "음…음…" 하며 신음하다가 꿈을 깨는 경우를 보면 알 수 있다. 때로는 뜻대로 몸이 움직이지 않았으니까 영혼(의식)이 움직이지 않는 육체(몸)를 버리고 밖으로 뛰쳐나간다. 이렇게 함으로써 가위눌린 공포의 꿈에서 벗어나려고 한다. 즉 자신의 영혼(의식·정신)이 자기의 육체(몸)에서 떨어져 나가는 영혼과 육체가 이탈되는 현상이다. 사람은 바로 이때 자기 영혼과 육체(몸과 정신)가 따로 떨어진 것임을 어렴풋이 느낄 수가 있다.

이와 같은 육체는 잠들었어도 영혼(의식)은 깨어 있는 선잠을 자는 것 같은 현상이 20~30분 동안 계속되다가 또다시 깊은 잠에 빠진다. 사람은 누구나 대체로 하룻밤에 깊은 잠을 자다가 얕은 잠(선잠) 자기를 4번 정도 되풀이하면서 아침에 깨어난다고 한다.

이와 같은 두 가지의 수면 현상을 여러 가지로 부르고 있으나 현재는 보통 얕은 잠(선잠)을 '렘(REM) 수면' 깊은 잠(숙면)을 '농렘(Non REM) 수면'이라고 한다. 어쨌든 이러한 실험 결과 꿈은 대체로 렘 수면 동안에 꾸게 된다는 사실이 밝혀졌다.

이 사실을 근거로 해서 클라이트만의 제자인 데멘트(W. C. Dement)는 1960년경 한 실험을 해 보았다. 즉 잠자는 사람이 급속한 눈동자의 운동이 일어날 때(뇌에서 베타파가 나오는 동안)마다 깨워서 꿈을 꾸지 못하게 5일 동안 계속해 보았더니 정신 이상 증세를 보이므로 그 다음에는 마음대로 실컷 자도록 해주었더니 얕은 잠(선잠)의 상태(꿈을 꾸는 상태)가 보통 때보다 더 길어졌다. 이는 그 동안에 꿈을 꾸지 못해서 부족했던 꿈을 채우려고 하는 현상이라고 데멘트는 판단했다. 그리고 그는 반대로 깊은 잠(숙면)을 자는 때(뇌에서 델타파가 나오는 동안) 깨워서 깊은 잠을 자지 못하게 하고 얕은 잠(선잠)을 잘 때에는 잠을 방해하지 않고 내버려두었더니 얕은 잠을 방해했을 때 나타난 정신 이상 증세가 보이지 않았다. 그는 이 실험을 통해서 인간은 꿈꾸는 것을 방해받으면 정신 이상 증세를 보인다는 사실과 함께 꿈꾸는 사람이 그 꿈을 기억하든 못하든 간에 정신 건강을 유지하기 위해서는 인간에게 꿈은 꼭 필요한 것이며 아주 중요한 정신(마음)의 작용임을 밝혀 냈다.

현대 심리학자(초심리 학자)들의 학설에 의하면 꿈속의 초능력은 마음속의 잠재의식(사물을 알고 분별할 수 있는 의식의 밑바닥에 억눌려 있으면서 언제든 의식화하려고 하는 무의식)의 활동과 관계가 깊다고 한다. 잠자는 동안에는 이 잠재 의식의 활동이 활발해진다. 즉 프로이트의 주장과 같이 잠재 의식 가운데 숨겨진 억눌린 욕망이 꿈이 되어 나타난다고 생각했다. 지금까지 대뇌의 구조에 관하여 연구한 결과 대뇌는 가운데에 세로로 홈이 깊게 나 있어 좌우로 나뉘어 있고 각각 다른 정신 활동을 한다. 미국의 캘리포니아 대학의 로저 스페리(Sperry. R) 교수는 오른쪽 뇌와 왼쪽 뇌의 활동이 각각 다름을 연구하여 1981년 노벨 생리학상을 수상했다. 그의 학설에 의하면 왼쪽 뇌는 느낌에 대한 생각이나 이해·판단 등 의식 활동을 하고 이에 대해 오른쪽 뇌는 시간과 공간을 초월한 보고 듣고 느끼는 감각과 직감적인 활동을 한다고 한다. 이를 하루의 생활 리듬에 맞추어 보면 깨어 있는 현실 세계에서는 왼쪽 뇌가 활발하게 활동하고 잠자고 있을 때에는 오른쪽 뇌가 활발하다. 그러므로 꿈이란 오른쪽 뇌가 활발히 활동해서 만들어진 세계이고 우리들의 매일 생활은 의식이 중심이 되어 있으므로 왼쪽 뇌가 만들어 내는 세계라 할 수 있다. 그렇기 때문에 감정적인 활동이나 감각을 가진 오른쪽 뇌의 활동은 평소에는 표면에 드러나 있지 않다.

　　여러분은 주식을 사거나 팔거나 또는 어떤 결정을 내려야 할 때에 주위 사람에게 조언을 구하거나 여러 가지 데이터를 보고 판단하는 것이 보통이다. 그런데 이때 전문가가 여러분에게 여러 가지 데이터나 증거를 내보이면서,

　　"지금 팔면 큰 이득입니다."

하면 자신도 옳다고 생각되지만,

'왠지 마음에 내키지 않아. 어젯밤 꿈자리가 좋지 않아서.'

하고 거부하려고 하였으나 전문가의 간곡한 권고에 못 이겨 팔아 버린다. 이 경우에 "내 마음에 내키지 않는다"는 것은 왼쪽 뇌에서는 그 정보를 "옳다"고 받아들이는데 오른쪽 뇌가 거부하고 있는 것이다. 그러나 마음에 내키지 않은 경우, 즉 꿈자리가 좋지 않은 경우가 흔히 맞는 수가 많다. 나중에야 "역시 그렇구나." 하면서 비로소 팔아 버린 일을 후회하는 일이 흔히 있다.

이와 같이 왼쪽 뇌는 판단 · 사고 등 정신 활동을 맡고 있지만 오른쪽 뇌는 감각 기관으로부터 들어오는 정보로 감각 · 감정을 맡아보며 특히 앞의 일을 순간적인 느낌으로 아는 육감이라는 감각을 가지고 있다. 따라서 보통 때에는 오른쪽 뇌와 왼쪽 뇌의 정보는 서로 교환되지 않는다. 그러나 잠자는 중에는 오른쪽 뇌가 활발하게 활동하게 되고 그 정보가 자연히 왼쪽 뇌로 흘러가게 된다. 물론 이 때에는 오른쪽 뇌와 왼쪽 뇌 사이의 문이 열린 상태가 된다는 것은 두말할 필요도 없다. 즉 잠자는 동안은 좌우의 뇌 사이의 문이 열린 상태라는 말이다. 그렇기 때문에 꿈꾸는 동안에는 오른쪽 뇌가 육감을 통해 받아들인 예측 정보나 순간적으로 반짝 떠오른 정보가 나타나게 마련이다. 이 뇌파는 앞에서 말한 알파 뇌파임은이 틀림없다.

3. 꿈의 종류

우리는 꿈을 해석하는 말로 흔히 어떤 표준을 잡을 수 없는 현실성이 전혀 없는 어수선한 꿈을 <개꿈>이라 하고 꿈에 용을 보았거나 기대한 이상으로 행운이 찾아왔을 때 "용꿈을 꾸었다."고 한다. 이 꿈도 꿈의 종류로 볼 수 있으나 꿈에 나타난 현상이나 조짐(징조)을 해석하여 인간사의 길흉을 판단하는 해몽(解夢)이나 몽점(夢占)에서는 중요시되지 않는다. 대체로 꿈을 크게 나누면 다음 여섯 가지로 나눌 수가 있다.

(1) 현실몽(現實夢)

꿈 세계에서 본 현상들이 그대로 현실에 나타나는 꿈을 말한다. 예를 들면 밖에 눈이 내리는 꿈을 꾸고 깨어 보니 정말로 눈이 내리고 있다든지 부부 싸움을 했는데 그대로 꿈에서도 부부 싸움을 했을 때의 꿈이다. 이 사실이 꿈인가 현실인가 잘 알 수 없을 정도이다. 따라서 이를 반복몽(反復夢)이라고도 할 수 있다.

그러나 여기에서 유의해야 할 점이 있다. 꿈에 돈을 주웠는데 깨어나서 실제로 꿈에 본 그곳으로 가서 돈을 주웠다면 그 꿈은 현실몽이 아니라 정몽(正夢)이다. 또 꿈에서 무슨 일인가 하다가 눈을 뜨고 나서 실제로 무슨 일인가 한 경우는 현실몽이라 할 수가 없다. 이런 경우에는 꿈에서 무슨 일인가 한 일과 실제 한 일이 반대가 되었다면 역몽(逆夢)이 될 것이고 무슨 일인가 한 일의 내용과 눈뜨고 실제로 한 일과 똑같으면 정몽(正夢)이므로 현실몽이라고 할 수가 없음을 알아야 한다.

(2) 조건반응몽(條件反應夢)

어떤 감동을 받거나 자극을 받으면 큰 반응을 보이는 꿈. 이를 테면 가파른 언덕에서 굴러떨어지는 꿈을 꾸었는데 깨어 보니 침 대에서 방바닥으로 떨어져 있는 경우를 말한다. 앞에서 조선 영 조 때 실학자 이익이 말한 꿈 이야기도 여기에 속한다고 할 수 있다.

(3) 정몽(正夢)

사실과 꼭 맞는 꿈을 말한다. 이를테면 돈지갑을 줍는 꿈을 꾸 고 난 뒤 실제로 꿈에서 본 그 자리에 가서 그 돈지갑을 줍는 경 우이다. 오늘 비를 맞는 꿈을 꾸었으니 우산을 가지고 나가는 것 이 좋겠다고 생각하고 우산을 가지고 나가려는데 날씨가 아주 맑 아 그냥 나갔다가 비를 맞는 경우가 정몽이다. 즉 좋은 꿈을 꾸 면 좋은 일이 생기고 나쁜 꿈을 꾸면 나쁜 일이 생기는 꿈을 말 한다.

(4) 역몽(逆夢)

정몽과는 반대로 사실과 반대인 꿈을 말한다. 부산에 갔다가 집으로 돌아온 꿈을 꾸었는데 부산에서 죽게 되었다든지 부산으 로 떠나는 경우 또는 남과 말다툼이나 싸움을 한 꿈을 꾸었는데 실제로는 남과 상담한 일이 잘 된 경우를 말한다.

(5) 영몽(靈夢)

신이나 부처님, 조상이나 죽은 이가 나타나 길흉을 암시하는 신령스러운 꿈. 넓은 뜻으로는 여기에 예지몽(豫知夢)·경고몽(警

告夢)·정몽(正夢) 등이 포함되기도 한다.

(6) 예지몽(豫知夢)

과거나 현재의 일이 꿈속에 나타나는 것이 아니라 앞으로의 일
이 꿈속에 나타나는 예고적인 꿈이다. 예를 들면 똥을 뒤집어쓰
는 꿈을 꾸면 큰돈이 들어온다고 해몽하는 것도 그렇다. 요즈음
은 돈이라 하면 동전이나 지폐를 말하지만 옛날에는 황금이었으
므로 황금과 같은 색깔이므로 황금을 뒤집어쓰는 것과 같다.

4. 꿈 이야기를 분석하면 미래를 알 수 있다

필자뿐 아니라 여러분들도 "예감이 이상하다." "왠지 섬뜩
하다." 하였더니 아닌게아니라 큰 사고가 일어났다든지 언제나
지나다니던 길인데 왠지 모르게 그날따라 이상한 생각이 들어 다
른 길로 돌아갔더니 나중에야 들었지만 그 순간 도시 가스 폭발
이 일어나 수많은 사상자를 냈다는 뉴스에 깜짝 놀랐다든지 또는
"오랜 동안 만나지 못한 친구를 꿈에 만나 이상해서 그 친구에
게 전화를 걸었더니 그 날이 그 친구의 장례식이었다." 하는 실
화를 들었을 것이다. 이러한 사실들이 과연 우연이라고만 할 수
있을까?

한 가지 실례를 들어 보자. 미국의 제16대 대통령 링컨이 1865
년 어느 날 이상한 꿈을 꾸었다. 당시 링컨은 그 유명한 <노예
해방 선언>을 발표하고 4 년간의 수많은 희생을 치른 끝에 남북

전쟁이 끝난 뒤라 전쟁 후의 복구 사업이며 민생고 해결에 동분
서주하느라 그 날도 피로에 지친 몸을 침대에 뉘인 것은 밤도 이
슥한 때였다. 잠드는 동안은 그를 피로와 모든 고민으로부터 해
방시켜 주는 것만 같았다. 그러나 그것도 순간 이상스런 악몽을
꾸었다. 꿈속에서 링컨은 어디선가 슬피 우는 통곡 소리와 민중
들의 흐느끼는 소리에 놀라 그는 침대에서 벌떡 일어나 도대체
슬피 우는 소리가 어디에서 나는가 하고 고개를 갸웃하며 백악관
밖으로 나가려고 동문 쪽으로 발길을 옮기니 놀랍게도 거기에 장
례식 행렬이 줄을 잇고 있는 것이 아닌가. 관 옆에는 호위병들이
지키고 있었다.

"도대체 누가 죽었을까?"

링컨은 호위병 한 사람에게 다가가 물어보자.

"대통령이십니다." 하고 대답을 했다.

"대통령께서 괴한에게 암살당하셨습니다!"

깜짝 놀라 깨 보니 꿈이었다. 링컨은 이 꿈이 너무 이상해 친
구에게 이야기한 지 며칠 후 워싱턴 시 포드 극장에서 남부 출신
배우 부스의 총탄을 맞고 숨을 거두고 말았다.

또 한 예를 들어 보겠다.

오스트리아의 카톨릭의 한 사교(司敎)가 어느 날 밤 이상한 꿈
을 꾸었다.

"나와 나의 아내는 세르비아의 사라예보에서 정치 문제로 희
생이 된다." 하는 내용의 편지를 받는 꿈을 꾸었다. 이 이상한
편지 끝에 서명된 사람은 예전에 자신의 제자였던 오스트리아 황
태자 프랜츠 페르디난트가 아닌가. 그런데 카톨릭 사교를 깜짝

놀라게 한 그 꿈을 꾼 지 10시간 후인 1914년 6월 28일 페르디난트 황태자와 황태자비는 정말 사라예보에서 세르비아의 한 청년이 쏜 총알에 살해당하였다. 이른바 <사라예보 사건>으로 제1차 세계대전의 직접적인 원인이 되었다.

이와 같이 앞으로 일어날 일이 꿈에 나타나 미리 알려주는 예지몽(豫知夢) 즉 꿈자리 몽조(夢兆 : 꿈의 징조)에 대한 이야기는 서양뿐 아니라 우리나라에도 수없이 전해 오고 있다. 현몽(現夢)의 한 예를 들어 보겠다.

조선 초기의 성리학자 점필재 김종직(金宗直 1431~92년)이 여행하는 중 답계역(踏溪驛)에 머물렀을 때 한밤중에 일곱 무늬 옷을 입은 한 신인(神人)이 나타나 "나는 초나라 회왕인데 서초(西楚)의 항우(패왕)에게 살해되어 침강에 던져져 강물 속에 가라앉았소." 하고는 어디론가 사라져 버렸다. 김종직은 깜짝 놀라 문득 눈을 뜨니 꿈이었다.

'회왕이라면 이미 1,500 년 전에 고인이 된 남초(南楚)나라 사람이며 거리가 1만 리가 넘는 곳인데 어찌 내 꿈에 나타난단 말인가? 참으로 이상스러운 일이구나.'

생각하고 역사서를 살펴보았으나 강물에 던졌다는 기록은 어디에도 없었다. 그러나 곰곰 생각해 보니 항우가 남 몰래 밀사를 보내어 회왕의 시신을 강물 속에 내던졌을지도 모른다고 생각하니 문득 세조에게 왕위를 빼앗기고 12살의 어린 나이로 죽음을 당한 단종의 억울함에 생각이 미치자 단종을 항우에게 죽음을 당한 의제에게 빗대어 그 죽음을 슬퍼하고 세조의 왕위 뺏음(찬탈)을 은근히 비난한 글을 지었다. 이것이 이른바 <조의제문(弔儀帝文)>이다. 마침 역사를 기록하는 사관(史官)으로 있던 그의 제자

김일손(金馹孫)이 이 조의제문을 성종실록에 싣고 그 끝에 "김종직이 아직 벼슬하기 전에 꿈을 꾸고 꿈에 감동되어 의제의 죽음에 애도의 뜻을 표하는 글을 짓고, 충의(忠義)에 끓어오르는 분노를 토로하니 보는 사람 누구나 눈물을 흘리다…"는 뜻을 기록하였는데 연산군 초에 성종의 총애를 받았던 김종직·김일손 등 사림파에 불만을 품고 있던 훈구파인 부원군 윤필상·노사신·우의정 한치형·무령군 유자광 등이 그 기록을 문제삼아 들고일어나 마침내 김종직은 부관참시(관을 깨고 시신의 목을 베는 극형)당하고 김일손은 능지처참(도막 쳐서 죽이는 극형)되었으니 꿈과 현실이 일치되는 현실몽이라 할 수 있다. 이처럼 현실과 밀접한 관련을 가지고 있다.

또 한 예를 들어보자.

고려 말의 충신 포은 정몽주의 사당은 영천 땅에 있는데 그 손자 칠휴(七休)가 있을 때였다. 영천(경북 영천시)땅에 이르렀는데 술에 취하여 취기가 올라 졸음이 왔다. 그는 말등에 앉은 채 꾸벅꾸벅 졸며 계속 앞으로 나아갔다. 그런데 비몽사몽간에 꿈속에 백발이 성성한 한 노인이 나타나 "나는 포은인데 지금 있는 거처가 낡아서 비가 새고 찬바람이 들어와 있기가 정말 어렵구나." 하며 애원하는 말투로 호소하는 것이었다. 깜짝 놀라 깨 보니 꿈이었다. 칠휴는 예사로운 꿈이 아니라고 여겨 그곳에 오래 살고 있는 노인을 찾아가 물어 물어서 간신히 포은 정몽주의 사당 터를 알아낼 수가 있었다. 그는 곧 영천 군수에게 일러 사당을 다시 짓게 하여 손수 제사를 올리고 이러한 사실을 써서 사당에 붙여 놓고 두고두고 기리도록 하였다.

조선 초기의 학자 용재(慵齋) 성현(成現 1439~1504)이 지은 조선 초기의 정치·사회·문화면의 귀중한 자료인<용재총화>(권6)에 실린 해몽에 관한 이야기를 들어보자.

　　예전에 선비 세 사람이 과거 시험을 보러 길을 떠났다. 그런데 그날 밤 꿈에 한 사람은 바람에 꽃잎이 떨어지는 꿈을 꾸었고 또 한 사람은 문짝 위에 쑥 다발이 걸려 있는 꿈을 꾸었으며 나머지 한 사람은 들고 있던 거울이 바닥에 떨어지는 꿈을 꾸었다.

　　이들 세 사람은 꿈 이야기를 하며 해몽가를 찾아가 보기로 했다. 그런데 그들이 찾아갔을 때 해몽가는 공교롭게도 출타하고 없고 아들만이 혼자 집을 지키고 있었다. 기다리다 못한 세 사람은 그 아들에게 꿈 이야기를 하고 꿈에 대해 물어보았다. 그 아들은,

　　"세 분 모두 불길한 꿈이므로 뜻을 이루지 못할 것입니다."
하는 것이었다. 마침 이때 해몽가가 돌아와 그 얘기를 듣더니 아들을 크게 꾸짖고 시를 지어 이르기를,

　　"꽃잎이 떨어졌으니 당연히 열매를 맺을 것이오. 쑥 다발(액막이로 문 위에 걸어 놓는 습관이 있었다)이 걸려 있으니 사람이 바라는 바요. 거울이 떨어졌으니 어찌 소리가 나지 않겠는가. 세 사람 모두 이름을 얻을 것이오." 하였다. 과연 세 사람 모두 과거에 급제하였다고 한다.

1. 사람에 관한 꿈

인체

■ 알몸

알몸으로 누워 있는 여자 방에 남자가 들어가는 꿈은?

흔히 남자가 보고 싶을 때 여자가 꾸는 꿈이며 남자가 꾸면 그리워하는 여자도 그리워하고 있다는 예고이다.

자기가 벌거숭이 알몸이 된 꿈은?

경제적으로 곤란한 일을 당하며 주위 사람에게 크게 망신을 당할지 모르는 꿈. 병을 앓고 있는 사람이 이런 꿈을 꾸면 병이 더욱 악화될 것이다.

알몸에서 빛이 번쩍거리는 꿈은?

병이 나거나 병이 깊어질 징조이다.

알몸에서 피가 흐르는 것을 본 꿈은?
행운을 잡을 좋은 꿈이다.

알몸에 날개가 돋아 하늘을 나는 꿈은?
모든 일이 순조롭게 잘 되고 기쁜 일이 있다.

남의 몸에 할퀸 흉터가 있는 것을 본 꿈은?
경제적인 손해를 입게 될 것이다.

상대방의 몸에 할퀸 흉터가 있는 꿈은?
주위의 사람이 자신을 모함하는 음모를 꾸미는 꿈이다.

아내나 정부의 몸에 할퀸 흉터가 있는 꿈은?
자신의 배우자나 사랑하는 이를 의심하게 될 꿈이다.

신령님에게 기도 드리는 자신의 그림자를 본 꿈은?
앞으로 좋은 일이 생길 수 있는 꿈이다.

알몸의 사람과 대화를 나누는 꿈은?
건강상 문제가 생길지도 모르며 지병을 앓고 있던 사람이 이런 꿈을 꾸었다면 더욱 악화될 것이다.

자기가 알몸으로 달리는 꿈은?
큰 이득을 보거나 명예로운 일이 생길 조짐이다.

벌거벗은 아내나 연인의 몸을 본 꿈은?

부부 사이에 문제가 생겨 배우자 중 한 명이 외도를 할지 모르며 연인 사이에서는 냉각기를 갖게 될 꿈이다.

알몸으로 거리를 쏘다니는 꿈은?

하던 일에서 금전적으로 큰 손해를 입을 징조이다.

당신의 옷을 벗겨 벌거숭이로 만드는 꿈은?

경제적으로 곤란을 겪게 될 징조이다.

알몸의 남자를 본 꿈은?

슬픈 일과 우환이 겹치게 될 좋지 못한 꿈이다.

불이나 뜨거운 물에 몸을 데인 꿈은?

친했던 이들이 등을 돌리게 되고 몸의 상태가 나빠져 자리에 눕게 될 징조이다.

자기 몸이 튼튼하고 건강하게 보인 꿈은?

경제적으로 풍족하게 될 좋은 징조의 꿈이다.

몸에 종기가 난 것을 본 꿈은?

돈이 들어오거나 재산이 생길 징조이다.

몸에서 빛이 나는 꿈은?

승진하거나 큰 혜택을 받거나 출세하게 될 징조이다.

몸에 비늘이나 껍데기 같은 것이 생긴 것을 본 꿈은?
장사나 지위 등의 기반이 잡히게 되어 튼튼해질 조짐이다.

몸에 할퀸 자국이 나 있는 꿈은?
지금까지의 어려웠던 일이 해결되고 병으로 앓고 있던 사람이 이런 꿈을 꾸었다면 병이 더 악화되어 고생하게 될 징조이지만 죄수가 이런 꿈을 꾸면 형이 감형되거나 사면될 징조이다.

딴 여자의 알몸을 본 꿈은?
금전적으로 이득을 보거나 만사가 술술 풀리게 될 징조이다.

몸에 날개가 난 꿈은?
모든 일이 순조롭게 잘 되어 이익이 많이 생긴다.

알몸으로 목욕하는 것을 본 꿈은?
좋은 일이 생기거나 행운이 찾아온다.

남자가 알몸으로 서 있는 것을 본 꿈은?
좋은 일이 생기거나 기쁜 일이 있다.

■ 얼굴

자기의 얼굴이 크게 보인 꿈은?
하던 일이 뜻대로 잘되어 크게 출세하거나 이름을 떨칠 길몽이다.

얼굴빛(안색)이 새파랗게 질린 것을 본 꿈은?

병에 걸리거나 갑자기 아내가 바람이 났다는 등 놀라운 일이 일어난다.

얼굴에 종기나 여드름이 난 것을 본 꿈은?

운세가 좋아져 이름이 날리고 명예로운 일이 생긴다. 남의 이목을 끌 징조이므로 자칫 잘못하면 구설수에 오르내릴 수도 있다.

얼굴을 가리거나 붕대로 감은 사람을 본 꿈은?

누구에게 속아넘어가거나 나쁜 소식을 전해 듣게 되고 남모르는 이에게 폭행을 당할 수도 있다.

자기 얼굴을 붕대로 감은 꿈은?

협조자나 후원자의 도움으로 보호를 받게 된다.

자기 얼굴을 거울에 비춰 보이는 꿈은?

반가운 사람을 만나거나 반가운 소식을 듣는다. 다만 검게 보일 때에는 평소에 싫어하는 사람을 만나서 함께 일을 해야 하거나 그 사람의 요청을 받게 되거나 속상한 일이 생긴다.

얼굴을 치료하거나 수술한 꿈은?

집이나 방을 고치거나 방문을 새로 갈아 단다든지 직장을 옮기든지 무엇을 옮길 운세의 꿈이다.

얼굴에 검정사마귀·점이나 반점이 생긴 꿈은?

부모나 친구, 고향을 떠나야 할 징조이다.

자기 얼굴빛이 자줏빛 또는 누렇거나 붉어진 꿈은?
운세가 밝게 트여 부귀한 사람이 되거나 행복하게 될 꿈이다.

애인이나 남편의 얼굴이 이상하게 보인 꿈은?
이별을 하거나 사이가 나빠지는 좋지 않은 꿈이다.

자기의 얼굴이 귀신처럼 보이는 꿈은?
금전상 큰 이득을 보게 된다.

친구나 남의 얼굴이 귀신처럼 보이는 꿈은?
그 사람에게 불행이 찾아들 조짐이다.

얼굴을 깨끗이 씻거나 예쁜 얼굴을 본 꿈은?
근심·걱정이 사라지고 환자는 병이 나을 꿈으로 재난이 복이 되는 전화위복의 운세를 나타낸다.

검은 얼굴의 아이를 본 꿈은?
남이 싫어하는 일을 맡아서 하게 된다.

딴 사람의 얼굴에 주름살이 생긴 꿈은?
근심 걱정이 생길 조짐이다.

얼굴에 생긴 주름살을 본 꿈은?
부인이 이런 꿈을 꾸면 남편의 사랑을 더욱 많이 받게 될 것이고 처녀가 이런 꿈을 꾸면 많은 사람들이 아름답다고 칭찬할 것이다.

총각이라면 미모의 아가씨들이 그에게 결혼을 청할 것이다. 환자가 이런 꿈을 꾸면 오래지 않아 병이 낫고 건강이 회복될 것이다.

■ 수염

수염이 꼬불꼬불해진 꿈은?
어려운 형편에 놓일 조짐이다.

수염이 짧아진 꿈은?
당신 위신이 형편없이 떨어지게 될 꿈이다.

수염이 길게 자라난 꿈은?
앞으로 명예와 권세를 얻을 징조이며 노인은 오래 살 길몽이다.

누군가가 또는 자신이 수염을 뽑는 꿈은?
남으로부터 금전적 손실이나 괴로움을 받거나 모욕을 당할 흉몽이다.

수염을 깎거나 면도하는 꿈은?
남에게 망신을 당하거나 동료가 금전적 손실을 끼치거나 가까운 사람이 사망할 조짐이다.

손등이나 종아리에 털 난 사람을 본 꿈은?
믿는 사람이 자신에게 손해를 끼칠 징조이다.

■ 구레나룻

구레나룻을 짧게 깎은 꿈은?
뜻밖의 불행한 일이 닥칠 흉몽이다.

구레나룻이 짧게 자란 꿈은?
장사꾼은 고객이나 라이벌과 언쟁을 할 것이다.

구레나룻을 길게 기른 사람을 본 꿈은?
손해나 손실을 보게 된다.

구레나룻을 길게 기른 꿈은?
사람들이 받들어 주어 재산이 크게 불어날 것이다. 그러나 환자가 이 꿈을 꾸면 건강이 아주 나빠지고 목숨까지도 위험하다.

■ 목 · 목구멍

누군가 당신 목을 조르는 꿈은?
당신의 사업이 실패할 꿈이다. 여자가 이 꿈을 꾸면 남편을 잃을 것이다. 상인은 장사에서 큰돈을 잃게 될 것이다.

누군가가 아내의 목을 조른 꿈은?
요긴한 시기에 당신이 벗의 도움을 받을 수가 있다.

목에 종기 같은 것이 난 꿈은?
괴롭고 어려운 일이 사라지고 기쁜 일이 있을 것이다.

목이 잘리는 꿈은?
　남에게 선물을 받을 것이다.

목이 잘려서 아픈 꿈은?
　놀라운 일이 일어나고 불길한 일에 말려들게 된다.

목구멍이 막히는 꿈은?
　재난이나 손해를 보게 된다.

목이 잘리고 피가 나는 꿈은?
　세상에서 비난을 받거나 의심을 받게 된다.

목에 상처가 난 꿈은?
　곤란한 일을 당할 것이다.

벙어리가 되는 꿈은?
　괴로운 일, 곤란한 일, 슬픈 일이 닥쳐올 것이다.

목구멍을 본 꿈은?
　친척이나 절친한 친구가 죽을지 모르는 나쁜 징조이다. 결혼한 여성이 이런 꿈을 꾸었다면 친정에 좋지 않은 일이 생길 수 있는 불길한 징조이다.

■ 가슴

가슴뼈를 드러낸 꿈은?
　아버지나 어머니가 돌아가실 징조이다.

가위눌리는 꿈이나 남에게 가슴을 눌리는 꿈은?
　불안 · 공포스러운 일이 있거나 남에게 학대받을 징조이며 도난
에도 주의해야 한다.

■ 손가락

손가락에 종기가 난 꿈은?
　현재 하고 있는 사업이 점점 나빠지거나 큰 손해를 보게 된다.

자신의 엄지손가락을 본 꿈은?
　행복한 생활을 하게 되고, 부인이 이런 꿈을 꾸면 아이를 가지
게 되거나 아이를 곧 낳게 될 꿈이고 장사에서 큰 이득을 볼 것
이다.

아주 짧은 손가락을 본 꿈은?
　생활이 어려워져 쪼들린 살림을 하게 된다.

손가락이 더 길게 자라난 꿈은?
　하던 장사가 더욱 번창하고 잘될 징조이다.

손가락에서 피가 나는 꿈은?
 당신을 속여서 당신의 재물을 빼앗아갈 꿈이다.

구부러진 손가락을 본 꿈은?
 부정한 일로 돈을 벌 수 있는 꿈이다.

손가락을 뜨거운 물이나 김에 데는 꿈은?
 남에게 시기받고 질투받을 징조이다.

자기의 엄지손가락을 다쳤거나 손가락이 끊어진 꿈은?
 중요한 일을 결단해야 하거나 재물뿐만이 아니라 명예나 지위 같은 중요한 일이나 필요한 사람을 잃게 된다

■■ **혀**

혀가 길어진 꿈은?
 모든 일이 생각대로 잘된다.

혀가 없어지는 꿈은?
 싸움이나 다툼이 그치고 사이좋게 될 징조이다.

혀가 둘이 된 꿈은?
 재판할 일이 생기거나 관공서와 다툴 일이 있게 된다.

손톱이 길게 자라난 꿈은?
　모든 일이 바라는 대로 되지만 부인이 꿈을 꾸면 과부가 되기 쉽다.

■ 유방

유방이 부풀어 아름다운 모습을 본 꿈은?
　모든 일들이 순조롭게 잘되고 행복해진다.

유방에 털이 많이 나 있는 꿈은?
　남자가 이런 꿈을 꾸면 바라는 일이 뜻대로 이루어지고 모든 일에 이득을 보는 꿈이다. 여자가 이런 꿈을 꾸면 자신의 몸에 병이 생기거나 자식에게 병이 생기므로 주의해야 한다. 또 손실이 있을 수 있다.

유방이 남에게 잘리거나 수술을 받는 꿈은?
　여자에게 불길한 일이 있음을 알리는 예고이다.

■ 발

발을 뜨거운 불이나 물에 덴 꿈은?
　실수로 큰 손실을 보게 될 것이다.

발로 차는 꿈은?
　남에게 모욕당할 조짐이므로 매사에 유의해야 한다.

발뒤꿈치를 본 꿈은?

어려움이 닥쳐도 용기를 가지면 벗어날 수 있음을 알리는 꿈이다.

발뒤꿈치에서 피가 흐르는 꿈은?

보호해 주거나 후원해 주는 사람에게 욕을 먹거나 구설을 들을 징조이다.

발뒤꿈치가 단단해진 꿈은?

계속해서 어려움이 닥칠 꿈이므로 참고 견뎌야 한다.

발이 여럿이 된 꿈은?

사업가는 사업이 번창하고 장사꾼은 돈이 잘 벌리게 된다.

발이 퉁퉁 부어 있는 꿈은?

우환이 있을 징조이다. 손해를 보거나 사고를 당할 수 있으므로 주의해야 한다.

발을 삔 꿈은?

아랫사람이나 데리고 있는 직원이나 고용원에게 또는 친구에게 속아넘어가 손해나 손실을 본다. 멀리 타향에서 사고나 병이 날 것을 나타내는 꿈이다.

■ **허리**

허리에서 이가 기어 나오는 꿈은?

재산이나 돈을 붙잡을 꿈이다.

허리가 잘리는 꿈은?

만사가 성공을 한다.

검정사마귀를 세는 꿈은?

고생스러운 일이 이어질 것이다.

불쑥 나온 배꼽을 본 꿈은?

여자가 이 꿈을 꾸면 희망한 대로 일이 잘 되고 남자가 이 꿈을 꾸면 좋지 않은 일이 있을 흉몽이다.

들어간 배꼽을 본 꿈은?

남자가 이 꿈을 꾸면 좋은 일이 생기고 여자가 이 꿈을 꾸면 좋지 않은 일이 생길 흉몽이다.

■ 손

손이 누렇고 힘없이 된 꿈은?

몸이 아플 징조이니 건강에 조심해야 한다.

손이나 발이 아름답거나 단단하게 보인 꿈은?

하던 일이 잘 되고 사업가는 사업이 번창하고 농부가 이 꿈을 꾸면 농사가 풍년이 든다.

손발에서 피가 흐르는 것을 본 꿈은?

재산상 이득을 보거나 행운이 있을 조짐이다.

손이 작아졌거나 작은 손을 본 꿈은?

출세할 조짐이며 리더가 될 것이다.

한쪽 손이 잘린 꿈은?

손이 따르고 고통이 있을 흉몽이다.

손을 합장하거나 손을 잡는 꿈은?

혼담이 이루어지거나 선본 사람과 인연을 맺게 되거나 서로 화합 번영할 조짐이다.

손발이 부상당하거나 잘리는 꿈은?

친근한 사람이 재난을 당하거나 자신이 교통 사고를 당할 염려가 있으므로 주의.

가출할 사람도 있을 징조이다. 또는 성욕 감퇴를 나타내기도 한다.

자기 손이나 발이 잘리는 꿈은?

가까운 사람이나 동업자와 헤어지게 된다.

손가락이 잘리면 자기 식구나 자손에게 나쁜 일이 생긴다.

손발을 씻는 것을 본 꿈은?

불행 끝 행복 시작. 행운이 다가올 징조이다.

손이 길어져 발에 닿는 꿈은?

참여하거나 함께하는 조직이나 공동사업체가 성공하게 될 길몽이다.

손이 퉁퉁 부은 꿈은?
친지나 친구가 이득을 보게 될 징조이다.

손이나 발에 종기가 난 꿈은?
만사에 방해나 지장이 생겨 순조롭게 잘 되지 않게 될 징조이다.

손톱이나 발톱을 자르는 꿈은?
걱정거리가 없어지거나 행운이 찾아올 조짐이다.

손톱이나 발톱이 빠지거나 떨어져 버린 꿈은?
가출하는 사람이나 또는 주변에 환자가 생긴다.

자기 손이나 발이 길게 되거나 억세게 되는 꿈은?
당신이 하는 일이 성공하거나 사업이 번창할 조짐이다.

오른손에 악기를 들고 있는데 왼손에는 필기구를 들고 있는 꿈은?
왼손은 앞으로 하고 싶은 일 오른손은 이미 하고 있는 일을 나타내는 것이므로 본심은 음악 · 놀이를 하고 싶으나 할 수 없이 일을 하고 있음을 암시한다.

■ 손톱

손톱이 짧아진 꿈은?
장사를 해도 돈을 벌 수 없고 일을 해도 잘 풀리지 않는 등 걱정거리에 싸이게 된다.

손톱이 붉어진 꿈은?
환자가 이런 꿈을 꾸었다면 병이 차차 낫게 된다.

모든 손톱에 검은 때가 낀 꿈은?
당신이 공금을 횡령하여 손해가 막심할 꿈이다.

누런 손톱과 흰 손톱을 본 꿈은?
병으로 누워 일어나지 못할 것이다.

손톱이 검어진 꿈은?
재산상 손실이 있을 꿈이니 조심해야 한다.

손톱을 깎거나 매니큐어를 바르는 꿈은?
좀더 부지런히 노력해야 돈을 벌 수 있을 꿈이다.

손톱이나 발톱이 빠지는 꿈은?
아이들이나 아내가 가출할 조짐이 있거나 병이 들 염려가 있다.

손톱이나 발톱이 끊어진 꿈은?
걱정거리가 사라지고 행운이 찾아들기 시작한다.

■ 팔 · 어깨

자신의 팔이 잘 발달되고 건장한 꿈은?
스스로의 노력만 있다면 승진할 수 있음을 의미한다.

어깨가 갑자기 벌어지거나 커지는 꿈은?
행운이 찾아오기 시작한다.

어깨에 종기 따위 부스럼이 난 꿈은?
희망이 보이고 모든 일이 마음먹은 대로 잘 된다.

어깨에 힘이 빠지고 쓰러질 듯한 꿈은?
학업 성적이나 사업 따위가 점점 나빠진다.
가정 안에 불행이 닥치거나 가정 불화가 일어날 조짐이다.

팔 위에 솜털이 길게 나 있는 꿈은?
곤란하던 처지가 머지않아 나아지게 되고 돈벌이도 잘 될 것이다.

팔이 아프거나 팔을 제대로 쓸 수 없는 꿈은?
직장에서 쫓겨나거나 곤란한 일에 빠지게 되거나 경제적으로 손실을 볼 조짐이다. 여자가 이런 꿈을 꾸면 남편이나 자식이 죽을 염려가 있으므로 유의해야 한다.

■ 명치

자기 자신의 명치를 두드리는 꿈은?
다른 사람으로 인해 자신이 그 누명을 쓰게 되거나 절친한 친구가 아프거나 죽게 될 징조이다.

명치 위에 자기 손을 얹어 놓은 꿈은?
자신을 음해하려는 자가 나타나 당신의 신변이 위험해질 징조의 꿈이다.

■■ 배

배에 구멍이 뚫린 꿈은?
남에게 사기당하거나 속아넘어갈 일이 있으므로 주의해야 한다.

배에 털이 난 꿈은?
교통 사고가 나거나 재난을 당할 염려가 있으니 유의해야 한다.

배를 수술하거나 배가 찢어진 꿈은?
커다란 이익을 보거나 행운을 잡을 징조이다.

아이를 밴 것처럼 배가 불러오는 꿈은?
하던 일이 모두 잘 해결되어 행복하게 될 징조이다. 결혼한 여성은 곧 아이를 얻게 될 것이고 미혼인 여성에게는 좋은 혼처가 생겨 곧 결혼하게 될 것이며 과부가 이런 꿈을 꾸었다면 큰 재물을 얻게 될 징조이다.

뱃속에 물이 들어간 것을 본 꿈은?
망하여 파산될 꿈이다.

뱃속으로 쥐가 들어간 꿈은?
도난을 맞지 않도록 특히 집을 비우지 말아야 한다.

■■ 등

등뒤로 벌레가 기어가는 꿈은?
이익이 생길 징조이다.

등뒤로 풀이 나 있는 꿈은?

좋은 일이나 이득이 생길 징조이다.

등뒤에 피가 흐르는 꿈은?

거짓말쟁이나 하찮은 사람에게 놀림을 받을 조짐이다.

등뒤에 혹이 난 꿈은?

자기 분수 밖의 짐을 지게 되거나 힘겨운 일을 맡게 될 조짐이다.

남의 등을 본 꿈은?

앞으로 나아질 날이 까마득하여 참고 기다려야 한다.

■ 피

피가 나는 꿈은?

베이거나 찔리거나 다쳐서 피가 나면 행운이 찾아오거나 큰 이득을 볼 징조이다. 다만 그 피가 검붉은 색이면 불운·불행을 의미한다.

피를 마시는 꿈은?

남과의 약속을 어길 일이 생긴다.

몸이나 옷에 피가 묻어 있는 꿈은?

그 사람이 죽거나 위험을 당하게 된다. 칼로 찔러 그 사람의 피가 묻으면 그 사람에게 계약서나 어떤 증서를 써 주고 또는 어떤 도움을 주고 그 보답으로 돈을 받거나 재물을 얻게 된다.

강이나 호수가 피바다를 이룬 꿈은?
　큰돈을 벌 수 있는 꿈이다. 또는 많은 사람들에게 감동을 주어 칭송을 듣거나 감화시킬 일을 할 징조이다.

코피가 쏟아지거나 온몸의 피가 빠져나가는 꿈은?
　불운이 닥쳐 큰 손실을 볼 징조이므로 사업을 크게 확장할 때에는 특히 유의해야 한다.

칼로 찔렀는데 피가 나지 않는 꿈은?
　일은 이루어졌으나 불안·초조하게 되는 꿈이다.

■ 눈물

눈물을 흘리는 꿈은?
　실제에는 반대로 남이 자신을 알아주게 되고 기쁜 일이 계속 생기게 된다.

남이 눈물 흘리고 있는 꿈은?
　눈물을 흘리는 사람이 친구라면 그 친구는 당신을 저버릴 것이다. 라이벌이라면 당신이 그들 속임수에 빠져 큰 손실을 보게 될 것이다.

눈물을 흘리는 사람을 본 꿈은?
　불만스러운 일이 생기고 불쾌한 일을 당하게 된다.

■ 땀

땀을 많이 흘리는 꿈은?
실제로 땀을 많이 흘리면 의욕을 잃거나 기력이 쇠퇴하여 병이 생기거나 불안 초조하게 되듯이 꿈에서도 마찬가지로 근심 걱정이 생길 꿈이다.

땀을 수건으로 닦아내는 꿈은?
안심이 되어 기운이 솟아날 징조이다.

■ 침

상대방이 자신에게 침을 뱉는 꿈은?
뜻하지 않은 재물이 들어올 징조이다. 생활이 풍족해질 것이다.

가래침을 뱉는 꿈은?
쓸데없는 지출이 많다는 예고이며 절약하라는 충고이기도 하다.

입안에 침이 마르거나 침이 잘 나오지 않는 꿈은?
경제적으로 어렵거나 몸이 쇠약해져 고통을 받게 될 꿈이다.

■ 대변

똥을 누는 꿈은?
자기가 바라는 일이 바라는 대로 잘 풀려 나간다.

화장실(변소)에 빠지는 꿈은?
큰 이득이 생길 징조이다. 그러나 빠져서 나오지 못하면 처음에는 잘 되지만 끝에는 망하고 만다.

똥물이 튀어 묻거나 뒤집어쓰는 꿈은?
큰 행운을 잡을 징조이다.

화장실에 빠져서 나오지 못하는 꿈은?
큰 손실을 보거나 금전적 피해를 받을 징조이다.

똥을 만지는 꿈은?
큰 재물을 얻어 마음대로 쓸 수 있게 된다.

■ 소변

소변을 본 꿈은?
가정 일이나 직장 일이 순조롭게 잘 풀리고 행운이 찾아들 조짐이다. 작가는 작품을 발표하여 칭송을 받고 사업가는 사업이 번창하게 되는 꿈이다. 소변의 양이 많을수록 더욱 잘 될 조짐이다.

소변이 잘 나오지 않는 꿈은?
자기가 바라는 일이 잘 되지 않아 불만을 갖게 될 징조이다.

소변이 옷이나 몸에 묻는 꿈은?
불이익한 계약을 맺게 되거나 남에게 창피 당할 일이 생긴다.

오줌 누는 것을 누군가가 보는 꿈은?
주변의 사람이 성공하거나 발표한 작품을 보게 되는 꿈이다.

신분

■ 일반 사람

소년이나 소녀를 꿈에서 보면?

소년이나 소녀들이 모여 놀고 있는 모습을 꿈에서 보면 자기가 그런 아이를 얻게 된다는 징조이다.

미남이나 미인(미녀)을 꿈에서 보면?

하는 일마다 잘 풀려 잘 될 것이며 이득을 보게 된다.

못생긴 남자가 못생긴 여자를 꿈에서 보면?

못생긴 남자 특히 얼굴이 검고 못생긴 남자를 보면 돈이나 재물로 인하여 어려움을 겪게 되거나 일이 그르치게 될 징조이다. 또한 못생긴 여자를 꿈에서 보면 여자 일로 인하여 말썽이 생기거나 비난을 받게 된다.

자기 애인이 아주 못생긴 모습으로 변한 꿈을 꾸면 그 사랑은 머지않아 깨어지고 말 조짐이다.

험상궂게 생긴 남자를 본 꿈은?

남과 시비를 하거나 말다툼 같은 싸움을 하게 될 조짐이므로 매사에 언행을 조심하도록 한다.

낯선 사람을 만나 이야기하는 꿈은?

낯선 사람이 남자라면 되는 일이 하나도 없이 시간만 보낸 결과가 될 징조이다. 여자라면 남과 어떤 일을 계획하게 되거나 남의 꾀임에 빠질 염려가 있다.

혼자서 울고 가는 사람을 꿈에서 보면?

병에 걸릴 염려가 있으므로 건강에 유의해야 한다. 또 주변 사람들로부터 비난받거나 신임을 잃을 염려가 있으므로 대인 관계에서 언행을 조심해야 한다.

자신을 물질적으로 도와준 사람과 다투는 꿈은?

계획이 깨지고 하는 일이 장애에 부닥칠 조짐이 있다.

잘생긴 남자와 미인의 얼굴이 된 꿈은?

상처를 입을 염려가 있으므로 조심해야 한다.

성형 수술을 하여 아름답게 된 꿈은?

부상을 당할 조짐이 있으므로 행동을 조심한다.

가난한 사람을 꿈에서 보면?

머지않아 슬픈 일이 일어날 것이다.

다른 사람에게 초대받아 술을 마시며 노는 꿈은?

목숨이 길어질 조짐이다. 환자는 곧 병이 나을 것이고, 중환자는 병세에 차도가 있을 것이다.

어느 사람이 젖을 먹으라고 하는 꿈은?

높은 지위에 있는 사람이 찾아온다.

많은 사람들을 상대로 강연한 꿈은?
 명성을 크게 떨치게 될 것이다.

여러 사람과 함께 밥을 먹는 꿈은?
 사람들로부터 욕을 먹거나 비난을 받을 징조이다.

사람들을 만나 관공서에 들어가는 꿈은?
 뜻밖의 향응을 받는다.

어떤 사람과 같이 울고 있는 꿈은?
 경사스러운 일이 생겨 많은 사람들로부터 축하 인사를 받는다.

낯선 사람들과 함께 배를 타는 꿈은?
 머지않아 이사를 가게 될 것이다.

다른 사람들과 함께 어떤 사람을 꾸지람하고 야단을 치는 꿈은?
 뭇사람들로부터 비난을 받는다.

다른 사람의 부탁으로 천한 일을 하는 꿈은?
 좋은 일이 생긴다는 길몽이다.

어느 사람이 나타나 "당신은 필요 없는 사람이오."라고 하는 말을 듣는 꿈은?
 매우 좋은 일이 있을 대길몽이다.

어떤 사람이 집 밖에서 자신의 이름을 부르는 꿈은?
 머지않아 좋지 않은 일이 생길 흉몽이다.

가난한 살림에 어떻게 살지 막막한데 웬 사람이 나타나 함께 살자고 하는 꿈은?

매사가 잘될 대길몽이다.

어떤 사람이 다리를 건너가는 꿈은?

관공서와 관계된 일로 재앙을 받을 운세의 꿈이다.

사람들이 푸른 빛깔의 옷을 입고 있는 모습을 본 꿈은?

가족들이 뿔뿔이 흩어지게 될 꿈이다.

사람들이 붉은 옷을 입고 있는 모습을 본 꿈은?

하는 일이 잘 되고 이익을 볼 길몽이다. 그러나 부부 사이는 나빠지기 쉽다.

낯선 사람이 의복을 주고 가는 꿈은?

좋지 않은 꿈인데 특히 관공서 일로 자칫 수난을 당하거나 걱정거리가 생기게 된다. 매사에 신중해야 한다.

어떤 사람으로부터 삼베옷을 받는 꿈은?

좋지 않은 일이 일어날 흉몽이다.

어떤 사람이 제복이나 공무원들이 잘 입는 옷을 주거나 입혀 주는 꿈은?

실직자는 공직을 얻게 되고, 관직에서 물러난 사람은 다시 관직에 복직될 꿈이다.

어떤 사람으로부터 공무원증이나 관청 도장(관인)을 받는 꿈은?
　공무원이면 다른 관직으로 바뀌게 되고 일반 회사원이면 직장을 옮기게 된다.

어떤 사람에게 부탁하여 자신이 당한 재난이 해결된 꿈은?
　현실에서도 마찬가지로 근심 걱정거리가 없어지고 공직에 오르게 되며, 실직자가 봉급을 받게 될 길몽이다.

다른 사람에게 속아 나쁜 길로 빠지거나 놀림을 당하는 꿈은?
　갑자기 몸이 쇠약해져 병이 들기 쉽다.

어떤 사람을 벌로써 때리거나 벌을 주는 꿈은?
　현실에서는 반대로 복된 일이 생기고 관공서의 덕을 보게 된다.

다른 사람과 함께 교도소에 들어가는 꿈은?
　현실에서는 난데없이 재물을 얻게 되고 이득을 볼 길몽이다.

사람들로부터 크게 꾸지람을 듣고서 마음을 바르게 하고 행동도 바르게 고치는 모습을 보이는 꿈은?
　높은 자리에 올라 여러 사람들로부터 칭송을 듣는다.

낯선 사람에게 발로 차이어 쓰러지는 꿈은?
　모든 재산을 모두 잃어버릴 좋지 않은 꿈이다.

사람들이 자기를 죽이는 꿈은?
　현실에서는 반대로 오래 살고, 공무원이나 회사원이면 승진을 하고 사업가는 좋은 일이 생길 것이다.

어떤 사람이 나타나서 함께 가자고 하며 소매를 끄는 꿈은?
앞으로 불길한 일이 생길 것이다.

사람들의 '좋다 좋다'하는 외침 소리를 들으면?
실제로는 좋지 못한 일이 생긴다는 예지몽이다.

많은 사람들을 불러서 큰 잔치를 베푸는 꿈은?
하는 일마다 잘되고, 사업가는 장사가 흥하게 된다.

사람들이 더러운 옷을 입고 한자리에 모인 꿈은?
머지않아 친척 중에서 누군가 사망하게 되리라는 예지몽이다.

가난한 사람에게 은혜를 베풀어주는 꿈은?
밥이나 술 등 먹을 것이 생기게 될 것이다.

사람들과 술을 마시는 꿈은?
남과 다투는 경우가 많이 있게 된다.

어떤 사람이 나를 쏘는 꿈은?
지나가던 귀한 손님이 찾아온다.

■ 윗사람(어른 · 선배 · 상사)

윗사람을 꿈에서 보면?

윗사람을 꿈에서 보면 대체로 모든 일이 순조롭게 잘 되지만 일터의 상사를 보면 장사하는 데 손해를 보거나 다른 곳으로 쫓겨가거나 하는 좋지 못한 일이 있을 꿈이다.

윗사람과 말을 주고받으면?

높은 자리로 승급하거나 좋은 일이 있을 길몽이다.

나이 많은 어른을 꿈에서 보면?

하는 일이 뜻대로 되지 않고 집안의 살림살이도 제대로 되지 않는 꿈이다.

꿈에서 윗사람을 보고 불평불만을 말하는 꿈은?

윗사람과 다투거나 싸우는 꿈은 현실에서는 윗사람과 서로 의논하며 일이 잘될 꿈이다.

윗사람에게 자신의 잘못을 비는 꿈은?

뭇사람들로부터 업신여김을 당하게 되거나 푸대접을 받게 될 것이다.

윗사람에게 야단을 맞거나 욕을 얻어먹는 꿈은?

전염병에 전염되거나 병이 들 것이다. 특히 만병의 원인인 감기를 조심하라는 경고몽이다.

윗사람과 말다툼하는 꿈을 꾸면?

하던 일에 장애가 생겨 곤란한 처지에 놓이지만 조금만 참으면 잘 풀리게 되고 입신 출세하게 된다는 조짐이다.

높은 사람과 함께 잠자는 꿈은?

좋은 아이를 얻을 길몽이다. 윗사람이나 아랫사람으로부터 도움을 받게 될 것이다.

왕비나 높은 사람의 부인이 울면서 가는 것을 보면?

아주 좋은 일이 있을 것이다.

왕자나 공주가 되는 꿈을 꾸면?

큰 재산을 상속받게 되거나 남의 집의 양자나 양녀가 되어 행복한 생활을 하게 될 것이다.

높은 사람들로부터 상장이나 상품을 받는 꿈은?

현실에서도 매우 좋은 꿈이다. 좋은 일이 있을 것이다.

왕이나 왕비 또는 대통령과 함께 걸어가는 꿈은?

길몽이다. 집안이 화목하고 사업이 번창할 것이며, 경사스러운 일이 있을 것이다.

높은 사람을 아무리 만나려고 해도 만나보지 못하게 되는 꿈은?

하는 일마다 깨지고 재산상 손실을 보게 된다.

높은 사람이나 귀인으로부터 장신구나 보물 등을 받는 꿈은?

머지않아 사회의 명망을 얻고 출세를 한다. 무직자는 직업을 갖게 되고 관리는 지위가 높아진다.

사업가는 사업이 크게 번창하여 확장하게 되고, 농부는 농토를 크게 넓히게 된다. 미혼 남녀는 곧 결혼을 하게 될 것이다.

높은 사람의 옷차림이나 행동이 단정하지 못한 꿈은?

집안에 말썽이 생기어 신상 문제로 고민하게 되거나 사회가 혼란해져 시국이 시끄럽게 될 것이다.

높은 사람을 만나 악수를 하는 꿈은?

바라던 계약이 이루어지거나 명성을 얻어 이름을 드날리게 될 것이다.

높은 사람이 베푸는 만찬 석상에 참석한 꿈은?

윗사람이나 선배의 도움으로 높은 자리에 오르거나 좋은 일자리를 얻게 된다.

높은 사람이나 귀인이 모자나 갓이나 관을 주어 받는 꿈은?

관직에 오르고 관리는 높은 자리에 오를 길몽이다.

높은 사람이나 귀인에게 큰절을 하거나 인사를 올리는 꿈은?

재산상 이득을 보게 되거나 실직자는 관리나 사원이 되어 봉급을 받을 조짐이다.

높은 사람으로부터 초대받거나 호출을 받는 꿈은?

운이 트이어 하는 일마다 잘 풀려 뜻대로 이루어지리라는 예지몽이다.

■ 도둑

도둑이 자기 집에 들어온 꿈은?
지금까지 고생이나 고민이 해소되고 재난에서 벗어나는 길몽이다.

도둑이 자기 집에 들어와 싸우다가 부상을 입거나 죽음을 당하는 꿈은?
길몽이다. 이득을 보고 수입이 늘어날 징조이다. 특히 사업가는 큰 이득을 보게 된다.

도둑이나 강도에게 잡혀 손발이 묶이는 꿈은?
돈이나 재물 문제로 곤란을 겪을 것이다.

도둑이나 강도가 칼 따위로 찌르는 꿈은?
생각지도 않은 재물이 들어오거나 뜻밖에 좋은 일이 생긴다.

도둑이나 강도가 들어와 옷가지를 훔쳐가 버린 꿈은?
환자라면 곧 병이 나을 것이고, 사업가는 하는 일이 뜻대로 잘될 것이다. 옷뿐 아니라 도둑맞은 물건이 많을수록 좋은 일도 많이 생긴다.

도둑을 잡는 꿈은?
현실에서는 도리어 도둑에게 잡힐 염려가 있으므로 주의한다.

도둑을 뒤쫓아가는 꿈은?
머지않아 좋은 일이 생길 것이다.

도둑에게 쫓기는 꿈은?

앞으로 좋지 않은 일이 일어나리라는 흉몽이다.

누군가가 강도나 도둑을 죽이는 꿈은?

가까운 시일 안에 신상에 재난이 닥치게 된다는 예지몽이다.

자기가 도둑이 되어 두근거리는 가슴을 누르며 도둑질하는 꿈은?

갈등이 심하여 고민하게 되는 일이 있을 것이며 병에 걸릴 염려가 있다. 특히 교통 사고를 조심해야 한다.

자기가 도둑과 한패거리가 된 꿈은?

매우 좋은 꿈이다. 하는 일이 뜻대로 잘 풀려 이루어질 것이며 높은 관직을 얻어 출세하리라는 예지몽이기도 하다.

도둑과 함께 길을 걸어가는 꿈은?

갑자기 후원자나 돕는 사람이 나타나 도와주는 길몽이다.

도둑이나 강도가 경찰에게 잡히는 꿈은?

집안에 경사스런 일이 있을 것이다. 또 계획대로 이루어져 이득을 보거나 가업이 번창할 징조이다.

빈집이 자기 집인 줄 알고 들어가는 꿈은?

다른 사람의 계략에 빠질 염려가 있으므로, 몸조심하면 그 계략에서 빠져나온다는 길몽이며, 조금만 참으면 걱정거리가 사라지고 좋은 일이 찾아온다는 예지몽이기도 하다.

도둑이나 강도에게 먹을 것을 주거나 받는 꿈은?

혼담은 깨지고, 빚을 재촉받거나 병에 걸릴 염려가 있고, 환자는 병이 악화되는 등 재난이 닥칠 꿈이다.

도둑과 싸우는 꿈은?

현실에서도 가정 불화나 집안 싸움이 일어날 징조이다.

■ 거지

거지가 된 꿈은?

자기가 거지가 되어 동냥하는 꿈을 꾸면 병에 걸려 고생할 징조이다. 그러나 동냥한 것이 먹을 것이 아닌 어떤 물품이라면 아는 사람의 도움을 받아 좋은 일이 있을 것이다. 재물에 대한 운이 열릴 것이다.

거지를 본 꿈은?

아는 사람이나 윗사람의 도움을 받아 뜻을 이룰 것이다.

거지와 이야기하는 꿈은?

머지않아 좋은 일이 있을 것이라는 암시.

거지와 함께 음식을 먹거나 술을 마시는 꿈은?

가까운 시일 안에 윗사람이나 선배의 초청을 받아 대접을 받을 것이다.

형제 자매나 친구가 거지가 된 꿈은?

꿈속에서 본 그 형제 자매나 친구가 자신에게 도움을 청하거나 의지하므로 돈이나 재물을 주거나 어떤 도움을 베풀지 않을 수 없는 처지가 된다.

거지에게 먹을 것이나 입을 것 등 도움을 주는 꿈은?

사업가는 하는 사업이 날로 번창하게 되고, 실직자는 직업을 가지게 되며, 하는 일마다 뜻대로 잘될 것이다.

■ 환자

꿈에서 환자를 보거나 자신이 환자가 되는 꿈은?

사물이 침체한다는 뜻이다. 즉 운수면이나 건강면에서 침체 시기임을 알려주는 꿈이므로 모든 행동거지를 신중히 하고 건강에 특히 주의하여야 할 것이다.

또한 심적(心的)인 병이 있는 경우도 있으므로 죄의식이나 스트레스 등으로 자칫 우울증에 걸릴 염려가 있으므로 정신적인 건강에도 유의해야 한다.

그러나 꿈속에서 죽을 만큼 몹시 아프다든지 그런 사람을 보았다면, 불운에 전기를 맞는 꿈이므로 새로이 행운을 맞게 되는 길몽이다.

환자가 의사의 진찰을 받는 꿈은?

병이 완쾌되고 머지않아 건강을 되찾을 징조이다.

환자가 의사의 뒷모습만을 바라보는 꿈은?

　가까운 시일 안에 병이 낫는다는 암시이다.

환자가 사라져 가는 꿈은?

　죽음이 가까워졌음을 알리는 예지몽이다. 매사에 조심조심해야 한다.

환자가 윗사람이나 이미 세상을 떠난 사람을 만나는 꿈은?

　죽을 때가 가까이 왔다는 징조이다.

병인선(환자 수송을 위한 선박)을 타는 꿈은?

　죽을 때가 머지않았다는 징조이다.

환자가 울고 있는 꿈은?

　병이 조금씩 조금씩 나아진다는 암시이다.

건강한 사람이 환자가 되는 꿈은?

　고민거리나 걱정거리가 많다는 조짐이다.

환자가 남과 술을 마시는 꿈은?

　어려움이나 위태로운 상황에서 목숨을 건지게 된다는 암시이다.

환자가 옷을 갈아입은 꿈은?

　흰색·검정·푸른색의 옷은 병이 악화되어 중태에 빠지거나 자칫 죽을 수 있다는 흉몽이다.

환자가 노래부르고 춤추는 꿈은?
 병이 오래 가야 낫게 된다는 암시이다.

환자가 우산을 받고 있는 모습을 본 꿈은?
 죽을 때가 가까워 왔다는 증거이다.

환자가 산에 오르는 꿈은?
 집안이 불화하며 분란이 일어날 조짐이다.

환자가 말 타고 가거나 말을 타는 꿈은?
 머지않아 죽게 된다는 예지몽이다.

환자가 울며불며 슬퍼하는 모습을 본 꿈은?
 멀리서 친척이나 아는 사람이 찾아온다.

환자가 산에서 내려오는 꿈은?
 병이 차차 나아지고 있음을 나타낸다.

환자가 검정 버선이나 양말을 신은 꿈은?
 죽을 때가 머지않았음을 알리는 꿈이다. 반대로 벗으면 병이 차차 나아진다는 의미이다.

내가 병이 들었다고 병 문안 오는 꿈은?
 불운이 행운으로 호전되고, 주위 사람이나 낯모르는 사람으로부터 도움을 받게 된다.

병 문안하러 가는 꿈은?

　신상에 좋지 못한 일들이 일어난다는 조짐이다.

환자 특히 정신병 환자가 자기 방을 들여다보는 꿈은?

　일이 막히거나 장애를 받아 제대로 이루어지지 않으며, 건강이
나빠져 병에 걸릴 염려가 있다.

환자를 시중들거나 간호하는 꿈은?

　가벼운 병이면 좋은 일이 있고, 중병이면 좋지 않은 일이 있다.

환자가 물이 흘러가는 것을 본 꿈은?

　머지않아 병이 낫게 된다는 조짐이다.

죽음 · 장례식 · 조상 · 묘지　　　　　夢

■ 죽음 · 죽은사람

죽은 사람이 꿈에 나타나면?

　돌아가신 조상이 살아 돌아오시거나 죽은 분이 산 사람처럼 나
타나는 꿈은 대체로 주의하고 조심하라는 경고이다. 꿈에 나타난
상황에 따라 달리 해석된다. 그 분이 즐겁고 좋은 모습이었다면
그 분의 보호를 받아 잘된다는 길몽이고, 원망하거나 야단을 치는
경우는 자신이 그 분에게 죄스러운 마음을 가지고 있으며 조심하
라는 경고몽이며 좋지 않은 꿈이다.

현재 살아 있는 사람이 꿈속에서는 죽어 보이면?

머지않아 행운이 찾아온다는 길몽이다. 재산도 늘어나고 사업도 번창하게 될 것이다.

죽은 사람이 살아오는 꿈은?

죽은 사람이 되살아 돌아오는 꿈은 재앙이 찾아온다는 좋지 않은 꿈으로 갑자기 좋지 않은 일이 생길 것이다.

그러나 때로는 만나지 못했던 사람이 먼 곳에서 찾아오거나 소식이 온다는 예지몽이 된다.

죽은 사람이 관속에서나 무덤 속에서 살아 나오는 모습을 꿈에서 보면?

오래 소식이 끊겼던 사람이 갑자기 찾아오거나 먼 곳에서 소식이 올 징조이다.

죽은 사람이 즐거운 듯 웃는 모습을 보면?

모든 일이 잘되어 나갈 운수의 예고이다. 환자라면 병세가 차도를 보여 차차 나아진다는 길몽이다.

죽은 사람과 이야기를 나누는 꿈은?

계획하고 바라던 대로 이루어진다는 길몽이다.

도중에 단념하거나 포기했던 일이 이루어지기도 한다. 또 계약이나 상담도 바라던 대로 잘될 것이다.

죽은 사람과 이야기하다가 우는 모습을 본 꿈은?

죽은 이와 대화하는 꿈은 길몽이나 이야기 도중에 울거나 울상

짓는 모습을 보면 반대로 되던 일도 막히게 되고, 모든 일이 순조롭게 되지 않고 다 되어 가던 일도 깨지고 만다.

죽은 사람이 집 안으로 들어오는 모습을 본 꿈은?

호박이 넝쿨째 떨어진 행운의 꿈이다. 복권을 사면 당첨될 확률이 높고 하는 일도 순조롭게 잘될 것이다.

죽은 사람을 만나 눈물을 흘리는 꿈은?

하는 일마다 잘 되지 않고 막힐 징조이다.

어떤 사람의 관이 집안으로 들어오는 꿈은?

어떤 사람들이 시체를 넣은 관을 들고 집안으로 들어오는 모습을 보면 머지않아 재물이나 재산이 들어올 징조이다. 회사원이나 공직자는 승진 승급할 길몽이다.

죽은 사람이 사라져 가는 모습을 보면?

바라던 일이 뜻대로 되지 않고 계약은 깨질 징조이다.

죽은 사람이나 시체를 끌어안는 꿈은?

부자가 될 대길몽이다. 사업가는 많은 이득을 얻게 되고 회사원·공직자는 승급하여 봉급을 많이 받게 될 것이다.

시체가 썩어서 냄새가 심하게 나는 꿈은?

사업가는 사업이 날로 번창할 것이고, 가업도 점점 번영한다는 길몽이다. 특히 물질적인 혜택을 많이 받는다.

시체에 구더기 같은 벌레가 들끓고 있는 꿈은?

큰 이익을 얻게 되고 마침내 재벌도 될 수 있다는 예지몽이다.

아내가 죽는 모습을 본 꿈은?

집안에 불화가 생기거나 말썽이 생겨 시끄러울 징조이다.

남편이 죽는 모습을 본 꿈은?

현재의 일터나 직무상 문제가 생기거나 말썽이 일어나 어려움에 놓이게 될 것이다. 사업가는 사업상 어려움에 부닥칠 징조이다.

자기 자신이 죽어 있는 꿈은?

자신도 모르는 사이에 정신적으로 크게 성장하여 세상일에 대한 자기 주장이나 신념이 뚜렷해져 보다 높이 뛰어오르려는 암시. 즉 자아 실현의 꿈이 '죽음'으로 나타난 것이다. 따라서 사업가는 사업이 크게 발전하여 번창할 것이며 생각지 않은 큰돈이 들어오거나 큰 이득을 얻게 될 것이다. 회사원이나 공직자는 승급하여 봉급이 오를 것이다.

죽어서 부모님과 사별하는 꿈은?

생각지도 못했던 큰돈이 들어오거나 즐거운 일이 생길 것이다.

아이가 죽어서 사별하는 꿈은?

집안에 무슨 문제가 생길 불길한 꿈이다. 현재 환자라면 특히 건강에 유의하라는 경고몽이다.

죽은 이에게 말을 걸었는데 한 마디도 하지 않는 꿈은?
뜻하지 않은 일에 지출이 많아지고 낭비하여 돈이나 재산이 흩어질 징조이다.

죽은 사람을 관에 넣어 화장하는 꿈은?
행운이 찾아온다는 길몽이다. 계획했던 대로 일이 잘 풀려 좋은 일이 있을 것이다.

해골을 끌어안는 꿈은?
남에게 속아 사기당하거나 명예를 떨어뜨리는 일이 일어날 것이다. 또 자신이 꺼리거나 싫은 일을 하게 될 조짐이다.

화장하거나 화장장에 관한 꿈은?
곧 좋은 일이 생길 징조이다. 기대해 볼 만한 일이다.

죽은 이를 조문하거나 문상 가는 꿈은?
집안에 새 아기가 탄생할 징조이며 자기 부인이 임신할 태몽이다.

친척이나 집안의 누군가가 죽는 꿈은?
꿈에 본 그 사람이 어려운 일로 고민하고 있거나 병에 걸려 고통을 받을 징조이다.

■ 장례식

장례식에 관한 꿈은?
장례를 치르는 꿈은 모아 놓은 재산이나 재물이 낭비되거나 지출되어 흩어질 징조이다. 그러나 자기 자신의 장례식을 치르는 꿈은 매우 좋은 꿈으로 행운이 찾아온다는 예지몽이다.

장의사 차나 상여가 오는 모습을 본 꿈은?
머지않아 재물이나 큰 이득을 볼 징조이다.

장례식에 참가하고 있는 꿈은?
사업가는 장사가 잘되어 큰돈을 벌어들일 징조이다. 여자가 이 꿈을 꾸면 훌륭한 아이를 가질 태몽이다.

수많은 사람이 모이어 성대한 장례식을 치르는 꿈은?
오가는 혼담이 이루어져 결혼 약속을 하거나 계약이나 상담이나 협상이 잘 이루어질 징조이다.

성대한 장례식이 갑자기 초라한 장례식으로 바뀌어 장례를 치르는 꿈은?
잘 풀려 나가던 일이 정체되어 막히는 운세이므로 모든 일이 줄어들게 될 것이다. 장사는 매상이 줄고, 회사원이나 공직자는 승급되지 않고 그 자리에 머물게 된다.

장례식에서 영구차를 떠나 보내거나 운구를 하는 꿈은?
집안에 좋지 못한 일이 일어날 징조이다.

영구차가 집 앞으로 지나가는 꿈은?
그 동안의 어려웠던 고비를 넘겨 재난이 물러나고 어려움에서 벗어나게 된다는 좋은 꿈이다.

영구차가 집 앞에서 멈춰서는 꿈은?

신상에 문제가 생겨 골치 아픈 일이 있을 것이다.

■ 돌아가신 조상이나 가족

돌아가신 부모님이 여러 번 나타나는 꿈은?

몸과 마음이 지쳐 있음을 알려주는 꿈이다. 건강에 유의하지 않으면 병에 걸릴 것이다.

돌아가신 아버지와 살아 계실 때처럼 즐겁게 이야기를 하는 꿈은?

머지않아 기쁜 일이 생길 것이다.

돌아가신 아버지가 다시 살아 돌아오신 꿈은?

가정 불화가 생겨 가족간이나 부부간에 싸움이 일어날 것이다.

돌아가신 아버지가 나타났으나 아무 말도 없이 노려보는 꿈은?

현재 하는 일이나 할 일이 꾸지람들을 일이거나 야단맞을 좋지 않은 일임을 암시한다.

돌아가신 어머니가 나타나 꾸지람하는 꿈은?

양심에 가책받는 일을 하고 있다는 암시이다. 또 가정에 문제가 생기게 되는데 주의해야 한다.

돌아가신 어머니가 생전과 똑같이 즐겁게 집안 일을 하고 있는 모습을 본 꿈은?

분란이 있던 집안에 평화가 찾아오고 가족들이 화목하여 기쁜 나날이 계속될 것이다.

생전에 자기를 아껴주던 누나가 나타난 꿈은?
자기를 신임하고 후원해 주는 후원자나 협조자가 생길 것이다.

죽은 친구가 나타난 꿈은?
경제적으로 어려움이 닥칠 것이니 만반의 대비를 해야 한다.

죽은 친구가 꿈에 나타나 서로 이야기를 주고받은 꿈은?
현재 추진하는 일이나 계약 등이 이루어지고 막혀 있던 일이 풀린다는 좋은 꿈이다.

돌아가신 조상중의 한 분이 나타나서 자기나 자기 자식들을 어루만져 주는 꿈은?
집안 식구 중에 병이 들어 걱정을 하게 될 것이다. 특히 어린 아이의 건강에 유의해야 한다.

죽은 딸이 꿈에 나타나면?
생전에 죽은 딸이 애를 먹였다면 현실에서도 병마나 어떤 장애로 애를 먹게 된다는 암시이다. 그러나 생전에 도움을 주고 사랑하던 딸이었다면 자신을 돕거나 후원을 해주는 사람이 나타나 막힌 일이 풀어지게 되고 문제가 해결을 보게 된다.

죽은 아내나 남편을 꿈에서 보면?
죽은 아내나 남편은 생전에 자신에게 협조자였으므로 어려움에 부닥친 일이나 정체된 일이 다시 풀려 잘되어 갈 것이다.

죽은 아내가 집 앞에서 자기를 노려보고 있는 꿈은?

현재 하는 일이나 앞으로 할 일이 가족의 반대에 부닥치게 되어 어려움이 따를 것이다.

죽은 아내 또는 죽은 애인과 성교하는 꿈은?

현재 하는 일에 협력자나 후원자를 얻게 되어 잘 풀리게 될 것이다. 또 어떤 계약이 성사되어 새로운 사업이나 일을 맡아서 하게 될 것이다.

돌아가신 조상이 꿈속에서 생전처럼 살아 계시다가 돌아가시는 꿈은?

지난날에 하던 일을 또다시 하게 되거나 지난번에 이득을 본 일에서 또다시 이득을 볼 것이다.

돌아가신 친구의 부모를 본 꿈은?

동업하거나 남의 후원이나 협조를 받아야 할 때 그 후원자나 협조자가 된다는 암시이다.

제삿날이나 그 전날 밤에 그 제사를 모실 조상이 나타난 꿈은?

집안의 웃어른이나 선배가 와서 자기 일을 도와 준다는 암시이다.

새로이 일을 시작할 때 조상이 꿈에 나타나면?

집안의 운세가 호전되어 가거나 그 새 일에 협조자가 생기게 될 것이라는 길몽이다.

돌아가신 할아버지가 소를 몰고 나가서 매어 놓는 모습을 보면?

새 식구가 들어올 조짐이다. 새 식구란 새로 맞는 아내·며느리

가정부나 친척 등이다. 또는 난데없는 곳에서 재물이 들어올 것이다.

돌아가신 할아버지가 자기를 보고 미소짓는 꿈은?

부모님에게 꾸지람을 듣거나 선배나 웃어른 또는 회사의 윗사람·상사에게 야단맞거나 수모를 당할 것이다.

조상이 울고 있는 모습을 본 꿈은?

집안에 좋지 못한 일이 일어날 것이다.

돌아가신 할아버지가 소를 끌고 가 우시장에 내다 파는 꿈은?

식구나 가까운 친척 중의 한 여자가 시집가게 되거나 가정부가 집을 나가거나 부리던 사람이 나가게 된다. 또는 자기 집을 팔게 된다.

돌아가신 친구 부모님을 보고 절을 올린 꿈은?

선배나 웃어른 또는 직장의 윗사람에게 어떤 사정할 일이 생길 것이다. 성사 여부는 그 때의 자기의 운세에 따라 결정될 것이다.

돌아가신 할아버지가 소를 몰고 밭 갈러 가는 모습을 보면?

어떤 새로운 일을 시작하게 되거나 지금 하는 일에 협조자·후원자가 나서서 새로운 방향으로 사업을 끌고 나갈 것이다.

돌아가신 아버지가 나타나 어떤 일을 지도하고 이끌어 나가는 모습을 보면?

현재 하는 일에 다른 사람(협조자)을 맞아들여 일을 새로이 시작하거나 다른 사람에게 물려주게 된다.

■ 묘지(무덤)

묘지(무덤)에 관한 꿈은?

묘지에 관한 꿈은 길몽과 흉몽 두 가지를 암시한다. 대낮처럼 밝은 모습으로 꿈에 보이면 앞으로 좋은 일을 암시하고 어두컴컴한 때의 모습이나 해질녘의 묘지의 모습은 좋지 않은 일이 있음을 암시한다.

그러나 대체로 좋지 않은 운세를 암시한다. 생각지도 못했던 교통 사고·전염병·전쟁·실패·이별 등 자기의 뜻과는 전혀 다른 숙명적인 불운의 만남, 어쩌면 전생의 업으로 인한 인과응보일지도 모른다. 어쨌든 선행을 베풀면서 대인 관계를 원만히 가지도록 노력하면서 참고 견뎌 내야 할 것이다.

무덤에 드러누워서 자고 있는 꿈은?

잠에서 깨어 생각해 보면 온몸이 으스스 오싹해지는 기분 나쁜 꿈이지만 현실에서는 생각지도 못한 큰 이득이 들어오는 길몽이다.

묘지에 새 무덤을 만들거나 집터를 잡아 집을 지으려고 하는 꿈은?

앞으로 아주 좋은 일이 있으리라는 암시이다. 새 직장으로 전근하거나 다른 곳으로 이사하게 될 것이다. 실업자나 실직자에게는 새 직장이 생길 것이다.

산소를 찾아갔으나 자기 집안 무덤을 찾지 못하여 헤매는 꿈은?

협력자나 후원자를 구하지 못하여 고전하게 될 것이다.

어떤 무덤(묘)인지 봉분이 높이 솟아 있는 큰 무덤을 보면?

사업가는 사업이 번창할 것이고 고위 공직자나 경영자는 지위
나 명성이 높아질 것이다.

조상의 산소를 찾아가 성묘하려는 꿈은?

조상을 위하는 그 효성스러운 마음과 바른 마음씨처럼 만찬에
초대되거나 어느 모임에 초청받아 융숭한 대접을 받게 된다. 또
한 윗사람이나 선배에게 청원한 일이 뜻을 이루게 된다.

겹겹이 둘러싸인 산 속을 가는데 묘(묘지)가 나타나면?

자신을 이끌어 줄 훌륭한 지도자나 자기 일을 협조해 줄 후원
자를 만나게 되어 뜻한 일은 순풍을 만난 돛단배처럼 잘 되어 갈
것이다. 그러나 묘 위에 검은 구름이 덮여 있으면 좋지 않은 사
고나 사태가 일어날 흉몽이다.

**어느 왕인지 왕비의 능인지 모를 어떤 능을 일부러 찾아갔는지 발
견했는지는 모르나 능 앞에서 절을 하고 참배하는 꿈은?**

자신이 바라던 일이 윗사람·선배의 도움으로 뜻을 이룬다는 암시
이다.

밝은 햇빛이 묘(묘지)를 비치고 있는 꿈은?

사업가라면 사업이 번창하거나 새로운 큰 사업을 하게 된다. 공
직자나 회사원이라면 지위가 높아지고 명예를 얻게 되며 과부나
홀아비라면 재혼을 하여 새 행복을 찾게 될 것이다.

관을 묻을 광중을 들여다보거나 무덤 속을 들여다보는 꿈은?

흉몽이다. 갑자기 불행한 사고나 사태가 일어날 징조이니 만사

에 조심하라는 경고몽이기도 하다. 환자라면 병이 위독하게 될 것이다.

무덤 위에 나무가 서 있는 꿈은?
집안에 좋지 못한 일이 생기거나 우환으로 고민하게 될 것이다.

무덤 위에 꽃이 피어 있는 모습을 보면?
직장에서 자리가 높아지거나 승급되는 등 머지않아 좋은 일이 생길 것이며 집안에도 경사스러운 일이 있을 것이다.

무덤 위에 흰 구름이 길게 끼여 있으면?
운이 트여 아주 좋은 일이 있을 길몽이다. 그러나 그 구름이 검은 구름이면 불의의 사고가 일어나거나 질병에 시달릴 흉몽이다.

묘비를 보거나 비문을 읽는 꿈은?
친척이나 가까이 지내는 사람과 사별할 암시이다.

무덤 앞의 망부석이나 석상을 보면?
사업가는 사업상 어떤 로비를 하는 사람이나 중재인을 맞아들여야 일이 잘 풀리게 된다는 암시이다.

새로 만든 묘를 보면?
걱정·근심거리가 모두 사라지고 탄탄대로 출세 길을 달릴 조짐이다.

무덤이 갈라지는 모습을 보면?
모든 일이 뜻대로 될 징조이다. 수도자는 진리나 도를 깨치게 되고 학자는 연구한 결과를 얻게 될 것이고 학생은 학업 성적이 오르게 되고 수사관이라면 수사상 오리무중이던 사고 해결의 실마리를 찾게 될 것이며 사업가는 사업이 크게 번창하게 될 것이다.

무덤에서 불이 나는 것을 보면?
생각지도 않은 재물을 얻게 될 징조이다. 사업가는 뜻밖에 큰 이득을 보게 된다.

직장인

■ 경찰

경찰을 꿈에서 보면?
머지않아 명예롭지 못한 사건에 말려들어 고민하고 속상해할 것이다.

경찰에게 쫓겨 골목길로 달아나거나 경찰의 순찰차를 보면?
하는 일마다 잘 풀리지 않아 끝내는 불행한 일을 겪게 된다. 그러므로 입학 시험이나 취직 시험에도 불합격할 좋지 않은 꿈이다.

경찰에게 붙잡혀 끌려가는 꿈을 꾸면?
애를 쓰고 노력했으나 그 결과는 기대의 절반도 못 미치고 환자라면 병이 더욱 나빠지게 되는 등 좋지 못한 처지에 놓이게 된다. 자신이 하던 일이 일부 사람들에게 좋은 평가를 받아 지원하는 사람을 만나는 행운을 얻을 수도 있다.

경찰과 말다툼하는 꿈을 꾸면?

좋지 못한 사람들에게 협박을 받거나 빚쟁이에게 쪼들림을 받는 꿈이다.

경찰이 총으로 쏘려고 하여 무서워 어쩔 줄 모르는 꿈은?

현실에서도 해 나가는 일이 잘 진척되지 않아 지장을 받거나 방해를 받아 불안해하거나 실망하게 되는 꿈이다.

위태로운 상황이 벌어져 119 등 경찰에게 도움을 요청한 꿈을 꾸면?

어려움이 닥쳤더라도 참고 견디면 차근차근 풀릴 징조이다. 그렇지 않고 성급하게 허둥거리면 오히려 더 어려운 고비를 맞게 된다.

다락방에 숨어 있는데 경찰이 들이닥쳐 문을 두드리는 꿈을 꾸면?

숨겨둔 일들이 세상에 드러나게 되어 난처한 처지에 놓이게 될 꿈이다.

경찰이 자신에게 어떤 도장을 받아 가는 꿈은?

교통 사고 등 어떤 사고가 집안 사람에게 갑자기 닥치거나 불행한 일이 일어날 조짐이다.

경찰에게 얻어맞는 꿈을 꾸면?

남 모르게 회사 돈이나 공금을 빼냈다가 발각되어 더 큰 손실을 보게 되고 명예를 잃게 될 조짐이다.

경찰들에게 쫓겨 포위당하는 꿈은?

잘 되어 나가던 일이 결국은 이루어지지 못하고 물거품이 되어 버릴 징조이다.

경찰로부터 출두하라는 통지를 받으면?
좋은 일이든 나쁜 일이든 궁금해하던 소식을 듣게 될 징조이다.

경찰관이 된 꿈을 꾸면?
세상 사람들에게 위엄과 신망을 잃어 업신여김을 당할 조짐이다.

경찰이 수색 영장을 보이며 집안을 수색하는 꿈을 꾸면?
현실에서는 자신이 어떤 법률 문제로 심문을 받거나 책임을 물어 쫓겨나거나 시달림을 받을 징조이다.

■ **법관 · 검사 · 변호사**

법관을 꿈에서 만나는 꿈은?
남이 모르는 부끄러운 일이나 비밀이 끝내 밝혀지게 되어 집안 간 싸움이 일어나거나 재판하는 일로 많은 돈을 잃게 될 것이다. 그러므로 사전에 모든 일을 주도면밀하게 처리하라는 경고몽이다.

검사가 재판정에서 논고하는 꿈을 꾸면?
자기가 하는 일은 물론 어떤 모임이나 사업에서 자신이 주도권을 행사하거나 자기의 일이 세상 사람들의 이목을 집중케 할 징조이다.

자기가 법관이나 검사가 된 꿈을 꾸면?
현실에서도 입신 출세할 조짐이다.

법관에게 사형 선고를 받는 꿈은?

바라고 바라던 일이 뜻대로 잘 이루어질 것이다.

법관이 즐거워하고 있는 꿈을 꾸면?

대대로 지켜 온 재산을 자식에게 상속하거나 조상의 유산을 상속받게 될 것이다.

법관이나 변호사에게 하소연하는 꿈은?

갑자기 어떤 일이 생겨 주변 사람이나 가족과 모의를 하거나 상의하게 될 조짐이다.

변호사를 꿈에서 만나 보면?

다른 사람과 불화가 생기고 쓰지 않아도 될 돈이나 시간을 허비하게 될 조짐이다. 시간과 돈을 들여도 끝내는 물거품으로 끝나 버리는 좋지 않은 꿈이다.

■ 군인 · 군대

군대에 입대하는 꿈을 꾸면?

자기가 하는 일이나 계획한 작품을 만들어 가는 데에 어려움을 겪거나 위태로운 처지에 놓이게 될 것이다.

군인이 되어 많은 군인들과 함께 훈련받는 꿈은?

새로운 일을 시작하여 평가받게 될 징조이다. 압박과 시험이 닥치더라도 이겨내면 운이 트이므로 참고 견디라는 경고몽이다.

군대에서 쫓겨나는 꿈을 꾸면?
어떤 불행한 일이 생기게 될 징조이다.

군대가 작업하는 모습을 꿈에서 보면?
그 동안의 걱정거리나 슬픈 일들이 사라지고 즐겁고 편안함이 찾아올 것이다.

군인이 서로 다투는 꿈을 꾸면?
지위가 높은 윗사람과 사귀게 될 징조이다.

군대나 군인이 승리하는 모습을 꿈에서 보면?
운이 트여 좋은 일이 생기고 돈이나 재산이 불어나게 될 것이다.

군대가 지나가는 꿈을 꾸면?
많은 이익을 보게 될 것이며 집안이 화목하여 행복한 날을 보낼 조짐이다.

군인을 꿈에서 보면?
모든 일이 뜻대로 이루어질 것이다. 그러므로 하는 일도 순조롭게 진척될 것이다.

자신이 군인이 되어 완전 무장을 하는 꿈은?
윗사람으로부터 신임을 받아 어떤 부서의 팀장이나 책임자가 될 것이다.

군인이나 군대가 패전하는 모습을 보면?
현실에서도 좋지 않은 일이 생길 것이다.

군인 계급장을 다는 꿈을 꾸면?

사람들로부터 공적을 인정받아 상장이나 상품을 받거나 지위가 오르는 등 승급하게 될 것이다.

장교가 되는 꿈을 꾸면?

입학 시험이나 취직 시험에 합격할 좋은 꿈이다. 어떤 부서의 팀장이 되거나 책임자로 승진하게 될 것이다.

장교나 높은 사람으로부터 훈장을 받는 꿈은?

현실에서는 책임을 물어 면직되거나 잘못했다고 꾸지람을 듣거나 야단맞을 역몽(逆夢)이다.

장교 등 상관에게 맞는 꿈을 꾸면?

어떤 책임 있는 자리에 근무하게 되거나 주도권을 갖는 일을 맡게 될 것이다.

부상당한 군인이 걸어가는 모습을 보면?

현재 하는 일에 지장이 생기거나 힘에 겨운 일이므로 자칫 몸과 마음에 큰 상처를 줄 수 있으므로 하던 일을 잠시 멈추라는 경고몽이다.

군인이 전사자의 유골을 가지고 오는 꿈을 꾸면?

자기가 하는 일이나 만든 작품이 대중으로부터 인기를 끌거나 좋은 평가를 받을 것이다.

군인과 친하게 사귀는 꿈을 꾸면?

모르는 사이에 상대방이 중상 모략하여 해치려고 하니 말과 행동을 조심하라는 암시이다.

■ 의사

의사를 꿈에서 보면?

좋은 운이 찾아온다는 암시이다. 바라던 일이 있었으면 우선 자신의 주변 일부터 바로잡아 해결해 나가면 모든 일이 차차 잘 풀려 나갈 것이다.

의사가 되어 있는 꿈을 꾸면?

건강 상태가 좋지 않게 되거나 상거래상 어려움을 당하게 될 것이며 직장인은 면직될 수도 있으나 해결점은 바로 자기 자신이나 주변에 있음을 알리는 꿈이다.

의사를 찾는 꿈을 꾸면?

사람들의 존중을 받는 인물과 친밀하게 사귀게 될 것이며, 자신이 살아온 길을 반성하는 기회를 갖는다는 암시이다.

의사가 칼을 들고 수술하는 꿈을 꾸면?

현실에서도 자신이 하는 일이나 자기의 만든 작품을 평가받게 될 것이다.

의사에게 병에 관해 물어 보는 꿈을 꾸면?

몸이 건강해져서 편히 오래 살 것이다. 병자라면 병이 점차 나아진다는 암시이다.

의사의 진찰을 받는 꿈은?

자신이 숨겨 오던 비밀이 드러나게 될 것이다. 환자라면 병이 차차 나아져 머지않아 완쾌할 징조이다. 일반인이라면 운이 트이기 시작한다는 암시로 곧 행운이 찾아올 것이다.

의사와 말다툼하는 꿈을 꾸면?

물질적으로 큰 손실을 보게 될 징조이므로, 남과 계약이나 재산상 문제로 싸우지 않도록 한다.

눈이 아파 안과 의사에게 진찰을 받는 꿈은?

의사나 간호사를 꿈에서 보면 불운이 행운으로 호전된다는 암시의 길몽이지만 안과 의사의 진찰을 받는 것은 자신의 세상 보는 눈이 나빠졌음을 알리는 예지몽으로 남과 계약이나 동업은 신중히 하지 않으면 큰 손실을 볼 것이다.

■ 간호사

간호사를 꿈에서 보면?

건강이 나빠지거나 재산상 손실을 보거나 명성을 잃을 조짐이 있다. 그러나 멀리 떨어져서 보거나 먼 곳에 있는 간호사를 보았다면 길몽으로 앞으로 행운이 찾아온다는 암시이다.

간호사가 와서 몸을 치료해 주는 꿈은?

환자라면 병이 차차 나아가고 있다는 길몽이다.

그러나 앞으로 언젠가는 치료받은 곳이 재발될 염려가 있으므로 특히 그곳의 건강에 조심하라는 암시이다. 경제적으로는 안정을 되찾고 앞으로 좋은 운이 찾아온다는 예지몽이기도 하다.

■ 조산사 · 산파

조산사(산파)를 꿈에서 보면?
머지않아서 아이를 낳을 태몽이다. 남자가 이 꿈을 꾸었다면 남들에게 미움을 받아 하는 일에 지장을 받는다는 암시이다.

조산사가 된 꿈을 꾸면?
자신이 평소에 숨기고 있던 비밀이 세상에 드러날 것이다.
조산사와 함께 이야기를 주고받는 꿈은?
남에게 비난을 받거나 남과 재판을 할 관재수가 있다. 부인이 이 꿈을 꾸면 아이를 낳을 태몽이기도 하다.

■ 집배원

우편 집배원을 꿈에서 보면?
편지를 배달하는 우편 집배원을 꿈에서 보면 가족이나 친척 또는 잘 아는 사람의 신상에 어떤 일(주로 좋지 않은 일)이 일어날 것이라는 것을 알려 주는 예지몽이다.

■ 연예인(탤런트)

연예인(스타)이 된 꿈을 꾸면?
평소에 연예인이 되고 싶었다면 현실 세계에서도 그렇게 노력하면 될 수 있다는 가능성을 알려주는 꿈이다. 그러므로 그렇게 노력한다면 인기를 얻을 운명의 파동을 멋지게 붙잡을 다시없는 기회이다. 그러나 연예인을 평소에 바라지도 않았다면 이른바 '개꿈'이 되고 만다.

연예인이 혼자서 걷고 있는 모습을 보면?

현실 세계에서는 멋진 애인을 만나게 된다는 좋은 꿈이다. 애인이 있는 사람은 좋은 기회를 얻을 수 있다는 암시이므로 그 기회를 놓치지 않도록 열심히 노력해야 할 것이다.

연예인과 함께 재미있게 놀거나 다정하게 지내는 꿈을 꾸면?

남자라면 여자 문제로 고민하게 된다는 조짐이며 여자라면 남자 문제로 골머리를 앓게 된다는 의미이다. 만일에 내연의 처나 첩이 있다면 그 사람과 헤어지게 된다는 암시이다.

배우가 되어 무대에 서서 공연하는 꿈을 꾸면?

걱정스러운 일이 생기게 될 것이다.

연예인을 멀리서 보기만 한 꿈은?

좋은 일이 있을 것이라는 길몽이다.

■ 디자이너

디자이너나 패션 모델을 꿈에서 보면?

남에게 사기를 당하거나 속아넘어가 재산상 손실을 가져오거나 일을 남에게 빼앗길 염려가 있다.

■ 정치가

정치가를 꿈에서 보면?

　지위나 부호가 아닌 일반 정치가를 꿈에서 보거나 만나 이야기를 하면 특히 말조심 하라는 경고몽이다. 그렇지 않으면 모든 일이 탁상공론에 그쳐 말뿐이고 실제 성과가 없을 뿐만 아니라 자칫 손해보지 않아도 될 손해를 보게 된다.

■ 만담가 · 코미디언

만담가나 코미디언을 꿈에서 보면?

　우스갯소리로 재미있게 연기하고 있는 코미디언이나 만담가를 꿈에서 보면 남에게 자칫 사기당할 염려가 있으니 주의해야 할 것이다. 멍청하게 남의 그럴듯한 이야기만 믿고 계약을 한다든지 어떤 일을 하게 되면 맑은 하늘에 날벼락을 맞을 위험이 있으니 주의하라는 경고몽이다.

■ 조각가

조각가를 꿈에서 보면?

　앞으로 머지않아 슬픈 일이 있을 것이다.

■죄인(죄수)

죄인과 함께 가는 꿈을 꾸면?
도난을 당하거나 남에게 사기당할 조짐이다.

죄인이 집으로 들어오는 꿈은?
건강이 나빠지거나 병이 들거나 불행한 일이 있을 징조이다.

남의 죄를 따져 밝히는 꿈을 꾸면?
어려움이나 고통이 따를 좋지 못한 꿈이다.

죄인과 언쟁을 하는 꿈을 꾸면?
일이 순조롭게 되어 갈 것이다.

죄인을 친구처럼 사귀는 꿈을 꾸면?
어떤 친구에게 사기당할 염려가 있다.

남이나 경찰이 나에게 죄가 있다고 심문하는 꿈은?
어떤 일을 하다가 불리한 입장에 놓이거나 난처한 처지에 이를 것이다.

죄인이 탈옥하여 달아나는 모습을 보면?
병이 회복되어 건강을 되찾게 되는 길몽. 어렵고 힘들었던 문제들이 해결될 조짐이 있다.

죄인의 몸으로 감옥(교도소)에 들어가는 꿈은?
다른 사람이 자신이 교도소로 들어가는 꿈을 꾸면 그 동안 고민하고 걱정했던 문제들이 모두 해결되어 앞으로 좋은 일이 있으리라는 암시이다.

죄인으로 매를 맞거나 야단맞는 꿈은?
높이 승진할 꿈이다.

범인으로 혐의를 받아 묶이거나 수갑을 차는 꿈은?
경제적으로 어려워 시달림을 받게 되거나 건강이 나빠져 병이 들 것이다.

죄인으로 교수형을 당하거나 총살을 당하는 꿈은?
현실에서는 지위가 높아지고 재산이 늘며, 큰 이득을 본다는 역몽(逆夢)이다.

범죄 혐의가 있어 묶거나 수갑을 채우는 꿈은?
남에게 원망을 듣거나 원한을 사게 된다는 흉몽이다.

남을 죄인으로 목을 베거나 죽이는 꿈은?
승진하거나 재산상 이득을 얻게 될 것이다.

죄수가 교도소에서 또는 감옥에서 죽는 것을 본 꿈은?
근심 걱정거리가 모두 해결되어 안심하게 될 조짐이 있다.

죄인이 사면받아 석방되는 꿈은?
환자라면 병이 완쾌되어 퇴원하는 좋은 꿈이다. 일반 사람은 하는 일이 잘 풀려나가 순조롭게 진척될 것이다.

신(神)·신당·사당

■ 신령·신선

하느님을 만나 보면 꿈과 마찬가지로 아주 좋은 행운의 꿈이다. 모든 일들이 행운 쪽으로 나아가고 있다는 암시. 경제운·사업운·애정운 등이 상승하게 된다. 무슨 일이든 소원 성취할 수 있는 다시없는 기회가 왔음을 나타낸다. 그러나 때로는 중대한 경고를 해주는 경우도 있다. 아무튼 인생을 살아가는 데 소중한 길잡이 말씀이 되므로 유의해서 들어야 한다.

<주의>

여기서 신령이란 말에는 때로는 신앙의 대상인 하느님·부처님·산신령·신선·선녀 등을 비롯해서 귀신·도깨비·조상의 영혼까지도 포함되므로 그때그때 맞추어 해몽하면 된다.

어떤 모습이든 신령을 꿈에서 보면?

그 동안 어렵고 힘들었던 여러 가지 문제가 해결의 실마리를 찾게 되고, 물질상으로는 큰 이득을 보는 등 앞으로 운이 트여 좋은 일이 있을 조짐이다.

신령이 검을 손에 쥐고 있는 모습을 보면?

라이벌이던 쪽이 두 손을 들고 항복을 하며 타협을 하려고 할 것이다.

신령이 자기를 부르는 꿈을 꾸면?

모든 일이 자기 뜻대로 이루어지고 재산상으로는 이득을 보게 될 것이다.

신령과 함께 앉아 있는 꿈을 꾸면?

그 동안 겪었던 고통은 물론 현재 겪고 있는 위기를 잘 벗어나게 되고 행운의 소식이 올 것이라는 좋은 꿈이다.

어디선가 신령의 목소리가 들려오는 꿈을 꾸면?

머지않아 행운이 찾아온다는 예지몽이다. 신령의 말씀을 듣고 그대로 실천하면 모든 일이 잘될 것이다. 신령의 말씀이 없더라도 지위나 신분이 높은 사람을 만나게 되어 후원을 받게 되거나 다시없는 아주 좋은 기회를 얻게 되어 성공으로 들어서는 길몽이다.

신령이 옷을 한 벌 주는 꿈을 꾸면?

불운이 행운으로 호전된다는 징조로 머지않아 좋은 일이 있을 것이다.

신령으로부터 먹을 것을 받아먹는 꿈은?

환자라면 병이 완쾌될 것이고 아무리 중병을 앓던 환자라도 죽음의 고비를 넘겼다는 청신호이다. 일반 사람들은 운이 트여 하는 일이 차차 잘 되어 나갈 것이다.

신령이 자기를 끌어안는 꿈을 꾸면?

가정 생활이나 사회 생활이 원만해져서 행복을 느끼며 건강 장수하리라는 길몽이다.

신령으로부터 금·은 같은 보배로운 물품을 받는 꿈을 꾸면?

난데없이 기쁜 소식이 날아들 것이다. 또 후원자나 협력자를 얻게 되어 그 동안 막혔던 일이 잘 풀릴 것이다.

신령으로부터 꾸지람을 듣거나 야단맞는 꿈을 꾸면?

남의 싸움에 말려들어 부상을 당하거나 경찰에 끌려가서 봉변을 당할 것이다. 또 자칫 남의 일에 말려들어 재산상 손해도 볼 염려가 있으므로 매사에 언행을 조심하라는 경고몽이다.

자기 자신이 신령이 된 꿈을 꾸면?

남에게 융숭한 대접을 받거나 주위 사람들로부터 협조를 받아 어려운 문제를 해결할 실마리를 찾게 될 것이다.

신령이 배웅해 주는 꿈을 꾸면?

자기 자손에 기쁜 일이 있을 조짐이다. 자손 중에 수험생이 있다면 시험에 합격했다는 기쁜 소식을 듣게 될 것이다. 또 불운했던 자손은 운이 트여 행운의 기회를 얻게 될 것이다.

산에 올라갔다가 신선이나 신령을 만나면?

그 동안 쌓였던 문제나 약해진 건강에 대한 염려 등 모든 근심 걱정이 사라진다는 징조이다.

신령이나 신선의 뒷모습만 보고 절을 하는 꿈을 꾸면?

이미 신령이나 신선으로부터 버림받은 것과 같다. 따라서 바라던 일이 이루어지지 않고 하는 일은 모두 막혀 버려 진척되지 않을 것이다.

신령이나 신선으로부터 무언가 가르침을 받는 꿈을 꾸면?
  하는 일마다 잘 풀려 잘될 것이다.

선녀나 신령이 아기를 건네주는 꿈을 꾸면?
  장차 훌륭한 학자나 위대한 인물이 될 아이를 가지게 된다는 태몽이다.

선녀나 신령으로부터 반드시 지켜야 할 계율의 가르침을 받으면?
  부모에게 효성이 지극한 착한 아이를 낳을 태몽이다.

신령이나 신선에게 제사를 지내는 꿈을 꾸면?
  하는 사업이나 가업이 번창하게 된다는 징조이다.

꿈속에서 성인으로부터 어떤 가르침을 받으면?
  하는 일마다 좋게 될 징조이다. 또 생활의 지혜를 깨닫게 되거나 미래에 대한 통찰력을 얻게 될 것이다.

신선이 마을이나 집 앞에 나타나면?
  바라던 일이 뜻대로 이루어질 것이다.

신선이 자기 집을 찾아 들어오는 것을 보면?
  기다리던 사람이나 반가운 소식이 올 것이다.

신선 또는 신령과 바둑이나 장기를 두는 꿈을 꾸면?
  지위나 신분이 높은 사람을 만나 사귀게 될 것이다. 그러나 자칫 의견 충돌이 일어나 다투게 될 수가 있으니, 대인 관계가 원만하게 되도록 노력하라는 암시이다.

신령이나 신선이 어떤 경고의 말씀을 해주는 꿈은?
위태로운 일이 다가오고 있다는 암시이므로 그 말씀을 따르고 매사에 언행을 조심해야 할 것이다.

천사나 신선으로부터 꽃다발을 받는 꿈은?
자신의 업적이나 공로가 인정받아 명성을 얻게 되거나 훈장이나 표창장을 받게 될 것이다.

신령이 자기를 데리고 가는 꿈을 꾸면?
머지않아 승진되거나 승급될 조짐이다.

신선이나 신령 또는 성인이 자기 집으로 들어오는 모습을 보면?
지위나 신분이 높은 사람의 후원이나 협력을 받아 소원을 이루게 될 것이다.

신령에게 기도를 드리고 예물을 바치는 꿈을 꾸면?
닥쳐온 어려움이나 재난을 마침내 이겨내고 새 출발하게 된다는 꿈이다.

신령에게 꾸지람이나 야단을 맞는 꿈은?
남의 싸움에 말려들거나 재판을 하게 되는 송사에 걸려 경찰 신세를 져야 하는 불상사가 있을 조짐이다.

여러 사람들과 함께 신령에게 기도드린 꿈을 꾸면?
주위 사람들이나 군중들에게 신망을 얻어 명성을 얻게 될 것이다.

남모르는 사람이 신령에게 예물을 바치는 모습을 보면?

그 당사자는 좋은 일이 있을 길몽이지만 이를 꿈에서 본 사람에게는 뜻밖의 재난을 맞게 될 것이다.

신령이나 신선의 뒤를 따라가는 꿈을 꾸면?

아주 나이 많은 노인이나 환자는 곧 죽음이 가까워졌다는 예지몽이다.

■ 천사

천사를 꿈에서 보면?

신령의 꿈과는 달리 천사를 꿈에서 보면 앞길을 인도해 주는 사람을 만나게 되는 운세로, 기본적으로는 그 사람의 능력을 힘껏 발휘할 수 있도록 해준다는 암시이다.

따라서 천사가 화를 내고 있는 표정이라면 지금까지 살아온 길을 되돌아보고 반성하고 잘못을 뉘우치고 바로잡으라는 경고몽이 될 것이고 미소를 띠거나 웃음 짓고 있다면 큰 행운을 얻게 된다는 암시가 된다. 때로는 귀한 자식을 낳게 된다는 태몽이 되기도 한다. 그때 그때의 표정에 따라 해몽해야 할 것이다.

천사를 멀리서 바라보거나 모습이 또렷하지 않으면?

지금까지 해 온 일을 잠시 중단하라는 경고몽이다. 만일 그대로 계속 밀어붙이면 큰 장애에 부닥쳐 진퇴양난의 어려움에 놓이게 될 것이다.

천사가 나타나 자기를 뒤따라오라고 손짓하거나 눈짓을 하면?

길몽이다. 현재 하는 일이나 또는 지위나 자리가 굳건하게 자리잡게 될 것이다. 신임을 얻어 협력자나 후원자의 도움을 받아 바라던 일이 뜻대로 이루어질 것이다.

천사가 큰 소리로 자기를 부르고 있는 꿈을 꾸면?

바라던 일이 뜻대로 이루어지고 기다리던 소식이나 사람을 만나게 될 것이다.

천사의 뒤를 따라가고 있는 꿈을 꾸면?

노인은 죽음의 때가 머지 않았음을 예고하는 꿈이며 젊은이들은 자칫 잘못하여 불의의 사고로 목숨을 잃을 염려가 있다.

천사가 하늘로 데려가는 꿈은?

사회의 신임을 얻어 지위가 높아지고 앞길이 열릴 것이다.

천사가 꽃다발을 안겨 주는 꿈은?

뭇사람으로부터 칭송을 받거나 신임을 얻고 업적을 인정받아 표창장이나 상품을 받기도 하고 명성이 드높아질 운세다.

천사와 어떤 말을 주고받으면?

흉몽이다. 하는 일이 막히어 침체되거나 배라면 바닷속으로 침몰될 것이고 환자라면 병마의 고통을 겪게 될 것이고 자칫 죽음에 이를 수도 있다.

■ 하느님 · 옥황상제

하느님을 실제로 본 사람은 동서고금을 통해서 없다. 그러나 가장 뛰어난 능력을 지니고 우리 인류에게 길흉화복을 내린다고 믿으며 하느님을 부인하는 사람은 없다. 우리의 잠재의식 속에 뚜렷이 살아 있어서 위태로운 처지에 이르면 "아이고 하느님!" 하며 우선 하느님부터 찾는다. 또한 못된 짓을 하는 사람을 보고 "천벌을 받지!" 하며 두려워한다.

아무튼 이러한 하느님을 꿈속에서 만나볼 수 있다는 것만 해도 매우 좋은 일이 아닐 수 없다. 그래서 밝은 모습으로 똑똑히 볼수록 큰 행운을 암시한다. 또 하느님의 계시는 우리 인생을 살아 나가는 데 길잡이 말씀이므로 기억해 두면 상당히 도움이 될 것이다.

즉 꿈에서 하느님(옥황상제)을 보면 앞으로 좋은 운수가 찾아와 하는 일이나 바라는 일이 뜻대로 이루어진다는 길몽이다.

옥황상제로부터 하늘에 난다는 천도복숭아를 받는 꿈을 꾸면?
건강해지고 장수할 것이라는 조짐이다.

하느님의 계시를 받는 꿈은?
하느님이라고 생각되는 분이 우렁찬 목소리로 어떤 가르침 또는 지켜야 할 계율을 들려주면 매우 좋은 꿈이다. 그 말씀을 기억한다면 그대로 실천하면 반드시 좋은 결과를 얻을 것이며, 그 말씀을 통하여 생활의 지혜를 얻게 되고, 앞으로 있을 일에 대한 예감이나 직감력을 터득하게 되며, 더 나아가서는 예언가가 될 수도 있다.

하느님을 보고 절하고 예배드리는 꿈은?

바라던 일이 뜻대로 이루어진다는 암시이다.

하느님이 금·은 보배 같은 귀중한 물건을 받는 꿈은?

현실 세계에서도 물질적인 이득을 얻을 뿐만 아니라 이름을 드 날리고 귀한 자식을 낳게 될 태몽이기도 하다.

하느님께 소원을 빌며 도와 달라고 애원하면?

자신이 현재 매우 어려운 처지에 놓여 있어서 후원자나 협조자 를 절실히 바라는 마음이 그대로 나타난 꿈이다. 꿈에 나타난 하 느님의 말씀이 경고의 말씀인지 예언의 말씀인지 그 말씀에 따라 꿈의 풀이도 달라질 것이다.

하느님이나 신령을 만나 어떤 약 같은 것을 받아먹는 꿈은?

하느님이나 신령님은 초능력을 지닌 거룩한 존재이므로 가장 좋 은 길몽이다. 따라서 중병으로 고생하던 환자는 병이 차차 나아진 다는 예고이고, 회사원이나 공무원이라면 지위가 오르고 중책을 맡게 될 것이다. 사업가라면 협력자나 후원자를 만나 크게 번창하 게 될 것이다.

■ 여신

여신을 꿈에서 보면?

신령의 꿈과 같이 아주 좋은 꿈이다. 신령에 관한 꿈과 같으므 로 그 실례를 참고하기 바란다.

■ 도사 · 예언가 · 점술가

도사 · 예언가 · 점술가들에 관한 꿈은 여러분이 앞으로 이 세상 (이성)에서 무엇을 이루게 될 것인가를 전생(저 세상)에 보내는 메시지를 전달해 주는 자(死者)인 '메신저'라 할 수 있다. 따라서 꿈속에서는 그들의 말씀에 유의해야 한다. 현재 문제가 된 일의 원인과 해결의 열쇠가 숨겨져 있다는 말이다. 때로는 어떤 경고의 경우도 있다. 어쨌든 예언이든 경고이든 어려웠던 문제가 해결되고, 소원을 이룰 수 있는 좋은 기회이니 아주 좋은 길몽이다.

예언가나 도사를 꿈에서 만나 이야기해 보면?

길몽이다. 자신이 바라던 일이 이루어지고 재산상 이득을 얻게 될 것이다. 그러나 여자가 이런 꿈을 꾸면 남에게 비난을 받거나 구설수가 있다.

도사가 사는 곳에서 신선을 만나는 꿈은?

걱정 · 근심거리가 차차 해소되고 허약한 체력이 튼튼해져 질병도 낫게 된다.

백발 노인이나 어떤 도사 같은 이 앞에서 무릎을 꿇고 절하면?

좋은 꿈이다. 운이 트이어 모든 일이 차차 좋아질 것이며 뜻대로 이루어진다는 암시이다.

어찌 보면 미친 사람 같은 기이한 사람을 꿈에서 보면?

어찌 보면 미친 것 같고 어찌 보면 아주 모자라는 바보 같은 사람을 꿈에서 보았다면 이는 자기 자신 속의 또 다른 자기 자신의 모습을 나타낸 것이며, 마음 속 깊이 실컷 내 마음대로 한 번 해보고 싶은 욕망이 꿈으로 나타난 것이라고 할 수 있다. 욕망을 억제하고 살다가 스트레스가 쌓이고 쌓인 상황이라 할 수 있다. 따라서 대인 관계나 세상일을 좀더 유연하고 느긋한 마음가짐으로 해야만 한다는 경고의 꿈이다.

■ 선녀

선녀를 꿈에서 보면?

신령의 꿈처럼 운이 트여 자신의 능력이나 지위가 급상승하게 된다는 청신호이다. 기본적으로 행운이 찾아온다는 암시이므로 좋은 꿈이다. 더욱이 웃는 모습이라면 대단한 행운을 나타낸다. 그러나 슬픈 표정이나 걱정스런 표정이라면 현재의 생활을 반성하고 잘못된 언행을 바로잡으라는 경고몽이다.

선녀가 하늘로 오르는 모습을 보면?

무직자는 직업을 얻게 되고 회사원이나 공직자는 지위가 올라 승급될 것이다. 또 명성도 날리게 된다.

선녀와 함께 잠자리를 같이 하는 꿈은?

모든 일이 뜻대로 이루어진다는 길몽이다.

선녀가 가야금을 타거나 피리를 부는 등 악기로 연주하는 모습을 보면?

자식에 대한 혼담이 이루어져 곧 결혼시키게 될 것이다. 또 하는 일도 잘 될 것이다.

선녀가 알몸으로 목욕하는 모습 등 알몸의 모습을 보면?

여자로 인하여 재난을 당하거나 고민을 하게 될 것이다. 여자를 좋아하는 남자는 여자를 조심하라는 경고몽이기도 하다.

선녀나 천사가 눈짓이나 손짓으로 자기를 따라오라고 하는 꿈을 꾸면?

좋은 배우자를 만나게 될 길몽이다. 신임을 얻어 후원자나 협조자가 나타나 현재 하는 일을 도와줄 것이다. 자기가 하는 일이나 일자리가 안정되고 자리를 잡게 될 것이다.

선녀나 천사와 이야기를 주고받는 꿈은?

여자라면 남편의 일이 잘 되어 부(富)를 누리게 될 것이다. 남자라면 하는 일이 잘 풀려 성공의 단계로 올라설 것이며, 회사원·공직자라면 지위가 올라 승급할 것이다.

선녀와 결혼하는 꿈을 꾸면?

재산상 큰 이득을 보게 된다. 또는 후원자를 만나거나 인생의 좋은 반려자를 만날 수도 있다.

선녀가 너울너울 춤을 추고 있는 모습을 보면?

자기가 하는 일이나 작업 또는 작품이 세상 사람들의 눈길을 끌게 되어 자칫 잘못하면 명성을 떨어뜨릴 수도 있으나 대체로 잘되어 신임을 받는 경우가 많다. 그러나 본인은 그 일이나 작품에 어떤 환멸을 느끼기도 한다.

■ 부처님 · 불상

하느님 · 신령님을 꿈에서 만나 본 것처럼 행운의 암시이다. 불상은 부처님의 여러 모습(즉 관세음보살 · 지장보살 등)을 조각이나 그림으로 나타낸 것이므로 부처님과 같다. 그러므로 지위가 높은 사람이나 부모의 도움을 받아 모든 일이 순조롭게 이루어질 것이다. 여러 불상을 함께 보아도 마찬가지다.

부처님 · 불상께 절을 올리고 기도를 하는 꿈은?

바라던 일이 이루어질 것이며 귀한 자식을 얻을 태몽이기도 하다.

부처님 · 불상으로부터 어떤 말씀을 듣는 꿈은?

그 말씀을 귀담아 듣고 그대로 실천하면 좋은 결과를 맺을 것이다. 기억이 나지 않더라도 그 말씀이 야단을 치거나 나무라는 내용이 아니라면 마음 속에 걱정 근심이 사라지게 되고 환자라면 병이 낫는다는 길몽이다. 특히 관세음보살은 괴로울 때 정성으로 이 이름을 외기만 해도 구제해 준다는 대자 대비한 보살이므로 현실 세계에서도 구제를 받게 될 것이다.

부처님 또는 불상을 뵙고 절을 하였으나 표정이 냉담하거나 쓸쓸한 듯하거나 딱하게 여기는 듯하면?

현실 세계에서도 가족 중의 어느 사람에게 불행한 사고나 좋지 않은 일이 생기게 된다는 예지몽이다.

부처님이 집으로 들어오는 모습을 보면?

뜻밖의 사고를 당할 꿈이다. 자신뿐만 아니라 가족 중의 누구에게 좋지 않은 일이 생기게 될 징조이다. 아니면 사별하거나 교통사고 등 슬픈 사고가 일어날 불운의 꿈이다.

부처님에게 얻어맞거나 꾸지람을 듣거나 자신을 딱하게 쳐다보는 모습을 보면?

병에 걸려 오랫동안 고통을 겪게 되거나 하는 일이 장애에 부닥쳐 정체될 조짐이 있으므로 매사를 신중히 처리한다.

부처에게 자신이 가진 물건을 빼앗기게 되는 꿈은?

가족 중에 누군가 병을 앓게 되거나 부부 생활에 불화가 생기거나 하여 걱정거리로 고민하게 되는 좋지 않은 꿈이다.

불상께 절을 하고 향을 피우는 꿈은?

매우 골치 아픈 문제가 생길 것이다. 이를테면 재판을 해야 하는 송사 문제 등 관청으로부터 재앙을 입을 관재수가 있으며 건강상 문제로도 고민할 운세다.

부처님께 음식물(먹을 것)을 공양하는(바치는) 꿈을 꾸면?

좋은 일이 있을 것이라는 길몽이다. 하는 일이 번창하고 잘될 것이다.

부처님으로부터 먹을 것을 받아먹으면?

갑자기 병에 걸릴 염려가 있으니 건강에 조심하라는 경고몽이다.

부처님이나 불상이 자기 집으로 초빙하여 맞이하는 꿈을 꾸면?

대단한 길몽이다. 갑자기 횡재를 할 수도 있다. 제비뽑기를 하면 당첨될 확률이 높다.

부처님이나 불상 또는 불단이 무너지거나 훼손되는 꿈은?
현실세계에서도 불행한 사고를 당할 염려가 있으므로 조심하라는 경고몽이다.

부처님이 여러 중생들과 이야기를 나누는 꿈을 꾸면?
행운이 찾아올 운세다. 이른바 뜻밖에 복 받는 꿈이다. 따라서 모든 일이 좋은 쪽으로 진척될 것이다.

부처님에게 얻어맞거나 꾸지람을 들으면?
질병에 걸릴 확률이 높고 자칫 난치병으로 고생할 징조이다.

부처님으로부터 불경을 선물 받는 꿈은?
바라던 일이 이루어질 것이다. 수험생은 시험에 합격하고 회사원이나 공직자는 바라던 승진 승급을 할 것이다.

부처님이 자기 몸을 어루만지는 꿈은?
근심 걱정거리가 생길 것이다. 또 가족이나 자신에게 병이 나서 고생하게 될 것이다.

불상이나 석탑을 세우는 꿈을 꾸면?
운이 트여 머지않아 행운이 찾아올 것이라는 예지몽이다.

법회에 참례하거나 성지를 순례하는 꿈은?
도박을 하면 큰돈을 따게 될 것이고 복권을 사면 당첨될 확률이 높다. 아무튼 생각지도 못한 거금을 횡재할 길몽이다.

절을 짓는 꿈을 꾸면?

이 역시 길몽이다. 묘지나 절을 짓는 꿈은 경사스러운 일이 생긴다는 암시이다. 특히 부인인 경우는 훌륭한 자식을 가질 태몽이다.

불상을 그리거나 바라보는 꿈은?

뜻밖에 명성을 얻어 세상 사람들의 신임을 받을 조짐이다.

부처님을 우연히 길에서 만나면?

선배나 윗사람의 도움을 받아 바라던 일이나 하는 일이 제대로 잘 되어 나갈 것이다. 그러나 만난 부처님의 뒤를 따라가면 병에 걸리고 자칫 목숨을 잃을 수도 있다.

불경을 외거나 불교에 대한 교리를 설명하는 꿈은?

갑자기 병에 걸리거나 사건·사고에 말려들어 하지 않아도 될 고생을 하게 되니 오지랖넓게 남의 일에 말려들지 않도록 조심하라는 경고몽이다.

멀리서 절이나 탑을 바라다보는 꿈은?

먼 곳에 있는 친구·친척이나 아는 사람으로부터 반가운 소식이 올 것이다. 또는 행방을 알 수 없던 사람으로부터 편지나 연락이 올 것이다.

석탑 위에 얹은 장식품인 구슬 또는 절의 보배로운 물건을 보게 되면?

소원이 성취될 운세이다.

불상을 선물 받거나 돈을 주고 사거나 또는 길에서 줍거나 도둑질해서 갖는 꿈을 꾸면?

운수가 트여 큰 행운이 찾아올 것이다. 불교 신도라면 큰 깨우침을 얻어 명성을 날릴 것이다. 일반인들은 뭇사람들로부터 추앙을 받게 된다.

하늘에서 내려오는 금 불상을 받으면?

길이나 산 속에서 금 불상을 줍거나 하늘에서 내려오는 금 불상을 두 손으로 받으면 길몽 중의 길몽으로 큰 행운을 얻게 된다. 특히 부인은 장차 위대한 인물이 될 아이를 임신하거나 낳을 태몽이다.

■ 스님·비구니

스님을 꿈에서 보면 손윗사람이나 상사나 선배로부터 뜻밖에 큰 도움을 받아 소원을 성취하게 될 것이며 난데없는 유산을 상속받게 되는 길몽이다. 그러나 찡그린 모습이나 근심스러운 표정을 지으면 친척 또는 집안 사람 중에 누군가 죽게 되는 흉몽이다.

스님과 어떤 사람과 정신 없이 이야기를 하고 있는 모습을 보면?

꿈 꾼 사람이 병에 걸릴 확률이 높다. 또 친척이나 집안의 누군가 병에 걸리게 될 것이다.

비구니(여자 중)를 꿈에서 보면?

다른 사람과의 대인 관계나 사업이 잠시 정체되어 멈추게 된다는 암시이다. 그 대신에 자기 자신의 실력이 향상되고 사업의 발전은 정체되지만 내용이 전보다 튼튼하게 다져진다는 뜻이기도 하다. 재충전을 하면 한 걸음 더 나아갈 수 있는 기회가 될 것이다.

비구니가 된 꿈은?

비구니가 되어 무슨 이야기를 하는 꿈을 꾸면 앞으로 번영하게 된다는 청신호. 자손에게 행운이 찾아와 번창하게 될 길몽이다. 그러나 남자가 비구니로 변신하는 꿈은 흉몽이니 매사에 조심해야 한다.

자기가 스님이 되거나 스님과 함께 같이 걸어가는 꿈은?

건강에 유의하라는 경고몽이다. 건강을 소홀히 하면 병에 걸릴 것이다.

수행하는 스님이나 행자(속세 사람으로 절에 들어가 불교를 공부하는 사람)를 꿈에서 보거나 이야기를 나누는 꿈을 꾸면?

좋지 않은 악몽이다. 병에 걸리게 되거나 뭔가 좋지 않은 소식을 듣거나 불행한 일이 일어날 것이다.

절 안에서 행자나 수행 스님과 이야기를 나누는 꿈은?

뜻밖에 애써 모은 재산을 낭비하게 되거나 재산이 흩어질 징조이다. 금융 거래가 막히게 되어 버릴 수도 있으니 근검 절약하도록 유의해야 할 것이다. 또 병에 걸릴 확률이 높다. 특히 건강에 유의한다.

수염이 하얗게 난 도승을 꿈에서 보면?

그동안 노력한 보람이 있어 성공의 문턱에 올라섰다는 희소식이다.

절을 찾아가 불경을 외는 꿈은?

환자는 병이 차차 낫게 될 것이고 일반인은 모든 문제가 해결되어 잘 되어 갈 것이다.

도승을 꿈에서 보면?

귀한 자식을 가질 태몽이다.

절에서 승무를 보거나 승무를 추면?

귀인의 도움을 받거나 후원자나 협력자가 나타나 입신 출세하여 성공을 거두어 명성을 날릴 징조이다.

도승으로부터 가르침을 받거나 불경에 대한 이야기를 나누면?

윗사람이나 선배와 모든 일을 의논해서 하라는 암시이다. 그러나 윗사람이나 선배의 지도를 따르지 않으면 보람도 없이 모두 물거품이 되어 버린다.

비구니만 있는 절로 이사가는 꿈은?

좋지 않은 꿈이다. 자칫 잘못하면 병에 걸려 고생하게 될 것이다. 또 사업도 진척되지 않고 막히게 된다.

스님들이 한 곳에 모여 있는 모습을 보면?

반장이나 회장이나 국회의원 등 후보자들은 당선될 징조이다.

비구니와 잠자리를 같이 하는 꿈은?

뜻밖에 재물을 얻게 될 것이다.

비구니나 스님이 불경을 외는 꿈은?

생각지 못한 일로 고민하게 될 것이다. 또 집안에 우환이 생길 징조이다.

큰스님이 제자 스님에게 염불을 가르치고 있는 꿈은?

하는 일마다 잘 될 길몽이다.

스님 혼자서 걸어가거나 걸어오는 모습을 보면?

결혼한 부부가 혼자 될 운세이다. 따라서 꿈 꾼 이가 여자라면 과부가 되고 남자라면 홀아비가 될 것이다.

스님이 와서 쌀·보리 등 양식거리를 주는 꿈은?

귀한 아이를 가질 태몽이다.

■ 귀신·유령·도깨비·악마·마귀

귀신이 있다고 하면 대부분의 사람들 특히 젊은이들은 현대 사회에 무슨 귀신이 있느냐! 어느 누가 귀신을 보았느냐고 반박할 것이다. 그러나 우리가 실제로 보지 못하고 느낄 수는 없어도 '공기'가 틀림없이 있듯이 귀신도 있다고 주장하는 사람이 많이 있는 것 또한 사실이다.

그래서 옛 사람들도 "무신(無神)이면 무신(無神)이오, 유신(有

信)이면 유신(有神)이다."

즉 귀신의 존재를 없다고 믿지 않으면 없는 것이오, 있다고 믿으면 있는 것이다라고 했는지 모른다.

아무튼 귀신이야 있든 없든 우리의 잠재의식 속에 두려워하고 무서워하는 존재로서 귀신이 있음은 분명하다. 그러기에 가끔 귀신 꿈을 꾸는 것이며 흔히 "가위눌린다" 하여 꿈속에서 누군가가 몸을 누르고 조르므로 헤어나려고 안간힘을 쓴다.

귀신이란 두려운 존재로 전율을 느끼게 하는 악마·마귀 할멈·도깨비 등이 모두 포함되므로 여기에서 편의상 나누어서 풀이했더라도 똑같이 해석해도 된다.

귀신이 꿈에 나타나면?

귀신 꿈은 여러분의 현재 마음이 갈등으로 어수선하고 착잡한 상태를 나타낸다고 한다.

꿈의 판단은 대체로 좋지 못한 악몽이지만 물·불 등 일곱 가지의 재앙에서 벗어나게 해 준다는 '칠복신(七福神)' 도 있고 '복도깨비' 도 있다는 말처럼 길몽인 경우도 있다.

따라서 귀신이 해주는 말은 현재 자신의 어려운 상황을 벗어날 수 있는 소중한 충고가 될 터이므로 그 말을 따라 매사에 조심하도록 하고, 대인 관계를 원만히 갖도록 노력하는 일이 그 대처 방법이라 할 수 있다.

귀신(악마) 등에게 쫓기거나 습격을 받는 꿈을 꾸면?

고생스런 일이나 걱정스러운 사건이 일어날 조짐이다. 자칫 잘못하면 하나밖에 없는 목숨까지도 내놓아야 할 만한 중대한 사건이 될 것이다.

귀신에게 쫓기다가 붙잡힌 꿈은?

생각만 해도 소름이 끼칠 일이다. 아무튼 이 꿈을 꾸면 어떤 사건의 범인이라는 혐의를 받거나 형사사건 문제로 경찰의 신세를 지게 될 것이다. 아니면 민사소송 사건으로 고민해야 할 징조이다.

귀신을 잡으러 쫓아가는 꿈을 꾸면?

물·불·사건·사고 같은 재난이나 재앙으로부터 벗어나는 이른바 칠복신의 도움으로 모든 일이 행운 쪽으로 호전될 징조이다.

귀신과 서로 싸우는 꿈은?

형사 사건으로 경찰에 불려 가거나 소송 문제로 애를 먹는 큰 사건이 일어날 징조이다. 그러나 건강을 잃지 않고 오래오래 장수할 길몽이기도 하다.

귀신(악마·마귀 등)이 집으로 들어오는 꿈을 꾸면?

집안에 불화가 생기어 부부 싸움이나 형제자매끼리 서로 다투게 될 것이다. 또한 남에게 속아넘어가 재산상 손해를 보게 될 것이다.

귀신(악마·마귀 등)을 총으로 쏘거나 칼로 찔러 죽이는 꿈은?

도박을 했다면 큰돈을 따게 될 것이고 복권을 사면 당첨될 확률이 높은 행운의 꿈이다. 또 소송을 했다면 승소할 것이다.

귀신(악마·마귀 등)에게 매여서 혹사당하는 꿈은?

귀신 등이 심하게 부려먹는 꿈을 꾸었다면 현실에서는 모든 일이 순조롭게 풀리어 잘 된다는 예지몽이다.

귀신(악마 · 마귀 등)에게 어떤 물건을 받은 꿈은?

하는 일이나 희망이 자기의 뜻대로 이루어진다는 좋은 꿈자리이다.

귀신(악마 · 마귀 등)들이 떠들며 춤추기 시작하는 모습을 보면?

지금까지 괴롭히던 고난이나 근심이 모두 사라지고 새로운 행운이 찾아올 조짐이다. 가운이 번창하게 된다는 조짐이기도 하다.

귀신(악마 · 마귀 등)이 찾아온 꿈은?

갈등이나 고민이 많아지고 병에 걸리거나 화재, 수난 등 재해에 특히 조심하라는 경고몽이다.

귀신(악마 · 마귀 등)이 떠나가는 모습을 보면?

고민 거리나 사건 등이 해결되고 소송 사건이 있다면 승소할 것이라는 징조이다.

자기가 귀신(악마 · 마귀 등)이 된 꿈을 꾸면?

깜짝 놀랄 일이다. 어쨌든 이 꿈은 운이 트여 재산상 큰 이득을 보는 등 행운이 찾아온다는 징조이다. 그러나 건강에는 적신호이니 특히 건강에 유의해야 할 것이다.

귀신(악마 등)에게 쫓기다가 붙잡힌 꿈은?

생각만 해도 소름이 끼칠 일이다. 아무튼 이 꿈을 꾸면 어떤 형사 사건에 연루되거나 범인이라는 혐의를 받아 경찰의 신세를 지거나 소송 사건으로 고민할 징조이다.

귀신(악마 등)과 싸우는 꿈은?

오래오래 장수를 누리며 산다는 조짐이다.

귀신(악마 등)과 싸워서 이긴 꿈은?

직업인은 지위가 향상되고 성공을 약속 받는 길몽이고 일반인에게도 행운이 찾아온다는 좋은 꿈이다.

귀신이 자기를 불러 세우는 꿈을 꾸면?

불행한 사건이 일어나거나 병에 걸릴 염려가 있으니 건강에 유의하라는 경고몽이다.

귀신과 싸워서 이긴 꿈을 꾸면?

형사 사건이나 소송 사건 등의 재판에서 승소할 것이다. 사회적 지위가 오르고 명성을 얻어 대성공을 약속받게 될 길몽이다.

귀신과 서로 싸워서 패배한 꿈을 꾸면?

싸워 이긴 경우와는 반대로 좋지 못한 일이 일어나 고민해야 할 흉몽이다.

길을 가고 있는데 갑자기 귀신이 나타나 불러세운 꿈은?

화재나 장마·도둑·교통사고 등 불의의 사고가 일어나거나 병에 걸릴 염려가 있으므로 재난과 건강에 특히 조심하라는 경고몽이다.

귀신(악마 등)에게 가위눌리는 꿈을 꾸면?

운이 트여 좋은 일이 있을 징조이다.

귀신(악마 등)에게 가위눌려 죽음을 당한 꿈은?

몸이 약해져 병에 걸리거나 남에게 방해를 받거나 박해를 당하는 등 "행복 끝 고생 시작"이라는 꿈이라 할 수 있다.

머리를 풀어헤치고 날아온 귀신이 자신의 머리를 휘어잡는 꿈은?

병에 걸려 시달림을 받을 징조이다. 특히 정신적인 고통으로 인한 정신병에 유의해야 한다.

험상궂은 귀신이 노려보는 꿈을 꾸면?

하는 일이 너무 벅차거나 나쁜 사람들에게 쫓겨 정신적 · 물질적 고통을 받을 징조이다.

입춘(立春) 때 '입춘대길(立春大吉)' 같은 좋은 운수를 바라는 글귀를 보거나 써서 붙이는 꿈은?

운이 트여 모든 일이 행운 쪽으로 호전될 징조이다.

귀신이 나타났다 사라졌다 하는데 자신은 잘 볼 수가 없는 꿈은?

좋지 않은 일이 있을 흉몽이다.

유령(귀신)이 붉은 옷을 입고 춤추는 모습을 보고 무섭고 깜짝 놀라 잠을 깬 경우는?

사건에 말려들어 코피가 터지도록 매를 맞을 것이다.

절 입구에 세워진 불법의 수호신인 금강역사(인왕) 상을 꿈에서 보면?

조심 · 걱정 등 정신적 고통 거리가 사라지고 환자라면 병마가 물러가 건강을 되찾을 징조이다.

인간의 생전 행동을 심판하여 상벌을 준다는 염라대왕을 꿈에서 보면?

모든 일을 신중히 하고 조심하라는 경고몽이다.

염라대왕의 사자(야차)라는 귀신을 꿈에서 보면?

그럴듯한 말에 꼬여 사기당하거나 병으로 인한 병마에 시달리거나 불행한 일이 일어날 조짐이 있다.

얼굴이 붉고 코가 크고 오뚝한 모습의 귀신이 날아오는 꿈을 꾸면?

남에게 융숭한 대접을 받는다는 좋은 꿈이다.

왕 · 부모 · 형제자매

■ 왕(임금) · 왕비(왕족) · 왕자

왕이나 왕자를 보거나 그 앞에 나아가게 되면 출세를 하게 되거나 높은 자리에 오르게 되는 길몽이다.

왕족(왕 · 왕비 · 왕자 · 공주 등)과 이야기하는 꿈은?

화기애애하게 이야기를 나누는 꿈은 걱정스러운 일이 생기게 된다는 예지몽이다. 그러나 만일 왕족이 여러분을 야단치거나 비난하거나 욕설을 퍼부으면 길몽으로 머지않아 좋은 일이 생길 것이다. 그렇지만 반대로 왕족을 야단치거나 욕설을 퍼붓거나 비난하면 흉몽으로 재난이 닥칠 것이다.

왕이나 왕비가 베푼 연회에서 음식을 먹으면?

윗사람으로부터 큰 대접을 받거나 높은 자리를 얻게 될 것이다.

왕이나 왕족의 자리에 오르게 되면?

근심 걱정스러운 일이 있게 될 것이다. 부인이라면 아이가 병에 걸리거나 남편과 헤어지는 일도 있을 것이다.

왕족이나 높은 자리에 있는 사람으로부터 음식 대접을 받으면?

갑자기 불행한 일에 휩싸이게 될 것이므로 몸조심하라는 경고몽이다. 특히 교통사고가 나거나 전염병에 걸릴 염려가 있으므로 유의해야 한다.

높은 사람이나 위대한 사람을 꿈에서 보면?

앞으로 입신출세하게 된다. 출세를 보장받는 길몽이다. 사업가는 크게 번창할 것이다.

*여기에서 높은 사람이나 위대한 사람은 대통령 · 유명한 학자 · 장관 · 국회의원 등을 말한다.

높은 지위에 오르는 꿈은?

대신이나 장관 · 국회의원 · 회장 등 높은 자리에 오른 꿈은 길몽이다. 모든 일이 생각대로 이루어지고 희망한 대로 될 것이다.

높은 사람으로부터 서장을 받거나 명함을 받는 꿈은?

뭇사람들로부터 명성과 신망을 얻게 될 것이다.

■ 부모

부모와 함께 나란히 걸어가는 꿈을 꾸면?

모든 일이 순조롭게 되어 나가며 하는 일이나 사업 · 가업 등도 크게 번영할 징조이다.

부모와 언쟁을 하거나 부모에게 꾸지람을 듣거나 야단맞는 꿈을 꾸면?

하는 사업은 크게 번창하게 되고 가업도 크게 번영하게 될 징조의 꿈이다.

부모와 헤어지는 꿈을 꾸면?

부모와 함께 살던 가족이 부모와 이별하는 꿈을 꾸면 집안에 분란이 일어나거나 가족끼리 다투는 일이 있을 것이다.

부모와 다투어 이기는 꿈을 꾸면?

하는 일에 손해를 보거나 특히 어머니와 다투는 꿈은 머지않아 불행한 일이 일어날 것을 암시해 주는 예지몽이다.

부모가 병에 걸리는 꿈을 꾸면?

부모님의 신상에 사고가 일어날 조짐이다.

부모님이 돌아가신 꿈을 꾸면?

가까운 시일 안에 생각지 못한 행운이 찾아올 길몽이다. 그러나 젊은 부모님이나 원기가 왕성한 부모님이 돌아가신 경우는 가난하게 되거나 하던 사업이 망하게 될 조짐이 있다.

부모님이 너무나 무서운 나머지 꿈속에서 살해하고 어째서 이토록 잔혹한가 고민하는 꿈을 꾸면?

이른바 '직계 존속 살인'의 꿈이다.

현실에서는 꿈의 주인공이 아직 독립심이 없이 이젠 독립해서 자기 행동을 자신이 책임지고 살아 나가야겠다는 것을 암시해 주는 꿈이다. 부모님 중의 아버지나 어머니 어느 쪽을 살해한 경우는 더욱 강한 독립심에 대한 욕망을 암시해 주는 꿈이다. 따라서 부모 도움 없이 살아나갈 준비를 해야 할 것이다.

어머니 품에 안기는 꿈을 꾸면?

집안은 화목해지고 병자에게는 병이 나아질 조짐이다.

꿈속에서 부모님을 만나게 되면?

뭇 사람들로부터 좋은 평판을 받아 신임을 얻게 되고 인기가 오를 길몽의 하나. 따라서 무슨 일이든 순조롭게 잘 되어 나가 활기찬 생활을 하게 될 것이다. 아버지나 어머니 중 어느 한 분을 만나도 마찬가지이다.

어머니가 대추를 한 알 주는 꿈을 꾸면?

과일을 받는 꿈은 병에 걸릴 좋지 않은 꿈이지만 대추는 꿈에 잘 나타나지 않는 과일이고 먹은 것이 아니라 받기만 한 꿈이므로 그럴 염려는 없다. 그러나 사소한 근심거리는 생길 것이다. 이를테면 늙으신 부모님에 대한 근심 같은, 또한 대추는 아주 작은 열매이므로 큰일이 있을 염려는 없다. 병이라 해도 가벼운 배앓이나 가벼운 감기 정도일 것이다.

큰어머니에게 빵과 만두를 파는 꿈을 꾸면?

빵·과자나 과일에 관한 꿈은 자신이 먹고 싶다는 욕망이 꿈으로 나타내는 경우도 있다. 큰어머니가 있는 곳으로 가서 팔았다면 그 욕망으로 인하여 큰어머니 또는 부근에 사는 친척에게 무슨 걱정거리 특히 질병에 대한 걱정거리가 있음을 상징하는 경우가 많다. 아니면 머지않아 병이 걸릴 염려가 있음을 암시해 주는 것이므로 건강에 유의해야 한다.

아버지와 단둘이 앉아 있거나 서로 이야기를 나누는 꿈을 꾸면?
앞으로 세웠던 계획이 실패할 염려가 있음을 암시해 주고 있다. 아버지는 권위의 상징이며 그 권위에 의해서 자신의 뜻이 꺾임을 나타내기 때문이다.

■ 형제자매

멀리 떨어져 있던 형제자매가 갑자기 찾아온 꿈을 꾸면?
그들에게 신상의 걱정거리나 문제가 일어날 조짐이다.

형제자매가 사이좋게 지내는 꿈은?
현실은 반대로 재산 문제로 서로 다툼이 일어난다는 암시이다. 또 반대로 형제 중에 누군가가 불행을 당하는 꿈을 꾸었다면 그 사람이 크게 성공하고 하던 일도 잘 되리라는 예지몽이다.

형제자매와 서로 다투는 꿈을 꾸면?
좀처럼 얻을 수 없는 아주 좋은 행운이 찾아오게 된다는 예지몽이다.

형제자매와 서로 헤어지는 꿈은?
남에게 비난을 받거나 남의 입에 오르내리는 구설수가 있거나 다투게 된다.

형제를 꿈에서 보면?

앞으로 행복해지고 장수할 꿈이다.

형제자매와 함께 걸어가는 꿈을 꾸면?

머지않아 여행을 떠나게 될 것이다.

형제가 서로 때리는 꿈을 꾸면?

앞으로 불행이나 재난이 닥치더라도 이겨낼 수 있다는 조짐이다.

자매와 서로 대화를 나누는 꿈을 꾸면?

머지않아 반가운 소식이 올 것이다.

자매와 언쟁을 하는 꿈을 꾸면?

앞으로 점점 부를 축적하게 될 예지몽이다.

형제자매가 서로 시시덕거리며 노는 꿈은?

형제자매 중에 누구와 놀든 아무튼 좋지 않은 일이 있을 조짐이다.

형제자매 중에 누군가가 병에 걸리거나 죽는 꿈을 꾸면?

이 꿈을 새벽녘이나 동틀 때 꾸면 꿈대로 그러한 일이 일어나게 된다. 그러나 다른 때에 그런 꿈을 꾸었다면 오히려 좋은 일이 있을 것이라는 길몽이다.

누이동생이 태어났다는 소식을 들은 꿈은?
소송중이면 재판에서 승소하여 이득을 보게 될 것이다.

형제자매와 함께 배를 타는 꿈을 꾸면?
이 꿈을 꾼 사람에게 큰 행운이 찾아오게 된다는 조짐이다.

부모와 형제자매가 함께 모여서 잔치를 벌이는 꿈은?
하는 일마다 순조롭게 되어 가는 길몽이다.

형제자매가 한 방에서 같이 잠자는 꿈은?
뜻밖에 남에게 협력이나 지원을 받게 되는 등 생각지 않은 행운이 찾아온다는 징조의 길몽이다.

형제자매 중의 누군가가 결혼하는 꿈을 꾸면?
이 꿈에 나타난 결혼 당사자의 신상에 걱정거리가 생길 조짐이다.

평소에 뜻이 맞지 않은 형제자매를 꿈에서 보면?
신상에 걱정거리나 재난이 닥치게 될 징조이다.

형제자매와 여행 도중에 헤어지게 되면?
물건을 잃어버리거나 하는 일이 실패하기 쉬우므로 조심을 해야 한다.

형제자매가 함께 물건을 자르거나 베는 꿈을 꾸면?
서로 헤어지게 될 조짐이다.

형제자매에게 예물을 주는 꿈은?

공무원이나 회사원이면 공금을 횡령하게 되고 결국 발각되어 재산상 큰 손실을 입게 된다.

형제자매의 집을 찾아간 꿈을 꾸면?

지위가 높은 손님이나 귀한 손님이 찾아오게 된다는 예지몽이다.

■ 부부

부부가 다정하게 술을 마시는 꿈을 꾸면?

꿈속과 반대로 마침내 이혼하게 되거나 별거를 하게 된다.

남편의 발에 차이게 되는 꿈은?

남편에게 더욱더 사랑을 받게 된다.

부부 싸움을 하는 꿈을 꾸면?

남편, 아내 어느 쪽이든 재산상 손해를 보거나 병에 걸릴 염려가 있다. 같은 부부 싸움이라도 부부가 언쟁을 하는 것은 흉몽이나 서로 때리면서 심하게 싸우는 경우는 오히려 길몽이다. 또 임신부가 이 꿈을 꾸면 아들을 낳을 수 있다.

부부가 나란히 앉아 있는 꿈을 꾸면?

하는 일마다 순조롭게 잘되고 행운이 찾아온다는 길몽이다.

남편이 근무지를 옮기게 되는 꿈은?

부부 생활이 원만해지고, 가정이 화목하게 된다.

부부가 함께 잠자는 꿈을 꾸면?

가정에 분란이 일어나고 부부 문제로 말썽이 일어날 징조이다.

남편이 살해당하는 광경을 본 꿈은?

부부간의 사이가 더욱 돈독해져서 즐거운 부부 생활을 하게 된다.

부부가 잠자리를 같이할 때에 아내가 남편을 끌어안는 꿈을 꾸면?

보통은 남편이 아내를 끌어안는데 이는 오히려 좋지 않은 꿈으로 부부간의 트러블이 있을 것이라는 예지몽이다. 그러나 아내가 남편을 끌어안으면 좋은 일이 생길 길몽이다.

남편과 아내와 애인이 함께 잠자는 꿈을 꾸면?

현실에서는 가정은 파탄이 오고 회사는 도산하는 등 불길한 꿈이다.

남편의 내연의 처를 본 꿈을 꾸면?

남편이 아내를 더욱 사랑하게 될 것이다.

남편이 바람이 난 꿈을 꾸면?

젊은 부부가 이런 꿈을 꾸었다면 그 꿈대로 되기가 쉬우므로 주의해서 남편을 살펴보라는 뜻. 그러나 나이든 노년기의 부부라면 오히려 건강하고 행복한 부부 생활을 하게 된다는 길몽이다.

아내가 헤엄쳐 강을 건너가는 꿈을 꾸면?

부부간에 불화가 생겨 사이가 나빠질 조짐이다.

아내가 바람이 난 꿈을 꾸면?

이런 꿈을 꾼 남편은 걱정할 필요가 없다. 오히려 남편의 지위가 승진되고 주위 사람들에게 칭송을 들을 꿈이다.

이혼하거나 별거하는 꿈 또는 이혼장을 받는 꿈은?

길몽 중의 하나. 기다리던 일이 이루어지거나 기다리던 사람이 찾아온다.

부부가 함께 백발이 된 모습을 본 꿈은?

나이든 부부가 머리를 빗으며 멋을 내거나 백발을 물들이는 모습은 경사스러운 일이 있다는 길몽이며, "검은머리가 파뿌리가 될 때까지" 백년해로한다는 예지몽이기도 하다.

부부가 함께 미끄러지는 꿈을 꾸면?

부부가 사이좋게 백년해로할 것이라는 예지몽이다.

아내가 시집가는 꿈을 꾸면?

머지않아 아내와 사별하게 되리라는 예지몽이다.

부부가 서로 맞절을 하는 꿈을 꾸면?

앞으로 머지않아 헤어지게 된다는 암시이다.

아내가 큰 담 밑에서 아이를 낳는 광경을 보면?

공직자는 관직이 오르고 실직자는 직업을 얻게 되며 사업가는 재물을 모을 길몽이다.

아내가 자신이 임신한 꿈을 꾸면?
　앞으로 몸이 건강해진다는 청신호. 모든 일이 순조롭게 잘된다는 예지몽이기도 하다. 따라서 현재 어렵더라도 조금만 견디면 행운이 찾아올 것이다. 다른 임산부를 꿈에 보았어도 마찬가지이다.

꿈에서 아내가 화려한 비단 옷을 입고 있는 모습을 보면?
　아내가 아이를 가질 꿈으로 귀한 아이들을 낳을 태몽이기도 하다.

아내가 다른 사람과 싸우는 꿈을 꾸면?
　머지않아 아내와 사별하거나 별거하거나 이혼하거나 아무튼 헤어질 꿈이다.

부부가 함께 물 속으로 들어가는 꿈을 꾸면?
　좋은 일이 있을 길몽이다.

남편이 체포되어 형벌을 받는 꿈을 꾸면?
　아내가 딸을 낳을 태몽이다.

부부가 바다를 항해하는 꿈을 꾸면?
　부부 생활이 원만해지고 가정이 화목해진다.

남편이 다른 여자를 얻어 아이를 낳는 꿈을 꾸면?
　좋지 않았던 일이 뜻밖에 호전되어 좋은 결과를 낳게 될 것이다.

뚱뚱한 아내가 꿈에서 말라보이면?
　아내가 임신하여 아이를 낳을 태몽이다.

남의 아내를 안아 보는 꿈을 꾸면?
앞으로 경사스러운 일이 있을 것이다.

아내의 옷차림이나 행동이 단정하지 못한 꿈을 꾸면?
부부간의 불화가 생길 조짐. 가정이 자칫 파탄을 맞게 될 수도 있다.

남편이 두 사람이 되어 보이는 꿈을 꾸면?
남편에게 다른 여자에 대한 마음이 있음을 알려주는 예지몽이다.

부부가 성교하는 꿈을 꾸면?
부부가 육체 관계를 갖는 꿈은 좋지 않다는 설이 많은데 같은 육체 관계라도 서로 쾌감을 얻는 관계는 아주 좋은 일이 있으리라는 행운의 암시. 그러나 만족하지 못한 성관계나 주위 사람들의 방해로 원만한 관계를 이루지 못한 성교는 손해를 보게 되는 불길한 꿈이다.

아내가 바들바들 떨고 있는 꿈을 꾸면?
가정 불화가 생기고 부부 관계가 원만하지 못하게 될 것이다.

아내가 간통하는 것을 목격하고 분을 참지 못하고 그 자리에서 죽여버리는 꿈을 꾸면?
사업가는 갑자기 번창하게 되고 계획한 일이 뜻밖에도 이루어진다. 그러나 목격만 하면 가정 불화가 생기고 부부 사이가 나빠진다.

아내가 노래부르는 꿈을 꾸면?
가정이 화목해지고 부부 관계가 원만하게 된다.

부부가 같이 쇼핑하는 꿈을 꾸면?
앞으로 재물을 모으게 될 징조이다.

아내의 목을 조르는 꿈을 꾸면?
필요한 때에 친구나 친지의 도움을 받아 뜻을 이루게 된다.

아내의 음문(陰門)을 보는 꿈은?
사람들로부터 생각지 않은 시비를 당하거나 비방하는 말을 듣는다.

아내가 형벌을 받게 되는 꿈을 꾸면?
처갓집 재산을 상속받게 될 징조이다.

아내가 남자아이를 낳는 꿈은?
병자는 병이 낫고 사업가는 큰 이득을 얻는 좋은 꿈이다.

아내가 다른 사람과 다투는 모습을 보면?
아내가 병이 들 것이다.

아내가 힘들어하며 일하는 모습을 보면?
식구가 늘어날 꿈이다.

아내와 자식이 함께 우는 꿈은?
재산을 잃어 가난해지거나 병을 얻어 고통을 겪을 징조이다.

아내를 야단치고 혼내주는 꿈을 꾸면?

현실에서는 아내를 더욱더 사랑해 줄 것이다.

아내가 남자 모습이 된 꿈은?

길몽의 하나다. 하는 일이 순조롭게 잘 될 것이다.

아내가 남편에게 화를 내며 덤비는 꿈은?

꿈대로 부부간의 사이가 좋지 않게 될 것이다.

■ 자식(아들, 딸)이나 아이

자식(아이)이 훌륭한 사람이 된 모습을 보면?

꿈에서 본 그 아이와 형제자매가 되는 아이의 신상에 좋지 못한 일이 일어난다는 것을 알려주는 예지몽이다.

어른이 다시 어린이가 된 꿈은?

그 아이의 앞길이 험난하고 좋지 않은 일. 특히 소송 사건, 파산이나 도산되는 일이 일어난다는 예지몽이다.

자식(아이)이 태어나는 꿈을 꾸면?

길몽이다. 머지않아 좋은 일이 생길 것이다.

아들(딸)을 끌어안는 꿈을 꾸면?

사내아이를 끌어안는 경우는 매우 좋은 꿈으로 앞으로 하는 일마다 잘될 것이다. 그러나 여자아이를 끌어안는 경우는 구설수가 있을 좋지 않은 꿈이다.

아이(자식)와 사별하여 엉엉 우는 꿈을 꾸면?

만일 그 자식이 기운이 팔팔한 건강했던 아이라면 가정에 분란이 일어날 것이다. 현재 병들어 있던 아이라면 꿈과 같이 머지않아 사별하게 될 것이라는 예지몽이다.

아이(자식)가 부모를 그리워하고 있는 모습을 보면?

하는 일이 어떤 장애에 부닥치거나 고생을 하게 될 것이라는 좋지 않은 꿈이다.

잘 모르는 아이를 꿈에서 보면?

하는 일·계획이 아직도 부족하다는 충고를 해주는 꿈이다. 그 아이의 성격이나 행동에 따라 지금의 상황이 달라지게 된다는 것을 암시해 준다.

자기가 아이가 되는 꿈을 꾸면?

하던 일이 잘 되지 않는 꿈으로 좋지 않은 운수임을 암시해 준다.

자기가 잘 아는 사람이 아이가 되어 나타나면?

그 사람의 신상에 좋지 않은 일이 일어난다는 것을 암시해 주는 꿈이다.

아기나 아이가 꿈에 나타나면?

아이는 대부분의 경우 어떤 일의 출발을 의미하므로 아기나 아이를 꿈에서 보면 새롭게 출발하게 됨을 일러주는 예지몽이다.

아들이 태어나 끌어안는 꿈을 꾸면?
 바라던 일이 뜻대로 이루어질 징조이다.

딸이 태어나 끌어안고 있는 꿈을 꾸면?
 돈이나 물건 등 재산을 잃어버릴 징조이다.

다른 사람이 아들을 낳은 것을 보면?
 아이를 낳을 태몽이다.

다른 사람이 딸을 낳은 것을 보면?
 돈이나 물품 등 재물을 얻게 될 조짐이다.

변소에서 아내가 아이를 낳는 꿈을 꾸면?
 재산이 늘어나고 재물을 얻을 길몽이다.

아내가 고층 빌딩 안에서 아이를 낳는 꿈을 꾸면?
 재물을 얻게 되고 행운이 찾아올 길몽이다.

아이가 따라다니며 떨어지지 않으려고 하는 꿈을 꾸면?
 그 아이에게 뜻밖의 사고나 불행한 일이 일어날 염려가 있으므로 화재나 익사·교통사고 등에 유의해야 한다.

자기 자신이 아기로 어머니 뱃속에서 태어나는 꿈을 꾸면?
 뭇 사람들로부터 신망을 얻게 되고 모든 일이 순조롭게 술술 잘 풀려 나간다.

쌍둥이나 두 쌍둥이가 마시는 것을 보면?
남과 다투거나 언쟁을 할 염려가 있으므로 언행을 조심해야 한다.

쌍둥이가 된 꿈을 꾸면?
쌍둥이가 된 모습을 보고 깜짝 놀란 꿈은 마음이 불안스럽고 정신 이상을 일으키기 쉽고 병들 조짐이다.

■ 친척

친척인 아저씨나 아주머니를 만나는 꿈은?
축하할 만한 대단한 길몽이다. 혼담이 오가는 사람이라면 머지 않아 결혼에 골인하게 됨을 알리는 예지몽. 또는 아저씨나 아주머니의 재산을 상속받게 되는 경우도 있다. 또 아들을 낳을 태몽이기도 하다.

멀리 있는 아저씨나 아주머니가 죽는 것을 보면?
꿈대로 그 사람이 곧 죽게 되든지 아니면 중병에 걸리든지 환자라면 병이 악화되는 등 매우 어려운 처지에 놓이게 될 것이다.

멀리 있는 친척을 만나게 되면?
모든 일이 순조롭게 잘 풀려 나가고 행운이 열려 좋은 일이 잇따라 있을 징조이다.

집에서 쫓겨난 친척을 보면?

지위가 올라가거나 계급이 올라간다.

친척과 다투는 꿈을 꾸면?

집안 식구 중에 누군가가 병이 들게 된다.
사업가는 사업이 잘 되어 큰 이득을 보게 된다.

■ 친구

꿈에 나타난 친구는 자신의 분신이라고 한다. 꿈에 친구가 나타나면 좋은 인간 관계를 쌓고 있다는 증거로 그 친구와 협력 관계를 잘 유지해 가고 있음을 암시하는 것이다. 만일 무슨 문제가 있다면 그 친구의 표정이나 태도가 문제를 해결하는 데 열쇠가 될 수 있다.

친구가 꿈에 나타나면?

생각지도 않았던 사람으로부터 반가운 소식이 오거나 곧 즐거운 일이 있을 것이다.

친구와 함께 노래를 부르면?

병자라면 병이 낫게 된다는 암시이고 보통 사람이라면 건강해지고 모든 일이 잘 된다는 예지몽이다.

멀리서 친구가 찾아온 꿈은?

앞으로 좋은 일이 있을 예지몽이다. 그러나 찾아온 그 친구와 함께 술을 마시거나 음식을 먹으면 병에 걸리게 된다. 또 친구한 테서 선물을 받으면 손해를 보게 된다.

친구가 남에게 모욕을 당하는 꿈을 꾸면?
친구의 도움이 꼭 필요한 때에 도움을 받지 못하게 될 것이다.

친구에게 음식 대접을 받는 꿈은?
친구에게 음식 대접을 받거나 술대접을 받으면 병에 걸리는 등 좋지 않은 일이 있으나 그 음식이나 술을 먹지 않았다면 지위가 높아지거나 좋은 자리로 가게 되는 등 좋은 일이 있을 것이다.

친구가 헤엄쳐 강을 건너가는 꿈을 꾸면?
그 친구가 다시는 교제하지 않겠다고 단념해 버릴 것이다.

친구와 말다툼을 한 꿈을 꾸면?
나쁜 평판이 나서 모든 사람들로부터 따돌림을 당하여 고독하게 된다. 그러나 싸우는 도중에 친구에게 맞는 꿈은 좋은 꿈이다. 다른 사람의 도움이나 협력자를 얻게 되어 이익을 보게 된다.

친구와 함께 여행을 가는 꿈을 꾸면?
너그러운 품성과 이름이 널리 알려질 것이다.

친구와 함께 일하는 꿈은?
길몽이다. 행운의 신이 도와줘 현재 걱정하고 있는 문제도 해결될 것이다.

친구와 함께 산책하는 꿈을 꾸면?

친구가 도와줄 것이다.

친구의 승진이나 출세를 축복해 주는 꿈은?

머지않아 좋은 일이 일어날 것이라는 길몽이다.

친구의 결혼식 피로연에 참석한 꿈은?

앞으로 좋은 인연이나 결혼 상대자가 생기게 된다는 암시이다.

친구와 함께 사냥하러 가는 꿈을 꾸면?

직장인이라면 곧 해고될 징조이다.

■ 애인

애인과 함께 걸어가는 꿈은?

두 사람에게 재난이 닥쳐온다고 암시해 주는 좋지 않은 꿈이다.

애인과 농담을 주고받는 꿈을 꾸면?

서로 깊은 사랑을 받게 될 징조이다. 또 바라던 일이 이루어지는 길몽이다.

애인과 데이트하는 꿈을 꾸면?

모아 놓은 재산을 잃어버리게 될 것이라는 암시이므로 유의해야 한다.

누구를 사모하는 꿈을 꾸면?

누군가를 사모하는 꿈은 어떤 사람에게 의지하고 싶다는 마음의 표시로 머지않아 남에게 야단을 맞거나 욕을 얻어먹을 것이다.

애인에게 사랑받는 꿈은?

생각하지 못할 정도로 즐겁고 재미있는 일이 있을 것이다.

애인이 자신을 넋 나간 듯 쳐다보는 꿈은?

자신의 실력을 발휘할 좋은 찬스를 얻게 되어 뜻을 이루게 된다.

애인과 싸우는 꿈은?

애인으로부터 바라던 기쁜 소식이 올 것이다.

애인과 함께 하늘을 날아가는 꿈은?

목숨을 잃을 듯한 위태로운 처지에서 겨우겨우 살아날 징조이다.

애인에게 사랑을 고백하는 꿈은?

주변 사람들에게 업신여김을 당하거나 중상 모략에 빠져 괴로움을 겪게 된다.

애인에게서 사랑의 고백을 듣는 꿈은?

어렵던 상황이 호전되어 바라고 바라던 일이 이루어진다.

애인과 사랑의 밀어를 주고받는 꿈은?

사랑하는 애인이 어딘가 멀리 떠나가 버린다는 슬픈 일을 알리는 꿈이다.

애인을 만났는데 무슨 말을 물어도 대답도 하지 않고 말도 잘 하려고 하지 않는 꿈은?

애인의 마음이 당신으로부터 멀어져 가고 있다는 암시이다.

애인과 함께 무슨 일인지 슬퍼서 엉엉 운 꿈은?

이 애인은 언젠가는 헤어져야만 하는 운명에 놓이게 된다.

애인을 붙잡는 꿈은?

현재 애인 사이가 아닌 남녀가 이 꿈을 꾸었다면 당신에게 소중한 사람과 헤어지게 될지도 모르니 대인 관계를 잘 하라는 경고이기도 하다. 서로 사귀는 사이라면 당신이나 상대방이나 서로 깊이 사랑하고 있다는 암시이다.

애인이 있는 방을 엿보는 꿈은?

상대방이 자기와의 결혼을 주저하고 있다는 암시이다.

사랑하는 애인이 다른 사람을 사랑하는 꿈은?

애인이 다른 사람에게 사랑을 표시하거나 호의를 베풀어주는 꿈은 머지않아 재난이 닥친다는 뜻이기도 하다.

애인과 잠자리를 같이하는 꿈은?

꿈속에서 애인과 함께 잠자리를 하는 꿈은 머지않아 다툼이나 싸울 일이 생기게 된다는 조짐이다.

애인과 결혼식을 올리는 꿈은?

사랑하는 애인과 결혼으로 골인하지 못하고 다른 사람과 결혼하게 될 것이라는 조짐.

애인을 만났는데 모른 체하고 지나가 버리는 꿈을 꾸면?
꿈대로 머지않아 애인과 헤어지게 될 것이다.

애인과 사랑의 도피를 하는 꿈은?
골치가 아픈 다른 곳에서 혼담이 들어와 마지못해 결혼하게 되는 등 좋지 않은 일들이 일어날 흉몽이다.

애인과 성 관계를 갖는 꿈은?
모아 놓은 재산을 잃어버리게 될 징조이므로 매사에 조심해야 한다.

짝사랑하던 사람을 껴안는 꿈은?
평소에 마음먹었던 일을 하게 되지만 심적 고통과 어려움 들이 뒤따르게 되므로 많은 노력이 필요하다.

애인이 아이를 갖는 꿈을 꾸면?
애인이 임신한 꿈을 꾸면 그녀의 사랑을 다른 남자에게 빼앗길 염려가 있다.

2. 생활터전에 관한 꿈

■ 건물

인간의 생활 중에서 가장 중요한 생활 터전은 집과 건물이다. 그래서 일반적으로 집과 건물에 관한 꿈은 그 사람의 전환적인 운수를 말하고 사람의 몸으로 상징해서 나타낸다고 한다. 이를테면 지붕은 두뇌, 창문은 눈, 대문은 입… 하는 식으로 나타낸다. 그렇다면 방안, 부엌, 다락, 벽, 화장실 등은 몸의 어디를 상징하며 나타내는 것일까? 해몽할 수가 없게 된다.

그렇기 때문에 근래에는 집·건물의 겉모습과 집안(내부), 둘로 나누어 겉모습은 그 사람의 대인 관계나 사회적 활동 등 외부적 운수를, 집안은 잠재적 능력 등 그 사람 내면의 세계에 대한 운수를 바탕으로 해서 해몽을 한다.

아무튼 크고 훌륭한 집·건물은 건전한 생활·안정된 상태를 예지하고, 작고 초라한 집은 불안하고 고달픈 상태를 예지한다고 보며 1

층은 개성을, 2층은 이상을, 3층 이상은 재능을, 지하는 잠재적인 욕구나 내분 등을 나타낸다고 보아서, 이를 바탕으로 각각의 상황에 따라 해몽을 한다.

저택이나 크고 훌륭한 집을 꿈에서 보면?

자기 집이든 남의 집이든 꿈에서 이런 집을 보았다면 운수가 강세로 호전되고 있음을 나타낸다. 하는 일마다 행운이 따르므로 생활이나 터전이 안정되게 자리잡고 재산이 늘어날 조짐이다.

물론 아무리 크고 훌륭한 집이라도 곳곳에 구멍이 뚫리고 허술하게 지어졌다면 늘어나는 재산은 모아지기가 바쁘게 지출되고 안정된 생활도 흔들리게 될 것이다. 빛 좋은 개살구, 그림의 떡이라 할 수 있다.

대저택이나 큰집이 바람에 흔들거리거나 움직이는 것을 보면?

집이 흔들리면 생활의 기반이 흔들리는 것과 같으므로 이 꿈을 꾸면 사업가는 부도가 나는 등 사업이 실패할 확률이 높다. 또한 재물이나 재산상 손실을 보게 될 조짐이 있다. 또한 앞서 말했듯이 집안은 사람의 내면 의식을, 집의 겉모습은 외적인 활동을 의미하므로 갑자기 병이 들어 고민하게 될 것이다.

집이 낡아서 수리하는 꿈을 꾸면?

지금까지의 방법이나 생각으로는 잘 될 수가 없으니 새로운 아이디어나 사고 방식으로 새로운 방법 수단이 필요함을 알리는 예지몽이다.

144

집을 새로 고쳐 짓는 꿈은?

행운이 머지않아 찾아온다는 예지몽이다. 행운이 찾아오니 하는 일마다 더욱 발전 번창할 것이다.

울타리(담장)를 수리하는 꿈은?

실속을 튼튼히 한다는 뜻이니 운세가 불운에서 행운 쪽으로 호전됨을 알리는 암시이다. 그러므로 무슨 일이나 잘 되어 나갈 것이다.

집안을 청소하는 꿈은?

소식이 없던 친척이나 아는 사람이 갑자기 찾아오거나 멀리서 기쁜 소식이 올 것이라는 조짐이다.

집을 새로 짓는 꿈은?

운세가 점점 강세로 호전되어 감을 나타낸다. 좀더 참고 기다리면 행운이 찾아온다는 예지몽이다.

사업에는 재운이 따를 것이고 미혼 남녀는 결혼을 하게 될 것이다.

살고 있는 집이 무너지는 꿈은?

갑자기 집이 헐어지거나 무너지는 꿈은 건강상에 문제가 있음을 암시한다. 건강 진단과 처방이 필요하다.

집을 사들이는 꿈은?

운세가 점점 상승할 조짐이다.

그러므로 계획이나 기획했던 일(사업)을 힘껏 추진하면 뜻을 이루게 될 것이다. 또한 환자는 병세에 차도가 있어 점차 나아질 암시이다.

집을 파는 꿈은?

운세가 강세를 나타내므로 무슨 일이든 노력하면 뜻대로 이루어질 것이다.

자신의 집을 새로 지으려고 허물면?

사업가는 새로운 사업을 기획하게 되거나 직장인은 새로운 직책을 맡거나 새 일을 시작하게 될 조짐이다.

집의 일부가 허물어지는 꿈은?

사업체나 회사 등이 도산되거나 침체될 조짐이다. 또한 직장인은 좌천되거나 실직될 것이며 명예가 떨어질 것이다.

이사하는 꿈은?

현재 살고 있던 집보다 크고 훌륭한 곳으로 이사가면 운세가 트여 모든 일이 잘 될 조짐이다. 즉 입학·취직·새 사업 등이 뜻대로 이루어질 것이다. 그러나 전보다 작거나 초라한 집으로 이사가는 꿈이라면 운세가 불운 쪽으로 기울어져 불행한 일이 있다는 암시이다. 새집으로 이사하는 경우도 마찬가지이다.

텅 빈 초가집을 보면?

꿈에서 본 그 상황처럼 쓸쓸하고 허전한 생활을 하게 될 조짐이다.

이사한 집으로 이삿짐을 들여놓는 꿈은?

부탁한 일이나 청원한 일이 뜻대로 이루어지고 사업이 번창하게 될 조짐이다. 직장인은 바라던 자리에 자리잡고 안정된 직장 생활을 보장받을 것이다.

이사하려고 이삿짐을 밖에 내놓거나 옮기거나 차 위에 싣는 꿈은?

지금까지 하던 사업에서 다른 사업으로 바꾸거나 다른 일을 하게 되거나 사업장을 이전할 조짐이다.

직장인은 전근 가거나 새로운 환경에서 일하게 될 것이다.

예전에 살았던 집을 보면?

예전 집에 살던 일로 마음의 상처를 받는다는 암시이다.

집안에서 번쩍번쩍 빛나는 빛을 보면?

생각지 않은 큰 이득을 얻게 될 조짐이다.

건물(빌딩) 위에 올라가 사방을 바라다보는 꿈은?

높은 지위에 오르거나 지도자가 되어 크게 활약할 것이다.

건물 안에 앉아 있는 꿈은?

운수가 강세로 호전되어 하는 일은 모두 자신의 뜻대로 이루어진다는 길몽이다.

건물 위에서 내려오는 꿈은?

행운이 불운 쪽으로 기울어지는 운수이므로 하는 일이 제대로 되지 않거나 정체, 침체될 조짐이다.

1층에 관한 꿈을 꾸면?

건물의 1층은 건물의 상징인 대인 관계와 자신의 개성을 암시한다. 1층에서 살거나 1층 안에 있거나 1층을 바라본 꿈은 현실에 만족할 수 없어 불평 불만에 쌓여 있음을 암시한다. 자신의 고집을 누그러뜨리고 상대방이나 많은 사람들의 의견을 따르라는 경고몽이기도 하다.

2층에 관한 꿈은?

2층 안에 살거나 2층에 있거나 2층을 바라보는 꿈은 모든 일이 자기가 바라던 대로 되어 간다는 암시이다. 대인 관계도 문제없이 원만하게 되어 가서 머지않아 높은 자리에 오르거나 거래처가 날로 증가하여 큰 이득을 보게 될 것이다.

3층(또는 3층 이상)에 관한 꿈은?

3층은 2층에서 이루지 못한 꿈까지 모두 실현된다는 최고의 행운을 암시한다. 즉 숨겨진 잠재 능력을 한껏 발휘하게 되어 마침내 미처 생각지도 못했던 성과나 이득을 얻게 될 것이다. 그러나 방안이나 복도나 주위 환경이 깨끗하지 못하거나 조잡하다면 그 성과나 이득도 겉만 번지르르한 실속 없는 껍데기에 불과하다. 주위 환경이 깨끗한 곳일 때에만 그 행운이 그대로 살아난다. 또한 주위가 시끄럽다든지 아직 공사가 다 끝나지 않았을 때에는 아직 좀더 기다려야만 그 행운과 공적이 빛나게 될 것이다.

건물이 헐어지거나 무너지는 꿈은?

헐어진 건물 안에 있거나 무너지는 건물 안에 있거나 그런 건물을 본 꿈은 사업가는 부도가 나는 등 도산의 위기에 놓이게 되고, 직장인은 해직·면직·파면 당할 조짐이 있고 수험생은 시험에 떨어질 징조이다. 또한 병에 걸릴 암시이기도 하다.

건물에서 내려오는 꿈은?
행운에서 불운으로 내려가는 운수이므로 이 때에는 무슨 일을 하든 정체되거나 침체될 것이다.

건물을 새로 짓는 꿈은?
어느 팀을 구성하거나 단체·조직을 새로 만들 것이다. 점점 상승하는 운수이므로 하는 일마다 잘 되어 나가고 돈이나 재물이 들어올 조짐이다.

고층 건물(빌딩)의 옥상에 관한 꿈은?
사물을 관찰 판단하는 능력이 뛰어나 선생이나 지도자 또는 우두머리가 될 조짐이 있다. 그러나 다른 사람과 타협을 잘 하지 못하고 주위 사람들로부터 따돌림을 받는 이른바 왕따 당하는 경우가 많은 데다 자기 자신이 주위 사람과 잘 어울리지 못한 천성 때문에 항상 고독한 나날을 보낼 것이다. 즉 고립되고 고독한 생활을 스스로 불러들이는 셈이지만 현실 문제에서는 남과 잘 어울리고 타협도 곧잘 한다.

허물어진 집이나 아주 낡은 집을 보면?
집은 몸을 담고 살아가는 터전인데 허물어지거나 낡았다면 결코 좋을 리가 없다. 특히 몸이 쇠약해져 병이 들거나 환자가 이 꿈을 꾸었다면 병세가 악화될 조짐이다.

아무도 살지 않는 빈집을 보면?
하는 사업이나 진로에 장애를 초래한다는 암시이다. 또한 환자에게는 병세가 더욱 악화됨을 의미한다. 특히 교제하는 남녀간의 사랑, 부부간의 사랑에 극도의 불만을 암시한다. 즉 자신의 텅 빈 듯한 공허한 마음을 나타낸다.

집안에 풀(잡초)이나 나무가 자라나 있는 꿈은?
고통과 시련이 뒤따를 조짐이다. 또한 돈이나 재물을 잃게 될 것이다. 따라서 투기나 도박은 금물이다.

아파트나 맨션 아파트 · 빌라 등에 관한 꿈은?
아파트나 맨션 아파트는 단독 주택이나 일반 한옥과 달리 외부와 완전히 단절된 어느 누구도 방해하기 어려운, 그곳에 사는 사람 자신만의 세계를 의미한다. 그러므로 자신이 속해 있는 "단체나 조직" 또는 "좁은 인간 관계"를 나타낸다.

* 3층 이상에 살고 있는 꿈은 그 단체나 조직으로부터 스트레스나 압력을 받아 괴로운 나날을 참고 견디어 내면 조그마한 소원은 이루어진다는 암시이다.

* 3층 이하에 살고 있는 꿈은 희망에 부푼 새로운 시작을 의미하므로 아직은 불만의 시기임을 암시한다.

천막(텐트)에 관한 꿈은?
천막은 옛날 유목민의 생활처럼 자유롭지만 한 곳에 정착하지

못하고 불안정한 상황을 암시한다. 따라서 이 꿈을 꾼 사람은 방
랑 생활을 간절히 바라므로 일상 생활에서 그런 티가 나타난다.
또한 새로운 세계, 변화된 세계를 바라므로 한 곳에 일정하게 있
지 못하고 거처를 옮기거나 여행을 떠나게 될 것이다.

호텔에 관한 꿈은?

일상 생활에서 벗어나 자유로이 여행을 한다든지 또는 새로운
인간 관계를 가질 조짐이다. 따라서 사랑하는 사람과 또는 가족
과 헤어져 여행갈 것이라는 암시이다. 또한 새로운 친구가 생기
게 된다는 암시이기도 하다.

호텔에 취직해서 일하고 있는 꿈은?

주위 사람들 때문에 애쓰거나 수고를 해야 할 일이 생길 것이
다. 또한 남의 일에 말려들어 공연한 손해나 손실을 스스로 떠맡
게 될 조짐이다.

호텔에서 숙박하는 꿈은?

가족이나 친지와 불화가 생겨 집안끼리 또는 형제끼리 서로 서
먹서먹하게 지낼 조짐이다.

■ 문(대문·현관문·방문)

문은 그 인생의 전체적인 면, 특히 대외적인 면, 대인 관계 등
을 상징한다. 따라서 문이 좋고 큰문이면 계획한 일이나 목표, 현
재 진척시키는 일 등이 잘되어 튼튼한 기반을 쌓게 될 것이라는

청신호. 반대로 초라하고 좋지 않은 문은 고통과 어려움이 뒤따른다는 좋지 않은 암시이지만 그렇다고 결코 나쁜 꿈은 아니다. 그 고통과 어려움은 하나의 과정일 뿐이므로 참고 견디어 내면 머지않아 승승장구한다는 예지몽이기 때문이다.

문이 열리거나 문을 여는 꿈은?
막혔던 운세가 행운 쪽으로 호전됨을 상징한다. 따라서 바라던 목표나 소원 등이 이루어질 것이다. 문이 저절로 열리거나 열어주면 선후배의 적극적인 협력을 받게 될 것이다.

문을 닫거나 닫히는 꿈은?
대인 관계나 부부 관계 등에 문제가 생겨 일이 정체되거나 손해, 손실을 보게 되며 가족·친족과의 관계가 멀어진다.

문을 고치거나 새로 고쳐 다는 꿈은?
정체된 일이나 막혔던 거래처나 계획한 일 등이 다시 새로 시작될 조짐이다. 사업이나 가업이 성장·발전할 것이다.

문 앞에 큰길이 트여 있는 것을 보면?
운세가 트일 것이라는 예지몽이다. 그러므로 집안 일이나 회사 일, 벌려 놓은 사업 등이 보다 더 성장 발전할 것이다. 그러나 길은 있는데 그 길이 흐릿하거나 끊겨 있으면 좀더 참고 때를 기다려야 함을 의미한다.

문 앞에서 유령이나 도깨비, 창녀 같은 이들이 춤추며 발광을 하는 모습을 보면?

갑자기 병에 걸리거나 환자는 병이 악화될 조짐이다. 아무튼 걱정이나 근심거리로 고민하게 될 것이다.

대문 안으로 들어가는 꿈은?

입학·입사·임명·합격 등의 관문을 떳떳이 통과하여 들어가게 될 조짐이다.

뒷문으로 들어가는 꿈은?

입학·입사·임명·합격 등의 관문을 통과하는데 부정이나 사사로운 힘을 빌려 들어가게 됨을 암시한다.

문에서 나오는 꿈은?

하는 일이나 사업, 또는 앞으로 나아갈 진로에서 뒤로 물러나거나 정체를 나타낸다. 또는 한 가지 일이 끝났음을 암시한다.

문턱에 앉아 있거나 서 있는 꿈은?

어떻게 해야 좋을지 갈피를 잡지 못하여 고민하고 있음을 나타낸다.

■ 창문

창문은 실내의 탁해진 공기와 바깥의 맑은 공기를 환기시켜 주는 통로가 되고, 집 안에서 바깥 세상을 살펴볼 수 있는 마음의 눈이라 할 수 있다. 바꿔 말하면, 대인 관계를 원만히 해주는 마음의 창문, 의사 소통의 길이라 할 수 있다. 따라서 꿈에서 본 창문의 상황에 따라 길흉화복의 운세가 달라지게 된다.

창문이 열려 있는 것을 보거나 창문을 여는 꿈은?

운세가 트이어 마음에 쌓인 고민거리나 걱정거리가 사라지고 바라던 목표나 소원이 이루어진다는 길몽이다. 따라서 바라던 취직 · 전직 · 거래처 · 결혼 등이 자연스럽게 열매를 맺게 된다.

창문이 닫혀 있는 것을 보거나 창문을 닫는 꿈을 꾸면?

운세가 막히거나 불운 쪽으로 기울어짐을 암시한다. 그러므로 사업이 침체되거나 상담 · 혼담이 깨지거나 청원 · 취직 · 승진 등이 뜻대로 이루어지지 않을 조짐이다. 따라서 실패와 손해가 있을 것이다.

창문으로 눈부신 햇살이 비치는 꿈은?

밝은 창문은 행운을 암시하는데, 이 꿈은 그 행운에 플러스 알파까지 더해 준다는 조짐이니 금상첨화라 할 수 있다.

어떤 집의 창문에 불빛이 환하게 비쳐 보이면?

바라고 기대하던 입학 · 취직 · 사업 확장 · 승진 · 결혼 등에 관한 기쁜 소식을 듣게 될 것이다.

■ 지붕

꿈에서 집이 우리의 신체인 몸을 상징하므로 지붕은 우리 몸의 머리 부분을 가리킨다.

따라서 머리끝인 두각(頭角)을 나타낸다. 즉 여러 가지 중에서 학식·재능 등이 특히 두드러지게 드러남을 의미한다.

또한 두각을 나타냄으로써 세상 사람들로부터 높이 평가받는 명예로움 즉 '명예'로 상징한다.

초가 지붕에 이엉을 잇거나 기와집 지붕에 기와를 잇는 꿈을 꾸면?

사업이 뜻대로 이루어지거나 취직이 결정되거나 시험 합격 통지를 받거나 승진·승급이 된다. 또한 새로운 거래처가 생기거나 상호나 회사 이름, 책 이름, 작품 이름 등이 세상에 널리 알려질 조짐이다. 그러나 부모나 조부모의 상을 당하는 수도 있다.

지붕이 무너지거나 헐어지는 꿈은?

머리에 상처를 입거나 이상이 온다. 또는 명예를 잃게 되거나 자기가 소속된 사업체·단체 등이 해체될 암시이다.

지붕 위로 올라가거나 올라간 꿈은?

새로운 거래처의 확장, 승진·승급, 취직 등 좋은 일이 있을 것이다.

지붕 위로 오르다가 떨어지거나 올라갔다가 떨어진 꿈은?

지붕 위로 올라가거나 올라간 꿈과는 반대 운세이므로 좋지 않은 꿈이다.

지붕의 기와나 이엉이 떨어지는 꿈은?

좋지 않은 일이 생길 것이다. 특히 갑자기 신체에 문제가 생겨 병이 들 염려가 있으므로 건강에 조심하라는 경고몽이기도 한다.

지붕 위에 굴뚝도 있는 탄탄한 지붕을 본 꿈?

선후배나 주위 사람들의 적극적인 협조와 추대로 승진 승급되고, 지도자의 자리에 오를 징조이다.

지붕 위에 많은 사람들이 서 있는 것을 보면?

집안에 불화가 생기거나 자기 소속된 회사·단체 등에 문제가 생겨 고생이나 곤란을 받게 될 것이다.

지붕 위에 개·고양이·호랑이 등이 올라가 내려다보고 있는 꿈은?

외부로부터 압력을 받거나 방해를 받아 하는 일이 정체되거나 무산될 위기에 놓이게 될 것이다.

지붕 꼭대기에 수탉이 올라가 크게 울고 있는 꿈을 꾸면?

사업가는 큰 거래처가 생겨나고 직장인은 발탁되어 높은 자리에 앉게 될 것이다.

지붕 꼭대기로 큰 구렁이가 올라가거나 올라간 모습을 보면?

사람들로부터 신임을 얻어 두각을 나타내고 명예를 얻게 될 것이다.

지붕 위에 소나무·잣나무 같은 나무가 자라나 있는 꿈은?

건강을 의미하므로 환자는 병세가 호전되고, 건강한 사람은 수명이 길어짐을 암시한다.

■■ 계단

계단에 관한 꿈은?

계단은 위(상류)와 아래(하류)의 중계적인 방법·수단, 윗사람과 아랫사람과의 대인 관계, 성공의 전망·목표 등을 암시해 준다.

"에스컬레이터에 관한 꿈" 참조.

계단을 올라가는 꿈은?

운수가 점점 올라가고 있음을 예고한다. 착실히 노력하면서 한 발짝 한 발짝 앞으로 나아가면 좋은 평판이 나고 그 노력한 보람으로 좋은 열매를 맺게 될 것이다. 그러나 실제로는 좋지 않은 평판이나 구설수가 있어서 보다 많은 끈기와 인내가 필요하다.

계단을 내려오는 꿈은?

운수가 점점 좋지 않은 쪽으로 기울어지고 있음을 암시한다. 따라서 이 때에는 무슨 일을 하든 활기가 없고 능률이 오르지 않는다. 따라서 다시 새로운 각오와 새로운 아이디어로 먼저 모든 사람들로부터 신뢰를 얻어 기반을 튼튼히 쌓아 재기를 꿈꾸어야 할 것이다.

계단 참(위층과 아래층 사이 공간)을 보거나 계단 참에 있는 꿈은?

뛰어넘어야 할 하나의 장벽, 또는 극복해야 할 한 고비에 놓여 있음을 나타낸다. 운명의 전환기이므로 새로운 각오와 튼튼한 신뢰의 기반을 쌓는 일이 급선무이다.

계단에서 떨어지거나 미끄러지는 꿈은?

기대하던 승진·승급, 시험의 합격, 진학·진급 목표의 달성 등이 좌절될 조짐이다.

■ 옥상

　옥상도 지붕과 같이 우리 몸의 꼭대기인 머리, 즉 두각을 나타
내지만, 옥상 위에 지붕이 있음을 잊어서는 안 된다. 즉 좀더 겸
손하고 좀더 높이 멀리 시야를 넓힐 것을 경고해 주는 경고몽의
뜻도 있다. 해몽은 "지붕에 관한 꿈"과 거의 비슷하므로 참조
하면 된다.

옥상에 오르거나 옥상에서 일을 하는 꿈은?
　윗사람이나 선배의 후원이나 협조로 바라던 일이나 목표, 청원
한 일 등이 뜻대로 이루어진다는 길몽이다.

■ 천장

　천장은 상류층이나 고위직과의 교분 관계, 협조 관계 등을 상
징한다. 정신의학적으로는 자신은 남보다 아직 부족하다는 열등
감을 자각하고 두려워하는 공포감을 나타낸다고 한다.

천장이 아주 높은 꿈을 꾸면?
　윗사람이나 선배와의 인간 관계가 원만하지 못하여 도움이 필
요한 때에 협조를 받지 못할 조짐이다.

천장이 아주 낮아 일어서기도 어려운 꿈을 꾸면?
　자질구레한 문제들이 잇따라 생겨 고민하게 되거나 속상한 일

로 괴로울 조짐이다. 안정된 가정 생활이나 사회 생활을 바라지만 그림의 떡임을 깨닫게 될 것이다.

천장을 뚫고 개·고양이 등 동물이 들어오는 것을 보면?

여자가 이 꿈을 꾸면 아이를 낳게 된다는 태몽이다. 그러나 건강을 잃거나 부모나 조부모와 일찍 사별할 조짐이다.

천장이 무너지거나 헐어지는 꿈은?

주변의 친지나 집안의 가족 중 누군가와 사별하거나 부모·조부모가 돌아가시거나 자신을 돌봐주던 윗사람이나 선배의 세력이 약해질 조짐이다.

천장에 뚫린 구멍으로 새가 날아가는 꿈을 꾸면?

갑자기 당한 홍수·화재·교통 사고 같은 재난의 피해로 크게 다치거나 목숨을 잃어버리는 경우를 가까이서 보게 된다.

천장에 뚫린 구멍을 통해서 밤하늘에 반짝이는 별들을 보는 꿈은?

고위직에 있는 윗사람이나 선배의 적극적인 보살핌으로 사업가는 사업을 통해서 큰 업적을 세우고, 예술가·문학가는 훌륭한 작품을 내놓고, 직장인은 높은 자리에 영전·승급할 조짐이다.

천장에 거미줄이 얽혀 있거나 전깃줄 등이 이리저리 배선되어 있는 것을 보면?

고위직에는 선배에게 청탁한 일이 무산되거나 끝없이 지연될 조짐이다. 또는 업무상 스트레스를 받거나 하여 몸에, 특히 머리에 이상 증세로 고통을 받는다는 암시이다.

천장 바닥에 청룡·황룡 두 마리의 용이 얽혀 있는 그림을 보는 꿈은?
사업가는 애써 쌓은 업적이, 정치가는 정치적 결단이, 예술가·문학가는 작품이 사람들의 이목을 집중시키게 되어 명성이 세상에 널리 알려지고 명예를 얻게 될 것이다.

천장·바닥에 연꽃 무늬가 조작되어 있거나 그려져 있으면?
좋은 일이 있을 것이라는 길몽이다. 연구 결과 업적을 남기게 되거나 큰 이득을 얻는 행운이 찾아올 것이다.

천장을 뚫고 큰 나무가 솟아나거나 솟아나 있는 나무를 보면?
사업가는 사업체가 크게 성장 발전하게 되고, 학자는 연구 결과가 높이 평가받고, 예술가는 좋은 작품의 발표로 세상에 명성을 떨치고 명예를 얻게 될 조짐이다.

천장에 불이 붙어 활활 타오르거나 불길이 사방으로 번지는 꿈을 꾸면?
고위직에 있는 친지나 선배에게 청탁한 일이 잘 해결되거나 예술가나 연예인들은 작품 발표로 이목이 집중되어 세상에 널리 명성을 떨치게 될 조짐이다.

천장 바닥에 파리 떼나 벌레들이 꾸물거리며 붙어 있는 꿈을 꾸면?
신문 잡지 등에 자신의 글이 실리어 세상에 널리 알려지거나 부모·조부모나 친척이 병이 나서 걱정하게 될 것이다.

■ 다락

다락은 높이 지은 방처럼 된 곳이므로 학교·학원의 강의실·금고·탁아소 등 공공 기관이나 단체의 부설물을 의미한다.

다락문을 열고 안을 들여다보는 꿈은?

강의하거나 연구할 문제를 찾아 실험·관찰하거나 고위직에 있는 친지에게 청원할 문제를 의논할 일이 생길 것이다.

다락 안에 있거나 넣어 두었던 서류·공문서 등을 꺼내는 꿈은?

여자가 이 꿈을 꾸면 태몽이다. 또한 오랫동안 연구에 연구를 거듭한 결과가 나오게 되거나 작품 등을 발표하게 된다는 예지몽이다.

다락에 숨어 있거나 숨어서 무슨 일을 하는 꿈은?

남 모르게 추진한 일이나 채점 심사를 받은 일이 합격되거나 선발되어 세상에 널리 알려지게 되고 명예를 얻게 된다는 암시이다.

다락 안에서 벌레들이 수없이 나오는 것을 보면?

그 동안 애써 쌓아 온 결과가 사람들에게 인정을 받게 됨과 동시에 명성을 얻게 될 조짐이다.

■ 지하실

집의 겉모습은 그 사람의 인간 관계 등 대외적인 면을, 집안은 그 사람의 마음 등 내면을 나타낸다고 봄으로, 지하실은 마음 등 내면의 잠재적인 능력이나 욕구나 의식 또는 잠재된 문제 등을 나타낸다.

지하실 문이 닫혀 있거나 지하실에 갇혀 있는 꿈을 꾸면?

지하실은 잠재 능력이나 욕구를 나타내는 데 닫혀 있거나 갇혀 있기 때문에 그 능력을 인정받지 못하여 모든 일이 애쓴 보람도 없이 끝나 버릴 조짐이다.

지하실로 내려가는 꿈은?

숨겨진 비밀스러운 진리나 새로운 일을 밝혀 낼 조짐이다.

학자는 실험·관찰·연구로, 예술가·작가는 작품을 통해서, 고고학자는 탐사를 통해서, 사업가는 사업을 통해서 경찰은 수사를 통해서 세상에 널리 밝히게 될 것이다.

지하실을 들여다보는 꿈은?

어떤 숨겨진 사실이나 감추어진 비밀을 밝히려고 노력하게 될 조짐이다.

지하실의 컴컴한 안을 헤매거나 헤매다가 꿈에서 깨면?

밝히려고 노력한 숨겨진 사실이나 감추어진 비밀을 끝내 찾아내지 못하고 자칫 누명을 쓰고 괴로워할 조짐이다.

지하실에 물이 가득 고이거나 물이 들어와 차면?

큰 재물이나 돈이 들어올 길몽이다.

지하실에 고인 물이 얼어붙거나 얼음으로 덮여 있으면?

사업 자금이나 자산 등이 융통되지 않아 사업이 정체되거나 침체될 위기에 놓이게 된다.

응접실(객실 · 사랑방 포함)에 앉아 있는 꿈은?

가족 중에 누군가에게 불행이 닥치고 있음을 알리는 예지몽이다. 특히 아내에게 가장 불행한 일, 즉 남편과 이혼하거나 사별할 조짐이 있다. 응접실에서 잠자는 꿈도 마찬가지이다.

더러워진 응접실을 보는 꿈은?

가족의 신상에 좋지 않은 일, 특히 아내의 신상에 불행한 일이 닥친다는 암시이다.

▪ 벽

벽은 장애나 방해되는 사물인 '장벽'을 나타낸다. 그러므로 변화된 세상에 맞는 새로운 아이디어에 대한 장애를 받거나 진취적이고 적극적인 추진력이 벽에 부닥친다는 암시이다. 따라서 보다 더 참신한 아이디어와 적극적이고 진취적인 자세가 필요하다.

벽에 그림 · 사진의 액자나 거울 · 시계 등을 걸어 장식하는 꿈은?

평소 쌓은 공적이나 작품 등을 언론 · 방송 매체나 잡지 등 서적을 통해서 널리 홍보하게 될 암시이다.

옷을 벗어 벽에 거는 꿈은?

선후배나 주위 사람들로부터 오랜 동안 협조를 받거나 자신의 일을 맡아서 해준다.

벽에 그림·글씨 등을 쓰거나 새겨 두는 꿈은?

자신의 숨겨진 재능이나 업적 등이 널리 알려져 명성이 날 조짐
이다.

벽에 파리 같은 벌레가 붙어 있는 것을 보면?

작품이나 연구 결과를 발표할 기회를 갖게 된다. 또는 가족 특
히 부모나 남편, 아내 같은 서로 믿고 돌봐 주는 사람의 신상에
문제가 생기거나 우환으로 근심하게 될 징조이다.

■ 방바닥·장판

* 여기에서 방바닥이라 함은 마룻바닥·침실·침대의 바닥 등을 포함
한다. 말다툼을 벌이거나 싸움을 하게 될 조짐이 있으니 언행을 조심하
라는 경고몽이다.

벽에 금이 가서 갈라지거나 무너진 꿈은?

갑자기 재난을 당하거나 또는 우정이 깨어질 조짐이 있다. 또
한 자기가 소속된 단체나 기업체, 공공 기관 등에 내분이 일어나
자신의 공적이나 업적이 손상되거나 물거품이 될 조짐이 있다.

방바닥 위로 개미가 기어가는 꿈을 꾸면?

운세가 쇠퇴한다는 조짐이므로 근심거리가 생길 것이다.

방바닥에 피가 흘러 있는 것을 보면?

갑자기 불행한 사고, 즉 교통 사고나 화재 등이 일어날 조짐이다. 특히 여자의 신상에 문제가 있을 것이다.

방바닥을 새로 만드는 꿈을 꾸면?

복을 받는다는 암시이므로 좋은 꿈이다.

장판을 새로 까는 꿈은?

불운이 행운으로 호전되어 하는 일이나 추진하는 사업 등이 모두 잘 되어 나갈 것이다.

장판을 옮기는 꿈은?

깔아 놓았던 장판을 뜯어 밖으로 내가는 꿈은 가정이나 가업의 운수가 기울어지고 있음을 암시한다.

■ 복도

터널과 같은 모양이므로 "터널에 관한 꿈" 의 해몽과 같이 하므로 참조하기 바란다.

■ 화장실(변소)

화장실(변소)은 자신의 배설물을 처리하는 곳이므로 이 꿈 역시 자신에게 생긴 문제가 처리되거나 남에게 청탁한 일이 깨끗이 해결된다는 의미를 갖는다.

화장실에서 대소변을 보는 꿈은 바라던 일이 뜻대로 이루어지고 특히 생각지도 않은 큰돈과 재물이 들어온다는 대길몽으로 해몽한다. 이는 우리나라나 동양뿐 아니라 서양에서도 마찬가지이다.

화장실에 대변이 가득 쌓여 있는 것을 보거나 누런 대변이 넘쳐흘러 나오는 것을 보거나 몸이나 옷에 묻어 있는 꿈을 꾸면?

생각지도 않던 큰돈이나 재물이 들어온다는 대길몽이다. 실제로 근래에도 우리나라에서 주택복권 · 올림픽복권 추첨에 1등 당첨자 여섯 사람이 모두 화장실에서 대변을 보거나 몸이나 옷에 누런 대변이 묻은 꿈을 꾸었다고 한다. 또 남해안의 어느 고기잡이배 선장은 몇 년 동안 고기가 잘 잡히지 않아 빚 생활에 고통의 나날을 보내던 중 2000년 11월 8일 새벽, 출어를 나갔다가 난데없이 값비싼 조기 떼를 만났다. 밤낮 없이 3일간을 잡아 배에 더 실을 수 없을 만큼 가득 싣고 돌아와 빚도 모두 청산하고 안정된 생활을 하고 있는데, 그 항구가 생긴 이후 처음 있는 일이라 너무 기이하여 TV 방영까지 하게 되었다. 그런데 그 선장의 부인이 출어 나가기 전날 밤 화장실을 가려는데 누런 대변이 넘쳐흘러 집 앞 골목까지 흘러가므로 깜짝 놀라 잠에서 깼다고 한다.

화장실(변소)에 들어가 몸이나 옷에 대변이 묻어 있는 것을 보면?

난데없이 재물이나 큰돈이 들어오게 될 조짐이다. 복권을 사면 당첨될 확률이 높다.

화장실(변소)에 들어가 그 안에 빠지는 꿈을 꾸면?

명예나 이름을 더럽히는 사건 사고가 발생될 조짐이다. 또 건강이 나빠져 병에 걸린다는 암시이기도 하다. 환자가 이 꿈을 꾸었다면 병세가 더욱 악화될 것이다. 자칫하면 목숨을 잃을 수도 있는 흉몽이다. 그러나 구린내를 느끼지 못하거나 빠져 나온다면 운세는 도리어 호전되어 차차 좋아진다는 좋은 꿈이다.

화장실에 들어갔는데 너무 좁아서 앉아서 볼일을 제대로 보기 어려운 꿈을 꾸면?

주변 사람들이나 선후배가 비협조적이고 처지가 어려워 일을 추진하는 데 애를 먹거나 힘이 들 암시이다.

화장실에서 볼일을 보는데 바깥에서 사람 또는 동물이 들여다보거나 기웃거리면?

꿈에서와 마찬가지로 실제로 방해하거나 가로막는 사람이나 거치적거리는 일 때문에 뜻을 제대로 펴지 못하고 힘있게 추진하지 못할 것이다.

갑자기 대소변이 마려워 여기저기 화장실을 찾아다니는 꿈은?

자신이 바라던 목표나 계획이 제대로 이루어지지 않고 정체되거나 발전되지 못한다. 그러나 마침내 화장실을 찾게 되는 꿈은 어려움을 극복하고 한 곳에 자리잡아 정착되어 발전한다는 좋은 꿈이다.

화장실에 갔다가 변기 안에 귀중한 물건을 빠뜨리면?

자신이 애써 쌓아 올린 명예나 재물을 잃게 될 것이다. 직장인은 일터를 잃게 될 암시이다.

화장실로 다른 사람이나 자신이 숨는 꿈을 꾸면?

그 사람은 주위 사람들의 꼬임에 빠지거나 하여 떳떳하지 못한 일을 저지르거나 남몰래 옳지 않은 일을 할 조짐이 있다.

화장실에 남녀가 함께 들어가는 꿈은?

남녀 문제나 애정 문제로 근심·걱정할 일이 생길 것이다. 또 다른 사람에게 애써 얻게 되는 재물·이득 등을 빼앗기거나 가로채인다는 암시이다.

화장실에 들어가 손이나 얼굴을 씻거나 화장을 하는 꿈은?

그 동안 걱정 근심하던 문제가 해결될 것이다. 또한 자신의 인격이나 명예 등이 세상에 좋은 평판을 받게 될 것이다.

화장실(변소)에 변이 보이지 않거나 대변을 보았는데도 변이 보이지 않는 꿈을 꾸면?

손해를 보아 모아 놓은 재물이나 돈을 잃게 될 조짐이 있다. 또는 갑자기 불행한 일을 당할 암시이다.

화장실을 청소하는 꿈은?

뜻밖에 돈과 재물이 들어와 쌓이게 될 조짐이다.

화장실을 새로 짓는 꿈은?

기쁜 일이 생기거나 뜻밖에 재물을 얻을 꿈이다.

■ 창고(곳간)

곳간(창고)의 문이 열려 있는 것을 보면?

 남에게 또는 믿고 있던 사람에게 배신당하여 큰 손해를 보게 될 조짐이다.

곳간(창고)의 문을 닫아 놓거나 닫힌 것을 보면?

 추진하고 있는 일이 계획이나 목표에서 벗어나 엉뚱한 방향으로 나아갈 조짐이다.

창고가 갑자기 무너지거나 헐어지는 것을 보면?

 갑자기 어려운 처지에 놓이게 되거나 재물을 잃거나 큰 손해를 보아 빈털터리가 될 수도 있다.

창고를 새로 짓거나 증축을 하는 꿈은?

 하는 일이나 사업이 새롭게 발전하기 시작하여 크게 번창할 것이다.

창고(곳간) 안에 물건들이 가득 쌓여 있는 것을 보면?

 서로 이득을 차지하려고 심한 경쟁을 벌이거나 다투게 될 조짐이 있다.

창고(곳간) 안에 곡식 더미가 가득 쌓여 있는 것을 보면?

 사업이나 추진하던 일이 날로 발전하여 큰 이득을 보게 될 것이다.

지하의 곳간이나 움막 창고에 들어가는 꿈은?

운수가 강세여서 좋은 일이 있을 것이다. 특히 재물을 모을 운수가 있으므로 무슨 일을 하든 재물이나 돈이 따를 것이다.

창고 안에 시체를 넣는 관이나 송장이 놓여 있는 것을 보면?

정신적인 안정, 물질적인 혜택, 재물이 들어올 조짐이 있다.

■ 부엌(주방)

부엌(주방)에 벌레들이 우글거리는 꿈은?

걱정거리가 생길 것이다. 또는 몸이 약해져 병이 들거나 주변이나 집안의 누군가가 병이 들 것이다.

부엌(주방)에서 쓰는 그릇·냄비·도마·식칼 등을 다른 데서 가져오는 꿈은?

머지않아 경사스러운 일이 생기거나 기쁜 소식을 듣게 될 것이다.

부엌(주방)에서 그릇·수저·냄비·솥 등을 씻거나 설거지하는 꿈은?

가족이나 친지가 화목하여 온 집안이 편안하고, 직장인은 안정된 직장 생활을 하게 될 것이다.

부엌(주방)을 증축하거나 수리하는 꿈은?

좋은 일이 있을 암시이다.

부엌에서 웬 사람이 나오는 꿈은?

갑자기 급한 일이 생길 것이다.

부엌의 가마솥이 금이 가거나 깨지는 꿈은?

병이 들거나 환자는 병세가 악화될 암시이다.

부엌에서 식칼과 나이프를 보면?

상인은 장사에서 직장인은 업무에서 정치가는 협상에서 어떤 이득을 얻게 될 것이다.

부엌에 있는 식칼이나 나이프를 손에 드는 꿈을 꾸면?

머지않아 기쁜 일이 있을 것이다. 특히 재물이 들어올 운수임을 예지하는 꿈이다.

부엌에서 쓰는 식칼이나 나이프를 잃어버리는 꿈은?

어떤 일이든 손실을 보게 되거나 걱정거리가 생길 것이다.

부엌에서 울고 있거나 우는 사람을 본 꿈은?

가정 불화로 집안이 파경을 맞을 조짐이다.

부엌 아래에서 물이 흐르는 꿈을 꾸면?

뜻밖에 재물이 들어오거나 재물을 얻게 될 조짐이다.

부엌에서 가마솥을 보는 꿈은?

사업장이나 회사의 구조 조정을 하게 된다. 또는 집안의 살림살이를 정리하게 될 것이다.

부엌에서 불이 나는 꿈은?

주변 사람들에게 사회적으로 좋은 평판이 나서 이름을 떨치게 될 것이다.

부엌이 둘이 있는 꿈은?

추진하는 일이나 회담·상담 등이 잘 이루어지지 않을 것이다.

부엌으로 관(棺)이 들어오는 꿈은?

재물을 얻게 되거나 실직자는 일자리를 얻게 되고, 직장인은 높은 자리로 또는 안정된 자리를 가지게 될 것이다.

부뚜막·화덕·아궁이에 관한 꿈

솥 따위를 걸어 밥을 짓거나 방을 따뜻하게 하는 설비로, 예전에는 소중히 여겨 '조왕신'을 모셔 놓고 제사까지 지내는 곳이다. 그리스 신화에는 '불(火)'을 관장한다는 여신 베스타를 상징한다. 불을 사용함으로써 소비를 통한 큰 이득을 암시한다.

부뚜막(화덕·아궁이)에 불을 때어 물을 끓이는 꿈은?

생각지 않은 큰 이익이 들어올 조짐이다. 가정 운수도 좋고 건강 운이 트이므로 환자라면 병세가 좋아져 건강을 회복할 것이고 부부간이나 형제간이 화목해질 것이다. 또 부인은 임신을 예고하는 태몽이다.

부뚜막(화덕·아궁이)을 수리하는 꿈은?

반가운 소식이 올 것이다. 특히 멀리 떨어진 곳에서 귀한 손님이 올 조짐이다.

부뚜막(화덕·아궁이)이 헐어지거나 무너진 꿈은?

돈이나 재물을 잃을 조짐이다.

새로운 투자나 신규 사업의 추진은 뒤로 미루거나 보류하는 편이 좋다.

부뚜막(화덕 · 아궁이)을 새로 만드는 꿈은?
건강의 운이 좋다는 암시이다. 환자라면 병이 차차 나아질 것이고, 정체되었던 일이나 사업이 다시 진척되어 갈 것이다.

화덕 · 아궁이에 불이 훨훨 잘 타오르는 꿈은?
회담이나 상담이 뜻대로 이루어지고, 주위 사람들의 후원과 협조로 일이나 사업이 순조롭게 시작될 조짐이다. 앞으로 번창할 암시이므로 적극적으로 추진하면 잘될 것이다.

부뚜막(화덕 · 아궁이) 아래에서 맑은 물이 흘러나오는 꿈은?
머지않아 이익을 볼 사업이나 장사를 하게 될 조짐이다. 실직자는 직업을 갖게 되고 상인은 큰 이익을 보게 되며 사업가는 더욱 번창할 것이다.

화덕 · 아궁이의 불이 너무 세게 타올라 음식을 태워 버린 꿈은?
불이 타오르는 것은 좋은 꿈이지만, 무슨 일이든 과유불급(過猶不及)이라고 지나치면 미치지 못함과 같다는 말처럼 불길이 너무 세면, 들어온 행운(돈이나 재물)이 쉽게 나갈 조짐이므로 과소비, 낭비를 하면 자칫 빈털터리가 되고 말 것이다.

화덕 · 아궁이 · 부뚜막이 불기운이 없이 아주 냉랭한 꿈은?
대인 관계가 서먹서먹해진다는 암시이다. 특히 가족 사이 또는 친척 사이가 나빠져 가정 안이 찬물을 끼얹은 듯 냉랭할 것이다. 부부간에는 별거나 헤어지게 될지도 모른다. 친구나 친척들이 서로 반목하여 말다툼을 벌일 수도 있다.

응접실용 탁자, 소파 등에 관한 꿈은?

가정 운이 기울어짐을 나타내므로, 부부 사이에는 부모 자식간에 또는 형제 자매들끼리 또는 부부간에 뜻이 맞지 않는 등 가정 불화가 일어나 말다툼을 하게 되고 자칫하면 별거나 헤어지게 되거나 가출을 하게 될 것이다.

■ 방

큰방을 본 꿈은?

운수가 호전되어 갈 조짐이므로 직장인은 지위가 오르고 사업가나 상인은 재화를 얻게 될 것이다. 또 정치가나 단체는 그 세력이 강대해질 것이다.

방안에 물을 떠다 놓고 목욕을 하는 꿈은?

윗사람이나 선배로부터 조언을 듣거나 지도를 받아 일을 좋은 방향으로 이끌어 감으로써 마침내 뜻을 이루게 될 조짐이다.

텅 비어 있는 방을 보면?

주변 사람들이나 선후배의 후원이나 협조가 없어 혼자서 해 나가야 되므로 모든 일이 잘 이루어지는 데 오랜 시간이 걸릴 것이다.

자칫 남에게 사기 당하거나 꼬임에 빠질 염려도 있다. 또한 가족 중에 누군가가 병에 걸려 근심이 있을 것이다.

방 아랫목에 손님을 모시는 꿈은?

도와 주거나 협조해 줄 사람을 만나거나 또는 도움을 받거나 도움 줄 일거리가 생길 것이다.

방안에 우두커니 서 있거나 방문 밖으로 나가는 꿈을 꾸면?

새로이 추진하는 일이 예상 밖으로 빠르게 진척된다는 암시이다.

방안에 들어가 보니 남편 친구와 딸이 이불을 덮고 자고 있는 꿈?

깜짝 놀랄 일이나 실제로도 자식이 갑자기 배앓이를 하는 등 몹시 놀랄 일이 생길 것이다.

웬 사람이 방안에서 나가는 모습을 보면?

자기를 후원해 주는 사람이나 협조해 주는 사람을 만나게 될 것이다. 또는 추진하던 회담이나 상담이 뜻대로 이루어져 합의를 보게 된다.

방안에 무거운 짐이나 가방을 벗어 놓고 나오는 꿈은?

근심 걱정하던 일이 해결되어 근심거리가 사라질 것이다.

방안에 가득 고인 물에서 목욕하거나 헤엄치는 꿈은?

길몽이다. "물에 관한 꿈" 참조.

방안에 물이 흥건하게 고여 있는데, 그 물 속에 물고기가 헤엄치는 꿈은?

태몽이다. "물에 관한 꿈" 참조.

방안에 칸막이나 울타리처럼 가리개가 있는 것을 보면?

부부나 애인 사이에 불화가 생기어 헤어지거나 갈라서거나 별거하게 될 것이다.

■ 욕실

욕실이나 목욕탕에 관한 꿈은?

사업가는 사업의 발전과 번영, 직장인은 승급 · 승진, 예술가 · 문학가는 작품에 대한 좋은 평판, 연예인에게는 인기의 상승 등 소원이나 목표가 이루어진다는 길몽이다. 특히 건강의 상징이 된다. 물론 깨끗하고 좋은 욕실은 더 큰 행운을, 더럽고 조잡한 욕실은 불운을 나타낸다. 각 상황에 따른 해몽은 "목욕 · 샤워에 관한 꿈"을 참조하기 바란다.

■ 침실

가장 좋은 휴식은 잠자는 일이다. 그런데 잠자는 곳은 곧 침실이다. 따라서 침실은 '휴식'을 상징한다. 또한 침실은 집에서 안쪽의 깊숙한 곳에 위치한다. 따라서 우리 몸의 뱃속 '내장'으로 나타낸다.

침실 안에 있는 꿈은?

현재 몹시 바쁘게 생활하고 있으니 휴식이 필요함을 암시한다. 현장 근무나 일선 업무에서 물러나거나 앞만 바라보고 달리던 자세에서 잠시 휴식을 하면서 뒤를 돌아보거나 달려 온 길을 점검

해 볼 것이다. 그렇지 않으면 큰 변을 당하거나 큰 사고 사건에 말려들 염려가 있다는 경고몽이기도 하다.

아는 사람이나 애인의 침실에 들어간 꿈은?
그 사람과 더욱 친숙해지고 둘만이 아는 비밀을 간직하게 될 것이라는 암시이다.

침실에 낯모르는 사람이 있는 것을 보면?
부부 사이에 불화가 생기어 자칫 다투거나 헤어질 조짐이다.

침실이 헐어지거나 헐리는 꿈은?
모든 일이 방해나 외부의 압력을 받아 정체되거나 어려운 처지에 놓이게 될 암시이다. 부부간이나 애인간에는 헤어질 조짐이 있다.

3 의생활에 관한 꿈

■ 천(베)

흰 천(베)을 보거나 흰 천을 재단하는 꿈은?

하는 일이나 사업 등이 잘 되지 않는다는 좋지 못한 꿈이다.

무명 베(천)를 재단하는 꿈은?

모든 일이 만족스럽지는 않으나 중단되거나 정체되지 않고 겨우겨우 지탱해 나간다는 조짐이다.

비단이나 고급 양복천을 재단하는 꿈은?

비단 옷이나 고급 옷은 길몽이며 그런 좋은 옷을 입은 사람은 높은 자리에 오름을 암시하므로 부(富)와 귀(貴)를 함께 누리게 될 조짐이다.

■ 옷(의복)

"옷이 날개다" 라는 말도 있듯이 초라한 사람도 옷을 잘 입으면 훌륭하게 보인다. 옷(의복)을 보면 그 사람의 집안·신분·생활 수준 등을 짐작할 수가 있다.

여기에서 깔끔하고 멋지고 훌륭한 옷일수록 모든 일이 잘되 나간다는 길몽, 초라하고 더러운 옷일수록 좋지 못한 흉몽이다. 따라서 옷(의복)에 관한 꿈을 현실과 꿈이 일치하는 정몽(正夢)이라 할 수 있다.

* 옷에는 양장·한복·예복 등이 포함된다.

옷을 새로 맞춰 입거나 새 옷을 입는 꿈은?

행운의 꿈이다. 따라서 대대로 이어 온 가업은 번창할 것이고, 또는 추진하는 일이나 사업이 더욱 잘될 것이고 직장인은 승급·영전할 것이다.

새 한복을 입었다면 반갑고 기쁜 소식이 온다. 특히 미혼 남녀에게 혼담이 온다는 암시이기도 하다.

멋지고 화려한 옷을 입은 꿈은?

비단 옷이나 고급 천으로 만든 멋지고 화려한 옷을 입은 꿈은 윗사람이나 선배의 도움으로 직장인은 사회적 신분과 지위가 높아지고, 사업가는 새 거래처가 많이 생겨 날로 번창할 조짐이다.

미혼 남녀에게는 좋은 애인이 생길 것이고 연인들이라면 곧 결혼을 하게 될 것이다.

초라하고 낡은 옷을 입은 꿈은?

좋지 않은 꿈이다. 불행한 사건·사고가 잇달아 일어날 조짐이고 남에게 무시당하거나 모욕당할 일이 있거나 투자한 일이 손해만 보게 될 것이다. 또 건강이 나빠져 병에 걸리기도 한다.

예복을 입거나 사거나 선물받은 꿈은?

공개된 자리에 초대받거나 출석하게 될 조짐이다.

또한 지위가 오르고 명성을 떨친다는 길몽이다.

훌륭한 예복일수록 가족의 건강운이나 사업운도 더욱 상승하며 돈이나 재물도 많이 들어올 것이다.

제복(가운)을 입는 꿈은?

제복(가운)을 입거나 사서 입거나 사러 가거나 선물받은 꿈은 그 동안 애쓴 보람이 있어 좋은 결과를 가져온다는 길몽이다. 따라서 수험생은 입학·입사 시험에 합격할 것이고, 직장인은 공적을 인정받아 영전·승급할 것이다. 심리적으로 체면과 명예를 반듯하게 지키며 살고 싶은 마음과 체면·명예를 벗어버리고 자유롭게 모험하고 싶은 마음으로 갈등이 생길 때 이런 꿈을 꾸기도 한다.

해지거나 떨어진 옷이나 실밥이 터진 옷을 입은 꿈은?

불행한 일이 잇따르니 말과 행동을 더욱 조심하라는 경고몽이다.

예복을 입었는데 정장을 하지 않은 꿈은?

저고리에 바지를 입거나 양복저고리에 한복바지를 입거나 신사복 차림에 고무신을 신는 등 정장 차림을 제대로 하지 않는 꿈은 이러지도 못하고 저러지도 못하는 진퇴양난의 어려운 처지에 놓이거나 궁지에 몰릴 일이 있을 것이다.

여러 가지 조각 천을 한데 모아서 옷을 만들거나 만들어 입은 꿈은?
무슨 일을 하든 하는 일마다 순풍에 돛단 듯 순조롭게 잘 되어 나간다는 암시이다.

다른 사람이 해지거나 떨어진 옷을 입고 있는 꿈을 꾸면?
그런 옷을 입고 있는 사람에게는 불행한 일이 있지만 꿈의 주 인공에게는 행운이 찾아온다는 길몽이다.

갑자기 입은 옷이 찢어지거나 실밥이 터지는 꿈은?
실제로도 갑자기 옷이 찢어지거나 실밥이 터지는 일은 좋지 않은 일이 일어날 조짐이다. 꿈도 마찬가지이다. 아내 또는 남편의 신상에 무슨 사고가 생긴다거나 중상 모략으로 또는 집안 일로 고민할 문제가 생길 것이고, 연인이라면 애인 문제로 괴로워하게 된다는 암시이기도 하다.

바지(한복바지 · 양복바지)에 관한 꿈
실력을 인정받아 신임을 얻고 지위가 오르며 이름이 알려질 것이다.

웨딩드레스(면사포) 또는 혼례 한복을 꿈에서 보거나 입으면?
결혼하고 싶은 간절한 마음이 꿈으로 나타난 것이며 가족과 독립 또는 독립하고 싶은 마음의 암시이기도 하다. 결혼한 여자라면 남편으로부터 독립해서 경제적으로 독립하여 무슨 일인가를 시작하려는 조짐이며 또 그러한 간절한 마음을 가진 사람의 꿈이다.

웨딩드레스를 입으면 주위 사람들 모르게 사랑을 하고 있다는 연애운의 암시이다.

웨딩드레스나 혼례복을 선물받거나 입는 꿈은?

환자가 이 꿈을 꾸면 병세가 갑자기 호전된다는 것을 암시한다. 건강한 미혼 남녀라면 머지않아 훌륭한 배우자를 맞이하게 될 조짐이다.

기혼 남녀가 웨딩드레스나 혼례복을 입는 꿈은?

현재의 결혼 생활에 대하여 환멸을 느끼고 다시 한번 결혼하고 싶은 마음이 꿈으로 나타난 것이다.

양복 · 양장이나 한복 바느질을 하는 꿈은?

기대하고 바라던 일이 뜻대로 이루어진다는 길몽이다. 실직자는 좋은 직장을 얻게 될 것이고 직장인은 좋은 자리로 승급할 것이다. 미혼 남녀는 훌륭한 배우자를 만나게 될 것이고 사업가는 협력자나 후원자를 만나게 될 것이다.

양복 · 양장이나 한복 천을 재단하는 꿈은?

이별하게 될 암시이다. 부부나 연인은 헤어지거나 별거하게 될 것이다. 상담이나 회담은 서로의 의견이 맞지 않아 이루어지지 않을 것이다.

그러나 그 천(베)이 양단(고급 비단)이나 고급 천이면 재산이 많고 사회적 지위가 높아진다는 이른바 부귀(富貴)를 누린다는 길몽이다.

따라서 모든 일이 순조롭게 잘 될 것이다.

양복 · 양장 · 한복을 수선하는 꿈은?

좋은 직장이나 거래처의 행운이 찾아온다는 암시이므로 무직자는 좋은 직장에 취직될 것이고 사업가는 중요한 거래처가 생길 것이며 직장인은 좋은 자리로 영전할 것이다. 또 아내가 이 꿈을 꾸었다면 남편의 여자 문제가 깨끗이 해결될 것이다.

옷을 세탁하는 꿈은?

잔치나 파티 등에 초대되거나 음식 · 술 · 음료 등의 대접을 받을 조짐이다. 또한 반갑고 기쁜 소식이 온다는 암시이기도 하다.

옷이 더러워지거나 더러워진 옷을 보면?

갑자기 불행한 사고나 재난을 당할 조짐이다.

옷이 기름으로 더럽혀지거나 기름때가 묻은 옷을 보면?

돈이나 재물이 들어온다는 암시이다.

상복(喪服) 또는 소복을 보거나 상복(소복)을 입은 꿈은?

친지나 가족 중에 누군가가 머지않아 별세하거나 친지의 친구나 가족의 누군가가 세상을 떠난다는 예지몽이다. 또는 별거 · 생이별로 이산 가족이 된다는 암시이기도 하다.

상복 같은 검은 옷이나 흰옷을 입은 꿈은?

가까운 시일 안에 불행한 사고를 당하거나 재난을 당할 조짐이다.

누더기나 누더기 같은 헌 옷을 입은 꿈은?

당분간은 고생과 고통스러운 일을 많이 겪게 되겠지만 얼마 후에는 좋은 일, 이로운 일이 찾아올 것이다.

애인 앞에서 상복을 입은 꿈은?

머지않아 결혼하게 될 조짐이니 현재 사랑에 문제점이 있더라도 참고 기다리라는 꿈이다.

옷에 피가 묻어 있거나 옷에 피가 묻는 꿈은?

작은 이익이나 이득을 볼 길몽이다. 그러나 호사다마라고 신분·지위가 높은 사람이나 가정 주부가 이 꿈을 꾸면 모든 일에 훼살운이 끼어 재난을 당할 조짐이니 매사에 주의하라는 경고몽이다.

남자가 여자 옷을 입고 여자로 변장한 꿈은?

운수가 행운에서 불운으로 기울어지고 있음을 알리는 예지몽이므로 당분간은 사업 확장이나 투자·투기를 삼가야 할 것이다.

여자가 남자 옷을 입고 남자로 변장한 꿈은?

운수가 행운 쪽으로 호전된다는 길몽이라 추진하는 일이 잘될 것이다.

상복(소복)이 아닌 하얀 옷을 입은 꿈은?

다른 사람의 사건·사고에 말려들거나 다른 사람 일로 바삐 애를 쓸 조짐인데, 훗날 그로 인하여 행운을 잡거나 좋은 일을 맞게 될 것이다. 그러나 많은 사람이 흰옷을 입고 있으면 사건·사고에 말려들어 경찰·법원에 불려 다니며 괴로워할 조짐이다.

잿빛(회색) 옷을 보거나 입은 꿈은?

남에게 모욕당하거나 창피를 당할 조짐이다. 또는 명예롭지 못한 일을 겪게 될 것이다.

누런 빛깔의 옷을 보거나 입은 꿈은?

목표나 소원이 이루어진다는 암시이다. 기쁜 일이 있을 것이다.

황토 빛깔의 옷을 입은 꿈은?

실망하거나 낙담하여 맥빠지거나 기운이 떨어질 조짐이다. 또는 건강을 잃어 병이 들 조짐이기도 하다.

노란 금빛이나 오렌지 빛깔의 옷을 보거나 입으면?

어렵고 고통스러운 현재의 처지를 잘 극복해 내고 더욱 힘차게 일을 추진하게 된다는 암시이다. 그러나 많은 사람이 그런 옷을 입었다면 헛소문이나 스캔들로 괴로워하게 될 것이다.

붉은 빛깔의 옷을 보거나 입은 꿈은?

생각지도 못했던 큰 이득이 들어오고 일이 잘 되어 간다는 암시이며 남자가 이 꿈을 꾸면 아내나 애인이 큰 행운을 맞을 것이다.

또 많은 사람들이 붉은 옷을 입고 있으면 일이 뜻대로 이루어지고 큰 이득을 보게 된다는 길몽이다.

자줏빛의 옷을 입은 꿈은?

직장인은 높은 자리에 오르고 귀하게 될 조짐이다. 사업가에게는 행운이 찾아든다는 암시이므로 더욱 발전하게 될 길몽이다.

검붉은 빛깔의 옷을 입은 꿈은?

　현재의 일이나 사업, 또는 현재의 대인 관계에 불평 불만이 쌓여 자칫 감정이 폭발할 조짐이 있으므로 특히 말과 행동을 조심하라는 경고몽이다.

핑크색(분홍색)의 옷을 입은 꿈은?

　아직도 성숙되지 않았음을 암시한다. 또한 안정되지 않았음을 나타내기도 한다. 따라서 좀더 노력하고 불안한 요소를 제거하는 데 힘써야 할 것이다.

분홍빛보다 엷은 살색의 옷을 입은 꿈은?

　말다툼이나 싸우던 상대방과 화해를 하게 될 것이다. 또한 머지않아 기쁜 일이 생길 것이다.

다갈색의 옷을 보거나 입은 꿈은?

　기대했던 일이나 바라던 목표가 달성되지 못해 낙담하거나 실망하여 의욕을 잃어버린 마음과 앞으로의 일 걱정에 겁나고 두려운 마음이 꿈으로 나타난 것이다. 그럴수록 용기와 결단이 필요하다.

초록색의 옷을 보거나 입은 꿈은?

　파릇파릇 돋아나는 초록색 새싹이나 나무의 무성한 초록색의 나뭇잎처럼 생명력이 넘친 데에서 아주 건강한 상태임을 암시하므로 기운이 넘쳐 나며, 환자라면 병세가 호전되어 건강을 되찾을 것이며, 침체된 사업이 다시 일어나는 길몽이다.

청록색(푸른 녹색)의 옷을 보거나 입은 꿈은?

성실하고 부지런하며 열심인 그의 사람 됨됨이를 인정받아 높은 자리에 오르고 바라던 목표를 이룩해 낸다는 암시이다.

흐릿한 녹황색(녹색을 띤 황색) 옷을 보거나 입으면?

불성실함이 드러나 사업은 부진하고 선후배로부터 외면당하고 고생을 할 조짐이다. 자신의 인간성을 고치고 대인 관계를 원만하게 개선해야 뜻을 이룰 수 있다는 경고몽이다.

파란색의 옷을 입은 꿈은?

선포나 주변 사람들의 음덕으로 뜻을 이루게 된다는 암시이다. 자신의 부지런하고 성실함을 인정받았다는 뜻이기도 하다.

많은 사람들이 흐릿한 청색 또는 군청색의 옷을 입고 있는 꿈은?

갑자기 불행한 사건·사고가 일어날 조짐이다. 집안에 걱정거리와 슬픈 일이 생길 것이다.

담청색(엷은 청색)의 옷을 보거나 입은 꿈은?

생각이 얕고 경박하며 귀가 얇아서 곧잘 남의 꼬임에 빠지거나 남의 말을 잘 들어 손해를 보기 쉬우니 매사를 신중히 하라는 경고몽이다.

여름철인데 겨울옷을 입은 것을 보거나 자신이 겨울옷을 입고 있는 꿈은?

돈이나 재물에 대한 운수가 막혀 경제적으로 어려움을 겪으며 자금이나 가난함을 탄식할 조짐이다.

겨울철인데 여름옷을 입은 모습을 보거나 여름옷을 입고 있으면?

돈이나 재물 운이 없으니 일찌감치 각오하고 다른 방도를 찾아 보라는 경고몽이다.

흰 스웨터를 입은 모습을 보거나 입고 있는 꿈은?

당신 곁에 남몰래 당신을 사모하는 사람이 있음을 알려 주는 예지몽이다.

빨간 스웨터를 입은 모습을 보거나 입고 있는 꿈은?

빨간 빛깔이 사랑·정열의 의미이므로 사랑의 정열이 꽃을 피워 머지않아 결혼하게 될 암시이다.

옷소매를 걷어올리는 것을 보거나 자신이 걷어올리는 꿈은?

감추어 오던 비밀, 특히 비밀 문서 등이 드러나 괴로워할 조짐이다.

조끼(여자용·남자용)를 입은 모습이나 입고 있는 꿈은?

불운이 사라지고 행운이 찾아온다는 암시이므로 하고자 하는 일을 시작해도 잘될 것이다.

입고 있던 겉옷(코트나 오버·두루마기)를 벗는 꿈은?

지금까지 골치 아프던 문제가 해결되고 닥쳐오는 재난을 용케

모면하거나 벗어난다는 암시이다. 또는 감춰 오던 비밀이 드러난다는 암시이기도 하다.

입고 있던 겉옷을 벗고 추위를 느낀 꿈은?

추위를 느꼈다면 돈이나 재물이 부족하여 어려움을 겪게 될 조짐이다.

속살이 비칠 듯한 투명한 옷을 보거나 입은 꿈은?

열심히 정진한다면 사회적으로 신임을 얻고 인정받아 높은 자리에 오르고 출세할 조짐이다. 미혼 남녀는 좋은 배우자를 만나게 된다는 암시이기도 하다.

옷을 도둑맞은 꿈을 꾸면?

이러지도 저러지도 못하는 난처한 처지에 놓이거나 진퇴양난에 빠질 조짐이다.

삼베옷이나 모시옷을 입은 꿈은?

곧 행운이 찾아온다는 암시이므로 하는 사업이나 장사에 이득을 볼 것이고 돈이나 재물이 들어올 조짐이다.

코트나 두루마기나 오버(두꺼운 천의 오버) 등을 입은 꿈은?

몸이나 속옷을 가려 주는 겉옷은 자신의 약점이나 비밀도 가려 준다는 암시와 동시에 무거운 책임감, 벗어나지 못하는 괴로움 등 정신적인 스트레스를 받고 있음을 나타낸다. 꿈속에서 옷의 무게를 느낀다면 그 정도만큼 속박되어 매사가 뜻대로 이루어지

지 않을 조짐이다. 또한 남의 꼬임에 빠지거나 남에게 사기당할
염려가 있다.

스커트를 보거나 입고 있는 꿈은?
몸매의 아름다움을 칭찬해 준다는 암시이다. 정신분석학에서는
이성과의 육체 관계를 나타내며, 옷이 더러워져 있으면 부정한
관계나 내연의 관계를 말한다.

코트나 오버를 입고 있는 사람을 보거나 만나는 꿈은?
그 사람은 꿈의 주인공에 대해서 방어 태세를 갖추고 있으며,
비밀을 지니고 있음을 암시한다. 만일 그 사람을 싫어한다든지 하
면 꿈의 주인공에게 남몰래 중상 모략을 하고 있음을 알려주는
예지몽이다.

아주 긴 바지를 입고 있는 꿈은?
가업이나 사기업은 발전·번영한다는 암시이다. 또한 기쁘고 경
사스런 일이 잇따라 생길 것이다. 그러나 환자에게는 좋지 않은
꿈이다.

미니 스커트나 반바지 등을 입고 있는 꿈은?
상담이나 회담 등은 결렬되고 계약·약속 등은 해약되며 기대
하고 바라던 일은 뜻대로 되지 않는다는 암시이다.

맥시나 롱스커트를 입고 있거나 몸에 걸쳐 보는 꿈은?
남에게 신용을 얻고 선배나 고위직에 있는 분의 후원과 협조를

받게 될 조짐이다. 독신 남녀는 좋은 배필을 구하게 될 것이다.

맥시 · 롱 드레스나 이브닝드레스를 선물받거나 건네받은 꿈, 또는 돈을 주고 산 꿈은?

사회적으로 신임을 얻고 명성이 나고 지위가 오르고 앞으로 출세하게 됨을 암시한다. 미혼 남녀에게는 좋은 배우자를 맞게 될 조짐이다.

스커트나 바지를 벗는 모습을 보거나 벗는 꿈은?

업무상 실수를 하게 될 조짐이다. 자칫 큰 사고로 이어질 염려가 있으니 재삼 조심해서 처리해야 할 것이다.

잠옷(나이트 웨어 · 나이트 가운) 차림으로 걸어다니는 꿈은?

외부에 대해서 아무런 방비가 되어 있지 않은 상태임을 알리고, 문단속 · 몸조심을 하라는 경고몽이다.

잠옷(나이트드레스 · 나이트가운)을 입은 꿈은?

사랑의 열매가 맺었음을 알려 주는 예지몽이다.

어른이 기저귀를 차거나 포대기를 둘러치고 있는 꿈은?

현실에서 도피하고 싶은 마음이나 어른으로서의 책임감을 가지고 싶지 않은 심정이 꿈으로 나타난 것이다. 자신의 무능력함이 느껴지더라도 누구에게나 좋은 기회는 있는 법이며 때가 되면 운이 트이니 참고 견디어 이 고비를 넘기라는 경고몽이다.

앞치마(행주치마)에 관한 꿈

앞치마는 집안 일에 대한 암시이다. 즉 손님 접대, 집안 살림, 아이 돌보기 등 가정 생활에 쫓겨 바쁜 나날을 보낸다는 암시이다.

앞치마를 두른 꿈은?

결혼한 신부라면 남편을 기쁘게 하려고 또는 시부모를 위하여 음식을 장만하고 요리를 만드는 등 가정 살림에 바쁜 나날이 계속됨을 알려 주는 꿈이다. 또는 그러한 생활을 동경하는 마음이 간절함을 암시하기도 한다.

남자가 주부처럼 앞치마를 두르거나 앞치마를 두른 아가씨를 본 꿈은?

미혼 남자의 꿈이라면 앞으로 그런 가정적인 여인과 결혼하고 싶은 간절한 마음의 표현이라 할 수 있다. 미혼 여자의 꿈이라면 집안 일이 많이 밀려 있어서 걱정하고 고민하게 될 조짐이다.

앞치마를 두른 여자를 꿈에서 보면?

앞치마는 가정 살림에 대한 의무와 책임을 나타내므로, 집안 일로 고민할 것이라는 암시이다. 미혼 남자의 꿈이라면 살림 잘하는 여자를 아내로 맞이하고 싶은 마음을 암시한다. 만일 그 빛깔이 밝고 깨끗했다면 소원대로 그런 아내를 맞겠으나, 그 빛깔이 어둡고 더럽다면 소원이 이루어지지 않을 것이다.

앞치마를 벗는 꿈은?

가사를 돌보는 파출부나 주방장이나 주방일 하는 사람이 나갈 것이다.

앞치마에 손을 닦는 꿈은?

곧 손님이 찾아올 것이다. 또는 출가한 딸이나 떨어져 사는 며느리가 찾아올 것이다.

■ 실

윗사람과의 갈등, 노사의 분규, 연인들의 삼각 관계, 야당·여당의 대립, 피고·원고의 분쟁 등 수많은 사건들이 엇갈려 있을 때에 실타래가 얽힌 것 같다고 한다. 여기에서 실은 대인 관계에서 생기는 갈등·분규·귀찮은 문제·분쟁 등을 상징한다.

　* 실에는 고치(명주실), 솜(무명실), 삼(삼실), 털(털실), 화학섬유(화학사) 등이 포함되고, 끈(노끈)에 관한 꿈도 똑같이 해몽한다.

실을 물레 등에서 뽑아 내는 꿈은?

결혼으로 이어지는 운명적인 만남이나 사건 사고를 당한다는 암시이다. 서로의 의견이나 주장이 대립되어 일이 어렵게 뒤얽히거나 번거롭고 성가신 일이 일어날 것이다. 또 연인 사이에는 삼각 관계로 고민할 것이다. 고대 그리스나 이집트의 해몽서에서는 여행을 떠난다는 암시라고 한다.

실타래가 뒤얽히어 풀 수 없는 꿈은?

분쟁이나 소송 같은 어려운 일이 있을 조짐이다.

또 일이나 사업 등이 분규나 갈등으로 정체되거나 침체될 것이다. 연인이나 부부간에는 사랑의 라이벌이 생겨 고민하게 된다는 암시이다.

그러나 뒤얽혀 있는 실타래를 풀면 정체된 일이나 분규·분쟁이 쉽게 해결되어 오랫동안 근심해 오던 일이 말끔히 가시게 될 것이다.

마음이 심란할 때에도 이런 꿈을 꾼다.

편물을 하거나 수놓는 데 실이 아무래도 모자랄 것 같아 다른 실로 다시 시작하는 꿈은?

어려움이나 장애·방해에 부닥쳐 방침을 바꾼다거나 목표를 수정하거나 방향을 바꾸어야 잘 되어 나갈 수 있음을 암시한다.

이 꿈은 귀찮고 성가신 문제나 말썽이 생겼을 때에, 남녀간에 남자는 여자 문제로, 여자는 남자 문제로 진퇴양난에 놓일 때에, 보잘것없거나 지겨운 상대방 일과 관련되어, 또는 좋지 않은 일에 말려들어 난처해진 때 등에 꿈을 꾸기도 한다.

붉은 실을 선물받거나 건네받은 꿈은?

미혼 남녀는 사랑을 할 연인을 만날 조짐이다. 꿈에서 본 사람과 연애를 할 암시이기도 하다.

흰 실을 선물받거나 건네받은 꿈은?

주변에 남모르게 자신을 생각해 주거나 사모하는 사람이 있음을 암시한다. 꿈에서 본 사람이 자신을 사모하고 있다는 암시이기도 하다.

색실을 보는 꿈은?

스캔들이나 소문·풍문이 날 조짐이다. 언행을 조심하라는 경고몽이기도 하다.

실이나 타래실을 남한테서 받는 꿈은?

환자는 병이 오래 갈 조짐이고, 사업가나 직장인은 갈등이나 분쟁 등으로 대인 관계에 귀찮고 성가신 문제가 일어날 암시이다.

실이나 타래실을 남에게 주는 꿈은?

그 동안 걱정하던 일이나 고민 거리가 해결될 조짐이다. 연인은 머지않아 결혼을 할 것이고 환자는 건강이 회복될 것이다.

실을 끊거나 자르는 꿈은?

행운의 기회를 스스로 놓아 버린다는 암시이다. 행운의 기회를 놓친다는 암시이므로 자신에게 다가온 기회를 잘 활용하라는 경고몽이기도 하다. 중환자에게는 죽음이 다가왔음을 알리는 예지몽이다.

■ 바늘

바느질에 쓰이는 바늘이든 침을 놓을 때 쓰는 침(바늘)이든 의식주의 하나인 옷을 만들거나 환자를 치료하는 데 쓰이므로 그 꿈도 대체로 길몽이지만, 바늘은 끝이 날카롭고 뾰족하여 '찌른다'는 의미에서 적대 감정이나 위험함·공격을 상징한다. 또한 남성을 상징하기도 한다.

따라서 적대 감정을 가진 사람이 언제 어디에서 갑자기 찌를지 모른다. 또는 올가미를 씌우거나 함정에 빠지게 할지도 모른다. 이 꿈을 꾼 사람은 적어도 얼마 동안만이라도 특히 대인 관계를 원만히 갖도록 노력해야 할 것이다.

*여기에서 말하는 바늘에는 자수 놓는 바늘·뜨개질바늘·신 깁는 바늘 및 한방에서 쓰는 침도 포함된다.

바늘을 꿈에서 보면?

일을 추진하는 도중에 방해를 받거나 공격을 받거나 위험에 부닥쳐 정체되거나 어려움·고통을 겪게 될 것이다. 그러나 좀더 참고 견디면 반드시 뜻을 이루게 된다.

바늘을 선물받거나 건네주는 바늘을 받는 꿈은?

새로운 활로를 찾을 수 있다는 암시이다. 이익이 생길 것이며 환자는 병세가 호전될 것이다.

바늘에 찔리거나 몸에 박히거나 침을 맞는 꿈은?

적대 감정을 품은 사람이 남몰래 계략이나 음모를 꾸며 헐뜯고 해칠 조짐이다. 남의 계략이나 꼬임에 넘어가지 않도록 유의해야 할 것이다. 성관계에 대한 두려움이나 불안감이 꿈으로 나타나기도 한다.

침(바늘)을 남에게 주는 꿈은?

걱정거리나 고민거리가 말끔히 해결될 조짐이다.

바늘에 실을 꿰는 꿈은?

오랜 고생과 인내 끝에 마침내 뜻을 이룬다는 암시이다. 사회적으로 신임을 받고 인정받아 지위·신분이 오르고 명예를 얻게 될 것이다. 섹스가 잘 이루어진다는 암시이기도 하다.

그러나 바늘에 실이 잘 꿰어지지 않아 꿰지 못하면 모든 일이 애쓴 보람도 없이 물거품이 되어 버린다는 좋지 않은 꿈이다.

바늘(핀)이 옷에 찔러 있는 것을 보면?

아내가 남편 몰래 다른 남자와 사귀거나 남편을 속여 엉뚱한 짓이나 좋지 못한 짓을 한다는 암시이다.

바늘이 부러지거나 부러진 것을 본 꿈은?

갑자기 사건·사고를 당하여 불행한 일을 겪게 될 조짐이다. 또는 이별할 조짐이 있다. 특히 부부나 형제간 친구 사이의 대인관계를 원만히 하도록 노력해야 할 것이다.

바늘에 손가락을 찔리는 꿈은?

어려움에 부닥쳐 고통을 받거나 잘못 판단해서 일을 그르쳐 괴로워할 징조이다.

바늘을 잃어버리거나 찾지 못한 꿈은?

계획한 일이 목표를 이루지 못한 채 중도에서 정체되거나 중단될 위기에 놓일 조짐이다.

바늘에 찔리거나 침을 몸에 놓는 꿈은?

좋지 않은 꿈이다. 적대 감정이나 헤치려는 마음을 품고 있는 사람이 남몰래 해치거나 양심적으로 떳떳하지 못한 일을 한 것이 마음에 걸리는 것을 의미한다.

■ 호주머니(포켓)

호주머니는 소지품을 넣기 위해 옷에 달린 주머니로, 숨겨 두는 작은 공간이며 남들이 볼 수 없는 비밀스런 곳을 암시한다.

호주머니 안에 무엇을 자꾸 넣는 꿈은?

남모르는 다른 곳으로 떠나게 될 것이다. 남모르는 다른 곳은 어쩌면 죽음의 세계일지도 모른다.

호주머니 안에서 무엇을 꺼내는 꿈은?

어떤 일을 탐색하거나 탐사하여 새로운 것을 발견하거나 연구·연마하여 어떤 것을 발명할 것이다. 또는 새로운 이득을 보게 될 것이다.

호주머니 안을 아무리 뒤져보아도 찾는 물건이 안 나오는 꿈은?

어떤 어려움이나 난처한 처지·상황을 스스로 불러들이게 될 것이다.

■ 침구(이불·요 등)

우리가 잠을 잘 때에, 또는 몸이 아프거나 병이 들거나 지쳤을 때에 요를 깔고, 또는 이불을 덮고 누워서 '휴식'을 취한다. 또한 이불 속에 함께 누워서 사랑을 나눌 수도 있고 옛일을 돌아보며 옛 추억에 잠기기도 한다. 그래서 이불·요는 '옛 친구', '옛 애인', '동업자', '협력자' 더 나가서 사회적·사업적 기반, 생활 기반, 경제적 기반 등을 암시하기도 한다. 또한 사랑의 결실을 의미하기도 한다.

요를 깔고 이불을 펴는 꿈은?

자본이 마련되어 어떤 사업이나 연구를 시작한다. 또는 병이 걸렸음을 알리는 경고몽이기도 하다.

이불을 덮고 누워 있는 꿈은?

　사업가는 경제적 기반이 쌓아져 사업체가 튼튼해지고 있음을 암시한다. 환자라면 병이 깊어 나으려면 오랜 시일이 걸릴 것이다.

한 이불을 같이 덮고 누워 있는 꿈은?

　같은 처지에 있는 사람을 만나 동업을 하게 되거나 일을 하는데 서로 협력하게 될 것이다.

이불을 개거나 개어 올리는 꿈은?

　현재 하고 있는 일(사업)이나 연구 · 조사 등을 일단락짓고 새로운 사업이나 연구 · 조사 등을 다시 하게 됨을 암시한다.

　직장인이라면 현재 업무를 일단 마치고 새 업무를 시작하게 되거나 새로운 자리나 새 직장으로 옮기게 될 것이다.

이불이나 요를 찢거나 조각을 내는 꿈은?

　부부 사이에 불화가 생겨 파탄이 오거나 사업 · 업무는 침체되거나 실패로 끝날 조짐이다.

무서워서 이불을 뒤집어쓰는 꿈은?

　강도나 도둑이 들거나 사나운 동물이나 귀신 같은 무서운 모습이 나타나 이불을 뒤집어쓰는 꿈은 아직도 해결되지 않거나 문제점이 남아 있어 고민하거나 좀더 애를 써야 할 것이다.

비단 이불 · 요를 보거나 펴고 누워 있는 꿈은?

　협력자나 후원자를 만나 사업이 발전 번창할 것이며 또한 이익도 많을 것이다. 미혼 남녀는 좋은 배필을 만나 사랑의 결실을 맺을 것이며, 부부는 행복한 결혼 생활을 이어 갈 것이라는 길몽이다. 이불에 꽃 같은 예쁜 수가 놓인 경우라면 행운은 두 배가 될 것이다.

이불·요 등에 피가 묻어 있는 꿈은?
애인 또는 아내나 남편이 바람이 났음을 암시한다. 또 자기 자신이나 가족, 친지가 교통 사고나 화재 등 사고로 다치거나 병이 들 조짐이 있으니 건강에 유의해야 할 것이다.

이불이나 요 위로 바퀴벌레나 개미 등 벌레가 기어다니는 꿈은?
거래처와 관계가 끊기거나 사업이 정체됨을 암시한다. 직장인은 직장에서 사고가 나거나 구조 조정 등 좋지 않은 일이 생길 것이다.

개어 놓은 이불·요에서 바퀴벌레·개미 등 벌레나 고양이 등 동물이 나오는 꿈은?
오랜 시련을 겪고 마침내 좋은 성과를 얻게 된다는 암시이다. 학자는 연구 결과가, 후보자는 개표 결과가, 사업가는 실적이 나와 뜻을 이루게 될 것이다.

이불을 선물받거나 이불을 받아 드는 꿈은?
소식을 몰라 궁금하던 중 멀리서 기쁜 소식이 올 것이다.

방석을 보거나 방석 위에 앉는 꿈은?
가업이나 창업한 사업이 발전 번영하게 되어 모두들 기뻐할 것이다.

4 가구에 관한 꿈

■ 가구

집안 살림 도구인 가구를 보면 그 집안의 살림 형편을 짐작할 수 있듯이 가구에 관한 꿈은 그 가구의 상태나 상황에 따라 달리 해몽할 수 있으나 원칙적으로는 안정된 가정 생활의 기반, 경제적 상태 등을 암시한다. 새롭고 좋은 가구는 축하받을 만한 좋은 일을 암시하나, 호화스럽고 사치스런 가구는 경제적 손실·낭비를 암시한다.

가구를 집안에 들여놓는 꿈은?

사업가는 큰 이득을 보게 될 것이고, 직장인은 돈과 관련된 경리부서의 일을 맡게 되거나 재물을 모을 수 있을 것이다. 청춘남녀는 새로운 연인을 만나 사랑하게 될 조짐이다.

가구를 방 밖이나 집 밖에 내놓는 꿈은?

"가구를 집 안에 들여놓는 꿈"과 반대로 사업가는 뜻대로 일이 이루어지지 않아 정체되거나 침체될 것이고 직장인은 면직 또는 파면될 것이며 가족은 서로 화목하게 지내지 못한다는 암시이다. 또 환자는 죽음을 맞이하는 수도 있다.

방안에 색깔이 바랜 가구가 있는 것을 보면?

난데없는 재난의 피해를 입을 조짐이다. 또한 가족끼리, 부부끼리 화목하게 지내지 못하고 서로 헤어지게 될 것이다.

가구를 밖에 내놓고 이삿짐 차에 싣는 꿈은?

지금까지와는 다른 새로운 방침·자세를 바꾸고 다시 출발해야 할 전환기가 왔음을 암시한다. 동시에 남의 청탁을 받아야 할 조짐이다. 그러나 자칫 남의 꼬임에 빠지지 않도록 유의해야 할 것이다.

가구 안에 물건들이 가득 들어 있는 꿈은?

찬장 안에 식기들이, 서랍 안에 서류가, 장롱 안에 옷들이 가득 들어 있는 꿈은 미혼 남녀는 혼담이 이루어질 것이고, 사업가는 큰 이득을 얻게 될 것이며 재운도 좋아서 재물이 들어올 조짐이다.

가구 안이 텅 비어 있는 꿈은?

"가득 들어 있는 꿈"과 반대로 혼담이나 상담은 깨지고, 사업은 정체되어 손해를 보는 등 좋지 않은 꿈이다.

장롱 · 옷장 안에 옷가지나 이불 등이 가득 들어 있는 꿈은?

청춘 남녀에게는 혼담이 오가고 사업은 발전 · 번창할 것이며 명성을 떨칠 조짐이다. 특히 돈이나 재물이 들어올 암시이다.

장롱 · 옷장 안이 텅 빈 꿈은?

"가구 안이 텅 비어 있는 꿈" 과 같이 해몽한다.

새 장롱을 사들이는 꿈은?

이사를 가거나 직장을 옮길 조짐이다. 미혼 남녀가 이 꿈을 꾸면 좋은 배필감을 만나게 될 암시이다.

장롱이나 옷장 문이 열려 있거나 옷가지가 흐트러져 있는 꿈은?

자제력이 부족하므로 남의 이야기를 곧이곧대로 듣고 그에 따라 일을 추진하다가 실패 · 실수할 조짐이니 조심하고 신중히 하라는 경고몽이다.

장롱 서랍에 서류나 물건이 가득 들어 있는 꿈은?

사업가는 재물이 따를 조짐이고, 부부간에는 화목하여 집안이 평안하며, 미혼 남녀는 사랑하는 연인이 생길 암시이다.

장롱 · 옷장 안에 옷이나 물건을 넣어 두는 꿈은?

기업체나 사업에 투자하거나 납품하여 위탁 판매하거나 주식 · 증권 등에 투자하여 잘 되기를 기다리고 있을 암시이다.

장롱 · 옷장에서 옷이나 물건을 꺼내는 꿈은?

새로이 어떤 일을 시작하거나 어떤 단체나 기관에 가입 · 창립하거나 창설하여 자신의 능력을 발휘할 기회를 얻을 것이다.

화려하고 좋은 장롱이나 옷장 등이 방안에 가득한 꿈은?

윗사람이나 선후배의 협조를 받거나 후원을 얻어 사업이나 가정 생활이 잘 되어 나갈 것이다. 탤런트나 예술가는 좋은 작품을 발표하며 인기가 오를 것이다.

■ 침대

우리가 잠잘 때에 또는 몸이 아프거나 지쳤을 때에 휴식을 하는 곳이 침대이다. 따라서 침대는 '휴식', '안식처'를 상징한다. 바꿔 말하면 '침대에 관한 꿈'은 우리 몸이 현재 '휴식'이 필요하다는 것을 일깨워 주는 경고몽이다. 여기에서 더 나가 보면 우리는 휴식을 하게 되면 옛일을 되돌아보거나 옛 추억에 잠기기도 한다. 그래서 침대는 '옛 친구'나 '옛 애인을 만난다'는 의미를 갖는다. 또 휴식을 하고 나면 새로운 힘이 솟는다. 따라서 튼튼한 기반을 다질 수도 있고, 힘차게 밀어붙일 수도 있다. 그래서 침대는 일(사업)의 기반·생활 기반·경제적 기반 등을 암시하기도 한다. 또 사랑을 나누는 자리가 될 수도 있으므로 사랑의 결실을 의미하기도 한다.

한편 건강한 사람의 침대, 시트나 이불은 잠시 누워 있기 때문에 깨끗한 편인 데에 비해서 환자의 것은 오래 몸져누워 있기 때문에 곧잘 더러워진다. 다시 말하면 깨끗한 침대는 건강함을, 더러운 침대는 몸이 아프거나 병에 걸려 있음을 암시한다.

침대가 망가지거나 고장나서 삐거덕거리면?

부부 사이에 뜻이 잘 맞지 않는 등 불화가 생겨 자칫 별거, 이혼하게 될 암시이다. 또는 사업상 어떤 사고·사건이 발생하여 아랫사람들이 떠나가는 등 어려움을 겪게 될 조짐이다.

망가지거나 고장난 침대를 고치는 꿈은?

반갑고 기쁜 일이 있을 것이다. 직장을 옮기거나 집을 옮겨도 좋다는 암시이다.

깨끗한 침대를 보거나 깨끗한 침대에 누워 있는 꿈은?

결혼 생활이 행복할 것이라는 암시이다. 또 환자가 이 꿈을 꾸면 건강을 회복하게 될 조짐이다.

더러워진 침대를 보거나 그 침대에 누워 있으면?

근심·걱정거리가 있어서 괴로워할 조짐이다. 스트레스가 쌓여서 정신적으로나 육체적으로 피로해지고 병에 걸릴 염려가 있으니 휴식을 하라는 경고몽이다. 무엇보다도 건강에 유의해야 할 것이다.

다른 이의 침대에 누워 있는 꿈은?

다른 사람으로부터 협조나 후원을 받게 될 조짐이다. 또는 타인의 도움이 필요함을 암시하기도 한다.

병원의 침대에 환자가 없는 빈 침대를 보는 꿈은?

환자는 죽음이 가까이 다가왔음을 암시한다.

환자가 되어 병원 침대에 누워 있는 꿈은?

직장인은 격무에 시달리고 사업가는 거래처나 손님 일로 정신이 없을 정도이다. 수술대나 진찰대의 침대에 누워 있는 꿈은 자신이 해 온 일이나 업적에 대한 심사를 받거나 조사를 받을 것이다.

침대 위로 뱀이나 구렁이가 기어오르는 것을 보면?

옛 친구나 옛 애인을 만나게 될 것이다. 그 뱀이나 구렁이가 자신의 몸을 휘감는 꿈은 태몽이다.

침대를 새로 들여오는 꿈은?

하는 사업이나 업무가 크게 번창하여 튼튼한 기반을 쌓게 될 조짐이다. 미혼 남녀는 사랑이 결실을 맺어 결혼으로 골인할 것이다.

침대를 밖으로 내가거나 꺼내 가는 꿈을 꾸면?

사업이나 업무가 정체되거나 침체되어 문을 닫거나 남에게 넘길 조짐이다. 직장인은 좌천되거나 쫓겨날 암시이기도 하다. 또한 부부간에는 불화가 생겨 별거·이혼까지 가게 될 수 있다.

바깥에서 쓰이는 간이침대를 보거나 거기에 누워 있는 꿈은?

직장인은 구조 조정 등으로 고민하게 될 조짐이다. 또는 몸에 이상이 생겨 건강 진단을 받거나 병자는 병세가 악화되어 입원하게 될 것이다.

침대에서 자다가 바닥으로 떨어지는 꿈은?

직장인은 직장이나 지위를, 사업가는 거래처를, 학자나 연예인이나 예술인은 명예·명성·인기를 잃게 될 것이다.

침대에 개미나 바퀴벌레 같은 벌레가 기어오르거나 기어다니는 꿈은?
　경제적으로 회사·가게 등의 운영이 적자 나서 고민하게 되거나 빚쟁이나 깡패 같은 사람들에게 시달림을 받을 것이다.

침대에 둘이서 같이 앉는 꿈은?
　미혼 남녀라면 서로 사랑을 하게 되고 마침내 결혼을 약속할 것이다. 친지나 같이 일하는 사람이라면 동업을 하게 된다는 암시이다.
　실직자라면 직장을 얻게 되고 직장인이라면 지위가 오를 것이다.

■ 가리개(칸막이·병풍)

　꿈에 가리개(칸막이·병풍)를 보면 상인은 장사가 잘 되어 이익을 볼 것이다. 그러나 가리개가 펼쳐 있거나 때아닌 때에 둘러쳐 있다면 운수가 막힐 조짐이다.

가리개(칸막이·병풍)를 사거나 남한테서 받는 꿈은?
　운수가 행운 쪽으로 호전되었다는 암시이다. 이 때에는 무슨 일을 하든 뜻대로 잘 되고 번영·번창할 것이다.

가리개(병풍)를 볼 수 없는 꿈은?
　가리개(병풍)는 날씨가 추울 때에 바람막이로 치는 것인데 볼 수 없으면 챙겨 두거나 치워 둔 것이다. 다시 말하면 따뜻한 봄에는 치워 가을에 다시 꺼내 친 것이므로 가을·겨울철에 이 꿈을 꾸면 좋지 않은 꿈이고, 치워놓은 봄철에는 좋은 꿈이므로 만사가 대길할 것이다.

가리개(칸막이·병풍)가 부서지거나 쓰러진 꿈은?
돈이나 재물·시간·노력 등을 헛되게 쓰게 되거나 돈이나 재물을 잃어버릴 조짐이다.

■ 의자·걸상

의자는 앉는 '자리'이다. '자리'는 지위 또는 직위를 의미한다. 그리고 어떤 지위 또는 직위에 앉느냐는 그 사람의 '능력'이 얼마나 되느냐에 따라 달라진다. 그래서 '직업', '지위' 또는 '휴식'을 상징한다.

의자에 반듯이 앉아 사무 보거나 책 읽는 자세는?
실직자는 어느 직업을 가지게 되고, 직장인은 어느 부서나 직책에 제대로 자리잡게 됨을 암시한다. 한편 의자는 휴식을 상징하므로 지금 몹시 지쳐 있거나 건강 상태가 나빠졌으니 휴식을 하라는 경고몽이기도 하다. 휴식을 하지 못할 형편이면 좀 쉬운 일이나 한가한 일로 대처하라는 뜻이다.

푹신푹신한 고급 의자에 앉는 꿈은?
자신의 능력을 인정받아 마침내 바라던 자리에 앉게 되었음을 암시한다. 한편 휴식이 필요하다는 의미이므로 건강에 유의해야

할 것이다. 반대로 딱딱하고 초라한 의자에 앉는 꿈은 그 반대로
능력을 인정받지 못하여 제자리에 앉지 못하거나 좌천, 면직될
조짐이다.

자기 의자에 다른 사람이 앉아 있는 꿈은?

자신의 능력을 인정받지 못하거나 외부의 어떤 압력이나 방해
로 자신의 자리나 직위 등을 잃게 될 조짐이다. 또는 자기 의자
에 앉는 그 사람과 인간 관계를 좀더 돈독히 해야 함을 암시하기
도 한다.

또는 남자는 여자 애인과 여자는 남자 애인과 관계를 갖게 된
다는 뜻이기도 하다.

자기 의자만 비어 있거나 빈 의자를 본 꿈은?

대인 관계가 원만하지 못하여 또는 제자리에 앉지 못하고 협조
받을 데나 의지할 곳이 없이 고립될 조짐이다.

■ 책상

책상도 의자와 마찬가지로 그 사람이 앉는 자리(직위), 직책을
의미한다. 또한 외국어로 책상을 '데스크(desk : 신문사의 편집
책임자)' 라고 하듯 책임자를 의미하기도 한다.

책상에서 근무하는 꿈은?

학생은 열심히 공부하여 학력이 높아지고, 직장인은 열심히 일
한 보람이 있어 지위(직책)가 오름을 암시한다.

비교적 크고 넓은 책상을 보거나 앉아 있는 꿈은?

직장인은 어떤 부서나 모임에서 책임자나 지도자나 우두머리가 될 조짐이다.

헌 책상이나 작은 책상을 보거나 앉아 있는 꿈은?

직장인은 좌천되거나 면직될 조짐이다. 정치인은 권력을 잃게 된다는 암시이다. 상업이나 사업하는 사람은 주요 거래처와 거래가 끊길 것이다.

책상에서 일어나 오가는 꿈은?

직장인은 그 자리(직책)나 그 업무에서 손을 떼거나 사업인은 그 사업을 그만두게 될 것이다.

자기 책상을 다른 사람이 차지하고 있는 꿈은?

현재 하고 있는 일이나 직책·업무 등을 누군가 다른 사람이 탐내고 협박하거나 빼앗아 가려고 한다는 암시이다.

남의 책상에 가서 앉았거나 남의 책상으로 가는 꿈은?

위의 꿈과는 반대로 자리를 차지하게 된다는 의미로 수험생은 입학을, 직장인은 승진을, 실직자는 취직을, 입후보자는 당선될 것이라는 좋은 꿈이다.

책상 서랍이 열렸는데 서류가 가득 들어 있는 꿈은?

가정에 행운이 온다는 의미와 함께 자신의 실력이나 능력을 인정받는다는 암시이다. 수험생은 합격을, 직장인은 영전을, 교수 등 학자는 명성을, 사업가는 새로운 주거래처를 얻게 되고, 불화하던 부부가 화합할 것이다.

책상 위에 책이 가득 쌓여 있는 꿈은?
실력의 향상을 의미한다. 수험생은 합격을, 학자는 좋은 연구결과를, 예술가나 문학가는 좋은 작품을 발표하게 되는 등 명성과 돈이 따른다는 길몽이다.

책상의 서랍이 닫혀 있거나 서랍을 닫는 꿈은?
가정운의 불행을 의미하므로, 부부간에 불화가 생기고 형제·친지들끼리 서로 안 보려고 할 것이다.

새 책상을 사들이거나 새 책상에 앉는 꿈은?
새로운 업무나 직책을 받게 되어 권리가 많아지고 명예가 더욱 빛날 것이다. 가정운도 더욱 상승할 조짐이다.

책상에 서로 마주앉은 꿈은?
다른 사람과 의견 대립이 생겨 곧잘 말다툼을 하게 될 것이다.

둥근 책상에 여럿이 둘러앉은 꿈은?
여러 사람이 각기 협력해 주어 일이 생각보다 빨리 잘 진척될 것이다. 또는 불화했던 부부간이나 동료, 선후배 사이의 인간 관계가 원만히 잘 되어 나갈 것이라는 암시이다.

어느 모임이나 강당·교실 같은 데에서 맨 뒤의 책상에 앉은 꿈은?
비교적 외부의 압력이나 간섭을 받지 않는 대신 협력자나 후원자의 도움도 받지 못할 조짐이다.

응접실에 있는 탁자·소파 등에 관한 꿈은?
가정이 불화하다는 암시이므로 부부간에 갈등이 생기고 형제자매 사이에 말다툼을 하게 될 것이다.

■ 식탁

식탁은 주로 가정 안에서 식구들이 식사하는 데 필요한 탁자이다. 따라서 가정운을 상징한다. 또는 인간 관계를 풍부히 하는 대화의 자리이기도 하다.

식탁 위에 먹을 음식이나 술이나 음료가 놓여 있는 꿈은?
귀한 손님을 초대한다든지 돈독한 교우 관계 등을 암시한다. 또한 먹고 싶은 술이나 음료·음식을 나타내기도 한다.

식탁 위에 꽃이 꽂혀 있다든지 깔끔하게 정돈된 식탁을 보면?
풍족한 가정 생활을 의미한다. 또는 원만한 대인 관계, 폭 넓은 교우 관계 등을 의미한다.

식탁에 여러 사람이 둘러앉은 꿈은?
머지않아 많은 사람들과 서로 사귀게 될 것이라는 암시이다. 다시 말하면 협조자나 후원자가 많이 생기게 된다는 뜻이다.

애인과 함께 식탁에 앉아 식사를 하는 꿈은?
애인과 사랑이 깊어져 머지않아 약혼이나 결혼을 하게 될 것이라는 암시이다. 연인과의 식사는 연인과의 섹스를 의미한다.

식탁보가 색깔이 곱고 화려한 꿈은?

가정운이 행운 쪽으로 호전되었음을 암시한다. 따라서 모든 일이 잘 되어 나간다는 길몽이다.

식탁보가 더럽거나 찢어진 꿈은?

가정운이 불운 쪽으로 기울었음을 암시한다. 부부나 형제간에 갈등이 생기고 화목하지 못하여 말썽이나 문제가 일어날 것이다.

5. 생활용품에 관한 꿈

■ 냄비 · 솥

회사 일이나 집안 일이 활기 있게 잘 되어 나간다는 암시이다. 따라서 돈이나 재물이 풍부해질 것이다. 다만 자칫 과다한 지출로 낭비가 많을 염려가 있으니 주의할 일이다.

냄비 · 솥에 먹을 것이 가득 들어 있는 꿈은?

반가운 손님이 오거나 초대를 받을 것이다. 돈이나 재물이 풍부해질 암시이다.

냄비·솥 안이 텅 비어 있는 것을 본 꿈은?
돈이나 재물을 다 써 버려서 생활의 어려움을 겪게 될 것이다.

냄비·솥뚜껑을 보거나 들고 있는 꿈은?
남의 꼬임에 빠지거나 남에게 속아넘어갈 조짐이 있다. 남의 유혹의 손길을 주의해야 할 것이다.

냄비·솥으로 물을 끓이거나 물이 끓는 것을 보면?
큰 이득이 들어올 것이다. 또는 어떤 일을 하는 데 생긴 이익이 자신의 것이 된다는 좋은 꿈이다.

냄비·솥을 땜질하는 등 수리하는 꿈은?
먼 데서 반가운 손님이 찾아올 것이다. 또는 협력자나 후원자가 나타나 도움을 줄 것이다.

냄비·솥을 만드는 꿈은?
건강 운이 트인다는 조짐이다. 환자라면 병세에 차도가 보이며 차차 나아질 것이다.

솥 밑에서 물이 흘러나오는 것을 보면?
하는 일마다 큰 이익을 보게 될 조짐이다.

냄비에 구멍이 뚫려 물 속에 가라앉는 꿈은?
재물이 낭비되고 가산을 탕진하여 곤궁한 생활을 하게 될 조짐이다.

냄비·솥에 불을 때는 꿈은?

수험생은 시험에 합격될 것이고 실직자는 직장을 얻게 되고, 직장인은 영전하거나 지도자가 될 것이며 탤런트·예술인·문학가는 좋은 작품을 발표하여 명성을 날리게 될 것이다. 사업가는 새로운 거래처가 자꾸 생겨 번창할 것이다.

*여기에서 '불'이란 전기·가스·장작불 등을 포함한다. 하는 일마다 순조롭게 진행될 조짐이다.

냄비·솥이 깨지거나 찌그러지는 꿈은?

상담이나 회담 등이 결렬되고 하는 사업은 부도가 나는 등 실패로 끝날 조짐이다. 따라서 모든 일을 일단 뒤로 미루거나 보류할 일이다.

■ 물통·양동이·물동이

생명의 원천을 상징하는 물을 담는 물통이나 양동이는 재물의 근원이라 할 수 있다. 또 그 용량에 따라 재물의 많고 적음을 나타낸다.

물통(양동이·물동이)을 집안으로 들여오는 것을 보면?

많은 선물이나 뜻밖에 상품을 받게 될 것이다. 물통의 크기에 따라 선물이나 상품의 분량이 차이가 난다.

물통(양동이·물동이 등)을 집 밖으로 가지고 나가거나 내놓는 꿈은?

다른 물건과 바꾸어 이득을 얻게 될 조짐이다.

물을 받으려고 물통을 가져갔으나 물이 나오지 않아 받지 못하는 꿈은?

큰일을 벌이거나 큰 사업을 시작하였으나 수익이 생기지 않을 조짐이다.

■ 칼

* 여기에서 '칼'이라 함은 식칼·나이프·도검·검·완도 등을 포함한다. 다만 작은 것일수록 그 운수의 영향력이 적게 미친다. 즉 행운도 큰 것에 비해서 적고 불운도 적다. 주로 물건을 베어 버리거나 잘라 버리는 데 쓰이므로 '이별·헤어짐·갈라섬' 같은 의미를 상징한다. 또 동시에 자칫 잘못 사용하면 큰 상처를 주고 목숨도 앗아가 버리는 남성적인 무서운 힘을 지닌 위험한 도구이기에, '남성', '문제점·말썽·불화·분쟁·고장'의 뜻을 상징한다.

칼을 꿈에서 보면?

칼은 남성의 상징이므로 임신하였다면 아들을 낳을 것이다. 머지않아 좋은 일이 있을 조짐이다. 또 그러나 호사다마(好事多魔)라고 잇따른 좋은 일에는 의례 방해나 탈이 끼여들기 쉬운 법이므로 조심해야 할 것이다. 즉 부부의 인연·친구간의 우정·애인 간의 사랑·가족 간의 사랑 등 인간 관계가 끊겨 헤어지거나 갈라서서 새 출발한다는 인생의 갈림길에 놓였음을 암시한다.

칼을 손에 들고 있거나 칼을 사용하는 꿈은?

돈이나 재물에 대한 행운이 찾아온다는 암시이다. 좋은 일이 있을 것이다.

칼을 남한테서 받는 꿈은?
  머지않아 반갑고 기쁜 소식이 올 것이다.

칼을 남에게 주는 꿈은?
  남에게 속아넘어가거나 남의 꼬임에 빠지거나 아무튼 남에게 손해를 보게 될 조짐이다.

칼을 잃어버린 꿈은?
  부부간의 별거나 이혼, 애인과 헤어지거나 하는 걱정거리가 생길 조짐이다. 또 무슨 일을 하든 손실을 보게 된다는 암시이다.

칼을 사거나 사들인 꿈은?
  먼 곳에서 반가운 손님이나 소식이 올 것이다.

칼로 상처를 입는 꿈은?
  이익을 얻을 조짐이나 애정 문제로 실망을 하거나 실패한다는 암시이다.

칼에 찔리거나 찔려 죽어 가는 꿈은?
  돈이나 재물이 들어온다는 길몽이다. 칼에 피가 묻어 있으면 더욱 좋다.

칼을 날카롭게 가는 꿈은?
  머지않아 좋은 일이 있을 것이다.

■ 냉장고

식료품 등 물건을 차게 보관하려면 냉장고 속에 깊이 넣어 두므로 냉장고는 '은밀한 정보'나 '비밀·기밀'을 상징한다. 따라서 냉장고에 관한 꿈은, 비밀·기밀을 간직하게 되거나 알게 된다는 의미이다. 비밀·기밀이란 외부에 드러내서는 안 되는 아주 중요한 것이기 때문에 신용·신뢰가 있어야 함은 물론이다. 대인 관계에서 신뢰·신용과도 깊은 관련이 있다.

냉장고를 열거나 열려 있는 꿈은?
비밀이나 주요 정보 등이 알려지고 신용이나 신임을 잃게 되어 하던 일이나 할 일이 헛되이 끝나 버릴 것이다.

남의 냉장고가 열려 있거나 열어 보는 꿈은?
남의 비밀 정보나 기밀 등을 알게 되고 신용·신임을 얻게 될 것이다.

냉장고를 열어 보니 오이만 잔뜩 들어 있는 꿈은?
오이만 잔뜩 들어 있고 다른 야채는 없다는 것은 다른 식료품은 모두 먹어 버리고 오이만 남았다는 의미이므로, 모든 일이 뜻대로 되지 않는다는 암시이다. 또 다시 필요한 물건을 사러 시장을 가야 하므로 시간적으로나 금전적으로 손실이 나는 조짐이다.

새로운 냉장고를 사들여 놓고 새 냉장고를 본 꿈은?
가까운 시일 안에 값있는 새 정보를 얻는 등 좋은 일이 있을 조짐이다. 운이 트이기 시작했음을 알리는 예지몽이기도 하다.

선풍기 · 에어컨을 켜 놓는 꿈은?

하는 일이나 사업이 생각지도 않은 외부 압력이나 방해를 받아 정체되거나 침체될 것이다. 또한 혼담이나 협상 등은 깨지기 쉽다는 암시이다.

선풍기 · 에어컨을 사들이는 꿈은?

벌인 사업이나 추진하는 일이 장벽에 부닥쳐 실패로 끝날 조짐이다. 또한 돈이나 재물을 잃어버린다는 암시이기도 하다.

난로 · 스토브 · 온풍기 · 히터 등 난방 기구는?

가정이나 가업, 대인 관계 등을 암시한다.

난방 기구에 불이 켜져 따뜻한 꿈은?

난로 · 히터 등 난방 기구에 불이 켜져 주변이 따뜻한 꿈은 행운을 나타낸다. 주변 사람들의 협조와 후원을 받고 어디를 가나 대환영을 받는다는 암시이므로 대인 관계가 좋아짐은 물론이고, 하는 일마다 잘 되어 나갈 것이다.

난방 기구에 불이 꺼져 추운 꿈은?

난방 기구에 불이 켜진 꿈과는 반대로 주변 사람들로부터 이른바 왕따를 당해 모든 일을 혼자 추진해 나가야 하므로 외부의 압력이나 장애를 많이 받아 일이 정체되거나 침체된다는 조짐이다. 또 쓸쓸한 생활을 보낸다는 암시이기도 하다.

난방 기구를 청소하는 꿈은?

주위 사람들이 비협조적이고 자신을 따돌리므로 스스로 모든 일을 판단 처리해야 할 조짐이다. 따라서 주변 사람들을 정리하여 물리치고 새로운 사람들과 인간 관계를 맺어야 할 것이다.

■ 청소 도구(진공 청소기 · 비(빗자루))

청소 도구는 더러운 먼지 · 쓰레기 등을 깨끗이 치우는 데 쓰이므로 협조자 · 재물에 관한 운수 등을 상징한다.

청소기 · 비 등을 남한테서 받는 꿈은?

재물에 관한 운수가 트인다는 암시이므로 사업은 날로 이익이 늘어나고, 직장인은 승급하게 될 것이며, 탤런트 · 문학가 · 예술가 등은 부수입이 늘어날 것이다.

청소기 · 비 등을 남한테서 가져오거나 남이 주는 꿈은?

불행한 사고나 사건 등에서 벗어나게 될 조짐이다.

청소기 · 비 등으로 대청소를 하는 꿈은?

고생 끝 행복 시작의 조짐이다. 또는 귀한 손님이 온다는 암시이기도 하다.

빗자루로 마당이나 길거리를 쓰는 꿈은?

선후배나 윗사람이 후원해 주어 자금난이나 문제점 등이 해결될 것이다.

걸레 · 비 등 청소 도구로 방이나 대청이나 마루 등을 청소하는 꿈은?

부정 부패의 근원을 막아 새 바람으로 사업 기반을 쌓게 될 것이다.

6. 장신구(액세서리)에 관한 꿈

장신구 · 액세서리

■ 장신구

장신구는 몸을 치장하는 데 쓰이는 목걸이 · 귀고리 · 반지 · 비녀 · 머리핀 · 브로치 · 핸드백 따위.

금은 장신구를 남에게 주는 꿈은?

추진하고 있는 일이나 사업이 제대로 이루어지고 큰 이득을 얻게 될 것이다.

금은 장신구를 남에게 빼앗긴 꿈은?

부부 · 연인 또는 부모 형제, 친척 사이에 불화가 생겨 또는 어떤 사정으로 서로 헤어지게 될 것이다.

금은 장신구가 깨지거나 흠집이 생긴 꿈은?

갑자기 좋지 않은 일이나 불행한 사고가 일어날 조짐이다.

금은 장신구의 색깔이 변한 꿈은?

기대하던 계획·목표가 이루어지지 않고 놀라운 사고·사건이 발생할 조짐이다. 특히 재난을 당할 염려가 있으니 조심해야 할 것이다.

■ 목걸이

목걸이는 남의 시선을 집중시키는 장신구이다. 이런 뜻에서 목걸이는 인기나 애정·스캔들의 상징이다.

목걸이를 받거나 목걸이를 하고 있는 꿈은?

상대방이 자신의 미모나 매력(능력·실력)을 인정해 준다는 암시. 다시 말하면 협조자나 후원자·지지자를 얻게 될 것이다. 또는 좋은 배우자를 만나게 될 것이다. 이 때에는 인기가 상승하고 있으므로 너무 눈에 띄는 행동이나 말을 하면 자칫 스캔들을 일으킬 염려가 있으니 언행을 삼가라는 경고몽이기도 하다. 보석이 아로새겨진 목걸이 등 고급스런 목걸이일수록 행운의 강도, 또는 스캔들·말썽·갈등의 강도가 더해진다.

목걸이를 내버리거나 목걸이가 깨진 꿈은?

사랑에 문제가 생길 조짐이다. 삼각관계 등 갈등·분쟁·불화를 암시한다.

■ 귀고리(이어링)

귀고리는 자신을 매력 있게 돋보이게 하는 장신구이다. 이런 뜻에서 자신의 실속(실력·능력)보다 더 낫게 꾸며 보이려는 표현으로 매력적으로 돋보인다는 암시이다. 따라서 연예인·탤런트·배우·예술가 등 인기를 생명으로 하는 사람들에게는 길몽이라 할 수 있으나 보통 사람에게는 그렇게 좋은 꿈이라 할 수 없다.

귀고리를 선물받거나 귀고리를 하고 있는 꿈은?

매력적인 모습을 상징하므로 대인 관계에서 인기가 상승하고 평판이 좋아질 것이다. 그러나 분수에 너무 지나치게 호화로운 귀고리라면 '돼지 발에 진주' 처럼 매력을 잃고 품위가 떨어져 인기도 떨어지고 나쁜 평판이 날 것이다.

■ 반지

반지는 연인끼리 결혼 약속의 징표나 치장하는 장신구의 하나. 이러한 뜻에서 반지는 연인·연애·결혼 또는 약속·계약을 상징한다.

* 금반지, 은반지 등도 똑같이 해몽된다.

반지를 끼는 꿈이나 끼고 있는 꿈은?

기대하는 일이나 목표가 이루어진다는 길몽이다. 미혼 남녀가 이 꿈을 꾸면 머지않아 훌륭한 배우자를 만나게 될 것이다. 그러나 기혼자(부부)가 이 꿈을 꾸면 결혼에 대한 의무·책임 등을 부담스럽게 느끼는 마음이 꿈으로 나타난 것으로 부부 사이의 애정이 식었음을 경고하는 경고몽이다. 반면에 각자는 주위 사람들에게 인기를 끌고 좋은 평판을 들을 것이다.

반지를 사서 끼거나 선물 받은 꿈은?

연인으로부터 청혼을 받거나 장래 약속을 받게 될 것이다. 바라던 일이 뜻대로 이루어져 성과를 올리고 업적을 쌓는다. 또는 사업체를 가지게 될 길몽이다. 많은 반지를 얻을수록 행운의 강도가 더해진다.

결혼 반지나 약혼 반지를 받는 꿈은?

좋은 연인이나 배우자를 만나게 될 것이다. 연인은 머지않아 결혼을 하게 될 조짐이다.

반지를 빼거나 떨어뜨린 꿈은?

애정에 문제가 생겼음을 암시한다. 바람이 나거나 삼각 관계의 암시이다. 애정이 식어서 연인·애인·부부간에 헤어지게 될 것이다. 또는 계약·약속·협상·상담 등이 결렬된다는 암시이기도 하다. 반지가 깨어지거나 흠집이 나도 같이 해몽한다.

미혼 남녀가 결혼 반지나 약혼 반지를 끼는 꿈은?

아직 약혼·결혼도 하지 않았는데 반지를 낀다는 것은 약혼·결혼하고 싶은 간절한 마음이 꿈으로 나타난 것이나 아직 기회가 되지 않았으므로 좀더 참고 기다리라는 뜻이다. 또는 이룰 수 없는 소원을 충족시키려고 무리를 했다는 암시이므로 좀더 신중하고 욕심을 부리지 말라는 경고몽이기도 하다.

반지를 애인이나 남에게 주는 꿈은?

자신의 사랑의 정열을 상대방이 느끼지 못한다는 암시이다. 그 사람에 대한 짝사랑의 표시이기도 하다.

쌍가락지를 받거나 끼고 있는 꿈은?

두 가지 일(사업)을 동시에 하거나 두 직위를 겸임할 것이다. 부인이 꾸었다면 태몽이다.

팔찌에 관한 꿈

'반지에 관한 꿈', '장신구에 관한 꿈'과 같이 해몽하므로 참조하기 바란다.

머리 꾸미개(머리핀·금비녀·은비녀·옥비녀)를 하거나 머리 꾸미개를 본 꿈은?

머지않아 행운이 찾아올 것이다.

머리 꾸미개(머리핀·금비녀·은비녀·옥비녀)를 떨어뜨린 꿈은?

미혼 남녀가 이 꿈을 꾸면 남자는 아내를 맞이하거나 애인이 생길 것이며, 여자는 신랑감을 만나게 되거나 애인이 생길 조짐이다.

주머니(복주머니) 안에 패물 등 물건이 가득 들어 있는 꿈은?

앞으로 좋은 일이 있을 조짐이다. 비록 지금은 어렵더라도 운이 트인다는 암시이다.

주머니(복주머니) 안에 아무것도 들어 있지 않은 꿈은?

위의 꿈과는 반대로 행운에서 불운으로 기울어진 암시이다. 하는 일마다 손실을 보고 실패로 끝나 실망에 빠질 조짐이다.

■ 넥타이

넥타이는 남자가 정장을 하는 데 필요한 물건이므로 남성의 상징이다. 사회적 활동·역할·신분 등을 암시한다.

넥타이를 매는 꿈은?

넥타이는 사회적 활약을 암시하므로, 사회적으로 인정을 받아 명성이 나고 어떤 지위를 얻게 된다는 암시이다.

미혼 여자가 애인의 넥타이를 매 주는 꿈은?

넥타이의 주인공이 자기의 뜻을 잘 따라 줄 것이라는 암시이다. 따라서 이 때에는 어려운 부탁을 하더라도 들어줄 것이다.

■ 허리띠(벨트)

*허리띠의 모양이 뱀처럼 기다랗다 하여 '뱀에 관한 꿈'과 같이 길몽으로 해몽한다.

멋있는 허리띠가 길게 놓여 있는 것을 본 꿈은?

허리띠는 허리를 졸라매는 띠인데, 졸라맨 상태가 아닌 풀어 놓은 상태이므로 속박이나 어떤 장애에서 벗어나 자유로운 상태가 되었음을 암시하므로, 머지않아 좋은 일이나 행운이 있을 길몽이다.

허리띠(벨트)를 졸라맨 모습을 보거나 졸라맨 꿈은?
시작하거나 추진하고 있는 일이 순조롭게 잘 되어 나갈 조짐이다.

허리띠(벨트)를 자신이 풀고 있는 꿈은?
재산이나 재물이 여러 곳에 낭비되어 없어진다는 암시이다.

허리띠(벨트)가 웬일인지 스르르 풀어져 느슨해진 꿈은?
한때는 실패·실수하여 낙담이 되어 맥이 탁 풀리더라도 다시 회복될 것이다.

허리띠(벨트)를 맸는데 배가 아픈 꿈은?
뱃속 특히 위장병이 날 염려가 있으니 조심하라는 경고몽이다.

허리띠(벨트)가 여러 개 또는 수북이 놓여 있는 것을 보면?
모든 속박이나 장애에서 벗어나 아주 자유롭게 되었음을 암시하므로 매우 좋은 조짐이다. 따라서 머지않아 좋은 일이 있을 것이다.

매어 있는 허리띠(벨트)가 끊어지는 꿈은?
어떤 압력이나 속박에서 풀려남을 암시한다. 따라서 어떤 약속이나 계약 따위가 해약되고, 중간에 서서 중개하던 일이나 상담·혼담 등이 허사가 되기 쉽다.

황금띠나 관대 같은 고급 허리띠를 매는 꿈은?
직장인은 관직에 높이 오르고 무직자는 취직이 되며, 신분이 높아지고 자손이 고귀한 사람이 될 것이다.

■ 모자

모자는 겉모습을 한층 좋게 돋보이도록 꾸미는 쓰개로, 자신을 높이 드러내 돋보이려는 마음과 명예·권력·지위·재능 등을 상징한다.

* 모자에는 중절모·베레모·캡·관(冠)·굴건·제모(관청·학교·병원 등에서 쓰는 정해진 모자) 등이 있다.

모자를 쓰는 꿈은?

모자는 자신을 남들에게 높이 드러내 돋보이려는 마음을 상징하므로 현재의 상태에서 만족하지 않고 더욱 발전하려고 기능·재능을 연마함으로써 지위·권력과 함께 명예를 얻게 된다는 암시이다. 또한 그러한 마음이 강할 때에 꾸게 된다.

빨간 모자를 쓴 꿈은?

좋은 일이 찾아온다는 암시이다. 또한 행복감을 나타내기도 한다.

모자를 남한테서 받거나 선물받은 꿈은?

주위 사람들이나 선후배에게 신임을 받아 하는 일이 한층 더 발전되고 이득을 얻을 조짐이다.

여자가 모자를 쓰고 있는 꿈을 꾸면?

부인이 이 꿈을 꾸면 좋은 아이를 낳는다는 태몽이다. 또한 이로운 일이나 이득을 얻게 될 것이다.

모자가 날아가 버리거나 없어지는 꿈은?

기대하고 있던 일이 실수·실패로 중단되거나 침체된다는 암시이다. 손실을 보거나 또는 지위나 자격을 잃게 된다는 조짐이다. 모자를 빼앗겨도 마찬가지로 해몽한다.

모자를 남이 벗겨버리는 꿈은?

가정이나 집안 또는 자신의 신변에 문제가 생겨서 어려움을 겪게 될 것이다.

모자를 잃어버린 꿈은?

실패를 하거나 불행한 사고 특히 교통 사고·홍수·화재 등 재난에 조심하라는 경고몽이다.

모자를 썼는데 자신과 어울리지 않은 꿈은?

목표를 너무 높이 정하면 끝내 실패하고 자신의 능력을 과대평가하지 말고 자신의 능력에 알맞게 목표를 정하라는 경고몽이다.

모자를 벗는 꿈은?

현재 자신이 맡고 있는 업무나 추진하는 사업·일 등이 자신의 능력에 부치므로 목표를 낮게 책정하라는 예지몽이다.

모자를 삐뚜름하게 쓰는 꿈은?

자신을 남들에게 돋보이려는 마음(의욕)이 너무 강한 나머지 실력·능력은 뒤따르지 않는데 의욕만 앞서 있으므로 마음을 바르게 갖고 모든 일을 좀더 솔직히 내보여야 뜻을 이룰 수 있다는 경고몽이다.

화려하고 멋진 모자를 쓴 꿈은?

자기 자신을 드러내어 돋보이려는 마음이 지나치다는 것을 암시하는 꿈이다. 그러나 의욕을 잃지 않고 계속 실력을 연마하고 대인 관계를 원만히 한다면 출세할 수 있을 것이다.

군모를 벗은 군인을 보면?

그 군인이 휴가나 제대하여 만나게 되거나 소식을 듣는다는 암시이다.

군모를 쓰는 꿈을 꾸면?

군인이 아닌데 군모를 쓰면 사업가는 사업체의 변동이 있을 것이고, 직장인은 업무나 자리가 바뀌게 될 것이다.

굴건을 쓰는 꿈은?

굴건은 상주가 쓰는 쓰개이다. 이 뜻에서, 꿈의 주인공이 재산 상속을 받거나 어떤 자리나 권리를 가지게 될 것이다. 흰 갓을 써도 마찬가지이므로 똑같은 뜻으로 해몽된다.

장례식 때 굴건을 쓴 사람이 많이 있는 꿈은?

재산 상속이나 유산을 상속받을 사람이 많음을 암시한다. 또한 어떤 자리나 기능을 전수받을 사람이 많음을 암시하기도 한다.

제모(制帽)를 쓰는 꿈은?

어떤 공적이나 업적을 인정받아 명예와 함께 이득을 얻게 될 것이다.

월계관이나 왕관을 쓰는 꿈은?

 지도자의 자리에 오르거나 최고의 자리에 오를 조짐이다. 따라서 권리·명예·영광을 동시에 얻게 될 것이다.

모자가 불에 타거나 모자를 불에 태우는 꿈을 꾸면?

 사업가는 새 사업을 시작하여 번창할 것이고, 직장인은 높은 자리로 영전할 것이다. 또는 좋은 자리로 옮기게 될 것이다. 모자에 불이 붙은 경우도 똑같이 해몽된다.

모자와 함께 옷이 불에 타서 내버리는 꿈은?

 좋지 않은 운으로 불행한 사고나 재난을 당할 조짐이다.

감투를 쓰는 꿈은?

 높은 자리에 오르거나 큰 권리를 얻게 되는 등 신분이 높아질 것이다.

윗사람이나 고위직의 사람으로부터 관(冠)을 받는 꿈은?

 자신을 신임하고 실력을 인정하여 높은 자리에 오르고, 재물을 얻게 되는 등 길몽이다.

관(冠)과 함께 옷 또는 띠를 받는 꿈은?

 공공기관이나 관청 일을 맡아보게 되거나 공직자의 자리에 오를 것이다.

■ 장갑

장갑은 일하는 손을 보호해 주기 위해서 손에 끼는 물건이다. 이런 뜻에서 사업상 자금 문제나 가정 안의 애정 문제 등 복잡한 문제를 큰 어려움이나 수고를 하지 않고 해결한다고 봄으로 원칙적으로는 길몽이다. 그러나 종류에 따라서 달리 해몽된다.

예식이나 의식 때 끼는 흰 장갑에 관한 꿈은?
현재의 생활에서 벗어나게 하거나 새로운 사업을 일으키게 해줄 후원자나 협조자를 만나게 될 조짐이다.

작업용 면장갑이나 두꺼운 장갑을 끼는 꿈은?
동업자나 동조해 주는 사람을 만나 새로운 일을 하게 될 것이다.

장갑을 남한테 받은 꿈은?
무리한 부탁을 받거나 피해를 입는다.

고무 장갑에 관한 꿈은?
생활상 또는 사업상 중대한 변화를 암시한다.

털장갑이나 가죽 장갑을 끼는 꿈은?
협조자나 협력 단체가 생기어 정체되었던 일(사업)이 다시 활로를 찾게 된다는 암시이다.

■ 안경

* 여기의 안경에는 색안경(선글라스)·보안경·돋보기 등이 포함된다.

안경은 그 기능면에 따라 통찰력·관찰력·판단력·위장(가장)·협조자(후원자), 지위·신분 등을 상징한다.

평소에 안경을 쓰지 않던 사람이 꿈에서 안경을 쓰면?

사물이나 어떤 결정에 대한 판단이 잘못되어 있음을 암시한다. 따라서 모든 것을 다시 검토해 보고 신중히 생각해서 수정하라는 경고몽이다.

평소에 안경을 쓰던 사람이 꿈속에서 안경을 쓰는 꿈은?

새로운 계획을 세워 추진하는 일을 실행하면 성공할 수 있음을 알려주는 예지몽이다.

안경을 새로 사서 쓰는 꿈은?

생각했거나 계획했던 일을 실행해서 성공을 거둔다는 운수이다. 따라서 직장인은 새로운 일이나 좋은 일을 맡게 되고 지위 등이 높아진다. 실직자는 새 직장을 잡게 되고 사업인은 추진하는 모든 일이 순조롭게 잘 되어 나갈 것이다.

벗어 놓은 안경을 다시 쓰는 꿈은?

정체되었던 사업을 협조자나 후원자의 도움으로 다시 일으켜 세우거나 힘차게 밀고 나가게 된다는 길몽이다.

금테 안경이나 고급 안경을 쓰는 꿈은?

직장인은 지위·신분이 높아지고 실직자는 좋은 직장을 구하게 될 것이다. 사업가는 새로운 거래처가 많아져 사업이 번창할 조짐이다.

선글라스(색안경)를 쓰는 꿈은?

선글라스는 마음의 창인 눈을 가림으로써 주위 사람들이 잘 알아보지 못하게 한다는 뜻에서, 세상의 이목에 대하여 자기 자신을 숨기려고 마음이나 남이 알아서 안 되는 일로 본심을 숨기고 있음을 암시한다. 또 두려운 마음이 나타난 것이다.

안경을 썼는데 자신의 눈(시력)에 맞지 않는 꿈은?

자신의 판단이나 결정이 잘못되었음을 경고하는 경고몽이다. 다시 원점으로 돌아가 재검토하여 새로운 사고 방식이나 새로운 방법이 필요할 것이다.

안경 쓴 사람과 마주서 있거나 마주앉아 있는 꿈은?

안경은 통찰력·관찰력 등을 나타내므로 안경 쓴 사람이 자신의 마음이나 뜻을 꿰뚫어 볼 수 있으나 자신은 그의 마음과 뜻을 알 수 없으니 동업이나 같이 무슨 일을 하면 손실과 손해를 보게 되거나 자칫 잘못하면 속아넘어가거나 꾀임에 빠져 이러지도 저러지도 못하는 매우 난처한 처지에 놓이게 될 것이다.

안경을 잃어버린 꿈은?

눈(시력)을 보조해 주는 안경을 잃었으므로 판단력·통찰력을 발휘할 수 없어 오판하거나 잘못된 생각을 가지게 되었으니 수정하거나 바로잡으라고 알려주는 꿈이다.

■ 가방(백)

가방은 주요한 서류·돈·자금·편지·책 등을 넣어서 들고 다니는 용구이다. 따라서 지위·신분·급료·자금·후원금 등을 암시한다.

가방(백)을 들고 어떤 사람이 오는 꿈을 꾸면?

후원이나 협조를 받아 자금이 넉넉해져 힘차게 밀고 나갈 수 있어서 얻는 이익도 배가 될 조짐이다.

가방(백)을 선물받거나 건네받는 꿈은?

직장인은 승급하거나 영전할 것이고, 무직자는 직장을 갖게 될 것이며, 사업가는 신용을 얻어 더욱 번창할 것이다.

가방(백)을 등에 짊어지거나 끌어안는 꿈은?

바라던 일이나 목표가 계획대로 이루어져 성공할 조짐이다.

■ 지갑

실제의 사실과 반대되는 역몽(逆夢)이다.

지갑 안에 돈이 가득 들어 있어 흐뭇해하는 꿈은?

실제로는 돈이나 재물에 대한 운수가 막혔다는 역몽이다. 돈을 꼭 써야 할 데가 있는데 돈이나 재물이 들어올 가망이 전혀 없는 최악의 어려움을 나타낸다. 돈을 간절히 바라는 마음이 꿈으로 나타난 것이라 할 수 있다.

지갑 안이 텅 비어 있어 불안해하는 꿈은?

머지않아 돈이나 재물이 들어오리라는 행운의 청신호이다. 현실에서는 지갑에 돈이 두둑이 들어 있을 것이다. 비록 지금 당장은 없다고 해도 곧 들어오게 될 것이다.

■ 양말(스타킹 · 버선)

양말(스타킹 · 버선)에 관한 꿈은, 사랑을 갈구하는 들뜬 마음 · 바람기 · 연인 · 연애 등을 상징한다.

오른쪽은 자신의 것, 왼쪽은 상대방(연인)의 것을 나타낸다. 또한 꿈과 현실이 맞는 정몽(正夢)이다.

새 양말(스타킹 · 버선)을 보거나 신는 꿈은?

주소지나 직장이 바뀌거나 친지 · 친구 · 친척 등이 찾아온다는 암시이다. 특히 연애를 할 기회가 찾아온다는 암시이기도 하다. 기혼 부부는 사랑이 식어서 새로운 사랑을 갈구한다는 암시이므로 서로의 사랑에 재충전이 필요하다.

양말(스타킹 · 버선)에 구멍이 났거나 찢어진 양말을 보거나 신고 있는 꿈은?

가족 중에 누군가가 병에 걸릴 것이다. 또한 대인 관계, 특히 연인 관계에서 실수하거나 실패하거나, 연인 사이의 갈등 · 다툼 · 성(性)적인 콤플렉스를 상징한다. 또는 큰 손해를 보게 되어 놀라거나 낙담할 것이다.

연인이나 애인의 새 양말(스타킹 · 버선)을 보거나 신고 있는 것을 보면?

사랑이나 연애는 뜻을 이룰 것이다. 또는 섹스 체험을 암시하기도 한다.

검붉은 양말(스타킹·버선)을 보거나 신고 있는 꿈은?

중상 모략을 받으나 다행히도 주변 사람들의 신임으로 명예가 회복되고 손실을 되찾게 될 것이다.

양말(스타킹·버선) 바닥이 떨어져 없는 꿈은?

다른 사람이나 주변 사람들의 불신임으로 추진하는 일이 이루어지지 않을 조짐이다. 바닥에 때가 묻어 더러워진 경우도 마찬가지이다.

빨간 양말(스타킹·버선)을 보거나 신고 있는 꿈은?

도움을 받아 좋은 일이 있을 것이다. '빨간 구두(신발)를 신고 있는 꿈'과 같다.

양말(스타킹·버선)을 선물받거나 건네받는 꿈은?

양말(스타킹·버선)은 연인을 상징하므로, 애인이 생기거나 혼담이 이루어질 것이다. 또는 취직을 하거나 공공 기관에 관련된 일이 뜻을 이루게 될 것이다.

양말(스타킹·버선)을 벗는 꿈은?

배우자나 애인이나 친지와 이별하거나 오랜 동안 만나보지 못하게 될 암시이다. 또한 지금까지 의지해 온 부모님이나 친지, 친구 또는 협력 업체·협력 기관으로부터 도움이 끊기게 될 것이다.

검은 양말을 신고 있는 꿈은?

그 사람에게 불행한 일이 일어날 조짐이다. 환자가 이 꿈을 꾸면 병세가 악화되고 잘못하면 죽음에 이르게 될지도 모른다.

■ 신발(신)

신발은 발에 신고 걸어다니는 데 쓰이는 물건, 신발을 신으면 진땅, 마른땅, 모래땅 어디든 돌아다닐 수 있으므로 신발은 외출하는 기회, 나아가서는 행동의 범위, 실천력·생활력 등을 암시한다. 또한 자신이 버티고 설 수 있는 자신의 기반·처지·지위 등도 나타낸다.

* 신발에는 구두(장화·단화·하이힐)·고무신·실내화·슬리퍼·짚신·미투리·나막신 등도 포함된다.

신발(구두)을 신거나 신고 있는 꿈은?

신발이 외출의 기회, 행동 범위, 자신의 기반 등을 나타내므로 신발을 신는 꿈은 외출할 기회가 많아지고 행동 범위(실천력)가 넓어진다는 것을 상징한다. 따라서 자신의 생활력이 튼튼해짐으로써 지위·처지가 굳건해지고 안정된 수입으로 안정된 생활을 하게 될 것이다.

예쁘고 멋진 신발을 사서 신거나 남한테서 선물받은 꿈은?

애인·친구나 후원자를 만나게 되고, 믿을 수 있는 인간 관계를 맺게 됨을 암시한다. 미혼 남녀는 연애하거나 구혼을 받거나 혼담이 오갈 것이다. 사업가는 좋은 후원자의 도움으로 사업체가 발전할 것이고, 직장인은 선배의 추천으로 높은 자리나 새 자리로 영전할 것이며 실업자·무직자는 직장을 다시 얻게 될 것이다.

신발에 똥이 묻어 더러워진 꿈은?

남에게 창피당하거나 경제적 어려움을 겪고 지냈지만 마침내 큰 이득이나 생각지 못했던 목돈이 들어올 대길몽이다.

신발에 흙이 묻거나 먼지가 쌓여 더러워진 꿈은?

남에게 모욕을 당하거나 체면을 잃는 등 어려운 처지에 놓이게 될 것이다.

다른 사람이 자기의 신발을 신고 있는 꿈은?

애인이나 배우자가 바람이 나거나 마음이 들떠서 자칫 변심하여 놀아날 염려가 있으니 단속하라는 경고몽이다. 또는 좋아하는 사람이든 싫어하는 사람이든 그 사람으로부터 배신당하거나 피해를 입을 조짐이다.

신을 찾지 못하거나 자기 신이 없어져서 다른 사람의 신발을 신은 꿈은?

그 사람의 행운이나 이득을 자기 쪽으로 가져온다는 암시이다. 좋은 일이 있거나 큰 이득을 얻게 될 것이다. 또한 사업이나 직업의 전환으로 이득을 볼 것이다.

빨간 신발(구두 등)을 신은 꿈은?

생각지 못했던 협조와 협력을 받아 무슨 일이든 좋은 결과를

얻게 될 것이다. 미혼 남녀는 애인이 생기고 혼담이 이루어질 것
이다.

신발이 자꾸 벗겨지거나 헐떡거리거나 닳아빠진 신발을 신고 있는 꿈은?

자신의 힘으로는 감당하거나 실천할 수 없는 실천력의 부족을
암시한다. 그러므로 자신감이 없는 일은 아예 시작하지 말라는
경고몽이기도 하다. 또한 자신의 힘으로는 어쩔 수 없는 불행한
사건·사고·재난을 당할 수도 있다.

신발을 잃어버리거나 없어진 꿈은?

신발을 어디에 가서 벗어 놓았다가 잃어버리거나 아무리 찾아
도 보이지 않는 꿈을 꾸면 추진하는 일이나 맡은 업무, 고민하는
일 등이 잘 풀리지 않고 정체되거나 막혀서 손실·손해를 볼 것
이다. 또한 협력 업체나 협조자·후원자의 도움이 끊긴다든지 애
인·연인·부부간의 이별이나 계획이 계획으로만 끝남을, 즉 실천
력의 약화를 의미한다. 그러나 잃어버리거나 없어진 신발 대신에
다른 신발이 있는 꿈일 때에는 운이 좋아서 그와 같은 불운·불
행한 일은 면하게 된다.

신발을 보니 짝짝이 신인 꿈은?

애써 쌓은 기초 작업이나 기반이 튼튼하지 못하니 기반을 튼튼
히 하라고 일러 주는 예지몽이다.

낡거나 찢어진 헌 신발을 신고 있는 꿈은?

신발은 실천력을 의미하는데 헌 신발은 실천력이 약해졌음을

암시하므로, 사업가는 추진 사업이, 직장인은 직장이나 업무가 침체될 조짐이다. 또 체력이 약해져 병에 걸리게 될 것이다. 또는 옛 애인을 암시하므로 옛 애인과 말썽도 생길 수 있으니 조심해야 할 것이다.

신을 한 짝 잃어버린 꿈은?
애인이나 배우자·부부가 이별하거나 떨어져 살아야 할 암시이다.

구두·하이힐 등 신발의 뒤축이 떨어진 꿈은?
기대하던 일이 이루어지지 않고 갑자기 불행한 사고·재난 특히 교통 사고가 일어날 염려가 있으니 조심하라는 경고몽이다.

신령이나 부처님이 주는 신발을 받는 꿈은?
윗사람으로부터 실력을 인정받아 입신 출세할 조짐이다. '예쁘고 멋진 신발을 사든지 선물받는 꿈' 과 같이 해몽한다.

신발을 샀는데 신어 보니 발에 끼이거나 너무 커서 발에 맞지 않는 꿈은?
신발은 행동권의 확장을 암시하는데 신발이 발에 맞지 않으므로 능력껏 행동력을 발휘할 수 없는 셈이 된다. 그러므로 분수에 넘치는 일은 맡지 말고 먼저 능력·실력을 연마하라는 경고몽이다.

나막신·고무신·짚신 등을 신고 물살이 센 강이나 내를 건너가는 꿈은?
위험을 무릅쓰고 도전해야 된다는 암시이다. 다행히 건너편 기슭까지 무사히 건너간다면 좋은 일이 있거나 뜻대로 일이 이루어진다는 길몽이다.

나막신·고무·짚신 등을 신고 궁궐이나 신전 안으로 들어가는 꿈은?
　사업가는 사업이 발전·번창하고 직장인은 지위가 오르고, 무직자는 새 직장을 얻을 조짐이다.

신을 벗고 마루 위로 올라앉은 꿈은?
　사업가는 현재의 사업을 확장하게 되고, 직장인은 높은 자리로 영전할 조짐이고, 무직자는 주변의 도움으로 새로운 일을 시작하게 될 것이다.

문 앞에 벗어 놓은 신발들이 많이 있는 것을 본 꿈은?
　공공기관·관청의 공직자나 협력 업체에서 도움을 줄 사람들을 많이 만나거나 사귀게 될 것이다.

신발을 줍는 꿈은?
　아랫사람이나 후배·부하 직원에게 좋은 일이 있을 조짐이다. 또는 그 때문에 자신에게도 큰 도움이 되거나 이득을 보게 될 것이다.

신발을 벗고 허리띠를 두르는 꿈은?
　좋지 못한 일이 있을 것이다.

짚신·미투리를 신은 꿈은?
　모든 일이 서로 어긋남이 없이 균형을 이루어 나갈 것이다.

신고 있던 신발을 벗어서 버리는 꿈은?

추진하던 일을 중단하거나 계약·약속 등이 해약되거나 상담·교섭 등을 그만두게 될 것이다. 연인이나 애인과 복잡한 삼각 관계 등이 해소되거나 문제 등이 해결될 것이며 나아가서는 헤어지거나 떨어지게 된다.

신발을 벗고 다른 신으로 바꿔 신는 꿈은?

사업체를 바꾸거나 거래 무역 상품의 품목을 바꾸거나 일터를 바꾸게 될 것이다. 또한 애인·연인도 바꾸려고 생각하고 있음을 나타낸다. 그런데 바꿔 신은 신발이 아주 새 신발이었다면 그 꿈은 길몽이다.

■ 시계

우리는 무슨 일이든 '시간'에 맞추어 계획하고 행동하기 때문에 시계는 시간을 상징한다. 즉 시계는 무슨 중대한 결정을 내릴 때(시간), 미래에 일어날 사건 사고의 때(월일·시각), 어떤 '약속·진행'의 때 등을 암시한다.

시계를 남한테 선물받는 꿈은?

생각지 않은 돈이나 재물이 들어올 때임을 암시한다. 시계를 많이 받을수록 또는 금은 시계 같은 고급 시계일수록 더욱 큰 행운이 온다. 또는 생각지 않은 반가운 손님이 올 것을 암시한다.

시계를 사는 꿈은?

뜻밖에 여행을 가게 되거나 반가운 손님이 찾아올 조짐이다.

또는 생각지 않았던 돈이나 재물이 들어온다는 암시이기도 하다.

시계가 고장나거나 망가진 꿈은?

완급한 때나 물러날 때나 나아갈 때를 알 수 없거나 시기를 잘못 판단하거나 시기를 놓쳐 사업이 정체되거나 침체될 위기에 놓이게 될 것이다. 또한 심장병이나 뇌일혈 등 난치병으로 고생할 조짐이다.

시계 줄이 끊어지거나 시계 줄이 없는 시계를 보면?

대인 관계에서 부부나 형제 자매의 인연이나 일로 맺어진 관계나 유대가 끊긴다는 암시이다. 따라서 부부가 헤어지거나 별거하게 되거나 형제 자매 사이가 나빠지거나 한다. 또 친구나 동료·윗사람과 불화가 생길 것이다.

받은 소포 안에 시계가 들어 있는 꿈은?

새로운 일(업무)이나 직책을 얻게 될 조짐이다. 금은 시계라면 더욱 높은 자리, 좋은 직책을 맡을 조짐이다. 또한 그에 따를 권리도 가지게 되는데, 시(時)도 때도 모르고 남용하지 말라는 경고몽이기도 하다.

시계를 남에게 빌려서 차는 꿈은?

바라고 바라던 행운이 찾아온 때임을 알리는 꿈이다. 시계를 많이 찰수록 더욱 큰 행운이 찾아온다.

손목시계가 너무 커서 손목에 차지 못하고 허리나 배에 차는 꿈은?

높은 지위나 큰 사업을 맡아보게 될 행운의 꿈이다. 또는 많은 후원자나 협조자가 나타나 큰 도움을 받게 될 암시이다.

시계를 직접 수리하거나 수리점에 맡겨 수리한 꿈은?
계획이나 목표 등의 시기를 단축하거나 연기하거나 연장하는 등 수정해야 할 일이 발생할 조짐이다.

시계를 잃어버리거나 떨어뜨린 꿈은?
일(사업)을 계획하고 추진해 주던 협조자가 떠나가거나 자신이 맡은 사업이나 권리 등을 잃게 될 조짐이다.

■ 상자 · 함(보석함 · 패물함 · 투표함 · 문서함 · 금고)

상자나 함은 귀한 물건이나 오래 보관해야 할 물건을 넣어 두는 기물이다. 그 안에는 준 사람이나 넣은 사람 · 받은 사람만이 알 수 있는 아직 밝혀지지 않은 일들이 들어 있다. 그러므로 상자 · 함의 꿈은 미래에 드러날 잠재 능력 · 가능성이나 비밀 등을 상징한다.

상자를 꿈에서 보면?
상자의 상태에 따라 다르나 원칙적으로는 돈이나 재물운이 있음을 나타낸다.

상자를 선물받은 꿈은?
후원자나 협조자가 나타나 도움을 준다는 암시이다. 직장인은 신임을 받아 더욱 높은 자리에 오르고, 실직자는 좋은 직업을 얻게 될 것이며 사업가는 더욱 번창할 것이다.

　* 여기에서 상자라 함은 보석함·패물함·문서함·금고 등을 포함한다.

상자를 열거나 열어 보는 꿈은?

　지니고 있던 잠재 능력을 발휘하게 될 조짐이다. 또는 기대하던 가능성이 나타난다는 암시이다.

상자가 열려 있는 꿈은?

　자신의 잠재 능력을 발휘할 좋은 기회를 놓쳤음을 암시한다.

상자를 사는 꿈은?

　주변 사람들이나 선후배가 협력해 주거나 새로운 일에 대한 가능성이 보이기 시작함을 암시한다. 원만한 대인 관계로써 큰 이득을 보게 될 조짐이다.

상자가 부서지거나 파손된 꿈은?

　생각지도 못한 사고·사건이 발생하여 손해나 손실을 보게 될 조짐이다. 자칫 실패로 끝나버릴 수도 있음을 암시한다.

■ 우산

　우산은 비·바람으로부터 자신을 보호해 주는 도구. 또한 외부의 압력이나 영향력을 막아 준다. 또한 사랑이 순조롭게 싹튼다는 암시이기도 하다. 그러므로 우산은 보호자·후원자·동조자(협조자)·예방 방법·회피·사랑·연인 등을 상징한다.

우산을 쓰고 비 오는 거리를 걸어가는 꿈은?

외부의 압력이나 영향을 받지 않고 스스로의 힘으로 자신의 길을 지키면서 나아간다는 암시이다.

우산을 보거나 손바닥을 펴서 우산처럼 머리 위를 받치고 가는 꿈은?

후원자나 협조자를 얻게 된다는 조짐이다. 따라서 모든 일을 더욱 힘차게 추진할 수 있을 것이다.

비가 내리는데 우산을 들고 달려가는 꿈은?

청춘 남녀는 사랑하는 연인을 만날 조짐이다.

비가 오는데 우산이 없는 꿈은?

애인이 생기거나 배우자를 얻게 된다는 암시이다.

한 우산을 남녀 둘이서 받치고 가는 꿈은?

이별할 조짐이다. 따라서 부부나 애인 사이에 불화가 생기어 별거하거나 절교하거나 헤어질 것이다.

우산 자루가 부러지거나 망가진 꿈은?

갑자기 외부의 압력이나 어떤 사건·사고로 추진하던 일이 중도에서 중단되거나 정체될 조짐이다.

우산이 찢어지거나 부서진 꿈은?

감언이설에 넘어가거나 꼬임에 빠져 남들에게 중상모략을 듣게 될 조짐이다.

비를 맞고 가는데 우산을 가진 사람이 자신이 오기를 기다리고 있는 꿈은?

현재는 고통과 고난을 겪고 있으나 좀더 참고 견디면 애쓴 보람을 찾을 수 있다는 암시이다.

맑은 날씨에 우산을 쓰고 걸어가는 꿈은?

윗사람이나 상부와 의견이 달라 반대하거나 반항의 뜻을 나타낼 조짐이다.

우산을 쓰고 가는데 비가 오지 않는 꿈은?

무엇인가 소중한 일을 잊어버리거나 반드시 해야 할 일을 깜박하고 있으니 다시 살펴보고 잘 검토해 보라는 경고몽이다.

우산을 잃어버린 꿈은?

모든 일에 준비나 대비가 부족해서 고통이나 어려움을 겪게 된다는 암시이다. 목표나 기대에 어긋나 실망할 것이라는 암시이기도 하다.

양산(파라솔)을 받치고 가는 꿈은?

여행을 떠날 조짐이다.

양산(파라솔)을 방안에 놓거나 들여놓는 꿈은?

낭비하거나 돈을 헤프게 쓰거나 쓸데없는 경비가 들 조짐이다.

■ 거울

우리는 자신의 모습을 보려면 거울을 본다. 거울을 자세히 보고 있으면 또 다른 자신의 모습이 비춰진다. 남자는 여자 같은 자신의 모습이, 여자는 남자 같은 자신의 모습이 새삼 느껴지기도 한다. 그래서 고대 그리스에서는 거울에 자신의 모습을 비추어 보는 꿈은 연인·애인·상대방(경쟁자)·결혼 등을 의미하였다. 다시 말한다면 다른 사람이 자신의 모습을 어떻게 보고 있는가를 일러주는 꿈이라 할 수 있다. 거울이 깨끗한가 더러운가, 자신의 모습이 아름답게 비치는가 밉게 보기 싫게 비치는가에 따라서 자신의 성장·발전, 정체·침체, 행운과 불운을 판단한다.

거울에 비친 자신의 모습이 못났거나 밉거나 보기 싫게 보이거나 또는 더러워진 거울이나 뿌연 거울을 본 꿈은?

거울은 현재 자신의 본 모습(마음)을 나타내므로 자신의 게으르고 질투심이 많고 비뚤어진 좋지 않은 마음을 나타낸다. 즉 자신의 굳은 의지가 없어 쉽게 남에게 속아넘어가거나 비뚤어진 마음 때문에 그릇 판단하여 큰 손실도 보게 되고 억울한 누명을 쓰고 원통해할 것을 암시한다. 환자가 보아도 자신의 좋지 않은 모습을 보게 될 터이므로 병세가 악화된다는 것을 암시하는 꿈이다.

거울 안에 다른 사람이나 가족이 달리 비쳐지는 꿈은?

집안 식구에게 특히 아내의 신상에 무슨 문제나 불행한 사고·재난 등이 닥칠 조짐이다. 그러나 독신 남녀에게는 결혼에 관한 혼담이 있을 것이다.

거울에 아무것도 비치지 않는 꿈은?

하고 있는 일이나 추진하는 사업이 정체되거나 침체될 것이고 환자가 이 꿈을 꾸었다면 병세가 더욱 악화될 조짐으로 바라던 목적이나 희망이 뜻대로 이루어지지 않을 것이다. 거울의 표면이 흐리거나 뿌연 경우에는 그 불운이 더해짐을 의미한다.

거울을 보아도 자신의 모습이 보이지 않는 꿈은?

좋지 않은 일이나 불행한 사고가 일어날 조짐이다.

거울에 친구의 모습이 다르게 보이면?

거기에 비친 친구에게 무슨 사고나 병이 날 조짐이다.

거울에 비친 모습이 잘 생기고 아름답게 보이거나 또는 맑고 깨끗한 거울을 보는 꿈은?

거울에 비친 모습이 곧 현재의 자신의 본 모습이고 미래의 모습이다. 따라서 이 꿈은 현재의 어려웠던 문제가 차차 잘 해결되어 밝은 미래가 열릴 암시이다. 여자는 장차 잘생기고 씩씩하고 훌륭한 남편감을, 남자는 예쁘고 총명하고 건강한 신부감을 얻게 될 것이다.

거울에 비친 모습이 너무나 잘생기고 너무 예뻐 보이는 꿈은?

너무 지나치게 잘생기고 예뻐 보이면 자칫 자만심을 가질 조짐이다. 따라서 대인 관계에서 잘난 체하다가 따돌림을 당하거나 시기·질투·공격의 화살을 한 몸에 받아 쓰러질 것을 조심하라는 경고몽이기도 하다.

거울에 자신의 얼굴을 비쳐 보면서 화장하는 꿈은?

자신의 마음이나 뜻이 상대방(경쟁자)의 마음을 이해해 주어 협조할 것이다. 또 연인은 서로의 마음을 알게 되어 결국 결혼을 할 것이다. 또는 먼 데서 소식이 올 것이다.

거울을 줍는 꿈은?

바라던 이상적인 연인이나 배우자를 만나게 될 조짐이다. 따라서 남자는 현모양처를, 여자는 훌륭한 남편을 맞게 될 것이다.

거울을 닦는 꿈이나 거울을 닦아서 깨끗해진 거울을 보면?

불운이 지나가고 행운이 찾아온다는 암시이므로 하는 일이나 사업은 차차 발전에 발전을 거듭하고, 이름이 세상에 알려지면서 명예도 올라가게 될 것이다.

거울을 남한테서 받는 꿈은?

독신 남녀에게는 결혼 상대에 관한 혼담이 있을 것이다. 부부에게는 태몽이 되는데, 귀공자나 공주 같은 아이를 낳을 것이다.

거울을 만드는 꿈은?

사업이나 하던 일을 접어 두고 새로운 사업이나 일을 시작할 조짐이다.

거울로 장난치고 있는 모습을 보면?

연인이나 배우자 또는 부부 중의 한 사람이 바람피우거나 한눈을 팔 염려가 있을 조짐이다. 또는 의부증이나 의처증의 증세가 있음을 암시하기도 한다.

거울을 깨뜨리거나 떨어뜨리는 꿈은?

이른바 파경(破鏡)으로 부부가 이별(이혼)하게 되는 것을 말하는데 이 꿈 역시 가까이 지내던 사람이나 친구·연인의 절교, 이별, 부부간의 이혼·별거 등을 암시한다. 그러나 한편으로는 거울이 깨지면서 요란한 소리를 내므로, 세상 사람들의 이목을 집중시키거나 명성을 떨치게 된다는 암시이기도 하다. 따라서 좋지 않은 일은 아주 좋지 않고, 좋은 일은 매우 좋은 일임을 알리는 극단적인 양면을 지닌 꿈이라 할 수 있다.

■ 빗

헝클어진 머리를 가지런히 빗는 빗은 주로 여자들이 쓰므로 여성을 상징한다.

* 빗에는 참빗·얼레빗·헤어 브러시 등이 포함된다.

빗을 사거나 빗으로 머리를 빗는 꿈은?

협력 업체나 협조자·후원자 특히 여성의 도움을 얻게 되어 정체되거나 침체된 일을 다시 활기차게 밀어붙일 수 있고 고민하던 일이 해결된다는 암시이다.

빗을 줍거나 선물받은 꿈은?

빗은 헝클어진 머리를 가지런히 빗는다는 뜻에서 복잡한 문제나 고민하던 문제가 깨끗이 해결된다는 암시이다. 또한 협력 업체나 협조자 특히 여자의 도움을 받게 된다는 길몽이다.

빗을 남에게 선물하는 꿈은?

일을 정리·해결할 수 있는 도구인 빗을 남에게 주어 버렸으므로 일이 뜻대로 해결되지 않고 풀리지 않는다는 암시이다. 연인이나 부부는 별거·이별하게 되고 부모 형제와도 헤어지게 될 조짐이다.

남자가 빗(헤어 브러시)을 본 꿈은?

머지않아 걱정스러운 여자를 만나게 된다는 것을 알려주는 예지몽이다.

빗이 부러진 꿈은?

갑자기 재앙이나 화재·교통 사고 등이 일어날 조짐이다. 또한 부부간에는 별거, 애인·연인간의 이별을 암시한다.

더럽혀진 빗을 꿈에 보면?

좋지 않은 소문이나 스캔들이 있을 조짐이다. 또는 여자끼리 다투거나 갈등을 빚거나 질투할 것을 암시한다.

7. 동물에 관한 꿈

동물에 관한 꿈을 해몽하는 방법

동물이라면 우리가 기르는 가축을 비롯하여 산에서 사는 산짐 승, 날아다니는 새, 바다·강에 사는 물고기, 풀숲에 사는 곤충· 벌레 등 사람과 식물을 제외한 모든 생물을 말한다. 그렇지만 꿈 속에서는 우리 현실 세계에서는 볼 수 없는 상상의 동물인 용이 나 봉황새까지도 나타난다. 그럼 어떤 경우를 길몽(좋은 일이 있 으리라는 조짐의 꿈)이라고 보고 어떤 경우를 흉몽(좋지 않은 꿈) 이라고 풀이할 수 있을까?

꿈속에서 나타나는 동물들은 그 꿈을 꾼 사람의 성격의 한 단 면이 상징적으로 '동물'의 탈을 쓰고 나타난 것이라 본다.

동물 꿈을 꾼 사람의 평소 대인 관계나 사업이나 장사에 관한 운세가 좋은가(길몽) 나쁜(흉몽)가를 미리 알려주는 예지몽이다. 특히 부인의 경우에는 태몽이 된다.

보통 사자·호랑이·여우 등 사나운 맹수나 말·소(황소·암소)·양·염소·개 같은 큰 동물과 기린의 목, 코끼리의 코, 소·사슴·코뿔소의 뿔, 고양이·개·원숭이 같은 동물의 빳빳한 꼬리 등은 남자의 성기를 상징한다. 즉 남성다움을 나타내는 늠름한 체격·체력(건강), 권력, 정력, 생산력 등을 상징한다. 만일 남자가 그와 같은 꿈을 꾸었다면 자기 자신에게 자신감·자존심·독립심 또는 건강에 어떤 장애나 상처를 받는 흉몽이 되기도 하고, 반대로 자신감을 얻거나 독립적으로 자수성가하여 성공한다는 조짐, 또는 건강상 병이 낳아 튼튼해진다는 길몽이라고 해몽할 수가 있고, 또한 자기와 경쟁하는 상대나 라이벌과의 대인 관계를 가리키기도 하므로 그들과의 인간 관계의 성공·실패, 즉 사업이나 하는 일의 성패를 예지하는 꿈이라 할 수 있다.

또 그런 꿈을 여자가 꾸었다면, 위기나 위험을 예고해 주기도 하고 또는 애인이나 남편과 관계, 또는 어떤 남자와의 관계가 어떻게 될 것이라는 것을 알려주기도 하고 경고해 주기도 한다.

그리고 또 꿈에서 본 상황에 따라서 길흉 성패가 달라진다. 똑같은 돼지꿈이나 용꿈을 꾸었다고 해도 반드시 다 좋은 꿈만은 아니다. 꿈에서 본 상황에 따라서 나쁜 꿈·흉몽일 수도 있다. 이를테면 돼지를 보고 때린다든지 돼지가 문밖으로 나가는 모습을 꿈에서 보았다면 재물이 생기는 것이 아니라 재물을 잃거나 낭비할 꿈이고, 남의 소유가 분명한 돼지를 본 꿈이라고 한다면 남에게 생기는 재물을 옆에서 보는 꿈에 지나지 않는다. 같은 용꿈이라도 꿈에서 본 용이나 큰 구렁이가 나타났다가 어디론가 사라지면 이 꿈은 결코 좋은 꿈이 아니다. 부인이 이런 꿈을 꾸고 아이를 낳았다면 그 아이의 장래는 좋지 않거나 단명할 것이다.

이처럼 꿈에서 본 상황이 어떠했느냐에 따라서 길몽이 되기도 하고 흉몽이 되기도 한다. 또한 예를 들면, 꿈에서 동물·새가 나타나 말을 주고받으면 그 말의 내용은 곧바로 꿈꾼 사람에게 필요한 좋은 조언이나 충고가 된다. 그리고 같은 동물이라도 자기가 평소에 좋아하는 동물이 나타났다면 좋은 일이 생길 것이고, 반대로 싫어하는 동물이 나타났다면 좋지 않은 흉몽이 되기도 한다. 또 자신이 좋아하는 동물 꿈을 꾸었거나 애완동물인 개·고양이·새 등을 보았다면 좋은 파트너나 애인, 또는 후원자가 생겨 성공의 지름길이 될 것이고, 반대로 싫어하는 동물이나 사납고 공격적인 동물인 경우는 동업자나 후원자였던 사람이 라이벌이나 적이 되어 버릴 가능성이 높다는 뜻이니 유의해야 할 것이다.

아무튼 그때그때 상황을 곰곰 잘 생각해 보면 짐작이 갈 것이다. 그래도 알 수가 없다면 다음과 같은 경우를 참고하기 바랍니다.

가축 夢

■ 동물

동물과 이야기를 하는 꿈을 꾸면?

이야기하는 대상이 개·고양이 같은 애완 동물이라면, 남과 싸움을 하거나 말썽이 일어날 징조이다. 우리나라에서 흔히 볼 수 없는 캥거루·코끼리 같은 동물이라면 현재 하고 있는 일이나 운세가 정체 상태이니 좀더 시야를 넓게 가지고 여러 가지 가능성을 찾아보라는 경고몽이다. 고릴라·원숭이 같이 사람처럼 생긴 동물이라면 자신의 콤플렉스에 빠질 염려가 있으니 매사에 적극적으로 대처해 나가라고 일러주는 꿈이다.

동물에게 쫓기는 꿈을 꾸면?

성실히 살아가고 있으나 아직은 좀더 노력하고 반성해야 뜻을 이룰 수 있다는 징조이다.

동물을 잡으려고 쫓아가는 꿈을 꾸면?

애쓴 보람이 있어 하나하나 문제가 해결되고 머지않아 성과를 볼 수 있다는 징조이다.

동물을 올라타거나 타고 가는 꿈을 꾸면?

모든 일을 순조롭게 잘 해 나갈 수 있다는 꿈이다.

새끼 동물을 꿈에서 보면?

강아지 · 병아리 · 새끼고양이 · 송아지 같은 동물의 새끼를 꿈에서 보면, 욕구 불만이나 스트레스가 쌓였다는 뜻이므로 언제 폭발할지 모르므로 폭발하지 않고 해소가 되도록 자기 수양을 쌓아 감정을 누르고 참고 참으면 마침내 유종의 미를 거둘 수 있다는 예지몽이다.

동물이 다른 동물로 변신하는 꿈을 꾸면?

순간적으로 개가 고양이로 바뀐다든지 뱀이 호랑이로, 말이 닭으로 바뀌는 등 어떤 동물이 다른 동물의 모습으로 바뀌는 꿈은 현실에서 도피하고 싶은 간절한 자신의 마음을 나타낸 꿈이다.

남에게 창피당하거나 모욕을 당하거나 경솔해서 하는 일이 실패될 징조이니 매사에 신중히 하고 조심하라는 경고몽이다.

동물이 큰 동물로 변한 꿈을 꾸면?

생각지도 않은 일이나 사건이 생긴다. 이 꿈은 평소에 털털하고 터프한 사람이라고 생각하였는데, 그의 방에 들어가 보니 너무나도 청결하고 잘 정돈되어 있는데 깜짝 놀란다는 뜻이므로 꼭 이렇게 되리라 믿었는데 예상 밖으로 실망하게 되거나 믿고 안심한 사람이나 일이 엉터리로 겉 다르고 속이 다른 것을 알게 될 것이다.

동물을 짊어지고 오거나 짊어지고 가는 꿈을 꾸면?

먹을 것이 생긴다.

집에서 기르는 동물이 병에 든 꿈을 꾸면?

사업이 빨리 진척되지 못하고 지지부진하거나 생산품이나 작품이 잘못 만들어지거나 늦어진다는 징조이다.

기르던 동물을 잡아먹는 꿈을 꾸면?

불행한 일과 몸에 이상이 생길 것이다.

동물이 강물을 건너가는 것을 꿈에서 보면?

계획했던 일이나 사업, 영업이 순조롭게 잘 될 것이다.

■ 개

예로부터 인간과 친한 친구처럼 길러 온 것이 개이므로, 친한 친구·충실한 부하·협력자 등을 나타낸다. 그러나 킁킁거리며 냄새를 맡고 돌아다니거나 멍멍 짖어대는 개는 간첩, 말다툼 상대방, 파수꾼, 라이벌 등을 나타낸다.

개를 꿈에 보면?
친구나 친지, 경쟁자와 인간 관계가 아주 나빠질 조짐이다. 이렇듯 나쁜 관계를 가지게 된 데에는 당신에게도 그 원인의 일부가 있기 때문에 상대방만 나무랄 수만 없다. 꼬리를 흔들면서 다정하게 구는 개는 귀엽듯이 붙임성 좋고 간사스러운 사람은 사귀기 좋으나 마음속에는 꿍꿍이속이 있음을 잊어서는 안 된다. 참으로 믿을 수 있는 친구나 친지·동료를 찾는 일이 시급하다.

개가 친구를 따라가며 무섭게 으르렁거리는 꿈을 꾸면?
개가 짖어대는 사람의 의견과 똑같으면 나의 적이고 그렇지 않으면 우리편이므로 분별해서 사귀거나 거래해야 한다.

개에게 물리는 꿈을 꾸면?
친구나 부하 직원, 데리고 있는 사람이 배반하여 재산이나 돈을 잃거나 누군가 방해를 하여 앞길이 막히는 좋지 않은 꿈이다.

개가 짖어대는 모습을 꿈에서 보면?
집안에 불화가 생기거나 부부 싸움을 하며 환자는 병이 잘 낫지 않는다.

개가 주인을 무는 꿈을 꾸면?
배반당하여 재물을 잃고 좋지 않은 일이 생긴다.

개를 처음으로 기르는 꿈을 꾸면?

남과 말다툼이나 경쟁을 하게 된다. 또는 새로운 친구와 사귀게 된다.

개집을 꿈에서 보면?

술과 안주, 음식 등 융숭한 대접을 받는다.

개가 떼지어 집으로 들어오는 꿈을 꾸면?

남에게 돈을 빌려 왔다가 사이가 나빠진다.

개가 와서 밥을 먹는 것을 꿈에서 보면?

재난이나 불행한 일들은 모두 사라지고 행운이 시작된다.

개가 싸움을 하는 것을 꿈에서 보면?

형사 사건으로 고발되거나 소송 문제로 재판을 받게 되어 적이 생기게 된다.

개가 거울을 보고 있는 꿈을 꾸면?

집안 싸움이 일어날 조짐이다.

개가 주인에게 꼬리를 흔들며 기운 있게 다가가는 꿈을 꾸면?

주부나 가족 모두가 저마다 맡은 일을 잘하고 화목할 것이다.

개가 힘이 없거나 병들어 있는 것을 꿈에서 보면?

가족 중에 누군가 병에 걸리거나 재산을 잃는다는 암시이다.

옆집 개가 우리 집으로 들어오는 꿈을 꾸면?

경쟁 상대자나 서로 적으로 여기던 사이가 좋아진다는 예지몽이다. 그 개가 흰개라면 진정한 친구가 될 수가 있다. 검정개라면 오히려 그 친구에게 배반당할 염려가 있다.

개가 멀리서 짖어대는 소리를 듣는 꿈을 꾸면?

가족이나 주변에 말썽이나 놀라운 일이 일어날 징조이니 조심하라는 경고몽이다.

개를 길들이는 꿈을 꾸면?

친구나 부하 직원을 자기편에 끌어들이는 꿈이다.

들개가 싸우는 것을 꿈에서 보면?

위험한 일이 일어날 것을 암시하는 예지몽이다.

미친개를 꿈에서 보면?

생각지도 않은 어이없는 일을 당하게 된다.

개가 덤벼드는 꿈을 꾸면?

후원자나 협조자를 얻게 되는 길몽이다.

■ 강아지

두 마리 흰 강아지가 장난하는 것을 꿈에서 보면?

여행지에서 선물을 가져오거나 오랫동안 만나지 못했던 사람을 만나 쌓였던 얘기를 나누거나 한다.

■ 소

소를 꿈에서 보면?
좋은 일이 찾아온다.

누런소가 집으로 들어오는 꿈을 꾸면?
재산이나 돈을 모을 수 있는 운이 트이어 부자가 되거나 사회적 지위를 얻게 된다.

산골에서 소가 나오는 것을 꿈에서 보면?
크게 번창한다.

소가 산으로 오르거나 소를 끌고 산으로 올라가는 꿈을 꾸면?
큰 이득을 보거나 재산이나 돈을 모으고 지위가 오른다

논밭을 갈고 있는 소를 꿈에서 보면?
재물과 돈이 불어난다.

소가 싸우는 것을 꿈에서 보면?
난데없이 기쁜 일이 생긴다.

소를 타는 꿈을 꾸면?
고난을 극복하고 마침내 성공하여 사회적으로 이름이 날릴 길몽이다.

도살되는 소를 꿈에서 보면?

비참한 일을 보게 된다.

뿔에 피가 묻은 소를 꿈에서 보면?

관직이 높이 오른다. 잘되면 좌의정·우의정·영의정 같은 높은 벼슬에 오를 수 있다.

물을 마시는 소를 꿈에서 보면?

도난을 맞거나 강도에게 강탈당할 징조이다.

소가 오줌 싸는 것을 꿈에서 보면?

이득이나 이윤이 있어 돈이나 재산이 들어온다.

소의 한쪽 다리가 부러진 모습을 꿈에서 보면?

위험한 일을 당하지만 다행히 몸은 무사할 징조이다.

소가 송아지 낳는 것을 꿈에서 보면?

바라는 일이 뜻대로 이루어진다.

머리가 없는 소를 꿈에서 보면?

재산과 돈이 들어와 넉넉한 생활을 하게 된다.

소가 뿔로 사람을 받는 꿈을 꾸면?

고난과 어려움이 끝나려면 아직 멀었다. 뿔로 사람을 살짝 대도 좌절할 일이 생긴다는 예지몽이다.

소가 집으로 들어와 방바닥을 밟는 것을 꿈에서 보면?

하는 일이 실패되고 손실을 가져온다.

소가 양을 끌고 집에 들어오는 꿈을 꾸면?

기쁜 일이 생긴다.

소와 사슴을 죽이는 꿈을 꾸면?

살림이 매우 넉넉해지고 사회적 명예나 지위가 오른다.

쇠고기를 날로 먹는 꿈을 꾸면?

남과 싸우게 된다.

소를 죽이고 고기를 얻는 꿈을 꾸면?

재산과 값진 물건을 얻는다.

꼬리가 둘인 소를 꿈에서 보면?

가까운 친척이나 동료, 동업자가 배반하게 될 징조이다.

소를 만나는 꿈을 꾸면?

꿈에서 소를 조상이라고 한다. 웃어른을 만나게 된다.

소와 말을 불질러 태우는 꿈을 꾸면?

건강에 이상이 생겨 병이 든다.

소를 타고 성안으로 들어가는 꿈을 꾸면?

바라던 일을 이루고, 기쁘고 좋은 일이 있다.

큰 소를 꿈에서 보면?
아이를 낳는다는 태몽이다.

소를 사들이는 꿈을 꾸면?
열병에 걸리거나 믿고 있던 사람에게 배반당하거나 한다.

들소가 뒷동산에서 살고 있는 꿈을 꾸면?
모든 걱정·근심이 사라지게 된다.

암소(암컷 소)가 많이 있는 꿈을 꾸면?
너무 다정하고 허황된 꿈이나 들뜬 마음을 가라앉히고 모든 일을 신중히 처리하라는 경고몽이다.

외양간을 꿈에서 보면?
기쁜 일이 있을 것이다.

외양간에서 소와 함께 잠자는 꿈을 꾸면?
생각지도 않았던 돈과 값진 물건들이 들어오게 된다.

붉은 빛깔의 소가 집에 들어오는 꿈을 꾸면?
재산이 넉넉해진다는 예지몽이다.

소에게 쫓기는 꿈을 꾸면?
윗사람이나 상급자·상관에게 후원을 받는다.

두 마리 소에게 쫓기는 꿈을 꾸면?
두 가지 일이나 문제가 한꺼번에 몰려 몹시 바쁘게 움직여야 한다.

■ 젖소

한 젖소가 다른 젖소의 추격을 받는 꿈은?
제대로 일을 못하다가 노력 끝에 마침내 좋은 결과를 볼 것이다.

젖소를 집안으로 몰아넣은 꿈을 꾸면?
동료나 후원자의 도움을 받아 많은 돈을 벌게 된다.

젖소의 우유가 많이 나오는 꿈을 꾸면?
좋은 일이 생길 것이고, 큰돈이 들어올 것이다.

어미 젖소 뒤에 송아지가 따라가는 꿈을 꾸면?
부인은 아이를 낳을 것이고, 작가는 작품을 완성하게 될 것이며 사업가는 하던 일이 끝을 맺을 것이다.

젖소끼리 서로 싸우고 있는 꿈을 꾸면?
눈코 뜰 새 없이 바쁘지만 수입이 많고 많은 이득을 볼 것이다.

■ 말(馬)

말에게 물리는 꿈은?
직장이 생기거나 지위가 올라가거나 승급이 된다. 사업가는 재운이 열린다.

말을 타고 가는 꿈은?
말을 타고 천천히 가는 꿈은 좋지 않은 흉몽이나 빠른 속도로 달리는 꿈은 매우 좋은 일이 생길 길몽이다.

말을 타고 내나 강을 건너간 꿈은?
어려웠던 일이 사라지고 머지않아 행운이 찾아온다.

말을 보고 놀라는 꿈은?
질병에 걸릴 염려가 있다.

말이 마당에서 춤추듯 뛰어다니는 꿈은?
죽음 같은 좋지 않은 일이 없어진다.

말을 타고 멀리 달려가는 꿈은?
좋은 일이 생긴다.

말을 타고 왔다갔다하는 꿈은?
계약서·청원서 같은 문서를 만들 일이 생긴다.

말이 집으로 들어오는 꿈은?
남에게 축하받을 만한 좋은 일이 생긴다.

말에 돈을 싣는 꿈은?
공무원이 되거나 지위가 올라간다.

노새나 말, 망아지들이 걸어오는 꿈은?
돈을 벌게 될 길조이다.

말이 떼지어 집을 에워싸는 꿈은?
 죽음 같은 좋지 않은 일이 사라진다.

죄인이 말을 타고 가는 꿈은?
 재난이 모두 사라진다.

사람이 타지 않은 말이 뒤를 바짝 따라오는 꿈을 꾸면?
 명예로운 일을 맡아보게 될 것이다.

말을 끌어와 털을 깨끗이 손질해 주고 놓아주는 꿈을 꾸면?
 매우 좋은 일이 생긴다.

말을 대기해 놓는 꿈은?
 먼 길을 떠나게 된다.

집안에서 망아지를 낳는 꿈은?
 매우 좋은 일이 생길 길몽이다.

말이나 노새를 죽이는 꿈을 꾸면?
 술과 음식 등 융숭한 대접을 받는다.

네 마리 말이 끄는 마차를 타는 꿈을 꾸면?
 기쁜 일이 도리어 슬픈 일이 된다.

말 두 마리가 서로 발길질하는 꿈을 꾸면?
 상담이 깨져 좌절할 징조이다.

말을 마구간에서 끌어내는 꿈은?
여행을 가거나 멀리 떠날 징조이다.

말이 마구간으로 들어가는 꿈을 꾸면?
먼 곳에서 좋은 소식이 온다.

마구간에서 말을 한 마리도 볼 수 없는 꿈은?
바라던 일이 뜻대로 되지 않는다.

말을 길들이는 꿈은?
새로운 직장이나 직위를 맡게 된다.

말이 우는 것을 꿈에서 보면?
말다툼이나 구설수가 있다.

마구간에서 말이 미친 듯 날뛰는 꿈은?
화재가 날 조짐이다.

말에게 물을 먹이는 꿈은?
집안은 평온하나 좌천되거나 좋지 않은 자리로 옮겨갈 징조이다.

마구간이 파손된 것을 꿈에서 보면?
뜻밖에 불행한 일이 생길 조짐이다.

마구간을 고치는 꿈을 꾸면?
바라던 일이 뜻대로 이루어져 결실을 맺는다.

마구간에서 잠자는 꿈을 꾸면?
배우자가 바람이 날 징조이다.

말을 때리거나 말이 죽어 가는 꿈은?
지금 자리에서 쫓겨나거나 해고당할 좋지 않은 꿈이다.

말 타고 산과 들을 달리는 꿈은?
부와 귀를 누리고 집안에 경사스러운 일이 이어진다.

말 타고 장가가는 꿈을 꾸면?
직장인은 지위가 오르고 수험생은 합격하며 사업가는 일이 잘
된다.

말을 풀어놓은 꿈은?
대를 이어온 가업이나 재산을 잃을 징조이다.

말을 사들이는 꿈을 꾸면?
혼담이 이루어져 약혼을 하게 되거나 혼인을 하게 된다.

말이 달리다 쓰러지는 꿈은?
협조자나 후원자가 떠나거나 자기편의 사람이 망하게 된다.

말이 뒷발질하는 꿈은?
형편이 어려워지자 친구가 배반한다.

말 타고 가다가 낙마하는 꿈은?
이 꿈을 수험생이 꾸면 시험에 불합격하고, 정부 각료가 꾸면

실각당하며, 입후보자가 꾸면 낙선을 하게 된다.

집안 사람이나 조상이 말을 끌어다 집안에 매는 꿈은?
　며느리를 맞게 되는 등 새 식구를 맞거나 도움이 되는 부하 직원을 얻게 된다.

말을 선물로 받는 꿈은?
　높은 지위를 맡게 되며 특히 군대에서 높은 직책을 맡게 된다.

몇 마리의 말들이 앞 다투어 달리는 꿈을 꾸면?
　모든 일이 뜻대로 이루어지지 않는다.

곡마단에 쓸 말을 훈련시키는 꿈은?
　온 나라 안에 이름을 날릴 징조이다.

말 탈 때 두 발을 디디는 등자를 얻는 꿈은?
　좋은 일이 생기는 길몽이다.

부인이 망아지가 달리는 꿈을 꾸고 임신하면?
　바람둥이 아들을 낳을 징조이다.

처녀가 말 타는 꿈을 꾸면?
　혼담이 이루어질 조짐이다.

풀어놓은 말을 꿈에서 보면?
　난처하거나 어려운 일이 생긴다.

말이 상처 입은 꿈을 꾸면?
 운이 좋지 않은 꿈이다.

많은 말이 모여 있는 것을 꿈에서 보면?
 집안에 걱정거리는 있으나 재운이 열려 큰 부자가 될 징조이다.

말을 물로 씻는 꿈을 꾸면?
 행복한 가운데 괴로움이 뒤따르는 운세다.

말안장을 얹어놓는 꿈은?
 신분이나 생활이 안정될 조짐이다. 미혼자는 혼담이 오간다.

말에 말발굽이 없는 것을 꿈에서 보면?
 하는 일이 깨지고 재난을 당할 징조이다.

말안장을 사는 꿈은?
 다른 곳이나 다른 나라에 갈 꿈이다.

백마를 타고 거리를 가는 꿈은?
 백마는 재산·보물을 나타낸다. 기쁜 일이 잇달아 찾아온다. 그
리운 사람을 만나게 되는 암시이기도 하다.

백마를 타는 꿈은?
 사회적으로 인정받고 높은 자리에 오르나 질병이 걸릴 염려가
있다.

백마가 앞장서고 다른 말들이 뒤따라가는 꿈을 꾸면?
명성과 지위를 얻게 된다.

백마를 타고 하늘을 나는 꿈은?
최고의 행운의 꿈이다. 평화로운 나날만 계속된다.

말을 타고 산 속으로 들어가는 꿈은?
생활하는 데 고생이 많을 징조이다.

말안장을 고치는 꿈은?
군대에 납품하는 사업을 하게 될 징조이다.

말안장에 보물을 싣는 꿈을 꾸면?
일이 어렵게 되거나 생활이 곤궁하게 될 징조이다.

백마가 쇠약하거나 갈기나 털이 빠지거나 희끄무레한 꿈은?
좋지 않은 일이 생기거나 불행이 찾아오는 불길한 꿈이다.

백마나 날개 달린 백마를 꿈에 보면?
행운의 천사, 든든한 후원자나 협력자가 생긴다.

수마(말의 수컷)를 꿈에서 보면?
즐거운 일이 일어난다.

백마가 집안으로 들어오는 꿈을 꾸면?
큰 행운이 찾아온다는 약속을 받은 꿈이다.

검정말을 꿈에서 보면?

검정말은 슬픔을 상징하므로 좋지 않은 일이나 정말 슬퍼할 일이 생길 조짐이다.

■ 얼룩말

얼룩말을 타는 꿈은?

외국으로 나갈 꿈이다. 학생은 유학을 가게 되고, 사업가는 사업을 해외로 뻗어갈 징조이다.

얼룩말을 꿈에 보면?

얼룩말뿐 아니라 검정말, 갈색말을 보면 불안·걱정스러운 일이 생기거나 죽음도 찾아온다는 좋지 않은 꿈이다.

■ 경마

경마를 꿈에 보면?

살얼음 같은 경쟁 사회에서 잘 견디어 내는 자기 자신. 만족감을 상징하는 꿈으로, 자만하지 말고 좀더 열심히 살아가야 한다는 경고몽이다.

■ 당나귀

당나귀를 타는 꿈을 꾸면?

재산이나 돈을 얻게 되고 좋은 일이 생긴다.

당나귀를 탔는데 머리와 손은 잘리어 없는 꿈을 꾸면?
불행한 일이 일어나거나 죽음에 이르기도 한다.

■■ 노새

노새를 꿈에서 보면?
돈과 재물이 생길 것이다.

노새를 타는 꿈을 꾸면?
좋은 일이 생기며 재물을 얻는다.

■■ 돼지

돼지를 꿈에 보면?
먹을 것이 들어온다. 증권이나 주식 투자 등으로 큰돈을 벌 수도 있다.

돼지를 꿈에서 두 번 보면?
입을 것이 들어온다.

돼지꿈을 세 번 꾸면?
좋지 않은 꿈이다. 운이 나쁘거나 상서롭지 못한 일이 생긴다.

돼지고기를 먹는 꿈을 꾸면?
남에게 음식 대접을 받는다.

돼지코를 꿈에서 보면?

돼지코만 보아도 기쁜 일이 생긴다. 그러나 매사를 경솔하게 처리하면 괴로움을 겪게 되고 실패하게 된다.

돼지 떼가 있는 꿈은?

식구가 늘어날 조짐이다.

어미돼지를 꿈에서 보면?

자손들이 잘되고 번창할 조짐이다.

돼지가 둔갑을 하여 사람이 되는 꿈은?

관청과 관계되는 일이 생긴다. 그러나 아이들에게 재난이 닥칠 염려가 있다.

돼지를 죽이는 꿈은?

매우 좋은 일이 생긴다.

돼지고기를 먹거나 칼로 썰고 있는 꿈을 꾸면?

질병에 걸릴 조짐이다.

돼지 떼가 집으로 들어오는 꿈은?

좋은 일이 생긴다. 그러나 집을 나가는 꿈은 좋지 않은 흉몽이다.

돼지에게 쫓기는 꿈은?

남에게 대접을 받는다. 또는 건강에 이상이 생길 염려가 있다.

돼지를 사냥개가 쫓는 꿈을 꾸면?
　도둑이나 강도를 만날 염려가 있다.

돼지가 새끼를 낳는 꿈은?
　위장병에 걸리거나 고생스러운 일이 많이 생길 징조이다.

돼지우리를 꿈에서 보면?
　재산이나 돈이 생긴다.

돼지가 싸우는 꿈은?
　하던 사업이 실패할 흉몽이다.

돼지가 강이나 내를 건너는 것을 꿈에서 보면?
　재난이 사라진다. 환자는 병이 완쾌된다.

멧돼지를 끌고 걸어가는 꿈은?
　손님이 찾아온다. 집안에 걱정거리가 생긴다.

■ 닭

닭이 날갯짓을 하는 모습을 꿈에서 보면?
　공무원이나 관공서 일을 맡아보게 된다.
수탉이나 꼬리가 긴 수탉이 우는 꿈을 꾸면?
　집안이 불화하고 말다툼을 한다. 또는 좋지 않은 일이 생긴다.

새벽 닭 울음소리가 들리는 꿈을 꾸면?

행운이 찾아온다는 예고몽이나 저녁에 우는 소리를 들으면 화재가 일어나거나 도둑을 맞을 수가 있다.

닭이 지붕 위로 올라가는 모습을 꿈에서 보면?

이웃이나 주변 사람과 말다툼을 하게 된다.

암탉이 알을 품고 있는 모습을 꿈에서 보면?

머지않아 좋은 일이 생긴다.

닭이 물 속에서 우는 것을 꿈에서 보면?

술 취한 사람과 말다툼을 하게 된다.

닭장을 꿈에서 보면?

기쁜 일이 생긴다.

수탉끼리 싸우는 것을 꿈에서 보면?

도박에서 돈을 잃거나 소송 사건에 말려들게 되므로 조심하도록.

닭을 목 졸라 죽이는 꿈을 꾸면?

스스로 비참한 사건 속으로 말려들거나 뛰어들게 된다는 것을 알리는 예지몽이다.

닭고기와 오리 고기를 먹는 꿈을 꾸면?

병에 걸려 고생하나 지위가 오르고 승급할 것이다.

닭이 오리와 거위를 죽이는 것을 꿈에 보면?
좋은 일이 생긴다.

■ 병아리

병아리가 알에서 깨어나는 꿈을 꾸면?
소득이 불어나며 가운이 피어난다.

병아리가 갑자기 큰 닭이 되는 것을 꿈에서 보면?
사업이 급성장하는 것을 나타낸다. 가업이 있다면 가업도 급성
장하게 된다.

■ 고양이

고양이를 꿈에서 보면?
고양이가 꼬리를 흔들며 다가오는 꿈은 누군가 친밀한 사람,
친구나 주위 사람에게 배반당하거나 사기당한다는 암시이다. 꼬
리를 흔드는 것은 겉으로만 잘 보이기 위한 것이고 속마음으로는
깔보고 있다는 표시이다.

고양이를 기르는 꿈을 꾸면?
돈과 관련된 좋은 일이 있을 것이다.

고양이가 방안 또는 집안으로 들어와 그 고양이를 기르는 꿈을 꾸면?
재산이나 돈에 대한 기쁜 일이 있을 것이다.

고양이가 집에서 바깥으로 나가는 것을 꿈에서 보면?
재산이나 돈에 대하여 좋지 못한 일이 있을 것이다.

고양이가 쥐를 잡는 모습을 꿈에서 보면?
일은 뜻대로 순조롭게 되고 큰 이득이나 이익을 얻을 것이다.

고양이가 물고기 먹는 것을 꿈에서 보면?
기울어진 가세가 일어나고 사업이 번창할 징조로 큰 이득을 얻을 꿈이다.

고양이고기를 먹는 꿈을 꾸면?
실망스러운 일이 생길 것이다.

고양이가 나비를 먹는 꿈을 꾸면?
갑자기 재산이나 돈의 손실을 가져온다.

고양이가 쥐를 쫓다가 놓치는 꿈을 꾸면?
재산이 흩어지거나 손해를 보게 된다.

고양이를 못살게 구는 꿈을 꾸면?
도난을 당하지 않고 무사하다는 암시이다. 그 고양이가 자신이 기르는 고양이라면 혹시 도둑을 맞거나 강도를 당하더라도 돈이나 재물은 온전히 지킬 수 있다.

고양이가 화를 내는 꿈을 꾸면?
집안에 불화가 생겨 분란이 일어나고, 만일에 고양이가 잡히게 된다면 몸에 병이 들거나 건강상 이상이 생길 징조이다.

서울 동대문에서 버스를 타려고 보니 지금까지 데리고 오던 또는 따라오던 고양이가 보이지 않는 꿈을 꾸면?

만일 동대문에 거래처가 있다든지 친한 친구가 있다든지 사귀는 여자가 있다면 방향을 잘못 잡았다는 암시이므로 고양이가 없어진 곳, 즉 따라오지 않는(또는 없어진) 곳으로 가지 말고 고양이가 따라오던(또는 데리고 오던) 방향으로 되돌아가는 것이 좋다. 그렇지 않으면 큰 문제가 생길 것이다. 여기에서 동대문이라고 하였으나 어느 곳이든 마찬가지이다.

집 고양이가 치마나 스커트·바지 안이나 웃옷·스웨터 안에 살그머니 들어온 꿈을 꾸면?

고양이는 꿈에서 돈·재산을 의미하므로 돈·재물이 들어온다는 뜻이다.

고양이가 물놀이(수영) 등을 하는 것을 꿈에서 보면?

금전상 다툼이 시작되었으니 빨리 끝내는 것이 좋다는 암시, 경고몽이다.

■ 토끼

흰토끼를 꿈에서 보면?

근심 걱정이 사라지고 환자는 병이 나아질 길몽이다. 그러나 주위의 이야기에 너무 신경이 예민하여 일을 그르칠 수가 있다.

검정이나 점박이, 얼룩 토끼를 꿈에서 보면?

좋지 않은 일이 생길 불길한 꿈이다.

이런 꿈을 남자가 꾸었으면 그와 비슷한 연인을 만나게 될 징조이다.

기르는 토끼가 말라보인 꿈을 꾸면?

의식주가 불안하고 가족 중에 누군가 병이 들 염려가 있다.

기르는 토끼가 살찌고 튼튼한 모습을 꿈에서 보면?

의식주가 풍족하고 집안이 편안하여 생활에 걱정이 없다는 암시이다.

토끼와 함께 한 사람이 다가오는 꿈을 꾸면?

남에게 속지 말라는 경고몽이다.

토끼 떼가 하늘로 올라가는 모습을 꿈에서 보면?

실업자·무직자는 직장을 얻고 직장인은 지위가 오른다.

토끼가 달아나는 모습을 꿈에서 보면?

부하나 부하 직원이나 데리고 있는 사람이 등지고 돌아설 징조이다.

토끼를 잡은 꿈을 꾸면?

이익을 얻게 될 예지몽이다.

토끼고기를 먹는 꿈을 꾸면?

승진이나 승급될 징조이다. 젊음이나 매력이 넘치게 된다는 예고몽이기도 하다.

토끼에게 마구 총을 쏘는 꿈을 꾸면?
수입이나 이득이 되는 원천이 없어져 버릴 징조이다.

토끼를 기르는 꿈을 꾸면?
남이나 경쟁 상대에게 속아넘어가지 않도록 하라는 경고몽이다.

토끼가 산으로 뛰어가는 것을 꿈에 보면?
막혔던 운이 열리는가 했는데, 생각이 너무 앞서 마침내 실패로 끝나고 만다. 신중히 해야 한다는 경고몽이다.

토끼 뒤를 사냥개가 쫓아가는 꿈을 꾸면?
좋지 않은 사람이나 집단에서 벗어나게 된다는 꿈이다.

토끼 뒤를 쫓아가는 꿈을 꾸면?
혼담이 이루어져 결혼하게 된다는 암시이다.

토끼가 새끼를 낳거나 한 마리가 갑자기 여러 마리로 변신되는 꿈을 꾸면?
재산이나 돈이 늘어나고 사업가는 사업이 번창할 조짐이다.

토끼를 끌어안는 꿈을 꾸면?
하던 일은 성공하고 신분이 낮은 사람은 높아지고 환자는 병이 완쾌될 길몽이다.

한 쌍의 토끼나 새끼토끼를 꿈에서 보면?
사랑이나 애정이 두터워질 징조이다.

■ 양

양을 꿈에서 보면?
식구끼리 대화가 통하고 부부가 화목하며 평온한 나날이 계속
된다.

양고기를 먹는 꿈을 꾸면?
가족의 평화가 오고 식구들이 편안할 징조이다.

암양을 꿈에서 보면?
재산이나 돈이 들어온다.

말라빠진 양을 꿈에서 보면?
집안 운세가 쇠퇴할 조짐이다.

양을 타고 가는 꿈을 꾸면?
재산이나 돈을 얻을 꿈이다.

암양의 우는 소리를 들은 꿈은?
애써 모은 재산을 잃을 염려가 있다.

양을 때리거나 죽이는 꿈을 꾸면?
건강에 이상이 생길 좋지 않은 꿈이다.

양떼를 몰고 가는 꿈을 꾸면?

재산이나 돈이 들어온다. 교회의 목사·성당의 신부·사찰의 스님이 되거나 학교의 선생님이 되어 인재를 육성한다.

암양들이 모여 있는 꿈은?

큰 기업이나 대형 백화점 등의 기획 책임자가 된다.

양들이 모여 있는 꿈은?

집안이 화목하고 자손이 번영할 조짐이다.

면양이 달아나는 꿈은?

재산을 도둑맞거나 강제로 뺏기게 된다.

* 면양(털이 많은 양)

어미양과 새끼양이 함께 있는 모습을 꿈에서 보면?

몸이 건강해지고 불만이나 부족함이 없어 행복한 생활을 하게 된다. 임산부가 이 꿈을 꾸면 사내아이를 낳을 태몽이다.

양을 타고 가는 꿈을 꾸면?

재산이나 돈을 얻게 된다.

암양을 꿈에서 보면?

많은 사람들이 호감을 가지고 도와 줄 징조이다.

사업가가 이 꿈을 꾸고 외국과 거래를 한다면 큰 이득을 보게 된다.

양을 잡아 양요리를 하는 꿈은?

재물이나 돈이 없어 어려움을 겪게 될 조짐이다.

암양을 채찍으로 때리는 꿈을 꾸면?

공적인 돈을 불법으로 쓰거나 가로챘다가 큰 손해를 입게 된다.

양이 비를 그대로 맞고 서 있는 꿈을 꾸면?

큰 이득을 얻은 듯하나 실속은 손실이 많다. 처음에 계획을 잘못 세운 탓이므로 앞으로 일을 할 때에는 계획을 치밀하게 세우라는 경고몽이다.

어미양의 털을 깎는 꿈을 꾸면?

부모나 친지가 남긴 재산을 받을 징조이다.

양을 방목하는 목장을 꿈에서 보면?

적은 돈을 버는 사업을 시작할 징조이다.

양이 싸우는 모습을 본 꿈은?

정부의 초청을 받아 정부 일에 참여할 징조이다.

양이 수레를 끄는 것을 꿈에서 보면?

하던 일이 뜻대로 순조롭게 이루어진다.

새끼양이 많이 모여 있는 꿈을 꾸면?

하는 일이 뜻대로 잘 될 조짐이다.

새끼양을 꿈에서 보면?
좋은 소식을 듣는다.

새끼양을 끌어안는 꿈을 꾸면?
임산부는 아들을 낳을 태몽이다.

새끼양을 몰고 가는 꿈을 꾸면?
좋은 일이 생긴다. 또는 수명이 길어진다.

숫양을 꿈에서 보면?
재산과 돈이 들어올 징조이다. 친지 중에 누군가 결혼한다는 예지몽이다.

숫양이 뒤를 따라오는 꿈은?
함께 고생을 하고 함께 기쁨을 나눌 마음이 맞는 친구를 사귀게 될 것이다.

숫양 떼를 꿈에서 보면?
사업이나 장사가 점점 번창하게 될 조짐이다.

양을 남에게 선물하는 꿈을 꾸면?
친지나 주변 사람의 결혼을 주선할 꿈이다.

양젖을 마시는 꿈을 꾸면?
생각지 않은 돈이 생기거나 좋은 방법이나 가르침을 받는다.

■ 염소

검정 암염소를 꿈에서 보면?

잘 이루어지지 않던 일이 뜻밖에 잘되어 좋은 성과를 가져올 조짐이다.

숫염소 두 마리가 싸우는 꿈을 꾸면?

일이 늦어지고 어떤 문제로 근심·걱정이 많아진다.

맹수·큰 동물

■ 사자

기원전 4세기경 마케도니아의 필리포스 2세는 그 아내의 몸에 사자 모양의 도장을 찍는 꿈을 꾸고 아들을 얻었는데 그가 그리스·페르시아·인도에 이르는 대제국을 건설한 알렉산더 대왕이라고 한다.

사자를 꿈에 보면?

재산과 사회적 지위를 얻을 꿈이다. 처녀가 이 꿈을 꾸면 부귀한 배우자를 만날 조짐이고 임산부가 이 꿈을 꾸면 건강한 아이를 낳는다.

사자를 타고 가는 꿈을 꾸면?

남의 우두머리가 되어 입신 출세할 징조이다. 또는 훌륭한 업적을 남기게 된다.

사자와 싸워 이긴 꿈을 꾸면?

도박을 한다면 최고의 행운이 찾아온다. 소송 사건에 힘써야 할 조짐이다.

사자가 자신이나 친구에게 달려드는 꿈은?

좋지 않은 일이 생길 불길한 꿈이다.

사자와 큰 뱀이 싸우는 꿈은?

사업가는 라이벌과 상품 경쟁을 벌일 징조이다. 언제 싸움이 일어날지 모르니 조심하여 싸움에 말려들지 않도록 해야 한다.

암사자가 걸어가는 꿈을 임산부가 꾸면?

건강한 아이를 낳을 태몽으로 앞으로 부유한 가정을 이룩할 인물이 될 것이다. 그러나 화가 나서 으르렁거리는 암사자라면 좋지 않은 일이 생길 흉몽이다.

사자가 울부짖는 꿈은?

세상에 이름이나 좋은 평판이 나게 될 징조이다. 그러나 자칫 잘못되면 목숨도 버려야 할 정도로 나쁜 일이 생긴다.

사자가 덤벼드는 꿈은?

어려움이 잇달아 닥칠 조짐이다.

사자를 잡아죽이는 꿈은?

수험생은 수석 합격을 하고 고시생은 사법시험 같은 어려운 시험에 합격하며 입후보자는 당선될 조짐이며 사업가는 큰 규모의 사업이 이루어지는 좋은 꿈이다.

사자가 코끼리를 덮치는 꿈은?
라이벌이나 적군의 내부에 불화가 생겨 스스로 무너질 꿈이다.

사자와 싸우는 꿈은?
건강에 이상이 생기거나 강한 라이벌과 원수가 될 꿈이다.

사자 고기를 먹는 꿈은?
높은 직위에 오른다.

사자에게 물리는 꿈은?
큰 재산을 얻고 명예가 오른다.

아버지사자와 새끼사자가 놀고 있는 모습을 꿈에서 보면?
가정이 화목하고 평화롭게 살 수 있다는 꿈이다.

■ 호랑이

호랑이를 꿈에 보면?
남에게 미움을 사서 언짢고 꺼림칙한 일이 생기거나 죽음 같은 불행한 일이 닥친다는 예지몽이다. 귀한 아이를 낳는다는 태몽이 되기도 한다.

호랑이가 집으로 들어오는 꿈을 꾸면?
지위를 높이려고 애쓴 결과 지위가 오르고 주거를 옮길 징조이다.

호랑이가 사람을 물거나 덤비며 으르렁거리는 꿈은?
　임산부는 사내아이를 낳을 태몽이다. 작가는 작품을 완성할 운세이며 사업가는 사업을 시작할 조짐이다.

호랑이를 총으로 쏘거나 죽이는 꿈을 꾸면?
　하는 일이나 사업이 이루어질 길몽이다.

호랑이와 맞싸워 이기는 꿈은?
　사냥꾼이 아니라도 이런 꿈을 꾸는 일이 있다.
　사업가는 신제품을 만들어 내거나 작가는 작품을 내어 인기를 얻는다.

호랑이가 덮치는 꿈을 꾸면?
　어려운 일이 잇달아 일어난다.

호랑이를 집안에 기르며 함께 사는 꿈은?
　좋은 협력자가 생긴다. 협력자가 자본이 될 수도 있고 비장의 무기가 될 수도 있다.

호랑이가 다른 사람을 덮치는 꿈은?
　대형 사고로 간신히 목숨을 건지게 되는 운세이다.

호랑이가 쇠 외양간에 갇혀 있는 모습을 꿈에서 보면?
　아주 소중한 보배를 잃을 염려가 있다.

호랑이가 다른 짐승을 덮치는 꿈을 꾸면?
　친구나 친지에게 걱정스러운 일이 생긴다.

■ 표범

표범을 꿈에서 보면?

 남에게 미움을 사거나 표적의 대상이 되므로 앞날이 순조롭지 않다는 것을 알리는 경고몽이다. 특히 평소에 행동이 불손하거나 거친 사람은 조심해야 한다.

낯모르는 사람이 표범을 타고 다가오는 꿈은?

 세상에 이름이 나 있을 예지몽이다.

표범이 마당이나 집 안에 들어오는 것을 꿈에서 보면?

 사회적으로 인정을 받아 지위가 오를 징조이나 도난당할 염려가 있음을 암시하는 꿈이다.

표범이 호랑이에게 덤비는 꿈을 꾸면?

 하찮게 생각한 라이벌에게 침해를 당하게 된다.

표범을 물리치는 꿈을 꾸면?

 자신을 적이나 원수로 여기고 항상 공격의 기회를 엿보는 상대방을 역습하여 완전히 눌러 버린다는 꿈이다.

표범을 붙잡는 꿈은?

 친지나 주변 사람에게 미움을 사거나 모략 중상을 받을 조짐이다.

표범이 덮치는 꿈은?

 크게 성장하였으나 아직 반성할 일이 많으므로 적에게 공격받을 염려가 있다고 암시해 주는 꿈이다.

표범에게 습격받은 꿈을 꾸면?

어려운 문제가 해소되고 장애물이 하나하나 사라져 가는 행운의 조짐.

표범의 가죽을 얻은 꿈은?

재산이 많아지고 사회적 지위가 오를 징조이다.

표범이 밤에 많은 사람이 타고 가는 자동차 앞길을 가로막는 꿈을 꾸면?

사업가에게는 회사의 판로를 가로막는 것이므로 이에 대비해야 하며 운수업자라면 야간 수송 특히 터널이나 낙석에 유의해야 한다.

■ 코끼리

인도에서는 코끼리를 신으로 우러러 받든다. 그런 만큼 코끼리는 행운의 상징이다. 인도의 가비라 성의 마야왕비가 흰 코끼리가 몸 안으로 들어온 꿈을 꾸고 낳은 아이가 바로 세계 4대 성인의 한 사람인 석가모니다.

코끼리를 꿈에 보면?

승급되거나 관직이 오른다.

코끼리 떼를 꿈에 보면?
여자는 남자와 남자는 여자와 성애를 즐기게 된다.

코끼리에게 먹이를 주는 꿈은?
후원자나 신분이나 지위가 높은 사람이 도와준다.

코끼리에 타고 달리는 꿈은?
사업가는 사업이 점점 번창하고 공무원이나 샐러리맨은 지위가 오르고 재산·돈이 들어올 꿈이다. 그러나 흔히 자만하거나 오만해지기 쉬우니 조심하고 신중하게 처신하라는 경고몽이다.

코끼리와 돼지를 함께 꿈에서 보면?
직위나 승급이 오른다.

코끼리를 귀여워하는 꿈을 꾸면?
돈벌이와 관련된 꿈으로 길몽이다.

코끼리에게 밟히는 꿈을 꾸면?
꿈이 이루어지지 않고 좌절되지만 뜻밖에 후원자나 협력자가 나타나 다시 일어나게 된다.

코끼리 등에서 떨어지는 꿈을 꾸면?
남에게 업신여김이나 모욕을 당할 꿈이다.

새끼코끼리가 놀고 있는 꿈은?
훌륭한 아들을 낳을 태몽이다.

코끼리가 달려들어 한 사람을 짓밟아 죽인 꿈을 꾸면?
남에게 시기 질투를 받아 좋지 않은 일이나 불행한 일이 생길 조짐이다.

야생 코끼리 떼를 꿈에서 보면?
남의 후원이나 도움이 없이도 자수성가할 꿈이다.

코끼리가 사자를 발로 짓밟는 모습을 꿈에서 보면?
경쟁 상대자를 물리치고 자기를 망하게 한 상대를 고소하여 이길 꿈이다.

코끼리가 성을 내며 돌진해 오는 꿈은?
열심히 노력하여 재물과 명예를 얻을 꿈이다.

코끼리가 초목을 쓰러뜨리는 꿈은?
어려움과 고난을 헤치고 마침내 뜻을 이루는 길몽이다.

상아가 하나인 코끼리를 꿈에서 보면?
있는 힘을 다해야 재산을 모으고 성공할 수 있는 운이다.

■ 낙타

낙타를 꿈에서 보면?
좋은 일에 너무 앞장서거나 아무도 바라지도 않는 남의 일에 말려들어 자신이 스스로 곤란을 자초한다. 중대한 관공서의 허가를 얻게 되거나 좋은 일이 많이 찾아오는 꿈이다.

사람이 타고 있는 낙타를 꿈에서 보면?

자칫하면 모처럼 잡은 행운을 놓쳐버리게 될 징조이다.

■ 곰

스위스의 정신의학자 융의 학설에서 곰은 '어머니의 원형' 이다. 즉 여자의 본 모습이라 할 수 있다. 우리나라의 건국에 대한 역사 기록을 보면 환인(하나님)의 아들 환웅이 비·바람·구름을 맡아보는 부하들을 거느리고 태백산(백두산)에 내려와 신시를 건설하고 사람들을 다스렸는데 이 때 곰이 찾아와 사람되기를 원하므로 환웅은 곰을 여자로 변하게 하여 혼인해서 낳은 이가 단군으로 조선을 세웠다고 한다. 즉 이 신화에 의하면 우리나라의 시조 어머니는 곰인 셈이다.

곰을 꿈에서 보면?

집안 운세가 번영할 조짐이다. 처녀총각은 좋은 배필을 만나게 되고 결혼한 사람에게는 아이를 얻을 태몽이 된다.

곰 등에 올라타고 들판을 다니는 꿈을 꾸면?

곰은 어머니의 상징으로 총각은 너그러운 부인을 맞이할 것이고 임산부는 훌륭한 아이를 낳을 것이다. 사업가는 친절하고 상냥한 협력자를 얻어 성공하게 될 것이다.

곰이 달려드는 꿈은?

경쟁 상대자나 라이벌과 원수질 조짐이다.

곰에게 물려 죽는 꿈은?

남에게 생활을 침해당하거나 위협을 받는다.

곰이 벼랑을 따라 산밑으로 내려가는 꿈은?

재판이나 시비가 생겨 다투지 않는 날이 없을 정도로 시끄럽고 번거롭다.

곰이 달아나는 꿈을 꾸면?

집안이 어려워진다.

큰곰에게 안겨져 당장이라도 짓눌려 죽을 것 같은 꿈을 꾸면?

남에게 억압당하거나 억눌려 자유롭게 되고 싶은 생각이 간절하지만 꼼짝 못하는 지경이다. 그러나 지금 자립하지 못하면 정말로 짓눌려 다시는 일어서지 못한다. 자립의 기회를 알리는 암시이다.

곰이 산 위로 올라가 보이지 않는 꿈은?

괴로움이나 고난 끝 행복 시작의 길몽이다.

흰곰이 서서 춤을 추고 있는 꿈을 꾸면?

윗사람에게 신임을 받아 승급되고 지위도 오르게 된다.

검정 곰 시체가 강물에 떠내려가는 꿈은?

친지나 친구 등이 불행한 일을 당하거나 홍수가 날 꿈이다.

■ 노루 · 사슴

수노루 · 수사슴이 앞길을 가로막는 꿈은?
사업이나 하던 일이 실패하고 장사는 망할 조짐이다.

사슴고기를 먹는 꿈은?
괴로운 일이나 불운이 사라지고 행운이 찾아온다.

총을 맞아 죽은 사슴을 꿈에서 보면?
다른 사람에게 돈과 재물을 억지로 뺏길 징조이다.

노루 · 사슴과 노는 꿈을 꾸면?
윗사람이나 선배의 후원을 받아 지위가 오르거나 재물을 얻을
징조이다.

붙잡힌 노루 · 사슴이 펄쩍펄쩍 뛰는 꿈을 꾸면?
자유롭게 될 조짐이다.

사슴 · 노루를 놓친 꿈을 꾸면?
운세가 기울기 시작하여 점점 형편이 어렵게 된다.

많은 노루나 사슴이 한 곳에 앉아 있는 꿈은?
남몰래 해치거나 음모로부터 벗어나게 된다.

노루 · 사슴이 집에 있는 것을 본 꿈은?
공무원이나 관공서 일을 보게 되는 등 경사스러운 일이 생긴다.

수노 · 수사슴과 만나는 꿈을 꾸면?

힘겨운 상대나 라이벌과 원한의 대상이 된다.

노루 · 사슴을 잡는 꿈을 꾸면?

바라던 일이 뜻대로 이루어진다. 수험생은 좋은 성적으로 합격한다.

사슴을 꿈에서 보면?

사슴은 뿔이 있어 높은 명예를 나타내며 힘있는 사람의 후원 · 후광을 의미한다. 그러므로 재능을 인정받거나 애쓴 보람이나 노력한 결과가 나타나 결실을 맺게 된다.

사슴과 함께 노는 꿈을 꾸면?

손윗사람이나 선배가 이끌어 주거나 후원해 주어 지위가 오르고 재산과 돈을 부릴 징조이다.

사슴을 놓치는 꿈을 꾸면?

행운이 불운으로 역전되어 고난과 고통을 받을 징조이다.

■ 기린 · 원숭이

기린을 꿈에서 보면?

사회적으로 인정받고 출세할 징조이다. 여자가 이 꿈을 꾸면 장래성이 있는 남자를 만나 결혼을 하여 영리한 아이를 낳는다는 길몽이다.

원숭이를 꿈에서 보면?

원숭이 꿈은 재산이 흩어지거나 이별하거나 사기당하기 쉽다는 경고몽이다. 아니면 소송이나 재판을 하거나 다투어야 할 일이 생긴다. 자칫 남에게 미움을 사거나 남이 꺼려하여 고립될 수 있으므로 신중히 처리하라는 경고몽이다.

흰 원숭이를 꿈에서 보면?

남에게 신임을 얻고 지위가 오른다. 미혼자는 좋은 배필을 만나게 된다.

원숭이가 벌컥 성내는 꿈은?

이웃과 등질 것이며 또한 명예도 훼손될 것이다.

원숭이를 만나는 꿈을 꾸면?

남에게 속아넘어가거나 사기를 당할 징조이다.

원숭이가 귀찮게 구는 꿈을 꾸면?

좋지 않은 사람과 경쟁하여 고민할 일이 생긴다.

원숭이가 무엇인가를 먹는 모습을 꿈에서 보면?

도난을 당하거나 물건을 잃어버릴 징조이다.

원숭이끼리 싸우는 것을 꿈에서 보면?

인간 됨됨이가 좋지 않은 사람과 다툴 일이 생긴다.

원숭이가 걸어가거나 껑충껑충 뛰어다니는 모습을 꿈에서 보면?

좋지 않은 일이 생길 꿈이다.

원숭이가 으르렁거리며 덤벼드는 꿈을 꾸면?

뜻밖의 불행한 사고로 재산과 돈을 잃고 자칫하면 집안 사람이 죽거나 불행해지게 될 꿈이다.

원숭이에게 총을 쏘거나 쏘아 죽이는 꿈은?

경쟁 상대자나 라이벌을 이겨낼 수 있게 됨을 암시한다.

원숭이를 기르는 꿈을 꾸면?

친구나 친지가 사기를 치거나 속여서 큰 손해를 보게 된다.

원숭이가 놀고 있는 꿈을 꾸면?

공무원이나 샐러리맨은 지위가 오르고 이름을 날리게 될 징조이다.

작은 원숭이 얼굴이 보였다가 큰 원숭이의 얼굴이 보이는 꿈은?

작은 문제가 점점 큰 문제가 될 징조이므로 처음에 잘 대처하라는 경고몽이다. 또한 지킬 수 없는 약속을 책임 없이 해 버리는 경우가 많으므로 조그마한 일이라도 신중히 처리해야 한다는 암시이다.

원숭이가 앉아 있는 모습을 꿈에서 보면?

건강에 이상이 생길 조짐이다.

원숭이들이 나무 위를 오르락내리락 하는 모습을 꿈에서 보면?

라이벌이나 경쟁자에게 속아넘어가 생각지도 않은 손해를 볼 징조이다. 그러나 원숭이들이 각각 다른 나무에서 오르락내리락

한다면 라이벌이 아니라 동업자나 동료 또는 주변 사람에게 속아 넘어가거나 사기를 당해 손해를 볼 징조이다.

원숭이가 깊은 잠을 자고 있는 모습을 꿈에서 보면?
곧 멀리 가거나 여행을 떠날 조짐이다.

원숭이가 나무 위로 오르는 꿈을 꾸면?
새로운 직책을 얻거나 지위가 올라 새롭게 일을 하게 된다.

■ 여우 · 늑대 · 이리 · 승냥이

여우 · 늑대 · 이리 · 승냥이를 꿈에서 보면?
이 동물들은 사람을 잘 속인다고 하지만 꿈에서는 남을 잘 이용하여 돈을 잘 벌고 사업을 잘해 나감을 암시한다. 다만 치밀하고 실력도 대단하여 자칫 남에게 따돌림을 당하고 미움을 살 수 있으므로 대인 관계를 잘하고 유의해야 한다는 경고몽이다.

여우 · 늑대 · 이리 · 승냥이가 묘지를 어슬렁거리는 꿈을 꾸면?
집안 사람들 중에 누구인가 죽게 되는 흉몽이다.

여우 · 늑대 · 이리 · 승냥이가 장난질하는 꿈을 꾸면?
남에게 이용당하여 손실을 보게 될 징조이다.

여우 · 늑대 · 이리 · 승냥이를 때리는 꿈을 꾸면?
큰 병에 걸릴 징조이다.

여우 · 늑대 · 이리 · 승냥이가 덤벼드는 꿈을 꾸면?
부인이 이 꿈을 꾸면 아이를 갖는다는 태몽이다.

여우 · 늑대 · 이리 · 승냥이가 다리를 무는 꿈을 꾸면?
다리가 아파서 길을 갈 수 없게 된다.

여우 · 늑대 · 이리 · 승냥이가 닭 등 가축을 물어 가는 꿈을 꾸면?
남에게 속아넘어가 큰 피해를 입을 징조이다.

상상의 동물

■ 용

　고려 말엽에 평안도 의주에 사는 이안사(李安社)는 말 잘 타고
활을 잘 쏘기로 유명하였는데 하룻밤 꿈에 한 사람이 나타나
"나는 어느 못에 사는 용인데 다른 못의 용이 내가 사는 곳을
뺏으려고 하기에 내일 그 용과 결전을 하기로 하였으나 워낙 그
용이 힘이 세어 이기지 못할까 두렵습니다. 부디 저를 좀 구해
주십시오." 하고 간청을 하자, 이안사는 같은 용이라면 "어떻게
그 용과 그대를 구별할 수가 있겠는가?" 하고 물으니 용이 "그
용은 희고 저는 누렇습니다." 하였다. 이안사는 그렇게 하겠다
하고 다음날 새벽에 활을 들고 그 못으로 나갔다. 얼마 있으니
아닌게아니라 황룡과 백룡이 서로 엉켜서 치열하게 싸우기 시작
하였다. 이안사가 재빨리 화살 하나로 백룡을 쏘아 맞추자 온 못
물을 빨갛게 물들이며 백룡은 어디론지 달아나 버렸다. 이날 밤

꿈에 또 황룡이 나타나 "당신의 보호를 받았으니 앞으로 반드시 후하게 보답하겠습니다. 손자 대가 되면 알게 될 것이오." 하였다. 그의 손자가 바로 조선 건국의 시조 태조 이성계이다.

조선 태조 때 순천 사람으로 부원군이 된 박천상(朴天祥)의 손자 박석명(朴錫命)은 어릴 때 태조의 다섯째 왕자 이방원과 함께 잠을 잤는데 어느 날 꿈에 옆에 황룡이 있어 깜짝 놀라 깨보니 황룡이 바로 이방원이었다. 그 뒤 더욱 친하게 사귀었으며 그 뒤 이방원이 제3대 임금으로 왕위에 오르자 총애가 지극했다고 한다.

위의 예와 같이 옛날부터 용꿈을 꾸면 높은 지위에 오르거나 과거 시험에 급제하거나 귀한 사내아이를 낳는다고 하여 길몽으로 여긴다.

용을 품안에 안은 꿈을 꾸면?
시험에 합격하거나 귀한 사내아이를 낳는다.

용이 하늘로 오르거나 용을 타고 하늘로 오르는 꿈을 꾸면?
운이 트이어 좋은 일이 생기거나 높은 자리에 오른다. 사내아이를 낳을 태몽이기도 하다.

용이 구슬을 받는 것을 꿈에서 보면?
바라는 대로 일이 이루어진다.

용이 물 속으로 숨는 것을 보거나 용을 타고 물 속으로 들어가는 꿈을 꾸면?
머지않아 행운이 찾아오고 높은 자리에 오른다.

용이 집안에서 자고 있는 모습을 꿈에서 보면?
바라고 구하는 바를 마침내 얻게 된다.

용이 문 앞에 있는 것을 꿈에서 보면?
매우 좋은 일이 있고 사업은 번창한다.

용이 구름 사이로 나와 땅에 내리는 것을 꿈에서 보면?
지위나 재산을 잃게 된다.

용을 타고 읍내나 시내로 들어가는 꿈을 꾸면?
높은 자리에 오르거나 바라는 일이 이루어진다.

용이 하늘에서 내려와 산에 오르는 꿈을 꾸면?
바라는 바가 이루어진다.

용이 우물 안이나 작은 못 안으로 들어가는 모습을 꿈에서 보면?
관공서 일이나 공직을 맡으나 매우 바쁘고 고생이 많다.

용이 집안에 들어왔으나 실내가 어두워서 출구를 알 수 없는 꿈을 꾸면?
사업상 곤란을 겪거나 고민을 할 징조이다.

용이 날아다니는 모습을 꿈에서 보면?
관공서나 공직의 높은 자리에 오른다.

용과 뱀이 집안으로 들어오는 꿈을 꾸면?
재산과 돈을 얻게 된다.

용과 뱀이 부엌으로 들어오는 것을 꿈에서 보면?

관공서나 공직의 요원이 된다.

뱀이 변해서 용이 되는 것을 꿈에서 보면?

신분이 높은 사람이나 재력 있는 사람이 도와준다.

자신이 용이 되는 꿈을 꾸면?

생각지도 않았던 후원을 받아 입신 출세할 징조이다.

■ 봉황새

좋은 일이나 좋은 소식을 듣거나 이익을 본다. 신분이 높은 사람을 만나 재산과 명예를 한꺼번에 얻게 된다.

작은 동물　　夢

■ 뱀

뱀을 꿈에서 보면?

돈이나 재물이 들어온다. 영리한 아이를 낳을 태몽이기도 하다. 또한 총각은 아름다운 처녀를, 처녀는 훌륭한 남편을 맞게 된다.

뱀이 옷 속으로 기어다니는 꿈을 꾸면?

마음껏 누리던 부귀와 권력 등을 잃어버린다.

뱀이 사람 뒤를 쫓아가는 꿈을 꾸면?
아내나 첩이 딴 마음을 먹거나 사람을 해치려는 나쁜 마음을 먹는다.

뱀이 마을로 들어오는 꿈을 꾸면?
남에게 욕이나 헐뜯는 말을 듣는다.

뱀이 많이 있는 것을 꿈에서 보면?
비밀로 삼아야 할 일이 많이 있는데 자칫하면 밝혀져서 곤란을 겪기도 한다.

뱀의 색깔이 검붉은 빛을 띠고 있는 꿈을 꾸면?
구설을 들을 징조이다.

뱀의 색깔이 푸른빛을 띠고 있는 것을 보면?
좋은 일이 생길 길몽이다.

뱀의 색깔이 황백색을 띠고 있는 것을 보면?
관공서와 관련된 일을 하게 된다.

뱀을 손으로 만지는 꿈을 꾸면?
재물이 들어온다.

뱀이 변하여 용이 되는 꿈을 꾸면?
신분이 높고 귀한 사람이 후원해 준다.

뱀을 죽이는 꿈을 꾸면?
공무원이나 샐러리맨은 지위가 오르고 사업가는 업무가 번창한다.

붉은 빛깔의 뱀, 검은 빛깔의 뱀을 꿈에서 보면?
남과 말다툼을 하거나 말썽이 일어난다.

뱀에게 물리는 꿈을 꾸면?
막혔던 운이 열리고 큰 이득을 보게 된다.

뱀이 사람을 죽이는 것을 꿈에서 보면?
갑자기 불행한 일이 닥칠 조짐이다.

뱀이 자신을 발견하고 쫓아오는 꿈을 꾸면?
남자는 여자와 여자는 남자와 사이에 성적(性的) 문제가 발생한다. 불륜 관계가 이루어질 징조이다.

큰 뱀이 토막토막 잘려 있는 모습을 꿈에서 보면?
산 너머 산, 강 건너 강, 고생·고난이 잇달아 생긴다.

뱀에게 휘감기게 된 꿈을 꾸면?
무슨 일에나 큰 이득을 보게 된다.

뱀이 감겼다가 풀리는 것을 꿈에서 보면?
좋은 기회를 놓치고 운세가 기울어져 차차 가난해지거나 어려워진다는 조짐이다.

뱀이 주머니 속에 들어오는 꿈을 꾸면?

이로운 일이 생긴다.

뱀을 밟는 꿈을 꾸면?

재산과 돈이 들어올 것이다.

뱀을 보고 무서워하는 꿈을 꾸면?

남에게 욕을 먹거나 험담을 듣거나 음흉하다고 따돌림을 당할 징조이다. 인간 관계의 개선에 노력하라는 암시이다.

많은 뱀이 몸을 휘감은 꿈을 꾸면?

머지않아 큰돈이 들어오는 길몽이다. 누군가와 다투고 있는 중이라면 승리는 확실하다.

한 마리의 뱀이 몸을 휘감은 꿈을 꾸면?

병이 들거나 좋지 못한 일이 있을 것을 예고하는 암시이다.

살무사 같은 독뱀이나 구렁이를 꿈에서 보면?

돈이 따르는 운세임을 암시하는 길몽이다.

2세기경 그리스의 해몽가인 아르미도로스는 독뱀은 독성분으로 보아 돈이나 돈 많은 여자를 상징한다고 했다.

뱀을 두 토막을 내어 바깥에 버리려고 현관에 이르렀는데 다시 보니 현관은 없고 잡초만 무성한 꿈을 꾸면?

뱀 꿈은 길몽이나 죽여서 버리는 꿈은 좋지 않은 흉몽이다. 그러나 잡초가 무성한 곳이었으므로 역전되어 크게 번창하고 번성할 길몽이다.

흰 뱀이나 누런 뱀을 꿈에서 보면?
경찰과 관련된 문제가 일어난다.

뱀이 땅굴로 숨어버리는 것을 꿈에서 보면?
재물을 도둑맞거나 강도에게 강탈당할 조짐이다.

■ 도마뱀

도마뱀을 꿈에서 보면?
나쁜 사람의 꼬임에 빠지거나 모의에 가담하게 될 것이니 조심하라는 경고몽이다.

도마뱀이 풀 숲 속으로 기어가는 것을 꿈에서 보면?
위장병이 생길 징조이다.

도마뱀이 달려든 꿈을 꾸면?
병에 걸릴 조짐이다.

큰 뱀과 같은 도마뱀을 꿈에서 보면?
고난과 고생이 끝나고 행운이 찾아올 징조이다.

두 마리의 도마뱀이 싸우는 것을 꿈에서 보면?
가까운 시일 안에 불행한 일이 닥칠 조짐이다.

■ 쥐

쥐를 꿈에서 보면?

건강에 이상이나 집안에 곤란한 일이 생긴다. 또는 물건을 잃거나 남에게 속아넘어간다.

많은 쥐가 있는 꿈을 꾸면?

새로 사귄 친구나 동료 사이에 말다툼을 하게 되므로 주의한다.

쥐가 갑자기 달아나 보이지 않는 꿈은?

좋은 일이 생긴다.

쥐가 쥐덫에 걸려 있는 것을 꿈에서 보면?

계획한 일이나 추진하던 일이 뜻대로 이루어진다.

쥐가 방에 구멍을 낸 꿈은?

도둑맞을 징조이다.

쥐에게 물리는 꿈을 꾸면?

생각하지도 않았던 좋은 일이나 돈·재물이 생긴다.

쥐가 옷 같은 것을 쏠고 있는 꿈을 꾸면?

바라던 대로 일이 이루어지고 막혔던 운이 트일 조짐이다.

쥐가 죽어 있는 꿈을 꾸면?

좋은 일이 생기는 길몽이다.

쥐가 숨어 있는 것을 꿈에서 보면?
계획했던 일이 물거품으로 끝나고 곤란한 처지에 놓이게 된다.

쥐를 잡아 밖에 버리려는 꿈을 꾸면?
혼자 사업을 시작하면 운이 트이어 뜻대로 이루어진다.

쥐가 갑자기 사람으로 변한 꿈을 꾸면?
영리한 아이를 낳을 징조이다.

쥐가 쥐구멍에서 쳐다보고 있는 꿈을 꾸면?
좋은 일이 생긴다.

부엌이나 방안의 쥐를 잡으려는 꿈을 꾸면?
남의 잘못이나 부정한 짓을 밝히는 일을 하게 된다.

쥐를 밟아 죽이는 꿈을 꾸면?
남에게 속아넘어가거나 약속을 어기어 손실을 입을 징조이다.
상대방이나 라이벌의 인간 됨됨이를 잘 살펴서 사귀어야 한다.

쥐가 발가락을 무는 꿈은?
생각지도 않은 신분이 높은 사람이나 훌륭한 사람의 도움으로
일을 이루어 내고 임산부는 훌륭한 아이를 낳을 태몽이다.

흰쥐가 길을 안내하는 꿈은?
낯선 사람이 앞으로 나갈 길을 가르쳐 준다.

흰쥐를 꿈에서 보면?
　이윤이나 이득을 보게 된다.

흰쥐가 많이 있는 것을 꿈에서 보면?
　머지않아 단체 활동이나 공동 사업의 목적이 이루어진다.

쥐가 고양이에게 잡아먹히는 꿈을 꾸면?
　이득이 생기거나 재물이 들어온다.

흰 생쥐를 꿈에서 보면?
　걱정스러운 일이 일어나 오랫동안 고민하게 된다.

■ 고슴도치

고슴도치를 꿈에서 보면?
　좋지 않은 일이 일어나거나 장사에 실패하거나 몸에 이상이 생길 것이라는 예지몽이다.

■ 다람쥐

다람쥐를 꿈에서 보면?
　다람쥐는 작은 돈을 상징하므로 도박이나 복권 추첨 같은 데 당첨되는 행운의 꿈이지만 당첨금은 많지 않다. 그러므로 당첨 행운이 있다고 거기에 많은 돈을 투자하면 패가 망신한다는 암시가 되기도 한다.

다람쥐를 잡아들고 있는 꿈을 꾸면?

숨은 보물을 찾아내게 된다.

다람쥐에게 물리는 꿈을 꾸면?

주위 사람이나 친구와 생각과 뜻이 달라 말다툼을 할 것이다.

다람쥐를 죽이는 꿈은?

갑자기 불행한 일이 닥칠 것이다.

■ 족제비

족제비를 꿈에서 보면?

병이 생길 징조이다.

족제비를 잡는 꿈을 꾸면?

재산과 돈이 들어오거나 일이 뜻대로 이루어진다. 똑똑하고 영리한 아이를 임신할 태몽이기도 하다.

족제비가 달려가는 모습을 꿈에서 보면?

남에게 속아넘어갈 징조이므로 남의 말을 다시 한번 생각해서 행동해야 한다.

새

■ 새

새 울음소리를 듣는 꿈을 꾸면?
기쁜 일이 생길 것이다.

새알을 먹는 꿈을 꾸면?
희망한 대로 잘 되고 업무가 순조롭게 된다.

새들이 놀란 듯 사방으로 날아가 버리는 것을 꿈에서 보면?
손실이 있을 징조이다.

미끼로 참새를 잡는 꿈을 꾸면?
재산상 손실이 있을 징조이다.

화장실에 검정새가 있는 꿈을 꾸면?
이름을 알 수 없는 닭만한 검정새가 있는 꿈에서 검정새는 문제나 말썽을 나타낸다. 새가 크면 클수록 큰 문제가 있다.

새가 뱀을 따라가는 모습을 꿈에서 보면?
남이 후원해 주거나 이끌어 주며 좋은 자리에 추천해 줄 것이다.

살찐 검정새를 꿈에서 보면?
꿈에서 검정새는 좋지 않은 일을 나타낸다. 더구나 살쪄 있다면 비만이 문제가 되는 성인병 중의 어느 병이 문제를 일으킨다. 물론 문제가 되는 병이 지병일 수도 있다.

새를 총으로 쏘는 꿈은?

앞으로 불행한 일이 닥칠 예지몽이다.

둥지의 새를 쫓아버리는 꿈을 꾸면?

서울에서 지방으로 또는 국내에서 국외로 추방당할 것이다.

새알에서 완전히 깨어나지 못한 것을 꿈에서 보면?

라이벌이나 상대방과의 소송이나 경쟁에서 지게 될 것이다.

처음 보는 큰 새가 하늘을 천천히 날아가고 있는 꿈을 꾸면?

지금 놓인 처지에서 벗어나 자유롭게 되려는 현실을 나타낸 것이다. 새 날개는 잠재 재능을 나타낸다.

새알을 꿈에서 보면?

좋은 일이 생길 것이다.

텅 빈 새장을 보면?

근심·걱정이 사라질 것이다.

작은 새를 꿈에서 보면?

작은 새는 희망·기쁨·평화의 상징으로 현재의 순조롭고 편안한 생활이 계속될 것이고 앞으로 신뢰를 바탕으로 한 인간 관계를 계속 유지하게 된다는 길몽이다.

■ 참새

참새를 꿈에서 보면?
머지않아 행운이 열려 좋은 일이 있다는 예고몽이다.

참새가 모여 있는 광경을 꿈에서 보면?
바라던 이상의 재물이나 돈이 들어온다. 그러나 새떼가 나무 위에 가만히 있거나 땅바닥으로 내려앉는 꿈은 남에게 사기당할 것을 암시한다.

참새가 집안으로 들어오는 것을 꿈에서 보면?
집안의 운세가 트이어 부자가 되고 집안이 번창할 길몽이다.

참새가 품안으로 날아드는 꿈을 꾸면?
매우 좋은 일이 생긴다.

참새를 잡는 꿈을 꾸면?
먼 곳에서 기쁜 소식이 있거나 기쁜 일이 생긴다.

참새가 서로 싸우며 지저귀는 것을 꿈에서 보면?
관공서와 관계된 일을 하게 되고 먹을 것이 들어온다.

참새나 참새구이를 먹는 꿈을 꾸면?
학교 성적이 오르거나 승진·승급할 징조이다.

■ 비둘기

기다리던 사람이 오거나 바라던 일이 이루어진다.
아내에게 기쁜 일이 있다.

흰 비둘기를 꿈에서 보면?
기대했던 일을 성공할 것이다.

비둘기를 먹는 꿈을 꾸면?
가족이 화목하고 평안할 징조이다.

비둘기를 잡으니 상처가 난 꿈을 꾸면?
아무리 노력해도 보람없이 상처만 받기 쉽고 너무 일에 몰두하여 건강에 이상이 생길 징조이다. 또 상대방이 약속을 어기고 기다리던 사람은 오지 않고 남에게 떠나버릴 징조이다.

비둘기가 날아가 버린 꿈은?
아내나 집안 사람이 떠나가 버릴 예지몽이다.

산비둘기를 꿈에서 보면?
산비둘기는 라이벌이나 적군을 상징하는 경고몽으로 상대방을 조심하고 경계해야 한다.

비둘기고기를 먹는 꿈을 꾸면?
모든 일이 바라던 대로 이루어진다는 예지몽이다.

비둘기를 잡는 꿈을 꾸면?

 남에게 상처를 받게 되거나 배반당하게 된다. 또는 남녀가 애인을 차버리고 후회를 하게 될 징조이다.

비둘기를 총으로 쏘는 꿈을 꾸면?

 근심·걱정하던 문제가 해결된다.

집에 갇힌 비둘기를 꿈에서 보면?

 감춰진 재산·돈이나 보배 등을 얻게 된다.

한 쌍의 비둘기를 꿈에서 보면?

 남녀간의 사랑이 결실을 맺어 마침내 많은 사람들의 축복을 받으며 약혼 또는 결혼하게 된다.

비둘기에게 모이를 주는 꿈을 꾸면?

 주변 사람들에게 신임을 받아 마침내 행운을 잡게 된다는 예지몽이다.

비둘기를 고양이가 잡는 꿈을 꾸면?

 갑자기 불행한 일을 맞게 될 것이다.

비둘기 떼를 꿈에서 보면?

 동고동락할 친구를 얻게 된다.

■ 제비

먼 곳에서 손님이 오거나 기쁜 소식이 온다.

제비가 날아오는 것을 꿈에서 보면?
생각지도 않았던 손님이나 소식이 올 것이다.

제비가 처마밑이나 집안에 집을 짓는 꿈을 꾸면?
집안 식구가 늘어나거나 파산·화재 같은 재난이 닥칠 징조이기도 하다.

제비가 여자 품안으로 날아드는 꿈을 꾸면?
훌륭한 아이를 임신할 태몽이다.

제비가 공중을 빙빙 도는 것을 꿈에서 보면?
좋은 배필을 만나 결혼하게 될 것이다.

■ 앵무새

말과 행동이 경솔하여 말썽의 불씨가 되므로 조심하라는 경고몽이다. 구설수가 있다.

앵무새가 말하는 것을 꿈에서 보면?
상대방에게 특히 남녀간 속아넘어갈 징조이다.

앵무새를 총으로 쏘는 꿈을 꾸면?
라이벌이나 상대방을 설득시켜 자기 말을 듣게 한다.

앵무새가 날아가는 것을 꿈에서 보면?
그 동안의 근심·걱정이 사라질 것이다.

새장에 갇힌 앵무새를 꿈에서 보면?
앞으로 고난을 겪거나 고생을 하게 될 것이다.

■ 원앙새

집안이 화목하고 평안해진다.
헤어진 부부는 다시 만나 화합한다.

원앙새 암수가 각각 날아가는 꿈을 꾸면?
화목했던 집안이 불화가 생기고 동업자는 서로 갈등이 생기며
부부간은 헤어질 징조이다.

원앙새 한 쌍이 흩어져 가는 꿈을 꾸면?
아내에게 좋지 못한 일이 생긴다.

■ 칠면조

칠면조를 잡은 꿈
좋지 않은 일이 생길 흉몽이다.

칠면조를 꿈에서 보면?
좋은 일이 생길 길몽이다.

■ 꿩

꿩을 꿈에서 보면?
매우 기쁜 일이 생길 것이라는 예지몽이다. 운세가 트이어 행운이 찾아올 것이다.

꿩들이 모여 있는 것을 꿈에서 보면?
바라던 일이 뜻대로 이루어질 것이다.

꿩을 기르는 꿈을 꾸면?
관공서에 직장을 얻거나 관공서로부터 돈을 받을 것이다.

■ 메추라기

메추라기 꿈을 꾸면?
사회적으로 또는 주변 사람들에게 존경받을 일이 생긴다.

메추라기의 울음소리를 들으면?
돈이 들어올 징조이다.

메추라기를 먹는 꿈은?
고생스러운 일이 끝나고 환자는 건강을 회복하게 된다.

메추라기 알을 꿈에서 보면?
자식이나 가족을 잃고 몹시 슬퍼할 징조이다.

■ 올빼미 · 부엉이

올빼미 · 부엉이는 매우 지혜로운 새로 지혜의 여신 아테나로 상징되지만 꿈에서는 죽음을 나타내며 그리스 · 이집트 특히 인도에서는 귀신의 영혼 · 죽음을 의미한다.

올빼미 · 부엉이를 꿈에서 보면?

재난을 당할 운수이므로 조심하라는 경고몽이다. 병이 들거나 몸에 이상이 올 것이다.

꿈에서 올빼미나 부엉이의 울음소리를 들으면?

암시몽으로 집안 사람이나 친척이 중병이 들 것이라는 말을 듣게 된다.

올빼미나 부엉이가 머리 위로 날아가는 꿈을 꾸면?

병이 들거나 재난 · 나쁜 운수가 찾아온다는 경고몽이다.

올빼미 · 부엉이를 잡는 꿈을 꾸면?

앞에 놓인 장애물이나 방해가 없어진다는 예지몽으로 바라는 일이 이루어진다.

■ 공작새

공작새가 모여 있거나 날개를 활짝 편 공작새를 꿈에서 보면?

지위나 직급 · 봉급 등이 승급 · 승진될 징조이다. 또 매사가 점점 나아지며 또는 좋은 배필을 얻을 징조이다.

공작의 알에 붙은 깃털을 떼는 꿈을 꾸면?
미인에게 사기당할 염려가 있다.

■ 학(두루미)

날아가는 학을 꿈에서 보면?
집안이 화목하고 지위가 오른다.

학이 내려와 앉았다가 날아오르는 꿈을 꾸면?
뜻밖에 출세를 하게 되는 길몽이다. 다만 경쟁에 지지 않도록
대비해야 출세가 지속된다.

암수 한 쌍의 학을 꿈에서 보면?
아이를 낳게 된다.

학이 알에서 반쯤 깨어 나와 있는 모습을 꿈에서 보면?
약혼이나 데이트의 약속이나 계약 같은 것이 깨어지는 것을 의
미하며 임신된 아이라면 유산을 의미한다.

학이 혼자 서 있는 것을 꿈에서 보면?
애인이나 연인 또는 부부간에 이별할 징조이다.

■ 까마귀

그리스 신화에서는 태양신의 아폴로의 사자. 거짓말을 해서 검
정 모습이 되었다고 한다. 우리나라에서는 예부터 불길한 일을

알려주는 새로 여긴다.

까마귀를 꿈에서 보면?

형제가 서로 헤어지게 된다. 환자가 이 꿈을 꾸면 목숨을 잃을 수도 있으니 건강에 조심해야 한다.

그러나 수험생에게는 지식욕이 왕성해질 징조이므로 공부나 작업 능률이 오르므로 자격시험이나 입학시험에 합격될 가능성이 높다. 또 멋진 아이디어로 주변에서 칭찬받을 징조이다.

까마귀가 시끄럽게 울어대는 것을 꿈에서 보면?

재산을 낭비하게 되거나 몸에 병이 들거나 불의의 사고가 일어날 징조이니 조심해야 한다는 경고몽이다.

까마귀를 잡는 꿈은?

슬픈 일이 생기거나 집안·이웃과 불화를 일으킬 징조이니 조심하라는 경고몽이다.

까마귀가 주변을 빙빙 도는 꿈은?

병이나 사고가 생길 징조이니 조심하라는 경고몽이다.

까마귀가 자기 지붕 위에 앉은 꿈을 꾸면?

뜻밖의 사고나 몸에 이상이 생길 경고몽으로 특히 건강에 주의해야 한다.

까마귀가 자기 어깨 위에 내려앉는 꿈을 꾸면?

질병이나 불의의 사고가 일어날 징조이다.

까마귀가 모여 있는 것을 꿈에서 보면?
 재판할 일이 생긴다.

까마귀가 다른 새와 싸우는 것을 꿈에서 보면?
 형사 사건이나 민사 사건이 일어나 재판할 일이 생길 징조이다.

■ 매

꿈에서 매를 보면?
 지위가 오르고 명예를 얻게 된다. 또는 새로운 사업을 시작할
징조이다.

매를 타고 가는 꿈을 꾸면?
 샐러리맨은 승진·승급되고 사업가는 사업이 잘 이루어지고 장
사꾼은 이득을 본다.

매를 잡은 꿈을 꾸면?
 하던 일이 실패로 끝난다.

매가 날아와 머리 위에 앉은 꿈을 꾸면?
 진급되거나 승급·승진할 길몽이다.

매가 작은 새를 잡는 광경을 꿈에서 보면?
 좋은 일이 있을 것이다.

■ 솔개 · 독수리

솔개 · 독수리를 꿈에서 보면?
높은 신분의 사람이나 윗사람이 이끌어 주어 출세할 것이다.

솔개 · 독수리를 잡는 꿈을 꾸면?
바라던 일이 실패할 징조이다.

솔개 · 독수리가 날아다니는 광경을 꿈에서 보면?
갑자기 불행한 일이 닥치게 될 것이다.

솔개 · 독수리를 기르는 꿈을 꾸면?
계획이나 목표를 향해 돌진하여 뜻을 이루게 된다.

솔개 · 독수리에게 붙잡히는 모습을 꿈에서 보면?
바라던 일에 대한 모든 희망이 사라진다.

독수리가 죽어 있는 것을 꿈에서 보면?
형편이 어려운 사람은 형편이 좋아지고 넉넉한 사람은 어려워
진다.

독수리를 총으로 쏘는 꿈을 꾸면?
근심 · 걱정스러운 일이 모두 사라진다.

■ 타조

타조를 쫓아가는 꿈을 꾸면?
불행한 일이 있을 것이다.

타조나 타조의 깃털을 꿈에서 보면?
재물이나 보배로운 것을 얻을 것이다.

타조에게 쫓기는 꿈을 꾸면?
경쟁 상대자나 라이벌과 서로 경쟁이나 논쟁을 벌이지만 마침내 그들을 이겨낼 것이다.

■ 백조(고니)

백조(고니)가 헤엄치는 것을 꿈에서 보면?
고난이나 곤경을 헤쳐나가는 꿈이다.

백조를 꿈에서 보면?
헤어진 사람과 다시 만날 꿈이다. 사회적으로 신임을 받고 출세할 징조이다.

한 쌍의 백조에게 모이를 주는 꿈을 꾸면?
연인을 만나 사랑을 하게 되거나 결혼을 하게 될 것이다. 좋은 배필감을 만나 보게 될 것을 예고하는 예지몽이다.

백조가 날아오거나 따라오는 꿈은?
머지않아 남녀간의 사랑을 나누는 체험을 하거나 임신할 것이라는 예지몽이다.

백조가 지저귀는 소리를 듣는 꿈을 꾸면?
머지않아 슬픈 일이 닥치거나 죽음을 알려주는 예고몽이다.

■ 박쥐

새와 비슷하지만 젖을 먹여 새끼를 기르는 동물과 같이 짐승으로 본다.

박쥐를 꿈에서 보면?
아주 기쁜 일이 생긴다.

박쥐가 달려드는 꿈을 꾸면?
병에 걸리거나 낯모르는 사람에게 화를 당할 징조이다.

박쥐에게 물리는 꿈을 꾸면?
세상 사람들에게 높은 평가를 받거나 권리 있는 자리에 앉게 된다.

박쥐가 떼지어 날아다니는 모습을 꿈에서 보면?
믿을 만한 곳이 없어 어찌할 바를 모를 일이 생긴다.

바다 · 강에서 사는 동물

■ 물고기

음력 새해 정월에 물고기를 꿈에서 보면?
사업가는 사업의 실패가 없고 농부는 농사가 풍년이 든다.

작은 못에 바닷물고기인 날치나 잉어나 목어(目魚)가 있는 것을 보면?
물고기는 부하 직원이나 경영자를 의미하므로 작은 못이나 어항에서도 클 수 있겠지만 역시 큰 못에서 살지 않으면 쉽게 죽고 만다. 이들의 도움을 원한다면 잘 자랄 수 있도록 적재적소에 배치하여야 한다.

붕어를 본 꿈은?
가정에 불화가 생기고 가정 풍파가 일어날 조짐이다.

생선을 먹는 꿈은?
좋은 소식이 온다.

물고기 장사에게 두 손으로 들 수 없을 정도로 큰 물고기를 산 꿈은?
큰 물고기는 재산과 명예 있는 지위를 의미한다. 그러므로 재산과 높은 지위를 얻게 되는 길몽. 반대로 아주 작은 물고기를 산 꿈은 재산상 손실을 예고해 주는 꿈이다.

물고기가 썩어서 악취가 풍기는 꿈은?
모든 일을 급히 서두르지 않으면 이루어지지 않는다.

죽거나 썩은 물고기를 받는 꿈은?
경제적으로 어려움을 겪게 되거나 부정한 재물을 받거나 신분이 낮은 사람한테 모욕을 당할 조짐이다.

물고기를 구워먹거나 지져 먹는 꿈은?
경제적으로 어려움을 겪게 된다.

물고기가 물 위로 날아가는 꿈을 꾸면?
모든 일이 물거품이 된다.

물이 적어서 괴로워하는 물고기를 꿈에서 보면?
모든 일이 생각대로 되지 않아 괴로워하거나 고민할 조짐이다.

물고기의 가시가 목에 걸린 꿈을 꾸면?
남한테서 상처받을 말을 듣는다.

물고기를 빼앗거나 주워 모으는 꿈을 꾸면?
큰 이득을 보는 길몽이다.

덤불 속에서 물고기를 잡는 꿈을 꾸면?
바라던 일이 이루어지고 뜻대로 된다.

물고기가 벌레 가운데에 있는 꿈을 꾸면?
싸움으로 화재가 발생한다.

물고기들이 못 안에서 헤엄치는 꿈을 꾸면?
많은 부하나 식구들을 거느리게 되거나 많은 협력자를 얻게 되는 꿈이다. 큰 재물이 가까운 곳에 있다는 암시이다.

많은 물고기가 기운이 없거나 죽을 것같이 힘없이 헤엄치고 있는 꿈을 꾸면?

주위 사람들의 마음속에 불평 불만이 가득함을 나타내는 꿈이다. 공정하고 바르게 처신해야 한다. 건강에 적신호. 병이 들 염려도 있으므로 건강에 주의해야 한다.

많은 물고기가 서로 다투면서 헤엄치는 꿈을 꾸면?

데리고 있는 사람이나 부하 직원들 사이가 좋지 않아 서로 경쟁을 벌이는 꿈이다.

경쟁은 대부분 나쁜 의미이므로 미리 손을 쓰는 것이 좋다.

물고기를 그물로 잡는 꿈을 꾸면?

큰 이득을 본다.

우물 안에 물고기가 있는 꿈을 꾸면?

다른 일을 맡게 되거나 근무지를 옮기게 된다.

물고기를 선물로 받는 꿈을 꾸면?

영업상 큰 이득을 얻게 될 것이다. 먼 데서 희소식이 온다.

물고기를 손으로 잡는 꿈을 꾸면?

멋진 애인을 만날 조짐이다.

물고기를 낚는 꿈은?

멋진 이성의 친구로부터 도움을 받는다. 또 큰 이득을 본다.

대어를 낚는 꿈은?
　여자의 경우에는 좋은 남편을 만나게 되고 남자의 경우에는 아름다운 여자를 아내로 맞게 된다. 사업가는 큰 이득을 본다.

냇물이나 못에서 헤엄치고 있는 물고기를 본 꿈은?
　남의 도움이나 후원을 받아 막혔던 일이 순조롭게 풀리는 길몽이다.

물고기가 어항 속에서 튀는 꿈은?
　사업이나 하는 일이 번영할 조짐이다.

물고기가 날아가는 꿈은?
　다툼이 끝나고 감정을 풀게 된다.

■ 잉어

살아 있는 잉어를 본 꿈은?
　업무상 큰 이득을 얻게 된다. 지위가 오르거나 봉급이 오른다.

죽은 잉어를 본 꿈은?
　퇴직당하거나 면직당하거나 봉급이 깎인다.

잉어를 잡는 꿈을 꾸면?
　임신을 하게 된다.

잉어가 물이 없어 팔딱거리는 꿈을 꾸면?
생각대로 되지 않아 고민·걱정거리가 생길 조짐이다.

가짜 잉어와 참 잉어가 헤엄치는 꿈을 꾸면?
연애를 하게 된다.

■ 문어

문어나 낙지를 꿈에서 보면?
남에게 증오받거나 미움을 사는 일이 생긴다.

바지락을 본 꿈은?
소망이 뜻대로 이루어지지 않는다. 마음이 어지럽고 뒤숭숭하다.

냇물에 들어가 바지락을 잡는 꿈은?
가까운 시일 안에 좋은 소식이나 좋은 일이 있다.

■ 가재

가재를 꿈에서 보면?
지금까지의 어려움에서 벗어난다는 예고이다.

■ 메기

메기가 헤엄치는 모습을 꿈에서 보면?
좋은 일이 있을 것이다.

메기가 죽어 있는 것을 꿈에서 보면?
고난을 겪고 고생할 징조이다. 또는 집안·친척·친지와 헤어지게 될 것이다.

메기를 먹는 꿈을 꾸면?
이러지도 못하고 저러지도 못하고 진퇴양난에 빠질 것이다.

■ 전복

전복을 꿈에서 보면?
실망스러운 일을 당하게 된다.

■ 넙치

넙치를 꿈에서 보면?
재산과 돈을 잃고 가난하게 될 징조이다.

■ 송어

송어를 꿈에서 보면?
병이 낫고 몸이 튼튼해진다. 아들을 낳는다는 태몽이기도 하다.

송어를 남에게 선물한 꿈은?
큰 인물을 만나거나 벗을 만나 서로 사귀게 된다.

송어를 먹는 꿈은?
병의 회복이 늦어진다.

송어를 잡은 꿈은?
지출보다 수입이 많아진다.

송어로 요리를 하는 꿈은?
생활이 점점 풍족해질 것이다.

■ 연어

연어를 꿈에서 보면?
재물이나 돈을 잃어버리거나 도둑맞을 징조이다.

■ 뱀장어(장어)

장어(뱀장어)를 꿈에서 보면?
고생스러운 일이 있을 것이다.

장어를 굽는 꿈을 꾸면?
바라던 일이 뜻대로 이루어질 것이다.

■ 조개

조개 잡는 꿈을 꾸면?
처녀는 결혼하게 되고 부인은 아이를 가질 조짐이다.
나이든 사람이 꿈을 꾸면 자손을 얻게 된다.

■ 굴조개

굴조개를 꿈에서 보면?
위장에 탈이 날 징조이다.

굴조개의 껍데기만 꿈에서 보면?
굴조개의 살을 '굴'이라고 하는데 살은 없고 껍데기만 있는 것을 봤을 때 장사나 사업이 예정·계획대로 이루어지지 않고 차질이 생긴다.

■ 모시조개

모시조개를 잡는 꿈을 꾸면?
머지않아 이익을 볼 것이다. 또 혼담이 이루어질 것이다.

■ 가막조개(바지락)

가막조개를 꿈에서 보면?
일이 뜻대로 이루어지지 않아 가난해지고 피곤해질 징조이다.

■ 소라

소라를 부는 소리를 꿈에서 듣거나 보면?
고민하고 괴로워하던 일이 감쪽같이 사라지고 출세할 징조이다.

소라를 꿈에서 보면?

　다른 일을 해도 잘 되지 않고 다른 지역으로 가도 이익이 없을 것이다.

■■ 대합

　갑자기 불행한 일이 닥치거나 몸에 병이 생길 것이다. 또는 다른 사람 때문에 직장을 옮기게 될 것이다.

대합을 잡는 꿈을 꾸면?

　경사스러운 일이 생기든지 머지않아 큰 이익을 볼 것이다. 또는 애인이 생길 것이다.

■■ 도미

도미를 꿈에서 보면?

　경사스러운 일이 있을 것이다.

도미를 잡는 꿈을 꾸면?

　재미가 솔솔 날 정도로 돈이 잇달아 들어올 징조이다.

도미를 낚아 올리는 꿈을 꾸면?

　사회적으로 인정을 받고 출세하게 될 것이다.

도미를 돈주고 산 꿈을 꾸면?

　축하받을 만한 일이 생길 징조이다. 또는 장사나 거래에 이득이 있다.

못 안에서 도미가 헤엄치고 있는 꿈을 꾸면?
 협력하는 사람이나 따르는 사람이 있게 된다.

도미가 죽어 있거나 상한 것을 꿈에서 보면?
 협력자를 얻지 못하거나 실패해서 데리고 있던 사람이 떠나간다.

도미 요리를 만들거나 먹는 꿈을 꾸면?
 기쁜 일이 생길 것이다. 무직자는 취직을 하게 되고 사업가는 상거래가 잘 되고 연인과는 혼담이 이루어져 결혼하게 될 것이다. 부인은 아이를 낳을 태몽이다.

■ 새우

큰 새우를 꿈에서 보면?
 돈과 재산이 생길 길몽이다. 또 친척이나 가족 중에 경사스러운 일이 있을 것이라는 예고이기도 하다.

작은 새우를 꿈에서 보면?
 큰 재산이나 큰돈은 아니지만 조그마한 행운이 찾아온다는 것을 미리 알려주는 예지몽이다.

새우가 변해서 물고기가 되는 꿈을 꾸면?
 돈이나 재산을 잃어버린다.

새우를 먹는 꿈을 꾸면?

집안이나 주위 사람들과 화목하고 협력을 얻을 꿈이다.

■ 게 · 가재

게나 가재의 발에 물린 꿈을 꾸면?

어떤 감정 대립이나 성적(性的) 문제가 있음을 나타낸다. 그 때문에 여러분이 친근한 사람을 궁지에 몰아 넣어 어렵게 만듦으로써 훗날 보복을 당할 염려가 있다.

게가 기어가는 모습을 꿈에서 보면?

다툼이 끝나 운세가 호전된다. 병자는 병이 낫는다.

게가 갈대밭에 있는 꿈을 꾸면?

주위 사람들이 흩어져 간다.

게를 먹는 꿈을 꾸면?

집안 사람이나 주위 사람들과 화목하게 될 것이다.

■ 상어

상어를 본 꿈

사업가는 해외로 나가 크게 사업을 하면 큰돈을 벌 수 있음을 알리는 꿈이다. 장사꾼이 꿈에 상어를 보면 지금 하는 장사가 잘 되어 큰 이득을 얻게 될 것이다.

상어가 죽어 있는 것을 본 꿈은?
 잘못 판단하여 큰 손실을 입게 된다.

상어 떼를 본 꿈은?
 직업이나 직장을 바꾸면 큰 이득을 보게 될 것이다.

상어가 사람을 덮치는 꿈을 꾸면?
 갑자기 불행한 일이 닥치는 흉몽이다.

■ 고래

고래가 물을 뿜는 것을 본 꿈은?
 멀리서 소식이 온다.

고래를 받는 꿈을 꾸면?
 이득을 얻게 된다.

■ 우렁

(논에서) 우렁을 잡는 꿈을 꾸면?
 머지않아 이익이 있을 것이다.

■ 개구리

개구리를 꿈에서 보면?
 말썽이나 말다툼을 하게 된다. 싸우지 않도록 조심해야 한다.

개구리의 울음소리를 듣는 꿈을 꾸면?
 남에게 속아넘어가거나 사기당할 염려가 있다.

개구리가 울고 지나가는 꿈을 꾸면?
 남에게 비난을 받거나 조롱을 받거나 욕을 먹는다.

개구리가 많이 있는 꿈을 꾸면?
 하던 일이 실패하거나 손실을 본다.

다리가 6개인 개구리를 본 꿈은?
 수입보다 지출이 많다. 물건을 팔려고 해도 안 팔리고 오히려 반품이 들어온다.

개구리의 다리가 없는 꿈을 꾸면?
 장식용인 개구리의 다리가 없는 꿈을 꾸면 외출이나 여행간 사람이 갔다가 돌아오지 못하거나 다리를 다칠 조짐이다. 장식용 개구리가 돌로 되어 있으면 돈이 들어와도 상당히 부족한 액수가 들어온다.

개구리가 절름거리는 것을 꿈에서 보면?
 걱정거리가 생긴다. 여행을 간 사람은 사고로 다리를 다칠 조짐이다.

개구리를 돌로 때리는 꿈을 꾸면?
 직장을 옮기거나 근무지를 옮기게 된다.

개구리에게 물려 상처가 나는 꿈을 꾸면?
어려움에서 벗어날 조짐이다.

부인의 꿈에 개구리가 자꾸 나타나는 것은?
아이를 임신하는 태몽이다.

■ 바다삵(비버)

바다삵(비버)을 꿈에서 보면?
열심히 일을 하거나 일 속에 파묻히게 되는 것을 예고하는 예지몽이다.

■ 오리

오리를 꿈에서 보거나 오리 울음소리를 들으면?
바라던 일이 뜻대로 이루어지거나 성공한다는 암시이다.

오리와 거위가 함께 놀고 있는 꿈을 꾸면?
좋은 연인을 얻게 된다.

어미오리 · 새끼오리가 함께 헤엄치고 다니는 모습을 꿈에서 보면?
나아가는 길이 밝고 희망이 보인다.

오리가 집안으로 들어오는 꿈을 꾸면?
좋은 일이 있을 길몽이다.

오리가 헤엄치며 노는 꿈을 꾸면?
장사가 아주 잘될 길조이다.

오리를 먹는 꿈을 꾸면?
윗사람의 도움을 받는다.

오리가 한길로 걸어가는 꿈을 꾸면?
어려움이나 고생이 곧 지나가게 된다는 암시이다.

■ 무소(코뿔소)

무소를 꿈에서 보면?
어려운 일이 사라지고 행운이 찾아오며 사업가는 사업이 번창해진다.

무소가 집으로 들어오는 꿈을 꾸면?
집안의 누군가가 죽게 된다.

■ 거북이

거북이가 기어가는 꿈을 꾸면?
남자나 여자 모두 길몽이다. 모든 일이 뜻대로 잘되어 간다. 특히 여자가 이 꿈을 꾸면 많은 사람들로부터 칭송을 받고 귀하게 된다.

거북이가 헤엄치는 모양을 꿈에서 보면?
불행한 일이 사라지는 좋은 꿈이다.

거북과 뱀이 서로 마주보고 있는 모습을 꿈에서 보면?
재산이나 돈이 들어온다.

거북이를 돌로 치는 꿈을 보면?
남에게 위협을 받는다.

거북이가 집으로 들어오는 꿈을 꾸면?
명성과 재운이 찾아온다.

거북을 잡는 꿈을 꾸면?
사람이 죽는 것 같은 불행한 일이 생긴다.

거북을 손에 잡고 있는 꿈을 꾸면?
새 친구를 사귀게 된다.

거북을 죽이는 꿈을 꾸면?
하는 일이나 나아가는 길을 가로막는 장애물이나 방해꾼이 사라져 잘 되어 나갈 징조이다.

큰 바다거북을 본 꿈은?
근심·걱정거리가 생기거나 괴로운 일이 생긴다.

거북이가 우물 안으로 들어가는 꿈을 꾸면?
많은 재물이 들어와 부유해진다.

푸른거북을 붙잡은 꿈은?

앞으로 재난이 닥칠 불길한 꿈이다.

바다거북탕을 먹는 꿈은?

건강이 나빠질 불길한 꿈이다.

■ 금붕어

못 안에서 헤엄치는 금붕어를 꿈에서 보면?

옛 친구를 다시 만나게 되거나 옛 친지를 만나 즐거운 시간을 보내게 된다. 또 집안이 화목해지고 돈벌이도 잘된다.

죽어 있거나 어항에서 헤엄치는 금붕어를 꿈에서 보면?

윗사람에게 미움을 사거나 일을 해도 뜻대로 되지 않고 거래 · 장사에도 손해만 볼 징조이다.

난금붕어(둥글고 등지느러미가 없는 금붕어)같이 독특한 모양의 금붕어를 꿈에서 보면?

돈을 잃어버리거나 하는 일이 제대로 잘되지 않으며 나쁜 사건이 자주 일어나게 된다는 것을 암시하는 꿈이다.

■ 꽁치 · 정어리

살아 있는 꽁치나 정어리를 꿈에서 보면?

좋은 일이 있다.

죽거나 죽어 가는 꽁치 · 정어리를 꿈에서 보면?
일이 제대로 잘 되지 않을 징조이다.

■ 오징어 · 낙지

남에게 미움을 사거나 일을 해 나가는 데 어려움이나 실패가
있다.

오징어나 낙지를 먹는 꿈을 꾸면?
남에게 속거나 사기당하여 손실을 보게 된다.

■ 붕어

죽은 붕어를 꿈에서 보면?
건강에 이상이 있을 징조이다.

붕어를 꿈에서 보면?
집안이 불화하여 풍파가 일어날 징조이다.

벌레 · 곤충　　　　　　　　　　　夢

벌레에 관한 꿈은 현실 세계나 어떤 문제가 자신의 콤플렉스로
부터 벗어나거나 달아나고 싶은 잠재적인 심리가 벌레가 되어 나
타난 것이라고 생각할 수 있다. 부정적인 생각이나 감정을 누르
고 주위 사람들과 대인 관계를 원만히 갖도록 노력해야 행운을

잡을 수 있다는 예지몽이므로 잡아죽이거나 먹어버리는 꿈은 길 몽이 된다.

■ 벌레

꿈에서 벌레를 보면?

정신적 불안으로 병에 걸리게 될 징조이다.

벌레 꿈은 사회나 인간 관계에서 도피하고 싶은 심리가 나타난 것이다. 좀더 주위 사람과 원만하게 교류하라는 경고몽이다.

배추벌레같이 초록색 벌레를 본 꿈은?

성적(性的)인 유혹을 받아 고민하게 된다.

우유나 과일 주스에 벌레가 빠진 꿈을 꾸면?

기분 나쁜 일이 생기고 만날 사람을 만나지 못하게 된다.

벌레를 죽인 꿈을 꾸면?

몹시 슬프고 가슴아픈 일로 괴로워하게 되지만 떨쳐 버리고 일 어나게 된다. 여자가 이 꿈을 꾸었으면 아이가 병이 들 조짐이므 로 건강에 조심해야 한다.

■ 애벌레

매미의 애벌레(유충) 등을 꿈에서 보면 운세가 멈춘다는 징조이 다. 지금은 때가 아니므로 때를 기다리는 것이 상책이다. 앞장서기 보다 뒤로 물러나서 남의 말을 경청하는 것이 도움이 되므로 자신을 억제하고 때를 기다려야 하는 시기이다.

■ 구더기

구더기 떼가 꾸물거리는 것을 꿈에서 보면?
하는 일에 큰 이득이 생긴다.

구더기 떼가 몸에 붙어 있는 꿈을 꾸면?
불운이 행운으로 역전될 징조이다.

■ 송충이

송충이가 나뭇가지나 나뭇잎에 붙어 있는 것을 꿈에서 보면?
일이 뜻대로 잘 되지 않는다.

송충이를 잡는 꿈을 꾸면?
일이 마침내 이루어지고 성공할 징조이다.

송충이를 죽이거나 송충이가 죽어 있는 것을 꿈에서 보면?
집안이 불화하여 풍파가 일어날 징조이다.

■ 곰팡이 · 세균

곰팡이나 세균을 꿈에서 보면?
전염병에 걸릴 염려가 있으므로 건강에 유의해야 한다.

■ 달팽이

달팽이를 꿈에서 보면?

　처녀가 이 꿈을 꾸면 장차 부자에게 시집가게 되고 총각이 이 꿈을 꾸면 처갓집 덕을 많이 보게 될 것이다. 부인의 경우는 남편이 돈을 많이 벌어들일 것이다.

달팽이를 죽인 꿈을 꾸면?

　적이나 라이벌을 이겨내게 된다.

■ 바퀴벌레

바퀴벌레를 꿈에서 보면?

　기분 나쁜 일이 생겨 속이 상하거나 좋지 않은 일이 일어난다.

■ 반딧불

반딧불이 많이 있는 것을 꿈에서 보면?

　고생과 고난을 이겨내고 노력한 보람이 있어 마침내 결실을 맺어 목적을 이룬다는 예지몽이다.

■ 투구벌레(갑충류)

투구벌레나 풍뎅이나 딱정벌레를 꿈에서 보면?

　돈이나 재물이 늘어날 것이며 행운이 열릴 것이다.

■ 지네

지네를 꿈에서 보면?

공무원이나 샐러리맨은 직장을 잃거나 직위를 내놓게 되는데, 장사꾼이나 사업가는 이득을 보는 길몽이다.

지네에 물린 꿈을 꾸면?

경제적 이익을 얻거나 수명이 길어지게 된다.

■ 쇠똥구리

쇠똥구리를 꿈에서 보면?

갑자기 교통사고나 불행한 일이나 위험한 일이 생길 꿈이다.

■ 빈대

벼룩이나 빈대를 꿈에서 보면?

시끄러운 문제가 생겨 고민할 징조이다.

빈대를 죽이는 꿈을 꾸면?

모든 고난을 이겨내어 마침내 라이벌을 꺾을 징조이다.

■ 벼룩

벼룩을 꿈에서 보면?

너무 비인간적이거나 건방지거나 거만하여 남에게 따돌림을 받거나 불평을 사기 쉬우니 유의하라는 경고몽이다. 남을 돕다가 손해를 보게 된다.

벼룩을 잡는 꿈을 꾸면?

자신도 모르게 재물을 잃게 된다.

다른 사람으로부터 벼룩이 옮아오는 꿈을 꾸면?

생각지 않은 이익을 본다.

벼룩에게 물리는 꿈을 꾸면?

거래나 장사에서 손해를 보게 된다.

벼룩이 다른 곳으로 튀어 달아나는 꿈을 꾸면?

운세가 호전되어 모든 일이 잘 된다.

■ 전갈

전갈을 꿈에서 보면?

불행한 일이나 사건 또는 성적(性的)인 문제가 일어날 불길한 징조이다.

특히 계약이 깨지거나 다른 사람과 대인 관계에 말썽이 생기기 쉽다는 예지몽으로 일을 하거나 사업상의 행동은 좀더 신중하게 하고 사소한 감정에도 유의한다면 불행은 훨씬 줄어들 것이다.

전갈을 잡거나 죽이는 꿈을 꾸면?

동지나 친구와 헤어지게 되거나 주위의 많은 사람을 적으로 만들게 될 조짐이다.

전갈이 죽어 있는 꿈을 꾸면?
사업이나 장사가 망하게 될 흉몽이다.

전갈에 물린 꿈을 꾸면?
재물을 얻게 될 조짐이다.

■ 불나방

불나방을 잡아죽이는 꿈을 꾸면?
물질적으로 손실을 보게 되고 정신적으로도 고민거리가 생긴다.

나방이 물이나 우유에 빠진 꿈을 꾸면?
하던 사업이 망하게 되고 바라고 기대하던 일들이 모두 물거품
이 되고 만다.

나방이 불 속으로 뛰어드는 꿈을 꾸면?
당신을 위해서라면 목숨도 저버릴 수 있는 참된 벗이 생긴다.

새나 개구리나 뱀이 불나방을 잡아먹는 꿈은?
목숨과 재산을 노리던 사람이나 방해자가 사라질 징조이다.

■ 나비

나비가 날아다니는 꿈을 꾸면?
가까운 시일 안에 사랑할 사람을 만나게 될 것이다. 그러나 변
심하면 하던 일이 깨진다. 불길한 조짐이다.

나비가 떼지어 어느 곳에 모이는 꿈을 꾸면?

갑자기 주위 사람이 죽거나 급성병에 걸린다. 그러나 나비를 연구하거나 나비를 좋아하는 디자이너의 꿈에 나비가 나타나면 새로운 나비를 발견하거나 새로운 디자인을 창안해 낸다.

잡았던 나비가 날아가 버린 꿈을 꾸면?

사랑하거나 사귀는 사람이 다른 사람과 결혼해 버린다.

나비와 벌들이 서로 희롱하는 꿈을 꾸면?

하던 일이나 사업이 잘 이루어지지 않는다.

날개가 떨어진 나비를 꿈에서 보면?

큰 손실을 보거나 바라던 일이 뜻대로 되지 않아 실망하거나 괴로워하게 된다.

나비가 떼지어 얼굴로 달려들어 쫓아버리는 꿈을 꾸면?

사람이나 일이 몰려들어 번거롭고 시끄러울 조짐이다.

나비를 따라다니는 꿈은?

사랑하는 사람과 결혼하게 될 징조이다.

나비를 죽이는 꿈은?

근심 걱정이 사라지고 희망대로 이루어진다.

나비가 당신 몸이나 옷이나 모자에 내려앉는 꿈은?

승급하거나 진급할 징조이다. 앞으로 큰돈을 벌 수 있다.

꿈에 나비를 보고 임신하면?
대체로 딸을 낳게 된다.

■ 벌

벌(꿀벌)을 꿈에서 보면?
벌은 부지런함의 상징이다. 벌 꿈은 큰돈을 벌거나 가족이 늘어난다는 꿈이다.
그러나 주위 사람들과 관계가 좋지 않을 징조이므로 대인 관계나 조직·집단에 대한 협조성이 필요하다는 암시이기도 하다.

벌이 꿀을 모으고 있는 것을 꿈에서 보면?
남에게 인기를 끌게 된다는 예고이다.

벌들이 많이 모여 있는 꿈을 꾸면?
누군가가 방해나 지장을 주지만 성실히 노력해서 마침내 성공을 거둔다는 길몽이다.

벌을 잡는 꿈을 꾸면?
일이 뜻대로 이루어지며 금전운이 좋아지고 돈이 들어온다.

벌에게 쏘인 꿈을 꾸면?
뜻밖의 기쁨이나 좋은 일이 생긴다.

벌집이나 벌통을 꿈에서 보면?
뜻밖의 재물이 생기거나 이득을 보게 되기도 하고 선물을 받기도 한다. 가정이 화목하게 되고 무직자는 직장을 얻게 되거나 부인은 임신을 하게 된다.

벌떼가 날아다니는 꿈을 꾸면?
 남들에게 자기를 홍보할 일이 생긴다.

벌통이나 벌집이 땅에 떨어져 있는 꿈을 꾸면?
 가정의 불화나 직장을 잃을 조짐이 있다.

벌떼가 덤벼드는 꿈을 꾸면?
 남에게 시달림을 받거나 걱정거리로 고민하게 되거나 실망할 일이 있다.

꿀이 벌통에서 흘러내리는 꿈을 꾸면?
 수단·방법을 잘 쓰면 큰돈을 벌 수 있다.

텅 비어 있는 벌통이나 벌집을 꿈에서 보면?
 후원자나 지지자가 곁을 떠나 곤경에 빠질 조짐이다.

■ 나나니벌 · 말벌

나나니벌이나 말벌을 꿈에서 보면?
 주위 사람이 자기와 원수가 되기 쉽다.

나나니벌이나 말벌에 쏘인 꿈은?
 여자가 이 꿈을 꾸면 아이를 가지게 되고 남자가 이 꿈을 꾸면 행운이 찾아온다.

나나니벌이나 말벌을 손으로 잡는 꿈을 꾸면?
상대방을 이겨내어 원하는 바를 이루거나 유리한 계약을 성립시
킨다.

말벌 떼나 나나니벌 떼가 날아다니는 꿈은?
재물이 불어날 길몽이다.

말벌이나 나나니벌이 죽어 있는 꿈을 꾸면?
할 일이 없어지거나 하던 일을 그만두게 된다.

나나니벌이나 말벌을 죽이는 꿈은?
도둑을 잡을 꿈이다.

말벌이나 나나니벌을 잡는 꿈을 꾸면?
집을 장만하게 될 징조이다.

■ **잠자리**

잠자리 떼가 날아다니는 꿈을 꾸면?
재산이나 돈을 얻게 된다.

잠자리가 날아가는 것을 꿈에서 보면?
멋진 이성과 결혼하게 된다.

잠자리가 모여 있는 꿈을 꾸면?
　종교를 가질 징조이다.

잠자리가 물 위로 날아가는 꿈을 꾸면?
　하던 일이 깨진다. 물의 재난을 조심하라는 경고몽이기도 하다.

잠자리가 사람에게 날아드는 꿈을 꾸면?
　미인이 찾아온다.

■ 귀뚜라미

귀뚜라미 우는 소리를 꿈에서 들으면?
　고생스러운 일이 잇달아 생긴다.

■ 모기

모기를 꿈에서 보면?
　남이 시기를 하거나 불쾌한 일이나 재난이 잇달아 생길 징조이다. 환자가 꿈에 모기를 보면 쉽게 회복되지 않는다.

모기를 없애는 꿈을 꾸면?
　건강을 되찾게 된다.

모기를 손으로 잡는 꿈을 꾸면?
　주위 사람과 의견 충돌하여 서로 등지게 된다.

모기에게 물리는 꿈을 꾸면?

뜻밖의 불행한 일을 당하거나 라이벌인 상대가 손해를 끼치거나 물건을 잃어버리거나 몸에 병이 생길 징조이니 매사에 조심해야 한다.

모기장을 치는 꿈을 꾸면?

새로 집을 짓거나 이사갈 징조이다.

■ 파리

파리를 꿈에서 보면?

근심·걱정되는 일이 생긴다. 파리의 크기가 클수록 근심·걱정거리도 크다.

파리가 몸에 앉은 꿈을 꾸면?

라이벌이 자신을 헐뜯거나 누명을 씌워 고발하거나 고소하는 일이 있을 것이다.

귀찮게 구는 파리를 쫓아버린 꿈을 꾸면?

집안의 어른에 대한 우환이 사라지고 사업은 잘 되어 가게 된다.

파리 떼가 모여드는 꿈을 꾸면?

하는 일을 방해하는 사람이 생겨 뜻대로 일이 이루어지지 않는다.

식사할 때 파리가 귀찮게 달려드는 꿈을 꾸면?

병이 생길 징조이므로 건강에 유의해야 한다.

■ 거미

거미를 꿈에서 보면?

거미는 올가미를 상징하므로 남의 모함에 빠지거나 꼬임에 빠지게 된다. 또는 중요한 회의석상에서 실수를 하거나 해서는 안 되는 말을 엉겁결에 해버리고 만다. 결국 모든 것이 자기 자신이 자신의 목을 조이는 자승자박의 결과를 가져온다. 아무리 피하려고 해도 피할 수 없는 운명이니 자중하면서 다음 기회를 기다려야 한다.

크고 검고 털이 많은 거미를 꿈에서 보면?

하는 일마다 깨지고 잘못될 징조이다. 그러나 이 거미를 죽이는 꿈은 재난이 물러갈 길몽이다.

거미집을 보거나 거미가 거미집을 짓는 꿈을 꾸면?

거미집은 가정이나 집을 의미하므로 집안이 편안해질 징조이며 환자가 이 꿈을 꾸게 되면 병이 위험한 고비를 넘기고 호전될 것이다.

거미가 죽어 있는 꿈을 꾸면?

근심이나 걱정거리가 모두 사라진다.

거미를 죽인 꿈을 꾸면?

집안에 재난이 닥칠 것이다.

거미줄이 사방에 있는 꿈을 꾸면?

집 문제로 괴로워할 일이 생긴다.

거미줄을 꿈에서 보면?
집안이 편안해질 길몽이다.

거미줄에 걸린 꿈은?
병이 나거나 재판 일로 고민할 징조이다.

거미가 곤충을 잡아먹는 꿈을 꾸면?
큰 사고로 목숨이나 재산을 잃을 수 있다.

거미가 당신 몸 위로 떨어진 꿈을 꾸면?
재난을 당하게 되므로 매사에 유의해야 한다.

■ 개미

개미는 동서양은 물론 우리나라에서도 <개미와 베짱이>설화에서 보이듯이 개미는 부지런함과 경제상으로 성공을 암시하는 곤충이지만 개미 꿈은 근면과 노력을 많이 하지 않으면 좋지 않은 일이 생긴다는 예지몽이다.

개미를 꿈에서 보면?
사업가의 경우는 실패가 쉽게 회복되지 않고 환자의 경우는 병이 쉽게 낫지 않고 고생할 조짐이다.

개미가 마루 위에 있는 꿈을 꾸면?
좋지 않은 일이 생긴다.

개미가 사방으로 뿔뿔이 흩어지거나 달아나는 꿈을 꾸면?
　갑자기 재난이 닥칠 흉몽이니 매사에 주의하여야 한다.

개미가 줄지어 가는 꿈을 꾸면?
　새로운 일을 시작하거나 재물이 들어온다.

개미가 집안에 있는 꿈을 꾸면?
　집안 운세가 기울어져 간다는 사실을 암시해 주는 꿈이다. 환자가 이 꿈을 꾸면 병이 더 깊어져 죽을지도 모른다는 예지몽이기도 하다.

개미가 먹을 것을 입에 물고 가는 꿈을 꾸면?
　후원자나 좋은 동업자를 만나 돈을 많이 벌고 행복해질 것이다.

다른 동물이 개미를 덮치면서 해치려고 하는 꿈을 꾸면?
　돈이나 재산을 잃어버릴 흉몽이다.

개미가 자신의 몸이나 코 · 입으로 기어오르는 꿈을 꾸면?
　건강의 적신호. 몸 안에 이상이 있다는 암시이므로 병원에 가보는 것이 좋다.

개미가 머리 위 또는 집안에서 돌아다니는 꿈을 꾸면?
　사업가는 재물을 얻게 되고 농부가 이 꿈을 꾸면 농사가 잘 되어 풍년이 들 것이다.

개미가 집을 나가는 꿈을 꾸면?
　함께 살던 사람이 가출할 징조이다.

밥이나 먹을 것에 개미가 있는 꿈을 꾸면?
친척이나 친구로부터 소식이 온다.

잠자리에 개미가 기어가는 꿈은?
병에 걸릴 조짐이니 건강에 특히 유의해야 한다.

개미집을 헐어 버리는 꿈을 꾸면?
가정불화가 생긴다.

우유나 마실 물·음료수 속에 개미가 떠 있는 꿈은?
위장·간 등 내장에 병이 생겨 괴로워할 조짐이다.

■ 흰개미

흰개미가 개미집에서 나가거나 당신의 집에서 나가는 꿈은?
아내나 남편·자식 등 식구가 집을 떠나가거나 가출할 징조이다.

흰개미가 집으로 들어오는 꿈을 꾸면?
몸이 쇠약해지거나 재산이 줄어들 징조이다.

■ 기생충

기생충을 꿈에서 보면?
집안 식구나 집안 사람에 대한 좋지 않은 평판이나 소문을 듣게 되거나 주위 사람, 친척이나 자신에게 가까이 있으면서 해를 끼치는 사람이 있다는 것을 알려 주는 예지몽이다.

기생충을 없애려고 구충제를 먹는 꿈을 꾸면?

자신을 귀찮게 하거나 골치 아픈 일에서 벗어나게 된다.

기생충이 달라붙는 꿈을 꾸면?

집안 운수가 기울거나 부인이 이 꿈을 꾸면 바라지 않은 아이를 임신했다는 예지몽이다. 또는 남을 위해서 희생해야 한다는 것을 알려주는 꿈이다.

8. 식물에 관한 꿈

식물은 사계절에 따라 그 모습이 달라진다. 마치 운명이 세월에 따라 바뀌는 것과 같다. 또 아주 연약한 새싹이 바위틈을 뚫고 나오는 그 강력한 생명력은 보는 이에게 경탄을 자아내게 한다. 이러한 생명력을 가진 식물에 대한 꿈은 때로는 부귀 · 번영의 암시가 되고 때로는 집에서 기르는 관상용 화초처럼 평화롭고 편안한 생활을 상징하기도 하며 월계수처럼 승리와 영광을 나타내기도 하는가 하면 메마른 앙상한 나무처럼 경제적 기반이 무너질 조짐이니 씀씀이를 줄이고 절약해야 한다는 경계를 주는 꿈이 되기도 한다.

식물을 내용으로 하는 꿈에는 크게 보면,

(1) 꽃 · 꽃나무 · 화초. (2) 과일 · 과일나무. (3) 채소. (4) 곡식(곡물) 등을 들 수 있다.

이에 따라 하나하나 꿈의 실례를 살펴보자.

나무

■ 배나무

배를 먹는 꿈은 애인이나 가족, 또는 남과 다투게 되거나 이별할 운수이다. 그러나 배가 주렁주렁 열린 배나무를 보면 하는 사업이나 일이 잘되어 번창하고 발전한다. 그 배를 따먹으면 경사스러운 일이 생긴다.

배를 따는 꿈은?

아들을 낳는 꿈이다.

배나무에 배꽃이 하얗게 핀 꿈을 꾸면?

사회적으로 인정받거나 명예를 얻게 된다.

■ 사과나무

사과를 상자에 담거나 또는 수레에 싣고 온 꿈을 꾸면?

큰돈이 생긴다.

사과나무가 있는 곳에 가까이 간 꿈을 꾸면?

재물이 들어온다.

사과나무에서 사과를 따먹는 꿈을 꾸면?

임신하거나 아들이나 딸을 출산한다.

사과를 따먹는 꿈을 꾸면?

미인에게 사랑을 받거나 미인과 잠자리를 같이하게 된다.

■ 감나무

감나무에 감이 열린 것을 본 꿈을 꾸면?

노력 끝에 성공하는 운수. 그 동안 노력한 결과 좋은 열매를 맺게 된다.

감나무에서 홍시를 따먹는 꿈을 꾸면?

사업이나 장사·거래에 이익이 생긴다. 남녀간에 교제를 하게 된다.

■ 석류나무

석류를 꿈에서 보면?

석류나무에 달린 석류를 꿈에서 보면 자식 일로 고민하게 된다. 남자가 이 꿈을 꾸면 여자와 남몰래 사랑을 속삭일 수 있다는 암시이다. 여자가 이 꿈을 꾸면 남자를 유혹하고 싶거나 유부남을 연인으로 삼고 싶은 불같은 사랑을 암시한다. 그러나 실천으로 옮길 때에는 위험성을 달게 받을 각오가 필요하다.

석류를 먹는 꿈을 꾸면?

하는 일이 실패하거나 뜻밖의 사고를 당할 징조이니 조심하라는 경고문이다.

버드나무에 석류가 달려 있는 꿈을 꾸면?

버드나무는 불행을 의미하고 석류는 아이 문제로 걱정하는 것을 나타내므로 불행과 걱정이 겹친 셈이 된다.

■ 대추나무

대추나무를 본 꿈은?

직장이나 근무처를 옮기거나 이사갈 꿈이다.

■ 계수나무

계수나무가 무성한 꿈은?

수험생은 시험에 합격하고 사업가는 일이 잘되어 나가고 라이벌을 물리치고 결혼을 하게 되는 등 모든 일이 뜻대로 되는 운수이다.

■ 소나무

소나무나 솔방울을 본 꿈은?

크게 잘 될 징조이다. 큰 이득을 얻어 사업이 번창한다. 여자가 이 꿈을 꾸면 좋은 배필을 만나 결혼하게 된다.

소나무를 뽑아 내는 꿈을 꾸면?

아주 좋은 일이 생긴다.

소나무가 말라죽은 것을 꿈에서 보면?

이사를 가거나 주거지를 옮긴다. 또는 한 가족이 뿔뿔이 헤어지게 된다.

소나무가 울창한 것을 본 꿈은?

하는 일마다 잘되는 길몽이다.

노송 아래 짐승이 앉아 있는 것을 꿈에서 보면?

태몽으로 장차 위대한 인물이 될 아이를 낳을 것이다.

소나무를 꿈에서 보면?

높은 자리에 오르고 사회적으로 인정을 받게 된다. 큰 이익을 보아 사업이 번창할 징조이기도 하다. 여자가 이 꿈을 꾸었다면 이상적인 배필을 만나 결혼하게 된다.

■ 은행나무

은행나무를 꿈에서 보면?

집안이 화목하고 편안한 생활을 할 꿈이다.

■ 동백나무

동백나무를 꿈에서 보면?

먹을 것 입을 것이 풍족해지고 행복한 생활을 하게 된다.

■ 버드나무

버드나무를 꿈에서 보면?

근심·걱정거리가 있을 징조이다. 젊은이는 연인 문제로 고민하게 되고 결혼해도 끝에 가서는 불행을 맛보게 된다.

버드나무 옆에 고양이가 서 있는 꿈을 꾸면?

남의 집에서 더부살이를 하게 된다.

■ 느티나무

느티나무를 꿈에서 보면?

가운이 일어나고 집안이 번창하여 잘 살게 되며 현명한 아이를 낳게 된다.

■ 옻나무

옻나무를 꿈에서 보면?

바라는 일이 뜻대로 되지 않아 아주 어려워질 꿈이다.

■ 단풍나무

단풍나무를 꿈에서 보면?

자칫하면 이러지도 저러지도 못할 진퇴양난의 처지에 빠진다. 그러므로 매우 신중히 생각하여 결단을 내리거나 나아가야 한다.

376

또 친한 사람이나 집안 사람과 헤어져야 할 처지가 된다.

단풍나무가 지붕 위에 나 있는 꿈을 꾸면?
모든 일이 뜻대로 이루어진다.

단풍나무를 옮겨 심는 꿈은?
바라던 일이 뜻대로 이루어질 조짐이다.

■ 벚나무

벚꽃이 핀 벚나무를 본 꿈은?
지금까지 쌓아 온 일들이 실패하며 헛수고가 되어 버리고 그간 사귀던 연인과의 사랑도 실연하여 물거품이 되어 버린다.

■ 매화나무

흰 매화를 본 꿈은?
좋은 소식이 올 것이다.

붉은 매화를 본 꿈은?
윗사람이나 후원자가 있어 머지않아 행운이 찾아올 것이다.

붉은 매화(홍매) 가지를 꺾는 꿈을 꾸면?
윗사람이나 후원자의 눈에 들어 도움을 받게 될 것이다.

흰 매화 숲으로 들어가는 꿈을 꾸면?
여자 문제로 고민하게 된다.

매실이 열린 매화나무를 본 꿈은?
임신할 태몽으로 현명한 아이를 낳을 것이다.

매화꽃이 활짝 핀 꿈을 꾸면?
승급·승진하거나 명예로 이름날 길몽이다.

■ **도토리나무 · 상수리나무**

도토리나무나 상수리나무를 본 꿈은?
환자는 병이 낫고 건강을 되찾으며 쇠약한 사람은 몸이 튼튼해질 길몽이다.

도토리나무 · 상수리나무가 말라죽는 꿈은?
평안하고 무사한 나날을 보낼 꿈이다.

도토리나무나 상수리나무에서 내려오는 꿈은?
오랫동안 고통을 견뎌야 할 운수이다.

도토리나무나 상수리나무를 베는 꿈은?
식구나 친척이 죽거나 중병이 들 징조이다.

도토리나무나 상수리나무에 기어오른 꿈을 꾸면?
일이 잘되어 돈을 많이 벌거나 이득을 보게 된다.

■■ 대나무

대나무가 나 있는 것을 꿈에서 보면?

예기하지 않았던 부수입이 들어오는 등 기쁜 일이 잇달아 생긴 다는 좋은 꿈이다.

남에게 존경을 받게 되거나 가업이 번창하게 될 징조이기도 하다. 또한 대나무는 한 번 꽃이 피면 대개는 말라죽지만 오래 살아 장수의 의미도 있다.

대나무를 심는 꿈을 꾸면?

좋은 친구를 새로 사귀게 되고 모든 일에 이득을 보게 된다.

창밖에 대나무가 있는 것을 꿈에서 보면?

일이 척척 잘되어 나가고 기쁜 일이 생긴다.

대나무 숲 속에 집이 있는 꿈을 꾸면?

때아닌 돈이 들어온다. 그러나 죽순이 자라서 마루나 천장을 뚫고 뻗어 가는 꿈을 꾸면 갑자기 재앙의 피해를 입거나 파산되어 망하게 된다. 그러나 이와 똑같은 꿈을 꾸었더라도 어려움을 헤쳐 나가는 강인한 정신력을 가진 사람이나 열심히 공부하는 수험생이라면 어려움을 극복하고 좋은 결실을 맺게 됨을 알리는 경고몽이다.

죽순이 나 있는 것을 꿈에서 보면?

인정을 받아 출세할 징조이다. 여자가 이 꿈을 꾸면 좋은 아이를 낳을 태몽이기도 하다.

대나무 숲으로 들어가는 꿈을 꾸면?
자신의 잠재 능력을 키워 무엇인가 좋은 일을 발견하게 된다.

대나무잎이 바람에 쏴-쏴- 소리를 내는 것을 꿈에서 보면?
선배나 주변 사람으로부터 이로운 조언이나 충고를 받게 된다.

대나무를 꿈에서 보면?
기쁜 일이 잇달아 생기거나 남에게 존경받거나 신임을 얻어 하는 일이나 가정이 번창한다.

대나무를 심는 꿈을 꾸면?
좋은 사람이나 친구를 만나게 되어 큰 도움이나 이득을 준다.

죽순(대나무 싹)이 나 있는 꿈을 꾸면?
사회적으로 기반을 닦고 출세할 징조이다. 여자가 이 꿈을 꾸면 좋은 아이를 임신하게 된다.

창 밖의 대나무를 꿈에서 보면?
하는 일마다 잘되어 나가고 기쁜 일이 생긴다.

■ 차나무

차(茶)나무를 심는 꿈을 꾸면?
다른 사람과 관계가 좋지 않아 말다툼을 일으키기 쉬울 징조이니 조심해야 한다.

찻잎을 따는 꿈을 꾸면?

불운은 행운으로 행운은 불운으로 역전될 조짐인데 주로 불운이 행운으로 역전되어 운이 트이는 경우가 많다.

■ 괴목나무(회화나무)

꿈에 괴목나무(회화나무)를 보면?

가정이 화목해지고 가운이 번창하며 부인은 영리한 아이를 낳는다.

■ 뽕나무

뽕나무 잎을 꿈에서 보거나 따는 꿈을 꾸면?

바라고 바라던 일이 이루어지나 남들한테 구설을 듣고 남들과 말다툼할 징조이므로 매사에 조심해야 한다.

뽕나무를 꿈에서 보면?

어린아이가 병에 걸릴 징조이다.

뽕나무가 우물에 나 있는 꿈을 꾸면?

근심 · 걱정거리가 생긴다.

뽕밭에 있거나 뽕밭을 보는 꿈을 꾸면?

환자는 병이 차차 나아지고 뽕밭에 숨어 있는 꿈은 출세할 징조이다.

뽕나무가 무성한 꿈을 꾸면?

뽕나무 숲이나 뽕나무가 많이 나 있는 것을 보면 집안의 자손들이 번창하게 된다. 그러나 뽕나무가 말라 있거나 잎들이 떨어져 있으면 집안의 손이 귀하게 되고, 하는 일마다 잘 풀리지 않아 실패하는 흉몽이다.

뽕나무가 집안 층대에 나 있는 꿈은?

좋지 않은 일이 일어날 흉몽이다.

■ 복숭아나무

복숭아나무를 본 꿈은?

남자는 미녀를 만나게 되고 여자는 바람직한 사나이를 만나 결혼을 하게 된다.

■ 밤나무

밤나무를 본 꿈은?

먼 여행을 떠나갈 징조이다. 가족이나 친지와 헤어질 것이다.

밤나무에 잘 익은 밤을 본 꿈은?

고난과 고생 끝에 기쁨을 얻는 운수로 미혼자는 남녀가 한 몸이 되거나 머지않아 결혼하게 될 것이다.

밤송이를 떨어 밤을 따는 꿈을 꾸면?

남과 계약을 하거나 상급학교에 진학을 하게 되거나 며느리나

아들을 얻어 식구가 불어난다.

밤알을 줍거나 까서 먹는 꿈을 꾸면?
머지않아 남과 다투게 된다.

채소 · 야채

채소는 인간 생활에 꼭 필요한 영양소의 하나. 따라서 건강의
상징이다. 특히 양념이 되는 채소는 타인과의 조화 · 인간 관계 ·
방해물 · 명성 · 평판 · 일의 성패와 관련이 깊다.

■ 채소 · 야채

채소를 꿈에서 보면?
병이 들 조짐이다. 건강에 조심하라는 암시이다.

꿈에서 채소를 심으면?
남자가 이 꿈을 꾸면 설상가상으로 난처한 일들이 잇달아 일어
나지만 여자가 이 꿈을 꾸면 이름이 나고 앞길에 서광이 비칠 것
이다.

채소를 나누어주는 꿈을 꾸면?
살고 있는 지역에 전염병이 유행할 것이다.

가지고 있는 채소를 빼앗아 가는 꿈을 꾸면?

생각지 못한 일이 생겨서 자칫 몸에 상처를 입기 쉽다.

채소로 요리를 만드는 꿈은?

친구의 꾀임에 빠질 꿈이다. 그러나 재산상의 손해만 입고 재난은 면하게 된다.

채소밭을 밟고 가는 꿈을 꾸면?

목감기나 목청 같은 목과 관련된 병에 걸릴 징조이다.

채소가 시들거나 말라 있는 것을 꿈에서 보면?

집안에서 사소한 일로 옥신각신 다투게 되거나 가족이나 친족 간에 분쟁이 일어나 괴로움을 겪게 된다.

많은 채소가 잘 자라나고 있는 것을 본 꿈은?

채소밭의 야채가 쑥쑥 잘 자라나고 있는 꿈을 꾸면 뜻밖에 돈이나 재물의 횡재를 하게 된다.

■ 고추

고추를 널어 놓은 것을 꿈에서 보면?

고추를 지붕 위나 마당 같은 곳에 널어 놓아 말리고 있는 꿈을 꾸면 무슨 일을 시작하거나 작품을 세상에 내놓게 될 징조이다. 그러나 고추 꿈은 태몽의 경우가 많다. 붉은 고추는 여자아이를 낳게 되고 풋고추나 파란 고추는 사내아이를 낳게 된다. 또 바구니에 고추를 따오면 창피당할 일이 생기거나 곤란한 일을 겪게 된다. 소녀가 이 꿈을 꾸면 첫 월경(초경)이 있을 징조이다.

고추를 바구니에 가득 가져오는 꿈은?
대체로 태몽인데 예술가나 사업가가 될 자손을 얻게 될 징조이다.

■ 마늘

마늘을 꿈에서 보면?
숨기고 있던 일도 발각이 되고 좋지 않은 일이 생길 징조이다.

다져 놓은 마늘을 꿈에서 보았다면?
집안 사람의 일로 근심하게 될 것이다.

마늘을 먹는 꿈을 꾸면?
뜻밖에 재앙이 생기거나 해로운 일이 일어난다. 그러나 맛있게 잘 먹고 아무렇지도 않았다면 행운이 찾아오게 될 것이다.

■ 양배추

양배추를 꿈에서 보면?
한때 고난과 어려움이 닥칠 징조이다. 또한 건강 상태도 나빠져 컨디션이 좋지 않다.

양배추를 먹는 꿈은?
우리가 실제로 양배추를 먹으면 건강에 큰 도움을 얻듯이 꿈에서도 양배추를 먹는 꿈을 꾸면 나빠진 건강 상태가 차차 좋아지고 불운이 역전되어 행운 쪽으로 나아가게 된다.

양배추가 풍년인 꿈은?
임신을 하거나 아이와 즐겁게 지낼 징조이므로 남자가 이 꿈을 꾸면 하는 일이 성공으로 들어섰음을 알리는 것이고 여자가 이 꿈을 꾸면 임신을 알리는 태몽이므로 앞으로 이 아이를 중심으로 가정에 행복이 찾아오게 된다는 길몽이다. 또 연하의 남자와 사랑을 꽃피울 것이라는 예고이므로 그런 기회가 찾아올지도 모른다.

■ **배추**

배추꽃이 핀 것을 꿈에서 보면?
기쁜 소식이 오거나 이름을 날릴 좋은 일이 생긴다.

배추를 소금에 절인 것을 보면?
집안에 우환이 생길 징조이므로 식구들의 건강에 유의해야 할 것이다.

배추를 뽑는 꿈을 꾸면?
뜻밖게 재물이 생기거나 바라던 일이 이루어진다.

배추밭과 무밭이 나란히 있는 꿈을 꾸면?
배추는 여자 무는 남자를 상징하므로 남녀간의 교제가 결혼으로 이어지거나 혼담이 이루어진다.

■ 무

무와 관련된 꿈을 꾸면?

무는 착실하고 성실함·노력·끈기 등을 상징하는 꿈이다. 따라서 무와 관련된 꿈을 꾸면 착실히 노력해서 재산을 모으거나 명예를 얻게 된다. 처음에는 고생을 하지만 차차 주위에서 인정을 받아 신임을 얻고 마침내 성공할 징조이다.

무를 썰거나 먹는 꿈을 꾸었다면?

남자가 이 꿈을 꾸면 좋은 친구를 사귀게 될 것이고 부인은 임신하여 딸아이를 낳을 태몽이다. 미혼 여자가 이 꿈을 꾸면 가난한 남자에게 시집가게 된다. 환자가 이런 꿈을 꾸면 건강이 차차 회복될 것이다.

무를 뽑는 꿈을 꾸었다면?

관계하는 직장이나 사업에서 리더가 되거나 신임을 받아 출세하게 될 것이다.

무를 팔아 버린 꿈을 꾸면?

흉몽으로서 사업가는 사업에 실패하고 직장인은 해고당할 것이다.

무로 요리를 만드는 꿈을 꾸었다면?

가족 중에 병이 드는 사람이 생길 것이고 또는 어려운 생활을 하게 될 것이다.

무를 매입하는 꿈을 꾸면?

수입보다 지출이 많아질 것이고 먼 데서 귀한 손님이 방문할 것이다.

■ 당근

당근을 꿈에서 보면?

당근은 이제 지금까지 쌓아올린 성과가 하나씩하나씩 나타난다는 뜻이다. 그러나 한가지 유의해야 할 점은 대인 관계를 원만히 가져야 한다는 것이다. 대인 관계가 원만하지 못하면 다 된 밥에 콧물을 떨어뜨리는 것과 같다. 마지막까지 주위의 도움을 받을 수 없기 때문이다. 당신은 있는 힘을 다하여 열심히 하지만 앞으로도 남의 힘을 빌리지 않고 혼자의 힘으로 해내야 하는 운명을 지녔다. 그러기에 더욱 외부와 관계가 원만해야 한다.

당근 요리를 먹는 꿈을 꾸면?

즐거운 일이 생기거나 누군가 당신에게 호의를 보여줄 것이다.

■ 양파

양파를 꿈에서 보면?

실제로 양파를 까면 흔히 눈물을 흘린다. 양파 꿈을 꾸면 머지 않아 눈물 흘릴 일이 생길 것이라는 암시이다.

양파 요리를 만드는 꿈을 꾸면?

가족 중에 누군가 병이 들게 될 것이다.

양파 장사를 하는 꿈을 꾸면?

장사를 하면 큰 이득을 볼 것이다.

■■ 가지

가지를 꿈에서 보거나 가지밭에 들어가는 꿈을 꾸면?

　명예와 지위가 오르는 등 좋은 일이 있을 징조이다.

　보기만 하면 큰 도움이 되지 않는다. 선조를 잘 섬기는데 정성을 들이도록 해야 한다는 의미도 된다.

가지를 남한테서 받는 꿈을 꾸면?

　머지않아 지위나 명예가 올라 입신 출세함을 알려주는 예지몽이다. 여자가 이 꿈을 꾸면 좋은 신랑감을 만나게 된다.

가지를 남에게 주는 꿈을 꾸면?

　행운이 점점 불운 쪽으로 기울어질 징조이다.

가지가 주렁주렁 달린 큰 나무에서 가지 한 개를 딴 꿈을 꾸면?

　가지를 따는 꿈은 좋은 꿈이지만 따 온 것은 1개뿐이므로 좋은 일도 그 정도밖에 되지 않는다. 많이 따면 딸수록 그만큼 좋은 일도 많이 생긴다.

가지를 따서 갖는 꿈을 꾸면?

　바라는 대로 이루어진다.

가지를 먹는 꿈을 꾸면?

　좋은 아이를 낳게 된다.

■ 딸기

딸기를 꿈에서 보면?

환자가 이 꿈을 꾸면 곧 병이 완치될 것이다. 사업가나 상인이 이런 꿈을 꾸면 머지않아 멀리 떠나게 될 것이다.

미혼 남자는 머지않아 예쁜 처녀와 결혼하게 되고 부인이 꿈을 꾸었다면 남편이 첩을 얻거나 혹은 정부를 두게 될 것이다.

딸기를 먹는 꿈을 꾸면?

딸기는 애정이나 좋은 평판이나 인기를 상징하므로 이 꿈을 꾸면 사랑하는 연인을 얻게 되거나 연인으로부터 구애를 받게 될 것이다. 또는 많은 사람들로부터 인기를 끌어 명성을 떨칠 것이다.

상하거나 부패한 딸기를 먹는 꿈을 꾸면?

좋지 않은 꿈으로 재난을 당하거나 건강에 이상이 올 조짐이다.

딸기를 남에게 주는 꿈을 꾸면?

새로운 친구나 연인을 사귀게 될 것이다.

딸기를 파는 꿈을 꾸면?

불운한 일이나 좋지 않은 일이 여러분 앞에 기다린다는 암시이다.

딸기를 남한테서 받은 꿈을 꾸면?

귀한 손님이나 좋은 일이 찾아온다는 암시이다. 아내한테서 딸기를 받았다면 머지않아 아내가 옥동자를 낳을 꿈이다.

잘 익은 딸기를 돈을 주고 사는 꿈을 꾸면?

앞에서 말했듯이 애정이나 호의의 상징이므로 머지않아 사랑을 맺거나 결혼할 일이 생길 조짐이다.

■ 수박

수박을 꿈에서 보면?

수박 꿈은 사랑이 찾아오고 귀한 아들을 얻는다는 길몽이다. 비록 지금은 독신이나 머지않아 짝을 찾게 될 것이라는 암시이다.

연애를 하더라도 달콤한 로맨스로 몸과 마음이 녹아 나는 사랑에 빠지게 될 것이다. 아들을 낳아도 효자가 될 것이므로 정말 길몽이다. 잘 익은 수박이라면 더욱더 좋을 것이다.

잘 익지 않은 수박이나 상한 수박을 꿈에서 보면?

좋지 않은 꿈이다. 머지않아 재난이 닥치거나 불행한 일이 생길 것이다.

수박을 먹는 꿈을 꾸면?

외국에 나가 큰돈을 벌 수 있으나 건강상 병(특히 신장)에 걸릴 수도 있으니 유의해야 할 것이다.

■ 참외

참외를 꿈에서 보면?

몸에 이상이 생길 것이다. 건강에 유의하라는 암시이다. 여자가 이 꿈을 꾸었다면 머지않아 훌륭한 인물이 될 자식을 낳을 태몽이기도 하다.

참외를 따거나 따먹는 꿈을 꾸면?

사람들로부터 좋은 평판을 받거나 인기를 끌어 이름이 날 것이다. 그러나 병에 걸릴 염려가 있으니 건강에 유의해야 한다.

■ 귤나무

귤나무를 꿈에서 보면?

머지않아 이득을 보게 될 것이고 환자는 병이 낫는다. 또 미인을 아내로 맞게 된다.

■ 토마토

토마토를 꿈에서 보면?

아직 덜 익은 푸르뎅뎅한 토마토였다면 모든 일이 시작의 단계임을 암시한다. 첫술에 배부를 리 없으니 좀더 기다려 보자.

잘 익은 붉은 토마토라면 모든 일이 성숙된 단계로 연인은 정열적인 사랑에 빠지게 되고 사업가는 한창 번창하기 시작한다.

토마토를 먹는 꿈을 꾸면?

환자라면 건강이 회복될 꿈이고 죄수라면 머지않아 석방될 꿈이다. 남자가 이 꿈을 꾸면 운수가 트일 것이고 여자는 사랑을 시작할 것이다. 미혼 여자가 이 꿈을 꾸었다면 건실한 남자에게 시집을 가게 될 것이고 미혼 남자가 이 꿈을 꾸었다면 날씬하고 아름다운 여자를 사귀거나 맞이하게 된다.

상한 토마토를 먹은 꿈은?

당신에게 액운이 내릴 꿈이다.

좋지 않은 꿈이다. 사랑에 종지부를 찍고 연인과 헤어지게 된다. 또는 불륜의 사랑에 빠지거나 사랑해서는 안 될 사람을 사랑하게 되는 일이 생긴다.

토마토를 사들이는 꿈을 꾸면?

머지않아 귀한 손님을 맞게 될 것이다.

토마토를 파는 꿈을 꾸면?

남한테 모욕을 당하거나 창피를 당할 일이 생긴다.

빨갛게 익은 토마토를 꿈에서 보면?

사랑에 눈을 뜨고 성 경험을 하게 된다.

퍼렇게 덜 익은 토마토를 꿈에서 보면?

키가 자라고 사랑에 눈을 뜨게 된다.

썩거나 상한 토마토를 꿈에서 보면?

유부남이나 유부녀를 사랑하는 남녀 사이의 불륜 관계를 맺게 될 징조이므로 유의해야 한다.

■ 유자 · 레몬

유자나 레몬을 꿈에서 보면?

어려움을 겪고 마침내 성공의 문 앞에 있다는 암시이다. 유자나 레몬이 가득 쌓인 것을 보았다면 대행운이 찾아왔다는 신호이며 처녀 총각이 이 꿈을 꾸었다면 이상형의 배필감을 만나게 될 것이다.

유자나 레몬즙을 내는 꿈을 꾸면?

온몸에 힘이 빠지고 점점 야위어 갈 조짐이다. 건강에 유의하라는 암시이다.

유자 · 레몬을 먹는 꿈을 꾸면?

앞으로 좋은 일이 있을 것이다.

■ 연뿌리

연뿌리(연근)를 꿈에서 보면?

이익을 볼 일이 생긴다.

■ 도라지

도라지를 여름철에 꿈에서 보면?

운세가 트이어 행운의 조짐이 있다.

도라지꽃을 꿈에서 보면?

여자가 이 꿈을 꾸면 남자의 도움을 받게 되고 남자가 이 꿈을 꾸면 여자의 도움을 얻게 된다.

■ 덩굴풀

덩굴풀이 발에 걸린 꿈을 꾸면?

귀찮고 성가신 일이나 번거로운 일이 생긴다.

덩굴풀이 소중한 화분에 나 있는 것을 본 꿈은?

자신의 일에 해를 끼치거나 방해가 되는 것을 없애야 한다는 경고몽이다. 예를 들면 소중히 여기는 애인을 유혹하는 사람이라든지 자신의 업무 분야를 침범하는 사람 등이다.

■ 삼

삼을 심는 꿈을 꾸면?

기분 나쁜 일이 일어나거나 속상한 일이 일어날 징조이다.

삼이 숲처럼 무성하게 자라나 있는 꿈을 꾸면?

큰 이익을 본다.

삼밭에 들어가는 꿈을 꾸면?

부모와 사별하게 되거나 친족 사이에 분쟁이 일어날 징조이다.

곡물

■ 곡물

곡물이 싱싱하게 잘 자란 꿈을 꾸면?
남의 도움을 받거나 재산이나 돈을 얻게 된다.

많은 곡물을 꿈에서 보면?
높은 수입금이 들어오거나 풍족한 원조를 받게 된다.

곡물을 거둬들이는 꿈을 꾸면?
애쓴 보람이 있어 근심 걱정에서 벗어나고 성과가 나타난다.

곡물이 잘 여물지 않거나 수확량이 적은 꿈을 꾸면?
경제적으로 어려움을 겪게 될 징조이다.

손으로 곡물을 쥐는 꿈을 꾸면?
좋은 운수로 좋은 일이나 돈을 얻게 된다.

오곡이 무성한 꿈을 꾸면?
재산이나 돈을 얻게 된다.

곡물의 이삭이 일제히 피는 것을 꿈에서 보면?
모든 일이 잘된다는 예고몽이다.

■ 콩

콩을 먹는 꿈을 꾸면?

　병에 걸리거나 건강이 점점 안 좋아질 것이다. 임산부가 꿈에 콩을 보면 수태 후 얼마 안 된 태아가 잘못될 수 있으니 조심해야 한다.

콩을 구입하는 꿈은?

　가난에 쪼들릴 꿈이다.

남에게 콩을 주는 꿈은?

　귀한 손님이 찾아올 꿈이다.

풋콩인 줄 알고 콩깍지를 떨어 보니 검정콩이 나온 꿈을 꾸면?

　생각지 않은 의류가 생기거나 기쁜 일이 생긴다.

콩을 파는 꿈을 꾸면?

　당신이 초청되어 연회에 참석하게 된다.

콩꼬투리를 꿈에서 보면?

　살기 좋은 날이 곧 찾아올 것이다.

콩꼬투리가 여물지 않은 꿈을 꾸면?

　다른 사람과 말다툼을 할 수 있으니 주의해야 할 것이다.

■ 완두콩

완두콩을 꿈에서 보면?
  상서이다. 농민이 꿈에 완두콩을 보았다면 풍년이 든다.

완두콩을 날로 먹는 꿈을 꾸면?
  신체가 건강해질 길조이다.

뜨거운 완두콩을 먹는 꿈을 꾸면?
  위병에 걸릴 흉조이니 주의해야 한다.

썩은 완두콩을 먹는 꿈은?
  목숨이 위급할 꿈이다.

기름에 튀긴 완두콩을 먹는 꿈은?
  근근히 그 날 벌어 그날그날을 살아가야 할 흉조이다.

완두 묘목을 본 꿈은?
  수입이 형편없이 줄어들 흉조이다.

완두콩잎을 먹는 꿈을 꾸면?
  생존을 위해 당신은 힘겨운 육체 노동을 해야만 할 것이다.

응접실 바닥에 완두콩을 잔뜩 펼쳐 놓은 꿈을 꾸면?
  아내나 혹은 아이가 병으로 눕게 된다.

완두콩을 맷돌에 가는 것을 꿈에서 보면?

당신은 재난에 부딪치게 된다. 상습범이 완두콩을 맷돌에 가는 것을 꿈에서 보았다면 오래지 않아 감옥에 갇힐 것이다.

■ 오곡

쌀·보리·콩 같은 오곡이 공중에서 떨어지는 꿈을 꾸면?

머지않아 좋은 일이나 행운이 찾아온다.

쌀·보리·콩 등 오곡 속에서 잠자고 있는 꿈을 꾸면?

지위가 오르고 승급될 징조이다.

■ 쌀·보리·벼

쌀이나 보리의 이삭을 꿈에서 보면?

집안이 화목해지고 점점 가운이 상승하고 하는 일도 잘 되는 아주 좋은 꿈이다.

쌀 위에 앉아 있는 꿈을 꾸면?

좋은 일이나 기쁜 일이 생길 징조이다.

쌀이 얼마나 있는가 계산하는 꿈을 꾸면?

이익이 생기거나 의논하거나 상담한 일도 순조롭게 풀린다는 조짐이다.

쌀 섬을 쌓아 올리는 꿈을 꾸면?

남에게 존경받고 이익도 볼 징조 같으나 반대로 남에게 욕을 먹고 갑자기 재난을 당하여 물질적으로 손해나 피해를 입는다는 경고몽이다.

볍씨나 보리를 심는 꿈을 꾸면?

새로운 일을 시작하거나 앞으로 더욱 발전하고 성장할 꿈이다. 그러나 남에게 심게 하는 꿈은 더 많은 노력을 해야 이루어질 수 있다.

볍씨·보리 심는 방법을 누군가에게 가르쳐주는 꿈을 꾸면?

다른 사람 때문에 재난 등에 말려들거나 귀찮고 성가신 일이 생기게 된다.

벼·보리가 난 논이나 보리밭을 짓밟는 꿈을 꾸면?

다른 사람 때문에 큰 손해를 보거나 피해를 입을 징조이다.

논이나 밭을 사는 꿈을 꾸면?

가업이 번창해지거나 하는 일이 잘 된다는 길몽이다.

벼가 나 있는 논이나 보리가 자란 보리밭을 사는 꿈을 꾸면?

기쁘거나 좋은 일이 잇달아 생긴다.

쌀을 씹는 꿈을 꾸면?

재미있고 행복한 일이 있을 예지몽이다.

보리와 밀을 꿈에서 보면?
아내가 다른 마음을 먹을 징조이다.

쌀이 쌓인 것을 꿈에서 보면?
매우 좋은 일이 생기는 길몽이다.

쌀이 흩어지는 것을 꿈에서 보면?
좋지 않은 일이 생기는 흉몽이다.

찹쌀을 찧는 꿈을 꾸면?
재산이나 돈이 생기는 좋은 꿈이다.

볏속에 서 있거나 누워 있거나 앉아 있는 꿈을 꾸면?
이득을 보거나 이익이 생긴다.

밤중에 벼를 거둬들이는 꿈을 꾸면?
집안이 화목해지고 편안한 생활을 하게 된다.

풍년이 들어 벼의 수확이 많은 것을 알게 되는 꿈을 꾸면?
부유해지고 지위가 오르며 부귀를 누리게 된다.

벼를 얻었는데 우연한 기회에 잃어버리는 꿈을 꾸면?
가족이 늘어난다.

보리를 얻어 오는 꿈을 꾸면?
딸을 낳을 태몽이다.

보리와 올벼를 꿈에서 보면?

많은 재산과 돈을 얻게 된다.

쌀과 보리 속에 누워 있는 꿈을 꾸면?

좋은 일이나 기쁜 일이 생기는 아주 좋은 꿈이다.

숲·나무·나뭇잎·묘목

■ 수목·나무

크고 푸른 나무를 본 꿈은?

운세가 좋아지고 모든 일이 순조롭게 잘 되고 쇠약한 사람은 건강해지는 길몽이다.

싱싱하고 푸른 나무를 아래에서 올려다본 꿈은?

승급·승진될 징조이고 더욱 발전될 것을 알리는 길몽이다.

나무 아래 서 있는 꿈을 꾸면?

신분이 높은 사람이나 힘있는 사람의 후원을 받아 입신 출세할 징조이다. 특히 꽃이 피어 있는 나무 밑에 서 있으면 자손이 번창하고 미혼 남녀가 이 꿈을 꾸면 훌륭한 배필을 만나게 된다.

거꾸로 서 있는 나무를 꿈에서 보면?

근무하는 회사가 부도가 나서 쓰러지거나 생활난 등으로 고생할 징조이다.

큰 나무에 오르는 꿈을 꾸면?

　지위나 명예가 높아지고 재산이나 돈이 들어오는 좋은 꿈이다. 그러나 오르고 있는 중에 나뭇가지가 부러지거나 나뭇가지를 꺾으면 상처를 입거나 부모가 죽는 등 불행하고 위험한 사고가 일어난다는 암시이다.

나무 꼭대기에 올라와 있는 꿈을 꾸면?

　하는 일을 실패하거나 손해보는 일이 있고 세력이나 살림의 형편이 나빠진다.

집안에 나무가 나 있는 꿈을 꾸면?

　문 안이나 현관에 나무가 나 있으면 좋은 꿈이나 집안에 나 있으면 모든 일이 방해나 지장을 받아 뜻대로 이루어지지 않는다. 또한 부모님이나 가족의 몸에 이상이 생기거나 재난을 입는다.

나무를 톱 등으로 베어 쓰러지는 꿈을 꾸면?

　손해를 보거나 피해를 입는 일이 있을 것이다. 특히 몸에 이상이 생긴다는 암시이므로 건강에 유의해야 할 것이다.

나무에서 떨어지는 꿈을 꾸면?

　어이없이 실패를 하게 된다. 그러므로 긴장을 풀지 말고 만일의 일에 대비하고 조심하라는 경고몽이기도 하다.

묘목을 심는 꿈을 꾸면?

　모든 것이 순조롭게 나아가며 생활이 안정된다는 길몽이다.

잎이 떨어져 앙상한 나무를 꿈에서 보면?

건강의 이상이나 운세가 기울어지는 것을 암시한다. 그러므로 새로 일을 시작하거나 크게 확장하는 일은 삼가는 것이 좋다.

분재 나무에 물을 주는 꿈은?

현재 애쓰고 있는 일이나 사업에 더 노력을 계속하여 키워 나가야 결실을 맺게 된다는 뜻의 꿈이다.

정원의 나무를 뽑아 간 땅을 꿈에서 보면?

정원 나무가 싱싱하거나 무성하면 좋은 일이 있으나 말랐거나 뽑아 가면 좋지 않다. 가업이 점차 망한다거나 사업에 실패하게 되는 일도 있다.

공동 사업을 하는 사람이라면 회사나 사업체의 실권을 다른 사람이 가져가게 되거나 많은 돈을 도둑맞거나 분실을 하게 된다.

나무가 불에 타는 것을 꿈에서 보면?

집안이 화목하게 되고 행복한 생활을 하게 된다.

나무를 짊어지는 꿈을 꾸면?

지위가 오르고 재산·돈이 생기는 등 좋은 일이나 기쁜 일이 있을 징조이다.

짊어진 나무가 크면 클수록 그만큼 더 좋고 더 기쁜 일이 생긴다.

고목을 꿈에서 보면?

근심·걱정할 일이 생긴다는 암시이다. 나무가 갑자기 앙상해지는 꿈은 가업이나 사업이 망한다는 것을 나타내고 나뭇잎이 시들면 몸에 병이 들고 나뭇잎이 한잎한잎 팔랑팔랑 떨어지면 죽을 지경에 이르거나 죽음에 이른다.

정원에 큰 나무가 서 있거나 나무에 꽃이 핀 것을 꿈에서 보면?
재산이 낭비되어 흩어지고 나뭇잎이 말라 있어도 손실·손해를 보게 된다.

정원의 나무에 과일이 열려 있는 것을 보면?
좋은 일이 생기거나 여자라면 훌륭한 아이를 낳을 태몽이 된다.

큰 나무가 집이나 지붕 위로 떨어지는 꿈을 꾸면?
큰 이득을 보거나 매우 좋은 일이 생긴다.

나무를 베어 집으로 가져오는 꿈을 꾸면?
매우 좋은 꿈으로 기쁜 일이나 행운이 찾아온다.

나무가 묘지에 자라난 꿈을 꾸면?
하는 일마다 잘 될 징조이다.

큰 나무를 베는 꿈을 꾸면?
큰 재물을 얻게 된다.

큰 나뭇가지가 부러지는 꿈을 꾸면?
좋지 않은 일이 생긴다.

고목에 꽃이 피는 꿈을 꾸면?
기울어진 운세가 회복되어 행운으로 바뀌고 생각지도 않았던 기쁜 일이 생긴다.

메마른 나무나 고목에 꽃이 핀 꿈을 꾸면?
쇠약해진 운이 다시 일어나 뜻밖에도 좋은 일이 생긴다.

울창한 숲을 본 꿈은?
농부가 이 꿈을 꾸면 지어 놓은 농사가 풍년이 들 것이고 일반인의 경우는 생활이 풍족해지고 행복해질 길몽이다.

나무숲을 본 꿈은?
가운이 일어날 조짐이며 나무숲 속을 걸어가는 꿈은 점점 운세가 좋아질 징조이다.

나무(목재)를 사들인 꿈은?
크고 멋진 집을 지을 징조이다.

나무(목재)를 나르거나 짊어진 꿈은?
지위가 오르고 많은 돈을 벌어들일 징조이다.

나무를 베어 쓰러뜨리는 꿈은?
자신이 쓰러뜨리면 길몽이다. 귀찮게 굴던 적이 사라진다. 그러나 쓰러진 나무를 본 꿈은 흉몽이다. 병이 들 염려가 있으므로 건강에 유의해야 한다.

나무(목재)를 본 꿈을 꾸면?

새로 집을 짓거나 새집을 가질 조짐이다.

오래된 나무가 쓰러져 있는 꿈은?

가족 중에 나이든 사람의 죽음을 알리는 꿈이다.

■ 숲

숲을 꿈에서 보면?

가업이 번창할 것이다.

숲속을 걸어가는 꿈을 꾸면?

불운이 행운으로 역전될 징조이다. 특히 삼나무숲이나 느티나무숲 속을 걸어가면 장래가 밝게 열릴 것이다.

숲속에 앉아 있는 꿈을 꾸면?

걱정 근심이 사라지게 된다는 좋은 꿈이다.

■ 나뭇잎

푸른 나뭇잎을 본 꿈을 꾸면?

환자는 건강을 회복하고 일반인은 튼튼한 몸매를 가지게 되며 사회적으로는 인정을 받게 되는 꿈이다.

애인이 푸른 나뭇잎을 기념으로 준 꿈은?

애인과 사랑이 깊어지는 꿈이다.

비로 낙엽을 쓸어버린 꿈을 꾸면?

이익이 되어 사업 자금이나 자본금을 벌고 살림이 불어난다.

낙엽을 긁어모으는 꿈을 꾸면?

어려움에 처하더라도 주위의 도움을 받아 해결하게 된다.

열매가 열린 종려나무를 꿈에서 보면?

처녀는 좋은 집안의 총각을 만나 결혼할 것이고 부인은 가정 생활이 화목하여 행복을 느낄 것이며 농부가 이 꿈을 꾸면 농사일이 잘 되고 풍년이 들 것이다.

■ 묘목

금방 싹이 난 묘목을 꿈에서 보면?

처녀는 훌륭한 남편을 총각은 예쁜 아내를 얻게 된다. 학생은 시험에 합격하고 사업가는 큰돈을 벌게 될 것이다.

묘목을 심는 꿈은?

이익을 보거나 행복하게 될 조짐이다.

묘목을 접붙이는 꿈은?

대대로 자손이 번성할 것이며 오래오래 살 것이다.

묘목에 물을 주는 꿈은?

애쓴 보람이 있어 사업이 번창하게 된다.

고목이 된 묘목을 꿈에서 보면?
슬픈 일과 가슴아픈 일이 있을 것이다.

꽃 夢

■ 화초(꽃)

꽃을 본 꿈은?
운세가 트이어 사업이 번창하고 모든 일이 잘 될 길몽이다.

뜰에 꽃이 피어 있는 꿈은?
재산이나 재물이 흩어져 손실을 보는 꿈이다.

꽃들이 점점 더 아름다워지는 꿈은?
운수가 더욱 좋아지고 사업이 더욱 번창할 길몽이다.

아름다운 꽃이나 꽃송이를 그리는 꿈을 꾸면?
총각은 예쁘고 귀여운 처녀를 만나게 된다.

아름다운 꽃밭이나 화분을 그리는 꿈을 꾸면?
기쁜 소식이 오거나 헤어진 연인을 만나게 된다.

짓밟힌 꽃을 본 꿈은?
뜻밖의 불행이 들이닥치거나 라이벌에게 자신의 영역을 빼앗길 꿈이다.

남이 자기에게 화환을 준 꿈은?

결혼 생활이 행복해질 것이고 문학에도 뛰어난 능력을 발휘할 것임을 예시한다.

꽃 이름은 모르나 푸른 빛깔의 꽃이 들판에 만발한 꿈을 꾸면?

갑자기 죽었다고 생각되는 애인이 돌아오거나 뜻밖의 여행을 하게 된다.

꽃을 먹는 꿈은?

집안에 경사스런 일이 생기거나 남녀 사이의 교제가 잘 이루어져 혼담이 오고갈 꿈이다.

꽃을 꺾는 꿈은?

작가는 훌륭한 창작품이나 발명품을 만들어 내놓게 되거나 사업가는 장사가 흥할 꿈이고 임산부는 아름다운 여자아이를 낳을 태몽이다.

만발한 꽃을 꿈에서 보면?

큰 업적을 남기는 일을 이루거나 바라는 일이 뜻대로 된다.

꽃길을 걷는 꿈은?

하던 일이 순조롭게 잘 될 길몽이다.

탐스런 꽃을 한 송이 꺾는 꿈은?

바라는 일이 이루어지고 임산부는 훌륭한 인물이 될 아이를 낳는다.

꽃송이 속으로 들어가는 꿈은?

세상 사람들에게 인정을 받고 처녀 총각은 좋은 배우자를 만나 행복하게 살 징조이다.

꽃다발이나 화환을 본 꿈은?

하는 일에 이득이 있고 사랑하는 사람은 사랑이 더욱 깊어질 길몽이다.

꽃향기를 맡는 꿈을 꾸면?

보고 싶은 사람을 만나게 되거나 상을 받는 등 남에게 인정받는다.

꽃을 짓밟거나 시든 꽃을 본 꿈은?

하던 일이 실패로 끝나거나 몸이 아프거나 갑자기 불행이 닥친다. 임산부는 단명하거나 병약한 아이를 낳을 흉몽이다.

꽃 속에서 선녀나 요정이 나오는 꿈을 꾸면?

세상에 이름을 날리게 되고 바라는 일이 이루어진다.

화환(꽃다발)을 떨어뜨린 꿈을 꾸면?

친한 사이나 사랑하는 사람 사이가 나빠진다.

화환(꽃다발)을 머리에 쓴 꿈을 꾸면?

처녀 총각은 좋은 배필을 만나 결혼하고 장사꾼은 이득을 보고 수험생은 시험에 합격할 길몽이다.

화환(꽃다발)이 말라버린 꿈은?

일이 바라는 대로 되지 않고 사랑하는 사람과 서로 헤어질 꿈이다.

꽃다발(화관)을 쓴 꿈은?

자기가 소속된 단체나 지역의 리더가 될 꿈이다. 사업가는 사방에서 후원자가 오거나 재물이 들어올 징조이다.

손에 든 꽃이 저절로 떨어지는 꿈을 꾸면?

좋지 않은 병에 걸린다.

화관을 머리에 쓴 부녀를 본 꿈은?

풍요로운 생활을 할 길몽이다.

시든 꽃으로 만든 화환을 씌어주는 꿈은?

처녀가 총각에게 이런 화환을 받아쓰면 혼담이 순조롭게 이루어질 꿈이다.

싱싱하던 꽃을 꺾었는데 순간 꽃잎이 떨어져 버린 꿈을 꾸면?

바라는 일은 이루어지지만 재산이나 돈을 잃게 된다.

정원의 꽃들이 떨어지는 꿈을 꾸면?

여자의 경우 임신할 조짐이다.

정원의 풀이 엉클어져 있는 꿈은?

집안에 놀라운 일이 생길 꿈이다.

꽃다발을 받아 머리에 쓰는 꿈은?
 높은 자리로 승급·승진할 징조이다.

꽃이 활짝 핀 아름다운 정원을 바라보는 꿈은?
 하는 일의 실패나 손실을 나타낸다.

화초를 선물받은 꿈을 꾸면?
 아름다운 화초를 선물받는 꿈은 친한 친구나 친지와 헤어지게 됨을 알리는 것이다. 특히 남자가 이 꿈을 꾸면 애인이나 연인 사이에 불화가 생긴다는 의미이다.

꽃을 남에게 선물하는 것을 꿈에서 보면?
 친한 사람과 헤어질 징조이다.

꽃잎이 바람에 날려 흩어지는 것을 보면?
 젊은이들은 실연하게 되거나 한 가족이 뿔뿔이 흩어질 징조이다.

꽃을 훔치는 꿈을 꾸면?
 바라던 일이 뜻대로 되지 않고 마음속에 꺼림칙한 일이 있다.

꽃에서 향기가 나는 것을 꿈에서 보면?
 남녀가 서로 보고 싶고 만나고 싶으나 뜻대로 되지 않는다.

꽃을 심거나 꽃씨를 뿌리는 꿈을 꾸면?
 맡은 일이나 하던 일이나 사업이 번창해질 징조이다.

꽃을 버리는 꿈을 꾸면?
　사랑을 거부당한다.

고목에 꽃이 핀 것을 꿈에서 보면?
　기쁜 일이 있을 것이다.

시든 꽃을 꿈에서 보면?
　연인이나 애인이 변심할 징조가 보이는 꿈이다. 또한 바라던 일이 되지 않아 실망할 것이다.

꽃으로 장식하는 꿈을 꾸면?
　남녀간에 사랑을 하게 된다.

시든 꽃 위로 걸어가는 꿈을 꾸면?
　걱정·근심거리가 생기고 논쟁·다툼이 일어날 징조이다.

정원에 꽃이 핀 것을 꿈에서 보면?
　재산이 흩어지거나 돈을 낭비하게 된다.

꽃 위로 나비가 날아오는 것을 꿈에서 보면?
　불행스러운 일이 닥치게 된다는 것을 알리는 꿈이다.

꽃과 여자가 함께 있는 것을 꿈에서 보면?
　구설수가 있는 등 속상할 일이 있다.

아름답게 꽃이 핀 화원에서 새가 지저귀는 것을 꿈에서 보면?
　좋은 일이 있을 것이다.

봉선화를 꿈에서 보면?

기쁜 일이나 기쁜 소식이 온다.

제비꽃 · 오랑캐꽃을 꿈에서 보면?

머지않아 행운이 찾아올 것이다.

■ 벚꽃

벚꽃이 피어 있는 것을 본 꿈은?

큰돈이 낭비되거나 지출될 징조이다. 또는 애인이나 친지 · 가족 등과 이별이나 헤어지는 운세임을 알리는 꿈이기도 하고 남에게 속아넘어가거나 사기당할 조짐이 있으니 유의하라는 경고몽이기도 하다. 아무튼 좋은 꿈은 아니다.

■ 복사꽃

꿈에서 보면?

미혼 남녀가 이 꿈을 꾸었다면 좋은 배필을 얻을 수 있으며 단란하고 화목한 가정을 꾸미고 자손이 번창할 것이다. 임산부가 이 꿈을 꾸었다면 복숭아처럼 복스럽고 귀여운 여자아이를 낳을 것이다.

■ 연꽃

연꽃을 본 꿈을 꾸면?

윗사람으로부터 신임과 사랑을 받아 승급할 운수이다. 여자라면 훌륭한 배필을 만나게 된다.

모르는 사람으로부터 연꽃을 선물받는 꿈을 꾸면?
친구나 친지의 도움을 받아 뜻을 이룬다.

연꽃을 따서 가지고 있는 꿈을 꾸면?
연꽃은 부처님과 관련된 꽃으로 불교의 힘을 입어 뜻을 이루게
된다.

연못에 연꽃이 피어 있는 꿈을 꾸면?
불행한 일이 있다는 암시이다.

■ 난초

난초(꽃)를 꿈에서 보면?
희망한 대로 이루어진다. 여자가 이 꿈을 꾸면 좋은 남편을 얻
게 되고 현명한 아이를 낳을 것이다.

■ 양귀비꽃

양귀비꽃을 꿈에서 보면?
놀랄 만한 위험한 사건이나 밑도 끝도 없는 헛소문의 대상이
될 징조이므로 조심하라는 경고이다.

■ 장미꽃

　장미꽃은 그리스 신화를 보면 여신 비너스가 좋아하는 꽃으로 아름다움과 애정의 상징이다. 그러나 꿈에서는 좋지 않은 경우도 있고 색깔도 분명하지 않으므로 인상과 감정이 해몽의 열쇠가 된다.

장미꽃을 본 꿈은?

　장미꽃의 모양이 여성의 성기와 비슷하므로 섹스를 상징하는 꽃으로 알려져 있듯이 꿈에 장미를 보면 부부 관계가 원만해지고, 연인이 이 꿈을 꾸면 서로 그리워하는 징조이다. 한편 손실이나 실패도 의미하므로 라이벌 때문에 하던 일이 실패되거나 손실을 보게 된다.

장미꽃을 꺾은 꿈을 꾸면?

　미혼 남자가 이 꿈을 꾸면 아주 아름다운 미인을 부인으로 맞이할 것이다.

장미꽃봉오리를 꿈에서 보면?

　바라던 일이 뜻대로 이루어진다.

흰 장미꽃을 꿈에서 보면?

　믿음·신용을 얻게 될 것이다.

빨간 장미꽃을 꿈에서 보면?

　정열적인 연인이 나타난다는 예지몽으로 행운이 찾아온다.

노란 장미꽃을 꿈에서 보면?
고난을 겪거나 고생을 할 징조이다.

파란 장미꽃을 꿈에서 보면?
위험한 사랑을 하게 되거나 이루어질 수 없는 일을 꿈꾼다.

장미 가시에 찔리는 꿈을 꾸면?
사랑에 대하여 고민하게 되거나 시련을 맞게 되므로 경계와 각
오를 하라는 경고몽이다.

장미꽃의 꽃잎이 떨어지거나 시든 것을 꿈에서 보면?
사랑이 끝나거나 애정이 식는 것을 암시한다.

장미꽃봉오리가 고개 숙여 있는 것을 꿈에서 보면?
바라는 일이 뜻대로 이루어지려면 시간이 걸린다는 암시이다.

■ 모란꽃

모란꽃을 꿈에서 보면?
무슨 일이든 하는 일이 지장이나 방해를 받지 않고 잘되고 화
려하면서도 실속 있는 연애를 할 징조이다.

흰 모란을 꿈에서 보면?
좋은 친구와 사귀게 되고 처녀 총각은 좋은 배필과 사랑을 하게
된다.

붉은 또는 분홍빛의 모란꽃을 꿈에서 보면?

남자는 미인을 얻게 되고 여자는 미남을 얻게 된다.

모란꽃을 꺾는 꿈은?

좋지 않은 일이 생긴다.

■ 작약(함박꽃)

작약을 꿈에서 보면?

처음에는 좋은 일이 잇달아 생기는데 나중에 가서는 좋지 않게 되어 버린다.

■ 엉겅퀴

엉겅퀴를 꿈에서 보면?

비단옷을 입고 밤길을 가듯 남이 알아주지 않아 혼자 끙끙 앓고 고민하게 된다. 그러나 흰 엉겅퀴를 보면 고민하는 중에서도 새로운 아이디어가 떠올라 마침내 인정을 받게 된다.

엉겅퀴꽃을 꺾는 꿈을 꾸면?

실망스러운 일을 불러들일 징조이다.

엉겅퀴 가시에 찔리는 꿈을 꾸면?

불명예 제대, 불명예 퇴직 등 명예롭지 못한 일로 불이익을 받게 된다.

■ 국화

향기 나는 국화꽃을 꿈에서 보면?

부부간에 금실이 좋고 연인끼리도 사이가 좋으며 바라던 일이 뜻대로 이루어질 꿈이다.

붉은 국화꽃을 꿈에서 보면?

이혼 직전에 있던 부부간이라도 화해를 하고 새출발을 하게 되고 싸웠던 연인도 다시 사이가 좋아질 것이라고 예고하는 예지몽이다.

바다나 강물 등에 국화꽃이나 국화꽃 다발이 떠 있는 것을 꿈에서 보면?

물에 빠지거나 수난이나 해난 사고를 당할 징조이다.

길가에 국화꽃이 피어 있거나 국화꽃 화분이 있는 것을 꿈에서 보면?

교통사고를 당할 징조이므로 조심하라는 경고몽이다.

■ 백합꽃

백합꽃이 피어 있는 것을 꿈에서 보면?

남자가 이 꿈을 꾸면 여자의 도움을 받게 되고 여자가 이 꿈을 꾸게 되면 남자의 도움을 받게 된다.

백합꽃을 따는 꿈을 꾸면?

애정의 꽃을 피려면 용기가 필요하다는 것을 암시해 주는 꿈이다.

흰 백합꽃이 향기를 풍기고 있는 것을 꿈에서 보면?

남자는 여자를 여자는 남자를 그리워하지만 만나지 못하게 된다는 것을 암시하는 꿈·희망을 나타내기도 한다.

검은 백합꽃을 꿈에서 보면?

병이 들거나 걱정·근심이 생길 것이라는 예지몽이므로 매사에 조심해야 한다.

붉은 백합꽃을 꿈에서 보면?

모든 일이 시작되고 희망의 싹이 튼다는 것을 의미하므로 때를 기다리라는 예고몽이다.

백합꽃을 들고 있는 꿈을 꾸면?

남에게 존경을 받게 된다. 또는 존경을 받기 위해 자기 나름대로 노력을 하게 된다.

야생의 백합꽃이나 은방울꽃을 꿈에서 보면?

연인이나 친지의 후원을 받게 된다.

■ 수선화

수선화를 꿈에서 보면?

병이 들거나 부상을 당하거나 몸에 이상이 생기므로 주의해야 한다는 경고몽이다. 만일 병원에 입원해 있다면 병이 매우 위독하다는 암시이다.

수선화가 검게 된 것을 꿈에서 보면?

꽃이 검고 싱싱하게 피어 있으면 환자는 병이 낫고, 입원 환자는 퇴원한다는 암시이다. 고대 그리스의 해몽가는 수선화는 물난리(수해)라고 해석하고 흰 수선화는 눈물이라고 풀이하였다.

■ 해바라기꽃

해바라기꽃을 꿈에서 보면?

운세가 트이어 행운이 찾아오고 어떤 승부를 겨루어도 승리할 징조이다.

■ 유채꽃

유채꽃을 꿈에서 보면?

부자가 되거나 큰돈을 벌 수 있는 기회가 온다.

■ 매화

매화꽃을 꿈에서 보면?

매화꽃은 경사스러운 반가운 꽃이다. 더욱이 위로 뻗은 가지에 꽃이 피어 있다면 인기와 평판이 높아 사회적으로 인정을 받는 인생의 봄이 왔음을 알리는 꿈이다. 꽃의 색깔은 흰 빛이 좋고 붉은 꽃은 좋지 않은 일이 있음을 알리는 예지몽이다. 그러나 붉게 핀 꽃도 여러 가지이고 색깔도 여러 가지이며 대체로 꿈에서는 색깔이 분명하지 않으므로 꽃의 색깔을 처음 보았을 때 인상이 좋았다면 길몽이고 나빴다면 흉몽이라고 판단해야 할 것이다.

황매화를 꿈에서 보면?

금빛의 황매화를 보고 슬픔을 느꼈다면 비가 내릴 조짐이므로 외출할 때 우산을 가져가고, 황매화로 술이나 차를 한잔하고 싶은 생각이 났다면 부정한 돈이나 뇌물이 들어올 것이고, 금 빛깔 같은 황금을 생각했다면 생각지도 않은 재물이 들어올 것이다.

■ 동백꽃

동백꽃이 피어 있는 것을 꿈에서 보면?

의식주는 부족함이 없이 풍부하나 일의 변동을 의미한다. 직장을 옮기거나 전근·전학을 가거나 이사를 가는 등 무엇인가 이동을 나타낸다. 매화를 그리는 화가나 차(茶)를 만드는 사람들이 꿈에서 동백꽃을 자주 본다는데 꿈속에서는 현실보다 더욱 아름다운 동백꽃을 본다고 한다.

동백꽃을 꺾꽂이하는 꿈을 꾸면?

직장을 옮기거나 이사가고 싶은데 마음대로 할 수 없음을 나타내는 꿈으로 그대로 머물러 있게 될 징조이다.

■ 모란꽃

흰 모란꽃을 꿈에서 보면?

좋은 친구를 얻게 된다.

붉은 모란꽃을 꿈에서 보면?
　아름다운 여인이나 애인을 얻게 될 것이다.

모란꽃을 꺾는 꿈을 꾸면?
　모란꽃은 무슨 일이나 막힘없이 잘되어 나가고 부귀하게 되는 것을 상징하는데 이를 꺾는다면 좋지 않은 일이 생길 것이다.

■ 파초

파초를 꿈에서 보면?
　고난과 고생이 늘어나고 일은 뜻대로 이루어지지 않고 환자는 병이 깊어지는 악몽이다.

■ 도라지꽃

도라지(꽃)를 꿈에서 보면?
　여자가 이 꿈을 꾸었다면 남자의 도움을 받게 되고, 남자가 꾸었다면 여자의 도움을 받게 된다.

도라지(꽃)를 여름에 꿈에서 보면?
　운이 열리어 행운이 찾아온다.

■ 나팔꽃

나팔꽃을 꿈에서 보면?
　모든 일이 생각보다 빨리 끝나게 된다.

과일

■ 과일

과일이 열려 있는 꿈을 꾸면?

다른 사람의 도움을 받아 머지않아 큰일을 맡게 되고 운이 트일 징조이다.

과일을 먹는 꿈을 꾸면?

사랑을 하고 싶고 애인을 사귀고 싶은 마음을 나타내는 꿈으로 애인을 만나게 된다. 수험생은 시험에 합격되고 실업자는 직장이 생기고 부인의 경우는 귀한 자식을 낳을 태몽이 된다. 그러나 너무 달면 몸에 이상이 있다는 적신호이며 건강에 유의하도록 해야 한다.

과일을 쪼개거나 갈라진 과일을 먹는 꿈을 꾸면?

좋지 않은 일이 생긴다.

과일로 잼을 만드는 꿈을 꾸면?

상대나 주위 사람과 의견 충돌이 생기거나 사랑싸움으로 말다툼을 하게 된다.

썩은 과일이나 덜 익은 과일을 꿈에서 보면?

실연이나 애정이 파탄에 이르게 된다.

둥근 과일을 꿈에서 보면?

애정이 결실을 맺듯 모든 일이 이루어진다.

잘 익고 싱싱한 과일을 꿈에서 보면?
애인이나 남으로부터 깊은 신뢰와 사랑을 받게 된다.

과일나무가 서 있는 동산이나 야산에 올라가는 꿈을 꾸면?
자손에게 좋은 일이 있을 것이다.

과일나무가 무성한 곳이나 과수원을 걸어가는 꿈을 꾸면?
뜻밖에 재물을 얻거나 애쓴 보람의 결과로 재산이나 돈이 생긴다.

집 안에 과일나무가 나 있는 꿈을 꾸면?
부인은 귀한 자식을 낳을 태몽이다.

■ 사과

사과는 사랑의 결실을 상징한다. 그러나 사과 꿈은 상황에 따라 여러 가지로 풀이할 수 있으나 대체로 좋은 꿈(길몽)으로 해석된다. 자기가 바라던 일이 이루어지고 특히 사업가는 목표가 달성되며 연예인이나 기술자는 재능이나 인기가 오를 것이다. 그러나 각자가 지닌 인품이나 재능에 따라 행운이 다르게 찾아오는 것은 두말할 것이 없다. 그리고 너무 단맛이 나는 과일 꿈은 건강에 이상이 있음을 암시해 준다.

사과를 꿈에서 보면?
바라고 계획했던 목표가 이루어진다. 미혼자는 새로운 애인이 생기고 사랑을 시작하게 된다.

사과나무에서 사과를 따거나 사과를 먹는 꿈을 꾸면?

좋은 아들이나 딸을 낳을 태몽이다. 미혼자는 이성으로부터 서로 사랑을 주고받게 된다는 암시이다. 동성간에도 마찬가지다. 미인과 잠자리를 같이할 수 있는 행운도 찾아온다. 부인은 자식을 낳을 태몽이다.

썩은 사과를 보거나 먹는 꿈을 꾸면?

남과 불화로 싸움을 하게 될 징조이므로 조심하라는 경고몽이다.

사과를 상자에 담아 오거나 차에 실어 오는 꿈을 꾸면?

많은 자본금이 들어오므로 사업을 시작하거나 크게 확장할 수 있게 된다.

■ 배

배를 먹는 꿈을 꾸면?

실업자는 직장을 얻게 된다. 특히 관공서 일을 맡게 된다. 그러나 부부간에는 불화하여 부부싸움을 하거나 별거하지 않으면 안 될 처지에 놓인다.

배를 따서 가지는 꿈을 꾸면?

부인은 귀한 아들을 낳을 것이다. 사업가는 결실을 맺게 된다.

배나무에 배가 주렁주렁 열려 있는 것을 꿈에서 보면?

경영하는 사업이나 일이 잘되어 번창할 징조이다. 그 배를 따먹으면 경사스러운 일이 생길 것이다.

■ 감

감나무의 감이 빨갛게 익은 것을 꿈에서 본다면?
지금까지 쌓은 사업이나 작업이나 작품이 결실을 맺고 이득을 얻어 좋으나 물의 재난을 조심해야 한다.

감을 먹는 꿈을 꾸면?
병이 들 징조이다. 건강에 유의해야 한다.

감과 복숭아를 먹는 꿈을 꾸면?
헤어졌던 사람을 다시 만나게 된다.

빨갛게 익은 감을 꿈에서 보면?
어려운 일이 생긴다. 특히 물(水)로 인한 재난을 당할 수가 있다.

붉고 말랑말랑한 홍시 감을 먹는 꿈을 꾸면?
미혼자는 애인이 생겨 교제하게 될 것이다. 사업하는 사람은 하는 일에 이익이 생길 것이다.

남이 곶감을 주어 받는 꿈을 꾸면?
남으로부터 칭찬을 듣거나 상장·상품을 받는다. 재산이나 돈이 생길 길몽이다.

■ 밤

밤나무에 잘 익은 밤이 열려 있는 꿈을 꾸면?

고난·고생 끝에 기쁨이 찾아오는 운수로 사업가는 사업의 결실을 맺게 되고, 미혼자는 남녀가 한 몸이 되어 결혼으로 골인하게 될 것이다.

밤송이를 떨어 밤 따는 꿈을 꾸면?

남과 계약을 맺는 일이 생긴다. 학생은 상급 학교에 진학하게 되며 며느리를 맞거나 아들을 얻어 식구가 불어날 것이다.

떨어진 밤알을 줍거나 까서 먹는 꿈을 꾸면?

머지않아 남과 다투게 될 것이다. 또는 부부간이나 부모 형제간에 서로 이별할 징조이다.

■ 대추

대추를 먹는 꿈을 꾸면?

부지런한 성격과 근검 절약한 덕택으로 사업이 크게 번창하거나 하던 일이 발전될 징조이다.

주렁주렁 열린 대추를 따는 꿈을 꾸면?

사업이나 경영하는 일이 크게 확장되고 자손이 번창할 것이다.

대추를 따먹거나 남으로부터 받아먹는 꿈을 꾸면?

부인은 귀한 자식을 낳을 태몽이다. 사업가나 봉급을 받는 사람에게 좋은 일이 생길 징조이다.

대추를 남에게 주는 꿈을 꾸면?

쌓은 공적을 인정받아 주위의 많은 사람들로부터 칭송을 받거나 인물로 떠받들게 된다.

대추가 사방에 흩어져 있는 것을 꿈에서 보면?

자신은 물론 가족·친척도 어려움을 겪게 될 것이다.

남한테서 대추를 받는 꿈을 꾸면?

재산을 잃게 되거나 몸이 자유롭지 못하게 될 것이다.

대추를 많이 따는 꿈을 꾸면?

재물이 생기거나 좋은 일이 있을 것이다.

대추를 파는 꿈을 꾸면?

곧 사회에서 대환영을 받게 된다.

대추가 나무에 주렁주렁 열려 있는 꿈을 꾸면?

여자가 이 꿈을 꾸면 귀한 아들을 낳을 태몽이다. 남자가 이 꿈을 꾸면 하던 일이 결실을 맺을 것이다.

■ 복숭아

복숭아 꿈은 성숙한 사랑을 상징한다.

싱싱하게 잘 익은 복숭아를 보거나 먹는 꿈을 꾸면?

남자가 이 꿈을 꾸면 육감적인 여인과 욕정을 발산하고 싶다는 욕구의 표현이라 할 수 있고 여자가 이 꿈을 꾸면 그러한 여자가 되고 싶다는 욕구의 상징적 표현이므로, 남자든 여자든 우연히 그런 배필을 만나 열애를 하게 될 것이다. 수험생이라면 시험을 잘 보아 성적이 오르고, 작가라면 작품이 많은 사람들로부터 인기를 얻게 될 것이다. 사업가라면 다른 회사까지 인수하게 되어 번창해 갈 것이다. 부인이 이 꿈을 꾸면 귀한 아이를 낳는다는 태몽이 되기도 하고, 이 꿈을 자주 꾸면 건강해져서 오래 산다는 예지몽이기도 하다.

벌레 먹거나 썩은 복숭아를 보거나 먹는 꿈을 꾸면?
어떤 일을 하더라도 이루어지지 않고 남녀간에는 애정에 환멸을 느끼게 된다. 또 몸의 아랫부분에 이상이 생기기도 한다.

복숭아를 남으로부터 얻거나 받는 꿈을 꾸면?
부인은 아들을 낳기도 하는데 딸아이를 낳을 확률이 높다.

■ 포도

포도나무나 포도밭을 꿈에서 보면?
하는 일이 본궤도에 올라 성과가 오르므로 이득을 보게 되고 또한 이들을 가져오는 사람을 만나게 되며 자신의 잠재 능력을 발휘할 기회가 찾아온다.

포도송이가 주렁주렁 열려 있는 것을 꿈에서 보면?
멀지 않은 곳에 귀한 손님이 있음을 알게 된다. 좋은 일이 생길 것이다.

포도송이를 따는 꿈을 꾸면?

부모가 이 꿈을 꾸었으면 자식들과 헤어지게 되고 자식이 이 꿈을 꾸면 부모 곁을 떠나게 된다.

포도를 따는 꿈을 꾸면?

매우 좋은 일이 있음을 알리는 꿈이다. 괴로운 일은 사라지고 환자는 병이 낫는다.

포도송이들은 모두 자줏빛인데 그 중 한 송이가 붉은 빛을 띠고 있고 포도알이 똑똑 떨어진 꿈을 꾸면?

포도는 좋은 꿈이고 더욱이 열매가 열렸다면 매우 좋은 일이나 빛깔이 변색되어 있거나 떨어진다는 것은 중요한 사물이나 소중한 것이 없어진다는 좋지 않은 꿈이다.

포도껍질을 모아서 버리는 꿈을 꾸면?

포도는 좋은 꿈이나 껍질밖에 없으니 열매는 다른 사람이 먹었다는 이야기이며 청소만 해야 하므로 그다지 좋은 일은 아니다. 또 청소하는 꿈은 손님이 온다는 조짐이지만 오는 손님도 좋은 손님은 아닐 것이다. 그렇지만 포도껍질 속에는 씨앗도 있으므로 버리더라도 씨앗이 다시 새싹이 날 터이므로 좋은 꿈이 될 수도 있지만 싹이 나는 것은 먼 훗날의 이야기가 된다. 또 싹이 전혀 안 날 수도 있으므로 지금으로서는 아무 소용없는 일이다. 결국 그다지 좋은 꿈은 아니다.

포도를 꿈에서 보면?

집안이 평안하고 화목하여 행복해진다.

포도나무를 꿈에서 보면?

일한 성과가 하나씩하나씩 나타나기 시작한다.

포도를 먹는 꿈을 꾸면?

하던 일이나 세웠던 계획을 변경해야 할 사태가 일어난다는 징조이다.

■ 귤

귤을 꿈에서 보면?

실패와 장애를 뛰어넘어 마침내 경제적으로 풍족하게 될 징조이다. 환자가 이 꿈을 꾸면 차차 병이 낫고 총각이 이 꿈을 꾸면 아름다운 여인을 아내로 맞게 되고 부모가 이 꿈을 꾸면 아름다운 며느리를 맞게 된다. 사업가의 경우는 경영이 잘되어 번창하고 머지않아 큰 이득을 볼 것이다.

■ 호두

호두를 꿈에서 보면?

곤란스러운 일이나 시련이 찾아온다. 부부간의 경우는 부부싸움을 할 징조이다. 주위 사람과 언쟁을 하게 된다.

호두가 많이 있는 것을 꿈에서 보면?

갑자기 불행스러운 일이 생길 것이다.

남으로부터 호두를 받는 꿈을 꾸면?

주위 사람들과 헤어질 징조이다. 영원히 헤어질 수도 있다.

남에게 호두를 주는 꿈을 꾸면?

남들에게 인기를 얻거나 인정을 받아 명예를 얻게 될 것이다.

호두를 먹는 꿈을 꾸면?

가운이 기울어져 형편이 어렵게 될 것이다. 병든 사람이 이 꿈을 꾸었다면 병이 깊어진다는 조짐이다.

9. 하늘에 관한 꿈

하늘은 하늘·우주처럼 높고 드넓은 상상의 세계를 상징한다. 정치가에게는 제일가는 권력·권세, 사업가에게는 으뜸가는 기업·사업, 학자에게는 깊은 학문·진리, 미혼 남녀에게는 연인에 대한 한없는 그리움·사랑 등을 암시한다. 따라서 하늘의 꿈으로써 결혼운·사업운·출세운·명예운 등을 가늠할 수가 있다.

■ 하늘·구름

구름 한 점 없이 맑은 하늘을 보면?

모든 일이 순조롭게 된다. 분수를 지키며 참고 있으면 바라던 일이 뜻대로 이루어진다. 푸른 하늘이 끝없이 이어진 모습이 보이면 로맨틱한 사랑이나 연애가 더욱더 활발히 전개될 암시이다. 따라서 이 꿈은 대체로 다정다감한 청소년들이 자주 꾸는 꿈이다. 이제 두 남녀는 협력하여 달콤한 사랑을 가꾸어 나가도록 한다. 사랑의 열매인 자식을 낳을 태몽이기도 하다.

구름이 끼어 있는 하늘을 보면?

마음이 불안함의 상징이다. 그래서 푸른 하늘의 꿈과는 반대로 머지않아 불행한 일이 닥쳐온다는 조짐이니 매사에 유의하기 바란다.

애정면에서는 상대방에게 자기의 뜻을 확실히 보여서 안심시켜야 할 것이다.

하늘이 발갛게 물들어 있는 꿈을 꾸면?

전쟁이나 불화를 의미한다. 집안에 우환이 생기거나 위험스런 일이 다가오고 있다는 암시이다. 또 화재가 일어날 조짐이 있으니 불조심하라는 경고몽이기도 하다.

하늘이 어둑어둑해지는 꿈을 꾸면?

바람은 없어도 구름이 몰려와 하늘이 갑자기 어두컴컴해지거나 구름이 잔뜩 낀 꿈은 근심 걱정거리가 되는 불행한 일이 닥쳐오고 있음을 알리는 예지몽이다.

새벽 하늘을 꿈에서 보면?

윗사람에게 신임을 얻어 높은 자리에 오를 것이고 사업가나 세일즈맨은 좋은 고객이 늘어나 큰 이득을 보게 될 것이다.

대낮의 하늘을 꿈에서 보면?

불행한 사고나 사건이 닥쳐올 징조이다.

해질녘의 하늘을 보면?

해질녘의 황혼은 참으로 멋진 광경이지만 행운의 면으로 보면 운수가 점점 불운 쪽으로 기울고 있음을 암시하는 꿈이다. 모든 일이 실망스럽게 될 것이므로 환자라면 병세가 도지거나 차도가 보이지 않고 교제중인 남녀라면 혼담이 이루어지지 않을 것이다.

어두컴컴했던 하늘이 차차 밝아지는 꿈은?

그 동안 어렵고 힘든 일에 근심·걱정이 쌓였고 힘겨워했으나 조금만 참고 견디면 앞으로는 걱정거리가 차차 사라지고 목적했던 목표를 달성한다는 암시이다. 특히 남자가 이 꿈을 꾸면 운이 트여 사업가는 사업이 크게 번창할 것이고 공직자는 입신 출세할 것이다.

하늘이 빨갛게 되어 있는 모습을 보면?

하늘이 차차 발갛게 변하다가 아주 빨갛게 된 꿈은 행복의 상징이다. 조금만 더 노력한다면 가정은 화목해지고 사회적으로는 지위가 안정되어 행복한 생활을 하게 된다는 암시이다. 그러나 푸른 하늘이 갑자기 빨갛게 변한 꿈은 위험 신호. 중대한 사건이나 사고가 일어난다는 경고몽이니 매사를 신중히 처리하도록 한다.

하늘이 깜깜해진 꿈은?

하늘이 어두워지다가 빛이 없이 깜깜해지는 꿈은 갑자기 생각지도 못했던 불행한 사건이나 사고가 일어난다는 조짐이므로 갑자기 병에 걸린다거나 교통 사고를 당하는 등 재난에 대비해야 할 것이다.

하늘이 두 쪽으로 갈라지는 꿈을 꾸면?

하늘은 최고의 권력이나 높은 존재를 상징한다. 따라서 그 권력이나 지위가 갈라지는 것과 같은 의미이므로 중대한 사건·사고가 일어날 조짐이다. 회사가 도산하여 망하거나 한 집안의 가족들이 뿔뿔이 헤어지거나 부부가 불화하여 각방 쓰기를 하거나 이혼 또는 사별하고, 국가적으로는 사회적 혼란, 쿠데타 등의 변란이 일어날 징조이다.

하늘이 무너지는 꿈을 꾸면?

하늘은 대통령·임금·부모·남편 등을 상징한다. 따라서 하늘이 무너지는 꿈은 아버지나 어머니 또는 남편의 신상에 좋지 못한 문제가 생길 것이다. 교통사고·화재의 재난·회사의 도산이나 집의 파산·질병 등에 유의해야 한다.

하늘이 내려앉거나 하늘과 땅이 서로 맞닿는 꿈은?

온몸이 오싹해질 무서운 꿈이지만 행운의 길몽이다. 하늘과 땅은 음(陰)과 양(陽)의 조화를 이루어 만물이 태어남을 의미하므로 미혼의 남녀가 이 꿈을 꾸면 사랑의 결실을 맺어 결혼에 골인할 것이고 직장인은 윗사람에게 신임을 받아 제 실력을 발휘하여 승급·승진할 것이다.

하늘이나 공중에서 목소리 같은 소리가 들려오는 꿈은?

하늘은 높은 권력·지위의 상징이다. 그러므로 하늘에서 들려오는 소리는 윗사람이나 관공서·법원 등에서 내리는 지시·명령·통지·경고·영장 등을 암시한다.

때로는 좋은 소식일 수도 있으나 대개는 자신과 관련된 좋지 못한 일일 경우가 많다.

하늘에서 벼락치듯 큰소리가 울려오는 꿈은?

국가나 사회적으로 변란·쿠데타 같은 중대한 사건이나 변혁이 일어날 징조이다. 때로는 위대한 인물의 죽음이나 탄생, 경이로운 발견, 발명, 창작품을 알리는 예지몽이기도 하다.

하늘을 올라가는 꿈은?

하늘은 우리가 바라는 이상(理想)의 세계다. 그러므로 현실 세계에서는 우리들이 바라는 세계인 입신 출세·명예·승급·승진 등 성공의 길을 암시하는 길몽이다.

몸에 돋친 날개로 하늘을 날아서 오르는 꿈은?

하늘을 오르는 꿈처럼 높은 자리에 올라 입신 출세하고 명성을 얻을 징조이다. 그러나 나이 많은 노인이 이 꿈을 꾸었다면 머지 않아 저세상으로 갈 징조이다.

하늘을 사다리 타고 올라가는 꿈은?

불운이 행운 쪽으로 호전되기 시작한다는 암시이다. 따라서 현재는 어렵고 힘들어 고생하고 있지만 조금만 참고 견디어 내면 곧 바라던 꿈이 이루어질 것이다.

하늘을 용을 타고 올라가는 꿈이나 용이 하늘로 오르는 꿈은?

등용문이라는 말도 있듯이 입신 출세하여 명성을 드날리는 아주 좋은 길몽이다.

하늘에서 떨어지는 꿈은?

윗사람이나 상사에게 꾸지람을 듣거나 남으로부터 창피당하거나 모욕을 당할 징조이니 특히 언행을 조심하라는 경고몽이다. 또는 실직당하거나 회사가 도산되는 등 불운이 갑자기 닥친다는 악몽이기도 하다.

하늘로 올라가 아내나 남편을 만나는 꿈은?

여자가 이런 꿈을 꾸었다면 좋은 남편을 얻을 것이고 남자라면 현모양처를 얻을 것이다. 기혼 남녀라면 아내나 남편, 아이들, 집안에 좋은 일이 있을 것이다.

하늘이나 공중에서 떨어지는 돈을 줍는 꿈은?

좀처럼 꾸지 않는 꿈이다. 그 돈을 줍지 않으면 상관없으나 주우면 금전적으로 손해를 보거나 경제적으로 어려움을 겪게 될 징조이다.

고개를 들어 하늘을 우러러보는 꿈은?

고개를 들어 위를 보는 것은 높은 곳을 향하여 오르고 싶은 마음의 암시이다. 그러므로 곧 승진·승급하게 될 것이고 사업가라면 하는 사업이 크게 발전·번창할 것이다.

하늘에서 밝은 빛이 자신의 몸을 비치면?

회사원·공직자라면 높은 사람으로부터 신임과 후원을 받아 높이 오르거나 명성을 얻는 등 출세의 가도를 달릴 것이다. 미혼 남녀가 이 꿈을 꾸면 훌륭한 배우자를 만나게 될 것이고 부인이라면 장차 큰 인물이 될 자식을 낳게 될 것이다.

하늘에서 선녀가 춤추는 것을 보면?

현실 세계에서도 꿈같은 행운의 기회이다. 총각이라면 현모양처를 얻게 될 것이고 처녀라면 이상적인 남편감을 얻게 될 것이다. 특히 여자인 경우는 솜씨나 남다른 끼로써 명성을 날릴 것이다.

하늘에서 신선이나 선녀가 내려와 자기 집으로 들어오는 꿈은?

머지않아 반가운 소식이 오거나 지위가 높은 유명한 사람이나 부호가 찾아오거나 기쁜 소식을 들려줄 것이다.

하늘을 날아다닌다는 천마(天馬)를 꿈에서 보면?

천마는 그리스 신화 등에서 보듯 날개를 달고 하늘을 날아다니는 말로 모험과 사랑의 상징이다. 이 꿈은 근래에 정열을 불태울 만한 사랑이나 모험의 소식이 온다는 뜻이다. 무슨 일이든 한번 힘껏 밀어붙일 일이다. 그런데 만일 천마가 뒤돌아서서 어디론가 달려가는 꿈이라면 생각지도 못한 여행을 떠나거나 출장을 가게 된다. 또는 전근·전직을 하게 될 것이다. 어쨌든 매사에 분수를 지켜서 깊이 빠져들지 않도록 한다.

하늘에 꽃이 만발하게 피어 있는 아름다운 모습을 보면?

참으로 보기 드문 황홀한 장면이다. 그러나 이 꿈은 자기에게 손해를 끼쳐 애써 모은 재산을 잃어버리거나 명성을 떨어뜨릴 징조이다.

그럴듯한 말에 속아넘어가지 않도록 유의해야 할 것이다.

하늘에 올라 하늘의 문으로 들어가는 꿈은?

매우 경사스러운 길몽이다. 하늘에 오르는 것만도 길몽인데 하늘의 궁전의 문안으로 들어가는 꿈은 지위가 높은 사람으로부터 후원을 받아 모든 일이 잘 될 것이다. 수험생이라면 시험에 합격하는 영광을 맛볼 것이며 술집이나 다방 등 이른바 물장사 하는 여자라면 많은 고객을 확보하고 후원자도 얻게 되어 날로 번창할 것이다.

하늘에 오르니 하늘의 궁전의 문이 열리는 꿈은?

하늘에 올라 하늘 문으로 들어가는 꿈같은 행운의 길몽이다. 바라던 일이 뜻대로 이루어질 것이고 후원자를 얻어 더욱 발전 번창할 것이다.

하늘에 기러기 · 독수리 등 새나 비행기가 날아가는 모습을 보면?

사회 사업이나 국가적 사업을 하게 된다. 대외적으로 자신을 홍보하는 선전 등을 하게 되거나 자신의 능력 · 기술을 과시할 수 있는 기회를 얻게 된다. 또는 반가운 소식이나 전근 · 이사할 징조이기도 하다.

하늘에 올라가 아내를 얻는 꿈은?

자손이나 자녀들에게 좋은 일이 있을 것이다.

하늘에서 천사나 선녀 또는 사자(使者)가 내려오는 모습을 보면?

자신이나 집안에 상서로운 일이 있을 길몽이다.

하늘에 별들이 초롱초롱 빛나는 모습을 보면?

후원자의 도움으로 높은 자리에 오르거나 사업가라면 해외 진출하거나 사업체를 확장하게 될 것이다.

■ 태양(해)

태양은 태양계에서 으뜸가는 별로 우리 지구에 밝은 빛과 뜨거운 열을 보내 준다. 만일에 태양이 없다면 우리 세계는 암흑의 세계가 될 것이고 추워서 하루도 살 수 없어 죽음만 기다릴 뿐이다. 꿈의 세계에서도 태양의 꿈은 우리에게 성공을 보장해 주는 최상의 길몽으로 해석한다. 그러나 그 형태에 따라 다소 길흉의 차이가 있다는 점을 유의해야 한다. 또한 태양은 양(陽)의 정령으로 남자를 상징하므로 흔히 태양(해)을 보고 임신하면 아들을 낳는다는 설이 있는데 그 정확성은 100퍼센트는 아니다. 그러나 아무튼 너그럽고 총명한 아이를 낳는 태몽임에는 틀림없다.

해가 밝게 비치는 꿈을 꾸면?

태양(해)은 하늘에서 으뜸가는 제왕을 상징한다. 그러므로 이 꿈을 꾸면 윗사람의 신임을 받아 승진·승급될 것이다. 수험생은 시험에 합격되거나 성적이 오를 것이고 사업가는 계획대로 일이 순조롭게 진척되어 성공으로 골인할 것이다.

동쪽에 떠오르기 시작한 해는?

초년의 운수를 상징한다. 즉 운이 트여 불운이 행운 쪽으로 호전되는 암시이다.

하늘 가운데 떠 있는 해는?

중년의 운수를 상징한다. 즉 행운에 힘입어 진보 · 발전하는 왕성한 운수를 암시한다.

서산으로 지기 시작한 해는?

노년의 운수를 상징한다. 즉 행운이 쇠하여 다시 불운 쪽으로 기우는 운수를 암시한다. 그러므로 똑같은 해라도 그때그때 해의 형태에 따라 길흉을 판단해야 한다.

태양의 밝은 빛이 자신에게 비치는 꿈은?

밝게 빛나는 태양의 꿈은 곧 밝게 빛나는 미래를 상징하므로 바라던 일이 이루어지고 집안에 상서로운 일이 있을 것이다.

수험생은 시험에 합격될 것이고 학생은 성적이 오를 것이며 사업가는 모든 일이 순조롭게 진척될 것이다. 환자는 병이 낫는다는 암시이기도 하다.

또한 부인이 이 꿈을 꾸면 귀한 아이를 낳을 태몽이기도 하다.

옛 기록을 보아도 밝은 햇빛이 하늘에서 문틈을 통해 부인의 배를 비치는 꿈을 꾸고 낳은 아기가 신라 때 유명한 고승 보조 국사와 고려 시대의 보각 국사이다.

태양(해)을 품에 안는 꿈은?

훌륭한 자녀를 낳을 태몽이다. 옛 기록을 보면 고려 때 대학자이며 충신인 충숙공 조인규(趙仁規)도 그의 어머니 꿈에 해가 품안으로 들어오는 모습을 보고 임신하였다 하고 조선 제8대 성종 대왕도 그 어머니가 품안에 해(태양)를 안는 꿈을 꾸고 잉태했다고 한다.

해(태양)가 떠오르는 모습을 보면?

오랜 동안 어려움을 참고 고생한 보람이 있어 불운이 행운으로 호전되는 징조이다. 즉 "고생 끝, 행복 시작"의 길몽이다.

윗사람이나 후원자의 도움으로 승승장구 높은 자리에 오르거나 사업가는 사업이 번창할 것이다.

해가 막 떠오르는 모습을 보았는데 다시 쳐다보니 어느새 중천에 떠올라 있는 꿈은?

바라던 일이 순조롭게 잘 되어 나가다가 중도에 잠시 멈추었다가 다시 빛을 보는 운수로 어렵더라도 참고 견디면 밝은 빛을 보게 될 것이다.

햇빛이 가려져 뿌옇게 된 해를 본 꿈은?

신상에 불행한 사건이나 사고가 일어날 조짐이다.

구름에 가리어 있는 태양을 꿈에서 보면?

밝은 햇빛을 가린 것처럼 현실 세계에서도 남에게 방해를 받거나 어떤 장애로 인하여 일이 뜻대로 진척되지 않고 막힌다는 암시이다. 잘되던 혼담도 깨지고 계약이나 상담이나 협상도 결렬될 징조이다.

가렸던 구름이 벗어지고 또다시 밝은 빛을 비치는 태양을 보면?

어렵고 막혔던 문제들이 모두 해결되어 또다시 발전을 거듭하여 현실 세계에서도 마침내 빛을 보게 되며 성공의 주춧돌을 놓게 된다.

지붕 위로 떠오르는 태양을 보면?

운이 트인다는 길몽이다. 미혼 여성이 이 꿈을 꾸었으면 훌륭한 신랑감을 만날 것이고 미혼 남자가 이 꿈을 꾸었다면 현모양처가 될 여성을 맞게 될 것이다. 부인이라면 집안이 화목해지고 총명하고 수려한 아이를 낳을 태몽이다.

초원으로 떠오르는 태양을 보면?

그 동안 애를 먹이던 문제가 해결의 실마리를 찾게 되는 길몽이다.

산 위로 떠오르는 태양을 보면?

돈과 지위와 명예를 얻을 수 있다는 청신호. 미혼 남녀가 이 꿈을 꾸면 혼담이 성사되어 한 집안을 이루게 될 것이다.

구름 사이로 떠오르는 아침해를 보면?

안정을 찾게 된다는 암시이다. 그 동안 고비가 많았던 일이나 사업·직장 등이 안정을 찾아 자리잡게 될 것이다.

떠오르는 태양을 보고 절을 하거나 예배드리는 꿈은?

남자가 이 꿈을 꾸면 아내나 애인 또는 후원자의 적극적인 도움을 받아 마침내 성공을 이룬다는 암시이다. 여자가 이 꿈을 꾸면 연하의 남자와 사랑을 꽃피운다는 운수이다. 또한 관공서 등에 청원하여 그 청원을 이룬다는 암시이기도 하다.

태양이 떠 있고 또한 별도 떠 있는 광경을 보면?
아랫사람이나 후배의 일 때문에 어려움을 겪거나 고통을 당할 조짐이다.

햇빛이 너무나 눈부셔서 쳐다볼 수 없는 태양의 꿈은?
앞길에 어려움과 고난이 가로막고 있음을 예고해 주는 예지몽이다. 수험생은 시험에 떨어지기 쉽고 사업가는 하는 일이 실패로 끝나기 쉬우니 좀더 분발하고 새로운 길을 모색해야 할 것이다.

햇빛을 양산으로 가리고 걸어가는 꿈은?
가까이 닥쳐오던 불행한 사건·사고가 피해서 멀리 사라진다는 운수이다. 즉 불운이 행운으로 바뀐다는 길몽이므로 겸허한 자세로 적극적으로 대처해 나간다면 마침내 성공의 길에 들어설 것이다.

해와 달이 사이좋게 나란히 떠 있는 광경을 보면?
「달의 꿈」 참조.

나뭇가지나 숲 속에 걸려 있는 태양을 보면?
하고 있는 일에 방해꾼이 나타나거나 장애를 받아 정체될 징조이며 자칫 병에 걸려 시달림을 받을 염려가 있다.

해가 서산으로 뉘엿뉘엿 지고 있는 광경을 보면?

사업이 실패하거나 방해꾼을 만나 정체되어 경제적으로 어려움을 겪게 된다는 암시이다.

해가 서산으로 기울 때 저녁놀을 보면?

지금까지 어려움과 고통을 견디어 왔지만 조금만 더 노력을 계속한다면 머지않아 목적을 달성할 수 있음을 알리는 예지몽이다.

바다 저쪽 수평선으로 넘어가는 해를 보면?

사건·사고가 일어날 조짐의 꿈이다. 특히 집안 식구, 부모님의 병환으로 근심 걱정에 싸이거나 사건 사고로 괴로움을 겪을 운수이다.

햇무리(해의 둘레에 씌워진 하얀 테)를 진 태양을 보면?

기쁜 일이나 즐거운 소식이 있을 징조이다. 가정은 화목해져 행복한 나날을 보내게 될 것이다. 연인은 혼담이 이루어져 행복한 결혼 생활을 하게 될 것이다.

해가 빙글빙글 돌고 있는 모습을 보는 꿈은?

해는 지구를 중심으로 그 주위를 빙글빙글 돌며 공전하고 있는 것은 사실이나 지구가 너무 빨리 돌기 때문에 우리가 느끼지 못한다. 그런데 이 사실을 알 수 있도록 돌고 있는 꿈을 꾸면 마음이 굳게 정해져 있지 않아 신념이나 의지가 흔들리고 있음이 꿈으로 나타난 것이다. 마음을 굳게 먹고 대처해 나가기 바란다.

태양을 입안으로 삼키거나 손으로 휘어잡는 꿈을 꾸면?

정치가는 권력을 쥐게 되고 행정가나 법률가는 권좌에 앉게 될 것이며 사업가는 큰 업적을 남기게 될 것이다. 부인이 이 꿈을 꾸면 장차 태어날 아이가 그렇게 될 것이다.

떨어지는 해(태양)를 치마로 받는 꿈은?

국가나 사회적으로 큰 업적을 쌓아 그 이름을 날릴 만한 위대한 인물이 될 아이를 낳을 태몽이다.

해가 비치고 있는데 비가 내리는 꿈은?

이른바 '여우비'가 내리는 꿈은 남녀 사이에 애정 문제가 생기게 된다는 조짐이다.

연인끼리의 애정 문제로 다투게 되고 부부싸움이 일어나기 쉬우므로 상대방을 좀더 배려해 주지 않으면 영영 헤어지게 될 것이다.

해를 쏘아 맞추어 떨어뜨리는 꿈은?

정치가는 정권을 학자는 훌륭한 연구 결과를 사업가는 큰 이득을 학생은 성적을 군인은 승급·승진을 이루게 될 것이다.

해가 떠 있는데 한쪽에 또 다른 해가 떠 있는 꿈은?

두 가지 일이나 사업을 동시에 해야 할 운수이다. 밝은 빛이면 행운의 암시이고 어두운 빛은 불운의 암시이다.

새벽녘에 태양을 보는 꿈은?

꿈에 보이는 흐릿하게 보이는 수평선은 새벽녘으로 아직 태양은 보이지 않아도 태양이 떠오르고 있음을 나타낸다. 이런 꿈은 진보·발전을 암시하므로 중병을 앓는 환자는 병세가 호전되어 머지않아 완쾌될 것이고 회사원·공직자는 승진·승급하는 길몽이다.

태양이 둘로 갈라지는 꿈을 꾸면?
무서운 일이지만 현실 세계에서도 이 꿈은 좋지 않은 악몽이다. 자신이 몸담고 있는 단체나 부서나 정당, 모임도 분열되어 헤어지게 될 것이다.

태양 곁에 앉아 있는 꿈을 꾸면?
탄탄대로가 열려 있다는 암시이다. 따라서 빛나는 미래를 보장받은 셈이다. 남자라면 겸허한 자세로 박력 있게 밀어붙이면 성공의 문으로 들어설 것이고 여자라면 얌전한 자세로 적당한 배우자를 만나 행복한 가정 생활을 꾸려 나가며 부인이라면 좋은 자녀를 둘 길몽이다.

집안으로 따사로운 햇빛이 비쳐 들어오면?
남자가 이 꿈을 꾸면 윗사람이나 실력 있는 후원자의 도움을 얻게 되어 마침내 성공을 하게 될 것이고 여자라면 훌륭한 남편을 만나 행복한 결혼 생활을 할 것이다.

햇빛으로 나뭇잎이 시드는 꿈을 꾸면?
미혼 남녀는 애정 문제가 생길 것이고 기혼 남녀는 부부의 애정 문제나 아이들 건강 문제로 근심·걱정할 일이 생길 조짐이다.

흐려서 사방이 어두컴컴한데 햇빛만이 눈부시게 비치고 있는 꿈은?

의아심을 품었던 일이 깨끗이 풀리고 걱정과 갈등하던 문제가 해결되어 눈부신 햇빛처럼 마음속이 상쾌하게 될 것이다.

해와 달과 별이 나란히 있는 꿈은?

「별에 관한 꿈」 참조.

해와 달이 떨어지는 꿈은?

사회적으로는 협력자나 후원자가 자기 곁을 떠나가게 될 것이다. 가정적으로는 부모나 부모 같은 형제를 잃어 슬픔에 잠기게 될 것이다. 오아시스 없는 사막과 같은 좋지 않은 꿈이다.

밝은 햇빛이 비치는 하늘로 새가 날아가는 광경을 보면?

윗사람이나 선배에게 사랑과 신임을 받아 장사나 거래에서 큰 이득을 보게 될 것이고 바라던 일들도 모두 순조롭게 풀리어 나갈 운수이다.

태양(해)과 달이 겹쳐 있는 광경을 보면?

두 사업체나 단체·모임·정당 등이 하나로 통합됨을 의미한다. 근래의 두 기업이나 은행의 합병도 바로 이런 형태이다. 미혼 남녀의 경우는 서로 맞아들여 한 가정을 이룸을 암시한다.

태양(해)과 지구 사이에 달이 놓이어 태양의 일부 또는 전부가 가려져 보이지 않는 꿈을 꾸면?

이는 일식 현상으로 곧 해는 원래의 상태로 돌아오기 때문에 한때 집안의 운세나 사업운이 막혀 위기에 놓이게 되지만 머지않아 또다시 회복되어 발전한다는 암시이다. 또한 임신하게 되는 태몽이기도 하다.

■ 달(月)

달(月)을 꿈에서 보면?

해(태양)는 양(陽)의 정령인데 대해서 달은 음(陰)의 정령이다. 해는 아버지 · 남자 · 제왕을 상징하는데 비하여 달은 어머니 · 여자 · 왕비로 상징된다. 해와 달은 강력한 영험으로서 우리 생활에 큰 영향을 끼치지만 그 강도는 달이 해보다는 약한 편이라 할 수 있다. 따라서 꿈의 영험의 힘도 역시 해의 꿈보다는 달의 꿈이 약한 편이라는 점을 감안해서 꿈을 해석해야 할 것이다.

꿈에서 쟁반같이 둥근 보름달을 보면?

오랫동안 노력한 보람이 결실을 맺어 미혼 남자의 꿈이라면 현모양처의 아내를 맞이하게 될 것이고 미혼 여자라면 훌륭한 남편을 맞을 기회가 왔음을 암시한다. 이미 결혼한 부부라면 아이를 갖거나 하여 새 식구가 늘어남을 알려주는 예지몽이다.

또한 가족이 화목하여 단란한 가정 생활을 한다든지 가족의 신상에 좋은 일이 있을 것이며 새로 큰집을 마련하게 된다든지 하여 행복한 가정 생활을 예고해 주는 꿈이기도 하다. 또한 달의 꿈은 임신하거나 아이를 낳을 태몽이기도 하다. 흔히 해의 꿈은 아들을, 달의 꿈은 딸을 낳는 태몽이라고 하지만 적중률은 100퍼센트는 아니다. 그러나 대체로 태몽임은 틀림없다. 더욱이 보름달이 휘영청 밝은 달빛을 비친다면 인기가 오르고 신망을 받아 대인 관계에 행운이 찾아온다는 길몽이다.

꿈에서 반달을 보면?

실제로 반달은 보름달이 되어 가거나 아니면 초승달이 되어 가야만 하는 운명에 놓여 있다. 그러므로 불안정한 상태를 의미한다.

그러므로 대인 관계나 하는 일이 머지않아 어떤 변화가 있음을 예고한다. 그런데 보름달로 되어 가는 상황이라면 좋은 쪽으로 즉 행운 쪽으로 호전되는 길몽이지만, 초승달로 기울게 되면 나쁜 쪽으로 즉 불운 쪽으로 역전되기 쉬운 악몽이라 할 수 있다.

또한 그 달빛이 밝다면 좋은 일이 있을 것이나 침침하고 흐릿하거나 으스스한 느낌을 받았다면 불운이 찾아온다는 악몽이다.

꿈에서 초승달을 보면?

실제로 초승달은 점점 커져서 반달로 나아가서 보름달로 진보·발전하는 운명에 놓인 경우라 할 수 있다. 그러므로 목표를 달성할 수 있는 좋은 기회 또는 행운을 잡을 수 있는 상황에 놓였다고 할 수 있다. 그러기에 여행을 떠난다든지 뭔가 새로운 일을 계획하고 시작하게 될 것이다. 또 새로운 사람들과 대인 관계를 맺게 될 경우도 있을 것이다. 따라서 속말로 "임도 보고 뽕도 딴다"는 행운도 잡을 수 있을 길몽이다. 그러나 그 달빛이 흐릿하다면 헛물을 들이킨 셈이 되거나 모든 일이 물거품이 되기 쉽다는 적신호임을 동시에 알아야 할 것이다.

달이 떠오르는 광경을 보면?

선후배나 주변 사람 또는 친지의 후원을 받게 되어 하는 일을 뜻대로 이루거나 신임을 받아 이끌어 주어 출세하게 될 것을 암시한다. 이와 비슷한 꿈을 꾸고 복권을 샀다가 당첨된 사람도 있다.

그러나 달에 구름이 끼어 있거나 달빛이 침침하거나 흐릿하면 하던 일이 방해를 받거나 침체되어 오랫동안 제자리걸음을 하든지 아니면 도난의 위기를 맞게 될 것이다.

달이 구름 사이를 빠져나오는 광경을 보면?

그 동안 근심·걱정거리가 사라지고 정체되었던 일이 다시 빛을 보아 재기하거나 새 출발을 하여 고난과 고통에서 벗어난다는 예지몽이다. 현재 정체되었거나 제자리걸음을 한다 하더라도 일취월장하여 곧바로 재기하여 발전 번창하게 될 것이며 실직자는 직장을 얻게 되고 회사원이나 공직자라면 영전되거나 승급될 길몽이기도 하다.

달이 바다 저쪽에서 떠오르는 광경을 보면?

사업가는 큰 이득을 보게 될 것이고 일반인들은 뜻밖의 재산이나 재물을 얻게 될 것이다. 특히 남자는 여자로부터 후원과 도움을 받을 것이다.

붉은 빛깔의 달을 꿈에서 보면?

여기저기 부지런히 뛰어다닌 결과 훌륭한 업적을 쌓아 머지않아 즐겁고 기뻐해야 할 일이 있을 것이며 여러 사람들로부터 신임을 받고 명예도 얻게 될 것이다.

휘영청 밝은 달빛이 온 누리를 환히 비치고 있는 꿈을 꾸면?

높은 자리로 지위가 오르고 바라던 일이 뜻대로 될 길몽이다.

부부 사이도 좋고 집안도 화목하게 될 것이다. 또한 자신이나 가족에게 경사스러운 일이 있을 것이다.

그러나 여자가 이 꿈을 꾸었다면 남과 다툴 일이 있을 것이다.

달빛이 호수나 강물 위를 아름답게 비치고 있는 광경을 보면?

공훈이나 업적을 인정받아 명성을 날리게 되거나 명예를 얻게 될 것이다. 운수는 승승장구 상승의 기류를 탈 행운이므로 하는 일마다 뜻대로 이룰 것이다.

달빛이 창문 틈으로 새어 들어와 온 방안을 밝게 비춰 주는 꿈은?

집안에 즐겁고 기뻐할 만한 좋은 일이 생길 것이다. 미혼 여자가 이 꿈을 꾸었다면 좋은 신랑감을 만나게 될 것이고 기혼 여자라면 훌륭한 자녀를 낳게 될 길몽이다.

또 반가운 소식이 올 경우도 있다.

달을 보고 절하는 자신을 밝게 비치는 모습을 보면?

모든 일이 순풍에 돛단 듯이 순조롭게 진척될 행운의 길몽이다.

달을 보고 절을 하는 꿈은?

자신의 실력이나 의사가 윗사람이나 높은 지위에 있는 사람의 신임을 받게 되어 높은 자리로 영전되거나 자신의 꿈을 이룰 수 있을 것이다. 특히 지위가 높은 사람이나 관공서에 청원을 하여 뜻을 이루는 길몽이다.

달을 끌어안거나 등에 짊어지는 꿈을 꾸면?

바라던 일이 뜻대로 되는 길몽으로 사회적으로 인정을 받아 높은 자리에 앉을 운수이다. 회사원·공직자는 지위가 오르고 실직자는 직장을 얻게 될 것이며 사업가는 큰 이득을 보게 될 것이다. 훌륭한 자녀를 가지게 된다는 태몽이기도 하다.

달 또는 별이 입안으로 들어오는 꿈은?

좀처럼 꾸지 않는 꿈이다. 훌륭한 부하나 아랫사람의 도움으로 마침내 입신 출세한다는 예지몽이다. 또 입안으로 들어온 달을 삼키면 영리하고도 얌전한 아이를 낳는다는 태몽이다. 흔히 딸아이가 태어난다고 하지만 그 적중률은 70퍼센트 정도라 한다.

달이 품안으로 들어오거나 품안에 안는 꿈은?

태몽이다. 장차 큰 인물이 될 아이를 낳게 된다고 한다.

조선 시대 편양당대사(鞭羊堂大師)의 어머니도 이런 꿈을 꾸고 그를 낳았다. 또 추담(秋潭)대사도 그의 어머니가 달이 품안으로 들어오는 꿈을 꾸고서 임신하여 태어났다는 기록들이 있다.

달이 구름에 가려 있는 꿈을 꾸면?

남에게 사기를 당하거나 꼬임에 빠져 손해나 손실을 볼 염려가 있다. 가정 불화로 곧잘 부부싸움을 하게 되니 좋은 인간 관계를 갖도록 유의해야 할 것이다.

달이 무엇인가에 씌워져(달무리) 달빛이 흐릿하고 침침해진 것을 보면?

어려움과 고통이 따를 운수이다. 그러나 얼마 동안 참고 견디어 내면 불운이 행운으로 호전될 가망성이 있다.

달을 쏘아 맞추는 꿈은?

표적을 맞추는 일은 무슨 일이든 기쁜 일이며 즐거운 일이다. 마찬가지로 그런 꿈은 바라던 일이 이루어질 행운의 길몽이다. 그래서 누군가와 경쟁을 하거나 다투더라도 이길 것이다.

견우성과 직녀성이 나란히 빛나고 있는 꿈은?

실제로는 은하수를 사이에 두고 그 서쪽에 견우성이 있고 그 반대쪽에 직녀성이 있는데 해마다 칠월칠석날 까치들이 은하수에 다리를 놓으면 견우성과 직녀성이 만나게 된다는 전설이 있다. 그런데 그 견우성·직녀성이 나란히 있는 것을 꿈에서 보았다면 그 전설처럼 단체나 회사, 금융기관 등이 서로 합병하게 되거나 이른바 자매 결연을 하게 된다. 또한 연인들은 마침내 결혼을 하게 될 것이다.

달이 배 안으로 들어가는 광경을 보면?

반갑고 기쁜 소식을 듣게 될 것이다.

달의 한쪽이 이지러져 보이면?

행운이 불운 쪽으로 기운다는 징조이다. 하는 일의 범위나 규모를 줄이고 매사를 신중히 처리하라는 경고몽이기도 하다. 또한 구설수가 있거나 송사 문제에 연루되어 고민하고 괴로워할 운수이다.

달과 해가 나란히 떠 있는 광경을 보면?

해와 달은 남녀나 아버지·어머니(부부)의 상징이다.

해와 달이 사이좋게 나란히 떠 있는 것으로 보였다면 부부간의 금실이 좋다는 의미이다. 따라서 가정은 화목하고 하는 일마다 순조롭게 잘 풀려 갈 것이다.

그러나 해와 달이 힘을 겨누듯 맞서 있는 것처럼 보였다면 상대방과 경쟁할 일이 생기거나 자칫 아랫사람의 꼬임에 빠져 사기 당하는 등 실패·손실을 보게 될 것이다.

달이 어둠 속으로 사라지거나 지는 광경을 보면?

해와 달은 남녀 또는 아버지·어머니의 상징이다. 그러므로 우선 가족이나 친근한 사람 중의 여자에게 어떤 불행한 사건·사고가 일어난다든지 어머니가 중병을 앓고 위독하게 되는 등 재난과 병마가 닥칠 것이라는 점을 생각할 수 있다.

달빛이 밝게 비치는 밤길을 걸어가는 꿈을 꾸면?

달이 떠오른 쪽 즉 서쪽으로 걸어갔다면 좋은 일이 있을 길몽이다. 달이 지는 쪽 즉 동쪽으로 갔다면 불행한 사건·사고가 일어날 악몽이다.

달빛과 별빛이 아름답게 비치는 밤하늘을 보는 꿈은?

머지않아 기쁜 일이 있을 것이다. 생각지 않은 후원자나 협조자를 얻어 소원을 이루고 직장인은 승진·승급을 하게 될 것이다.

달이 갑자기 산 너머 또는 바다 저쪽으로 지는 광경을 보면?

가족 특히 남편이나 장남 중의 어느 한 사람이 갑자기 몹쓸 병에 걸려 고통을 받거나 뇌일혈 등으로 갑자기 목숨을 잃을 염려가 있다. 또한 꿈꾼 이의 신상에 좋지 않은 일이 일어날 것이다.

달무리(달 주위에 둥그렇게 둘러 있는 하얀 테)가 무지개 빛깔로 곱게 빛나는 광경은?

잉꼬부부처럼 부부 사이가 좋아 가정이 화목할 것이고 남다른 공훈이나 업적이 드러나 남에게 칭송을 받거나 표창장 등 영예로운 일이 생길 것이다.

월식(태양과 달 사이에 지구가 들어가 지구의 그림자가 햇빛을 가려 달의 일부분 또는 전체가 보이지 않는 현상) 광경을 꿈에서 보면?

일식과 비슷한 경우이다. 달은 여자·어머니의 상징이다. 그래서 어머니나 아내에게 위태로운 사건·사고가 일어날 조짐이다. 또한 주택 문제로 말썽이 나거나 싸우게 될 염려가 있으니 매사에 몸가짐·언행을 조심하라는 경고몽이기도 하다.

달과 별이 한데 합쳐져 있는 꿈은?

「별에 관한 꿈」 참조.

달과 해가 떨어지는 꿈은?

「해에 관한 꿈」 참조.

달도 별도 없는 깜깜한 밤하늘을 보는 꿈은?

「별에 관한 꿈」 참조.

■ 별

별을 꿈에서 보면?

북극성이 항해하는 사람들에게 마치 등대처럼 길잡이가 되듯 꿈에서 보는 별은 우리를 인도해 주는 영특한 지혜·지식·정신의 세계를 상징한다.

반짝이는 별빛이나 별의 위치로써 인간의 길흉화복을 점치는 별점(星占)도 있듯이 별은 우리 운명의 상징이기도 하다.

우리가 사는 지구나 해·달도 별에 포함되나 보통은 수성·금성·혜성·화성·목성·명성 등을 꼽는다.

은하수를 건너가는 꿈은?

1년에 한 번 칠월칠석날 이 은하수에 놓인 오작교에서 견우와 직녀가 만나 회포를 푼다는 전설처럼 이 꿈은 대길몽이다.

미혼의 남녀라면 그리워하는 님을 만나 결혼으로 골인하게 될 것이며 사업가라면 벌여 놓은 사업이 본 궤도에 들어설 좋은 꿈이다.

별과 달이 한데 합쳐 있는 것을 보면?

지금까지 근심·걱정하던 일이 사라진다는 암시이다. 그래서 억울하게 누명을 쓴 일이나 의심받던 일도 깨끗이 밝혀진다.

꿈에서 샛별 즉 금성(金星)이 반짝이는 광경을 보면?

여기에서 '금성'이란 우리가 흔히 이른 새벽 또는 초저녁 서쪽 하늘에 유난히 반짝이는 '별(계명성·명성·태백성)'을 말한다.

이 별이 반짝이는 것을 바로 보았다면 작가·작곡가·무용가·

탤런트·배우 등 예술계에서 활동하는 사람이라면 그의 작품이 세상 사람들의 이목이 집중되어 폭발적인 인기를 끌 것이다. 그 밖의 정치·사회·문화계·학계에서 활동하는 사람들도 그들의 업적·공훈을 인정받아 명예와 인기를 얻게 될 것이다. 구혼을 한 혼담도 이루어질 것이고, 새로운 연인도 맞게 된다는 행운을 암시하기도 한다.

살별(혜성)을 꿈에서 보면?

수많은 별 사이로 갑자기 꼬리 달린 별이 화살처럼 재빨리 휙 지나거나 어디론지 떨어지는 모습을 볼 수 있는데 이 별이 바로 살별(혜성)이다.

실제로 이 별을 보면 나라에 괴변이나 쿠데타·전쟁 같은 대사건·대형 사고나 이변이 일어날 불길한 조짐이라 하여 두려워해 왔다.

이 꿈은 주위 사람이나 남에게 자신의 잘못이나 결점·흠집이 드러나게 되어 자칫 남들과 싸우게 되거나 구설을 들을 수 있으니 매사에 언행을 조심하라는 경고몽이다. 또 하던 일이 방해받거나 장애에 부닥쳐 정체되거나 중단될 불운의 상징이며 환자라면 병세가 악화되어 목숨도 잃을지 모른다.

그러나 이 별이 한 곳에서 계속 반짝이고 있다면 인기가 오르고 명성을 날리게 된다는 행운의 꿈이다. 그러므로 특히 탤런트·배우나 작가·작곡가 등 예술가에게는 더 없이 좋을 것이다. 또 결혼·연애의 운도 아주 좋아 순조롭게 사랑의 결실을 맺을 것이며 기혼자에게는 좋은 아이를 가지게 되는 태몽이기도 하다.

북두칠성을 꿈에 보면?

북두칠성의 일곱 별이 반짝반짝 빛나는 꿈은 주변 사람이나 선후배의 후원을 받거나 윗사람의 천거로 지위가 오르고 하는 일·사업은 번창하게 되어 마침내 입신 출세한다는 길몽이다.

북두칠성 중에 한 별만 유난히 빛나는 꿈은?

지금까지 쌓아 온 노력과 업적이 마침내 빛을 보게 되어 결실을 맺는다는 암시이다.

북두칠성의 별빛이 흐릿하여 가물가물하게 보이는 꿈은?

별빛이 가물가물 흐릿하게 보이거나 구름 등에 가려 잘 보이지 않으면 애써 노력한 결과가 물거품이 될 징조이다. 그러므로 바라던 일은 뜻대로 되지 않고 근심 걱정이 떠날 날이 없을 것이다.

북두칠성이 집안으로 떨어져 들어오거나 방안으로 들어오는 꿈은?

생각지도 못했던 좋은 일이 생기거나 재물이 들어오는 횡재운이다. 또 승진·승급될 암시이다.

은하수를 꿈에서 보면?

은하수는 견우와 직녀를 갈라놓은 강물이라는 전설처럼 '이별'의 상징이다.

그러므로 애인과 헤어지거나 부부의 인연이 끊기거나 중병 환자는 병이 악화되어 머지않아 하늘나라로 떠난다는 암시이기도 하다.

은하수가 도중에 끊어져 있는 꿈은?

은하수가 '이별'의 상징이듯 이 꿈은 그 상징을 실현화시킨다는 암시이다.

혼담이 깨지거나 회담·상담이 결렬될 것이며 찾아간 곳 또는 여행지에서 불의의 교통사고·화재 사건·익사하는 등 불행한 일을 당하게 된다는 예고이기도 하다. 또한 환자는 머지않아 황천의 길을 떠난다는 의미도 된다.

별이 이쪽 저쪽으로 움직이는 꿈을 꾸면?

전근가거나 이사가거나 전직되는 등 신변의 변동이 일어날 징조이다. 날아가듯 움직이면 여자 문제나 남자 문제로 속앓이를 해야 할 조짐이다. 여자는 남자(남편)를 조심하고 남자는 애인(아내)을 조심하라는 경고몽이기도 하다.

맑은 하늘에 별들이 반짝이는 광경을 본다면?

하늘에 수많은 별들이 반짝이는 광경은 참으로 아름답다. 이 꿈은 주위 사람들이나 윗사람에게 신임을 받게 되고 인기가 상승하여 지금까지 어렵고 힘든 처지에서 벗어나 "고생 끝 행복 시작"이라는 행운의 전주곡이다.

특히 아이들이나 후손들에게 축하받을 만한 경사스런 일이 있거나 반가운 소식을 듣는다. 학문이나 연구의 실적도 좋은 결실을 맺고 또한 가슴을 태우던 사랑도 결실을 맺는 등 연애운도 만점.

수많은 별들 중에서 유난히 하나의 별만이 반짝거리고 있는 광경을 보면?

남들보다 뛰어난 인물임을 인정받게 되어 입신출세의 길이 열릴 징조이다. 후원자나 선배, 후배들이 밀어 주어 지도자가 되거나 책임자가 될 수도 있다. 예술가라면 자신의 작품이 인정받아 세상 사람들의 주목을 한 몸에 받게 될 것이다.

별 셋(또는 넷)이 나무에 걸려 반짝이고 있는 꿈은?

윗사람·선배나 상사의 신임을 받아 후원을 받게 되거나 발탁이 되어 높은 자리에 앉게 될 것이다. 사업가는 하는 사업이 발전되어 간다는 길몽이다.

두 별이 나란히 반짝이는 광경을 보면?

대인 관계가 원만히 이루어져 좋은 친구를 만나게 되거나 자기를 도와주는 아랫사람이나 후배를 만나게 되는 길몽이다.

세 별이 가까이 반짝이고 있는 것을 보면?

협동과 인간 관계를 나타낸다. 그러므로 회사나 단체가 서로 협력하여 일을 하거나 합병을 하게 된다는 징조이다. 또는 멀어졌던 대인 관계가 원만히 되어 후원과 협조를 받을 수 있게 될 조짐이다.

밤하늘에 꽃이 만발한 듯 수많은 별들이 반짝이는 것을 바라보면?

실제로는 참으로 아름다운 광경이다. 꿈의 해석으로도 좋은 인연·좋은 대인 관계를 의미한다. 그러므로 청혼을 받거나 이른바 미팅이나 소개팅을 통해서 또는 중매인으로부터 결혼 대상자나 연인을 만나게 될 것이다. 기혼자는 아이들에 관한 기쁜 소식을 듣거나 축하할 만한 좋은 일이 있을 것이다.

별빛이 강물·냇물이나 호수면에 비치고 내 모습도 함께 비치면?

남편은 아내를 아내는 남편을 의심하는 일이 있을 것이다. 또한 남들로부터 생각지 않은 일로 의심을 받게 된다. 억울하지만 참고 있으면 나중에는 모든 일이 다 밝혀질 것이다.

별 하나가 흐릿하게 반짝이고 있는 것을 보면?

별들 중에서 비교적 멀리 떨어져 흐릿하게 빛을 내는 별이 이른바 토성(土星)인데 이 별의 꿈은 '시련과 인내·신중함'을 의미한다. 하던 일이나 계획·예정이 방해받거나 생각지도 않은 일로 정체되거나 후퇴되거나 물거품이 되어 버리는 불운을 암시한다. 따라서 이 시련을 잘 극복하려면 지난 일의 반성과 함께 인내하며 신중한 발걸음이 필요한 때이다.

별이 구름에 가려져 잘 보이지 않는 꿈은?

믿었던 사람이 배반하거나 애써 노력한 일은 시험 단계에서부터 실패를 거듭하게 된다. 따라서 매사에 한 발짝 뒤로 물러나 신중하고 겸허한 자세로 다음 기회를 기다리라는 경고몽이기도 하다.

떨어질 듯한 별들이 반짝이는 것을 보면?

수많은 작은 별들이 금방이라도 떨어져내릴 듯한 모습으로 반짝이는데 이 별이 별똥별(유성)이다. 실제는 우주의 먼지들이 지구의 대기권 안으로 들어와 공기 압축을 받고 부딪쳐 압축을 받기 때문에 반짝여 별처럼 보인다고 한다.

어쨌든 이 별을 꿈에서 보면 계획이나 예정이 뜻대로 이루어지지 않는다는 암시이다.

또한 환자의 병이 악화되고 주변 사람들 특히 친척에게 불행한 일이 있을 조짐이다. 또는 갑자기 여행을 떠나야 하는 일도 있을 것이다.

별이 떨어져 된 돌(운석)을 보거나 주워서 만져 보면?

실제로도 있는 일로 횡재이지만 이 꿈도 역시 행운 · 횡재의 꿈이다. 바라던 일은 결실을 볼 것이고 현재는 비록 어렵고 침체되었어도 곧 벗어나게 될 징조이다. 사업가는 큰 이득을 보게 될 것이며 특히 부동산에 투자하면 재미를 볼 것이다.

별들이 비 오듯 쏟아져 내리는 것을 보면?

변혁이 일어날 조짐이다. 최고의 권력자 · 위대한 학자 · 예술가가 갑자기 죽거나 쿠데타나 전쟁 · 대형의 폭발 사고 · 화재 사건 · 교통사고 등 큰 사건 · 사고가 일어날 징조이기도 하다.

별이 떨어지는 것을 보면?

갑자기 전근 · 이사를 가거나 여행을 떠나야 하거나 실직을 당하거나 좌천되는 등 어려운 처지에 놓이게 됨을 예고해 주는 꿈이다. 환자는 병세가 악화되어 죽게 되는 수도 있으니 조심하라는 경고몽이기도 하다.

또한 말썽이나 소송 사건 등으로 경찰서 · 세무서 · 법원 등과 관련된 관재수도 있다. 또는 젊어서 죽을 아이를 낳을 태몽이기도 하다.

떨어지는 별들이 갑자기 어디론가 사라져 버리는 꿈은?

집안 사람이 죽게 되거나 불행한 사건 사고로 눈물을 흘리는 등 슬픈 일이 일어날 것이다.

별이 잠자리로 떨어지는 것을 보면?

잠자고 있는 곳으로 별이 떨어져 깜짝 놀라 꿈에서 깨면 생각 지도 않았던 기쁜 일이 있거나 축하할 만한 일이 있을 것이다.

별과 달과 해가 나란히 있는 꿈은?

계획된 일이나 예정한 일이 빗나가버려 뜻대로 되지 않으니 손해 · 손실이 많을 것이다. 또한 수많은 경쟁자들 때문에 상품을 덤핑하게 되니 이득이 없다.

현재의 일은 피곤만 하지 아무런 보람도 소득도 없음을 알리고 또한 아랫사람이나 부하로 인하여 재난을 당할 수 있음을 알리는 경고몽이다.

별과 달이 겹쳐져 있는 꿈은?

의심을 받아 누명을 쓰고 있던 일이 깨끗이 밝혀져 누명을 벗 거나 의처증이나 의부증이 없어진다는 암시이다.

별이 빛나는 달밤에 정처없이 헤매거나 여기저기 거닐고 있는 꿈은?

기대했던 일이 어긋나거나 실직당하거나 남들에게 따돌림당하 여 어떻게 해야 할지 무엇을 하고자 하는 의욕이나 뜻을 잃어버 려 실의에 찬 나날을 보낼 것이고 또 주거지가 확정되지 않아 뜨 내기 같은 생활도 고생도 많을 것이다. 이 꿈을 자주 꾸는 사람은 방랑성이 있어 몸조심하지 않으면 객사당할 수 있다.

별들이 빛나는 밤에 난데없이 새가 날아다니는 꿈은?
밤의 새는 남의 눈에 잘 띄지 않는다. 공적을 세우고 업적을 쌓으면 언젠가는 밝혀지게 마련이다. 이 꿈을 꾼 사람도 숨은 공로나 업적으로 이름을 날리게 될 것이다. 또한 주위 사람들이나 어떤 사람들로부터 새로운 취미 생활을 배우게 될 것이다.

별이 반짝이고 있는데, 웬 뱀이 나타나는 꿈은?
어느 자리에 자리잡게 된다는 암시이다. 그러므로 지금까지 뜨내기 생활을 청산하게 되고 안정된 생활을 하게 된다. 직업이나 직위가 자리잡혀 앞으로 비약할 수 있는 발판을 마련하는 일이 급선무이다.

대낮에 별을 보는 꿈은?
밝은 대낮에 별이 떠 있는 것을 보면 지금까지 고민하던 걱정거리가 사라지고 불우한 처지에서 벗어나 출세의 가도를 달리게 될 것이라는 예지몽이다.

별빛이 빛나는 밤에 박쥐를 본 꿈은?
주위 사람 특히 아랫사람이나 부하의 꼬임에 빠져 불행한 사건·사고가 일어날 징조이다. 미심쩍거나 꺼림칙한 일은 삼가라는 경고몽이기도 하다.

별들이 반짝이고 있는데 또 강물이 흐르고 있는 꿈은?
그리워하는 연인이나 애인으로부터 반가운 소식을 듣게 될 것이다.

별이나 달이 입안으로 들어오는 꿈은?

「달에 관한 꿈」 참조.

별도 달도 없는 캄캄한 밤하늘을 보는 꿈은?

꿈처럼 실지로도 집안의 캄캄한 분위기를 암시한다. 교통사고나 화재·홍수 등 대형 사고나 사건이 일어날 징조이다. 환자는 병세가 악화될 조짐이다.

별을 품에 안거나 별이 떨어져 품에 안기는 꿈은?

큰 인물을 가지게 된다는 태몽이다. 흔히 여자아이를 임신한다고 하지만 반드시 그렇지는 않다. 아무튼 장차 위대한 인물이 될 아이를 낳게 될 조짐이라는 사실은 역사적 기록을 보더라도 잘 알 수 있다.

· <삼국유사>를 보면 진한의 왕족인 김무림(金武林)의 아들 선종랑(善宗郎)의 어머니가 어느 날 별 하나가 떨어져 품안으로 안기는 꿈을 꾸고 그를 임신하여 낳았다 한다.

· <조선 금석총람>을 보면 1064년(고려 광종16)에 세운 「정진대사 원오탑비」의 서문에 "어머니 김쇠가 항아리 만한 누런 유성이 품안으로 안기는 꿈을 꾸고 대사를 임신했다고 기록되어 있다.

· 고려시대 학자 문정공 김쾌헌(金快軒)도 그 어머니 고씨가 꿈에 샛별(금성)이 품속으로 들어오는 것을 보고 문정공을 낳았다고 한다.

· 조선시대의 고승 영파대사도 어머니 박씨가 큰 별이 품안에 안기는 꿈을 꾸고 대사를 낳았다는 사실이 영천(永川) 은혜사의

<영파대사비(影波大師碑)>에 기록되어 있다.

이 꿈에서 품안으로 들어온 별을 손으로 만지면 더욱 좋은 길몽으로 하는 일이나 사업은 크게 번창할 것이며 지위가 오르고 업적이 드러나 뭇사람의 추앙을 받게 될 것이다.

■ 구름

구름이 하늘에 가득 덮여 있는 꿈은?

검은 구름이 온 하늘을 덮은 꿈은 근심스러운 일이 있고 하는 일에 막힘이 있다는 징조이다. 검은 구름은 불길한 징조이므로 국가나 사회가 혼란스러워질 것이라는 암시이기도 하다. 그러나 하얀 구름이 덮여 있다면 길몽이다.

구름이 하늘 사방에 떠 있는 꿈은?

장사에서 큰 이득을 본다는 것을 의미한다. 그러므로 하던 일이 있다면 적극적으로 밀어붙이고 활발히 활동해도 좋다.

오색 구름이 떠 있는 것을 보면?

좋은 일이 있으리라는 예지몽이다. 네 잎 클로버의 행운 못지않은 길몽으로 하던 일은 너무 번창할 것이다. 싸우는 일에 승리를 예고해 주는 꿈이다.

고운 빛깔의 구름(꽃구름)이 사방에 떠 있는 꿈은?

예부터 상서로운 구름이라 하여 길몽으로 여겨 왔다. 만일 다투는 일이 있다면 승리는 보장받은 셈이다. 공무원이나 회사원이라면 지위가 오르고 승급할 것이고 농부라면 농작물이 풍작을 이룰 것이며 집안에 경사스러운 일이 있음을 예고한다.

작은 구름 조각들이 비늘이나 물결 모양으로 하늘에 펼쳐져 있는 구름(권적운/비늘구름)을 보면?

기상학적으로는 비가 내릴 것을 예고하는데 꿈에서도 어떤 변동이 있음을 예고한다. 직장인이라면 직장을 옮기게 될 것이고 상인이라면 거래처나 점포를 옮기게 될 것이다.

누렇거나 노란 구름을 꿈에서 보면?

행운의 상징. 장사에서는 많은 이익을 얻게 될 것이고 일반인들에게는 기쁜 일이 있음을 예고한다.

검은 구름이나 파란 구름을 보면?

검은 구름은 실제로도 보기 싫지만 꿈에서도 불길한 징조를 예고한다. 이러한 구름이 뭉게뭉게 피어오르면 남과 다투기 쉽고 싸움에 말려들어 좋지 않은 일을 겪게 될 것이다. 특히 질병에 걸리거나 병이 악화될 조짐이니 건강에 좀더 유의해야 할 것이다.

기다랗게 뻗어 있는 구름을 보면?

다툼이나 경쟁에서 뒤떨어져 패배하다가 순간 역전되어 마침내 승리를 거두게 될 징조이다.

위로는 뭉게구름 모양으로 높이 솟아오르고 아래로는 비를 머금은 짙은 구름(소나기구름)이 있는 것을 보면?

남에게 협박당하거나 위협받을 일이 있음을 예고하는 꿈이며 친척들과 다투게 될 조짐이 있으므로 조심하라는 예지몽이다. 그러나 협박당하거나 위협당하더라도 하나의 으름장과 같은 것이니 그렇게 두려워할 것은 못 된다.

구름들이 갑자기 흩어져 걷히면서 파란 하늘이 보이는 꿈은?
단념하거나 포기했던 소원이나 희망이 이루어지게 된다. 만사가 순조롭게 풀리며 환자라면 건강을 차차 되찾게 되는 길몽이다.

푸른 하늘에 둥실둥실 떠 있는 구름을 보면?
세상일이 덧없을 때 우리는 뜬구름 같다고 하듯이 이런 구름을 보면 기대했던 상담이나 회담 결과가 결렬되고 말 징조이다. 모든 일이 원점으로 되돌아가고 만다는 암시이다.

구름들이 바람에 흩어져 버리는 꿈을 꾸면?
괴로움이나 근심 걱정거리가 바람에 날아가 버리듯 사라지고 불운이 행운 쪽으로 호전됨을 알리는 꿈이다.

구름 위에 높은 산봉우리가 솟아 있는 꿈을 꾸면?
사업가라면 큰 사업이 순조롭게 이루어지고 수많은 사람들로부터 존경을 한 몸에 받는다는 예지몽이다. 그러나 산봉우리를 구름이 둘러싸고 있는 꿈이라면 사소한 일에 방해를 받아 뜻을 잘 이룰 수 없게 된다는 암시이다.

큰 나무가 구름 속으로 뻗어 올라가 가지 끝이 보이지 않는 꿈은?
머지않아 불행한 일이 닥쳐 뜻을 이루지 못한다는 것을 예고하는 꿈이다. 매사 언행에 조심하라는 경고몽이다.

구름 사이로 새들이 어지럽게 날아다니고 있는 꿈은?

좋지 않은 일이 다가오고 있음을 암시해 주는 꿈이니 매사를 신중히 처리하라는 예고몽이다.

구름 속에 무엇인가 있는 것 같은데 잘 알 수 없는 꿈을 꾸면?

주변의 일에 의문점이 생겨 고민하게 될 것이다. 자칫 남에게 속아넘어가거나 사기를 당할 염려가 있다.

파란 하늘이 갑자기 먹구름이 끼어 어두워지고 새들이 지저귀는 꿈은?

가족이나 친척 중에 걱정거리가 생기거나 가족 · 친척 문제로 고민하게 될 것이다.

구름 속에 별 하나가 반짝거리는 꿈을 꾸면?

좋은 지도자나 선배를 우연히 만나 도움을 받게 될 것이다.

구름 위를 걸어가는 꿈은?

무슨 도사나 손오공이 된 기분이겠지만 머지않아 죽음이 다가 온다는 예지몽이다.

구름을 타고 가는 꿈은?

마치 신선이 된 듯한 기분이지만 실제로도 바라던 소원이 뜻대로 이루어지는 길몽이다. 자신의 잠재력을 발휘하여 수많은 사람들로부터 인정을 받고 신임을 얻게 되기 때문이다.

온 하늘을 갑자기 검은 구름이 뒤덮어 어두컴컴해지는 꿈은?

검은 구름은 불운을 상징하므로 가까운 시일 안에 불행한 일이 일어날 것이다. 특히 관재를 조심해야 한다. 즉 경찰·재판·세무에 관한 문제로 괴로움을 겪게 될 것이다.

구름 사이로 햇살이 분산되어 흐릿하게 비치는 꿈은?

이른바 틴들(Tyndall) 현상인데 구름 사이로 내비치는 햇살을 보면 머지않아 좋은 선배나 지도자를 만나게 되어 앞길이 트일 것이다.

붉은 구름이나 하얀 구름을 보면?

모든 일이 순조롭게 이루어지고 좋은 일이 있으리라는 예지몽이다.

구름 속으로 용이 날아 올라가는 모습을 보면?

용은 구름을 만나야 조화를 부릴 수가 있다. 마찬가지로 꿈꾼 사람도 때를 만나 자신의 역량을 충분히 발휘하게 되어 인재로서 인정을 받아 높은 자리에 오르거나 리더가 되어 많은 사람들을 거느리게 된다.

■ 비

비는 우리의 먹을 것을 생산하는 농작물의 성패를 좌우하는 절대 필요한 물질이다. 그래서 비가 오지 않으면 임금이나 고을 원님이 직접 하늘에 기우제를 지낸다. 오랫동안 기다림 끝에 비가 내리면 달콤한 비 '단비' 라 하여 좋아했다. 우리나라나 동양뿐 아니라 서양에서도 비를 풍요와 재운의 상징으로 여겨 왔다. 그리스의 신화를 보면 최고의 신 '제우스' 도 황금의 소나기로 변신하여 여신 다에나를 찾아가 사랑을 나눌 수 있었다는 이야기가 있다. 그래서 비는 예부터 주변의 원조나 행운을 상징한다. 특히 젊은이가 비에 관한 꿈을 꾸었다면 좋은 연인을 만나게 될 것이다.

비가 조용히 부슬부슬 내리는 꿈을 꾸면?

비가 계속해서 부슬부슬 내리는 꿈은 좋지 않다. 자칫 인정에 끌리어 일을 그르치거나 사랑의 감정에 빠져 신세를 망치는 수가 있음을 예고해 주는 꿈이기도 하다.

소나기가 오는 꿈은?

갑자기 쏟아지는 소나기의 꿈은 전혀 생각지도 못했던 기쁜 일이나 좋은 일이 찾아옴을 알려주는 꿈이다. 그러나 이 때 비에 흠뻑 맞은 것을 지나치게 걱정하면 도리어 근심 · 걱정스런 일이 찾아오게 된다.

하늘이 파랗고 날씨가 맑은데 갑자기 비가 잠깐 뿌리다 그치는 꿈을 꾸면?

이른바 여우가 장가가기 때문에 오는 비라는 '여우비' 인데 감추고 숨겼던 사물이나 사건이 세상에 드러나 밝혀질 것이다.

비가 (지붕이나 천장에서) 새는 꿈을 꾸면?

돈이 들어오는 꿈이다. 빗방울은 돈을 의미하므로 돈이 흘러들어오는 셈이므로 좋은 꿈이다. 새는 빗물을 그릇을 놓고 받는 꿈이면 재산이 불어나는 등 최고의 행운을 의미한다.

비를 맞으며 걸어가는 꿈은?

비에 옷이 흠뻑 젖는 꿈은 생각지도 못했던 곳에서 돈이나 재물이 들어옴을 예고한다. 그러나 비에 신발이나 양말이 젖는 꿈은 병에 걸릴 염려가 있다. 또 생각지도 않은 데에서 손실을 보게 된다. 그래서 빗속을 걸어가면 걱정거리나 손실을 보게 된다고 해몽하는 사람들이 많이 있으나 앞의 경우는 행운을 의미한다.

비가 내리는데 등산하는 꿈을 꾸면?

난처한 경우를 당하지만 노력을 하여 마침내 목적을 이루게 된다는 좋은 꿈이다.

비가 내리는 빗속을 우산을 받고 걸어가는 꿈은?

자연적인 혜택을 받거나 사회적인 혜택을 받아 행복하게 된다는 예지몽이다.

비는 오는데 쓰고 갈 우산이 없는 꿈을 꾸면?

주변 사람이나 선후배의 도움이나 간섭을 받지 않고 혼자 자신의 길을 걸어가게 될 조짐이다. 그래서 앞길이나 하는 일이 정체되거나 막히는 경우가 많다.

비 오는데 우산을 둘이서 같이 쓰고 가는 꿈을 꾸면?

동지나 협력자나 애인과 헤어지게 됨을 예고한다.

비가 내리는 가운데 강이나 내, 바다를 건너는 꿈은?
소원이나 목적이 이루어지게 된다는 징조이다. 그러나 배를 타고 건너는 꿈은 애인이나 남녀 사이에 고민이 생긴다는 암시이다.

비 오는데 우산이 작아서 비를 맞게 되거나 우산을 둘이 쓰고 가는데 작아서 비를 맞게 되는 꿈은?
협조·협력이 필요한데 주변 사람들이나 중간 상인이나 중개인 등의 적극적인 협조를 받지 못해서 손해를 보거나 피해를 당할 징조이다.

비가 못자리나 묘판에 내리는 꿈은?
자손에게 좋은 일이 있을 조짐이다.

빗속을 개나 고양이가 달려가는 모습을 본 꿈은?
소매치기나 도둑을 맞을 조짐이니 주의하라는 경고몽이다.

비가 많이 쏟아져 냇물이나 강물이 불어난 꿈은?
빗물로 강이나 냇물의 수위가 높아져 유유히 흐르는 모습을 보면 앞으로 좋은 일이 생길 것이라는 조짐이다. 그러나 그 냇물이나 강물을 건너가는 꿈은 소원이나 목적을 이룰 수 있는 기회가 온다고 암시해 주는 꿈이다.

비를 맞아 다른 사람의 우산 속으로 뛰어드는 꿈은?
생각지도 않은 좋은 일이나 기쁜 일이 찾아올 것이다.

빗속을 동물이 달려가는 광경을 꿈에서 보면?
목적한 목표나 소원이 이루어지지 않을 것이다. 특히 사기를 당하거나 도둑맞을 염려가 있으므로 조심할 일이다.

비가 풀숲이나 나무에 쏟아지는 광경을 보면?
목적한 일이나 소원이 머지않아 이루어지게 되므로 조금 더 참고 기다리라는 암시이다. 집안살림도 차차 나아진다는 청신호이다.

큰비가 내리는데 배를 띄우는 꿈은?
여자 문제로 사건이나 사고가 생길 조짐이다. 너무 추궁하거나 조바심을 가지지 말 일이다.

소나기를 맞는 꿈은?
술이나 음식 대접을 받게 되는 등 향응을 받거나 좋은 일이 있을 꿈이다.

오던 비가 그치는 꿈은?
비가 내리다가 그치고 날씨가 맑아지는 꿈은 바라던 일이 이루어지고 욕망이나 욕구를 해결하게 될 것이다. 그러므로 얼마 동안은 기쁨과 즐거움을 보장받은 셈이다.

비가 그치고 무지개가 서는 꿈은?
남에게 돈을 빌려주게 된다든지 갑자기 물건을 사야 한다든지 하여 가지고 있던 돈이 많이 지출되는 꿈이다.

비가 창문이나 문틈으로 들이치는 꿈은?
하던 일·사업이나 그 동안에 쌓아 왔던 업적이 세상에 알려져 인정을 받게 된다. 따라서 주변 사람들이나 공공기관으로부터 도움을 받게 되어 크게 발전할 것이다.

■ 눈(雪)

눈이 내리면 어른들은 물론 아이들도 왠지 손뼉을 치며 뛰어나가 내리는 눈을 바라보며 마냥 기뻐한다. 심지어 개도 기쁜 듯 눈 속을 이리저리 뛰어다니며 어쩔 줄 모른다. 꿈에서도 눈이 내리는 것을 보면 머지않아 기쁜 일이 있음을 암시해 준다. 기쁘고 즐거운 일이 잇달아서 찾아온다는 예지몽이다. 그러나 반대로 눈이 녹아 버리거나 눈이 없어지는 꿈은 생활이 어려워진다거나 좋지 않은 일이 생긴다는 암시이다.

눈이 내리기 시작하는 꿈은?

눈이 내리기 시작하고 온몸에 눈을 맞는 꿈은 하는 일이나 소원이 이루어져 성공을 알리는 꿈이다. 그러나 반대로 눈을 맞고 있는데 머리나 옷에 눈이 묻지 않는 꿈은 재난을 당하거나 병에 걸릴 것을 암시한다.

내리는 눈을 맞으며 등산하는 꿈은?

고난과 어려움을 참고 견디어 내어 마침내 피땀의 노력이 결실을 맺어 소원이나 목표가 달성된다는 암시이다.

눈 속에서 낚시질하여 고기를 낚은 꿈은?

장사하는 사람은 큰돈을 벌게 될 것이고 사업은 크게 번창할 것이다. 아무튼 재물이나 이득을 얻게 되는 좋은 꿈이다.

눈이 사방에 내려 온 세상이 눈의 세계가 되어 있고 끝없이 펼쳐진 쓸쓸한 은세계를 꿈에서 보면?

이러한 은세계는 수면(잠)과 죽음·고독과 슬픔·인내를 상징하므로 자식이나 부모와 떨어지거나 부부간에는 헤어져 고독한 생활을 한다는 암시이다.

붉은 눈이 내리거나 눈이 붉게 물드는 꿈은?

실제로는 있을 수 없으나 꿈에서는 있을 수 있는 일이다. 생각지도 않은 돌발 사고로 상처를 입거나 불행한 일을 당한다는 조짐이니 주의하라는 경고몽이다.

눈이나 눈 더미가 물을 따라 흘러가는 꿈은?

애쓴 보람도 없이 그 동안의 노력이 물거품처럼 되어 버린다는 좋지 않은 꿈이다. 그 좋지 않은 정도는 눈 더미나 눈의 크기에 따라 크기도 비례한다.

눈이 내리는 눈 속에서 뛰어 노는 아이들을 보면?

눈 속에서 아이들이 뛰어 노는 꿈은 바라던 희망이나 계획한 일이 뜻대로 되지 않고 좌절되어 버린다는 암시이다.

눈이 내리는데 여름옷차림으로 돌아다니는 꿈을 꾸면?

병에 걸리거나 건강에 문제가 생길 염려가 있거나 손실·손해를 입을 조짐이다.

눈 덮인 산봉우리에 서 있는 꿈은?

　사회적으로 인정을 받아 지도자가 되거나 높은 자리에 올라설 조짐이다. 미혼 남녀가 이 꿈을 꾸었다면 머지않아 훌륭한 배필을 얻게 될 징조이다.

눈 덮인 길 위에 발자국이 나 있는 꿈은?

　경쟁 상대나 다른 사람에게 선두를 빼앗기게 되어 낙망할 일이 있을 것이다.

눈 속에 꽃이 피어 있는 꿈은?

　하얀 눈이 내리는 것을 보면 누구나 아름답다고 느낀다. 여기에 아름다운 꽃까지 피어 있다면 아름답기 그지없다. 그러나 그 아름다움에 정신을 빼앗긴다면 생각지도 못한 데에서 손실이나 손해를 보게 되니 매사를 정신차려서 하라는 경고몽이다.

눈이 소복이 쌓여 있는 꿈은?

　하얀 눈이 높이 쌓여 있는 광경을 보면 살림이 불어나 생활이 넉넉해지거나 수입이 좋아 살기가 편하게 될 조짐이다.

산봉우리 위에 눈이 쌓여 있는 것을 보면?

　걱정거리나 고민해야 할 일이 잇달아 생겨 난다.

사방에 눈이 내려 눈 속에서 길을 잃고 헤매는 꿈은?

　실제로도 어찌해야 좋을지 몰라 헤매거나 헷갈리는 일이 있을 조짐이다. 또 하던 일이 정체되거나 슬럼프에 빠질 것이며 자칫 실패로 끝날 염려가 있다. 그러므로 이 꿈을 꾸면 현실을 재검토해 보고 당황하지 말고 참으며 기회나 시기가 오기를 기다려야 한다.

눈을 먹는 꿈은?
주변에 협력자나 후원자가 생기게 되어 정신적으로나 물질적으로 도움을 받게 되어 행복을 느끼게 될 것이다. 젊은이들은 바라던 연인이 생기게 되어 즐거운 나날을 보낸다.

지붕 위에 눈이 소복이 쌓여 있거나 눈 더미에 지붕이 무너질 듯한 모습을 보면?
머지않아 불행한 일이나 재해를 당하여 살기가 어려워질 것을 암시하는 꿈이다.

나뭇가지에 눈이 쌓인 꿈은?
맡은 책임이 무거워지거나 앞뒤가 가로막혀 곤궁에 빠질 염려가 있으나 눈이 살짝 쌓여 있으면 머지않아 좋은 일이 있을 것이며 바라던 일이 뜻대로 이루어질 것이다.

첫눈이 내려 쌓이는 것을 보면?
금전 거래나 상업상의 교섭이나 혼담 등이 생각대로 잘 진전된다는 길몽이다.

내린 눈이 녹다가 남아 있거나 아직 다 녹지 않은 눈을 보면?
사건이나 사고가 잘 해결되지 않아 고민의 씨앗이 남아 있을 조짐이다.

다른 사람이 눈을 맞고 있는 모습을 보면?
　남에게 고소당하거나 부모님의 병환이 위독하게 되거나 부모를 여의게 될 조짐이다.

눈이 오는 눈 속에서 아름다운 여인을 만나는 꿈은?
　혼담이나 사랑이 깨질 것이다.

눈 더미가 무너지거나 눈사태가 나는 꿈은?
　실제로도 파산이나 실패나 좌절을 체험하거나 질병에 시달리게 될 것이다.

눈을 쓸어내는 꿈은?
　아직 해결되지 못한 일이 차차 풀리기 시작한다는 예고몽이다.

큼직큼직한 눈송이가 방안에 내려 쌓이는 꿈은?
　난데없는 재물이나 돈이 들어올 조짐이다.

눈송이를 뭉쳐 눈덩이를 만드는 꿈은?
　주문이나 청원이 많이 들어오거나 사업 자금 등 자금이 들어올 조짐이다.

눈덩이를 던져 상대방을 때리거나 맞히는 꿈은?
　경쟁하는 상대와 더욱 치열하게 경쟁을 벌려야 할 일이 생긴다.

눈이 대나무 위에 내려 대나무 가지가 휘는 것을 보면?

 그 동안 노력한 보람이 있어서 일이 열매를 맺고 머지않아 승급 승진할 조짐이다.

눈 속에서 죽순을 캐는 꿈은?

 뜻밖에 진귀한 물건을 얻거나 싸게 매입하게 될 것이다. 실직자는 직장을 얻게 될 것이고 직장인은 승급을 하게 되는 길몽이다.

눈과 서리가 내리는 꿈은?

 매사가 순조롭게 이루어진다는 조짐이다.

■ 안개 · 아지랑이 · 서리 · 이슬

 안개가 끼면 앞이 잘 보이지 않는다. 안개 꿈은 실제로도 앞길이 잘 보이지 않아 상황 판단을 그르치어 일이 악화되거나 실패하게 될 불운을 상징하지만 서양이나 동양의 옛이야기에 등장하는 안개 속에서 별세계를 만나 행운을 얻거나 행복하게 살게 된다는 나그네(여행객)의 이야기처럼 행운의 길몽인 경우도 있다. 상황에 따라 해몽해야 한다.

동쪽 하늘에 안개가 자욱이 끼는 광경을 보면?

 모든 일이 계획한 대로 잘 진척되어 간다는 길몽이니 적극적으로 추진해도 좋을 것이다. 혼담이나 상업적인 상담도 뜻대로 이루어지고 수험생은 시험에 합격하게 될 것이다.

짙은 안개 때문에 사방이 어둑어둑해지는 꿈은?

건강상 문제가 있으므로 병에 걸리지 않도록 유의해야 하며 헛소문 때문에 뒤로 물러서거나 막히는 사태가 일어날 조짐이 있으니 유의하라는 경고몽이다.

짙은 안개가 걷히지 않고 계속 끼어 있는 꿈은?

걱정거리나 근심할 일이 많고 자칫 남과 말다툼할 조짐이 있다. 또한 병에 걸릴 염려가 있으니 건강에 조심해야 할 것이다.

짙은 안개가 바람에 걷히거나 깨끗이 사라지는 꿈은?

걱정거리나 신경 쓰던 일이 안개가 깨끗이 걷히듯 말끔히 사라지고 희망이나 소원이 이루어지고 목적은 달성된다는 예고몽이다.

안개 속에 탈것(자동차 · 기차 · 배 등)의 움직이는 모습이 아련히 보이면?

해 오던 일이나 진행 중의 일이 방해를 받아 막히거나 정체되어 예상 밖의 사태가 일어날 징조. 모든 일이 난항을 겪게 될 조짐이다.

아지랑이가 피어오르는 꿈을 꾸면?

지금까지 막혀 있거나 정체된 불운이 트이고 행운이 찾아온다는 조짐이다. 그러나 자칫 다른 사람이나 경쟁자와 말다툼할 일이 생기게 된다.

이슬에 옷이 젖은 꿈은?

이슬은 정신적인 정서와 풍요를 상징하므로 대접을 받는 등 먹

을 것이 생긴다. 또한 수많은 사람들에게 환대를 받는 등 좋은
일이 있을 것이다.

이슬이 내린 길을 걸어가는 꿈은?
　자신이 지닌 기량이나 솜씨를 인정받아 목적을 이루게 된다.
청춘 남녀는 사랑을 이루게 될 것이다.

풀잎의 이슬방울이 햇살을 받아 반짝이는 꿈은?
　이익이 나거나 재물이나 돈이 들어와 저축하게 된다. 환자는
병이 차차 나아진다는 예고이다.

이슬을 먹는 꿈은?
　활발하게 활동하는 시기임을 암시하므로 적극적으로 나서면 좋
은 성과를 거둘 것이다. 환자가 이슬을 먹으면 그 동안의 치료가
효험을 보아 머지않아 완쾌된다는 예고이다. 그러나 환자가 이슬
에 흠뻑 젖은 꿈을 꾸면 병세가 악화되거나 중태에 빠진다는 예
지몽이다.

이슬방울을 손으로 집는 꿈을 꾸면?
　가까운 시일 안에 문제가 해결되거나 받을 돈을 받게 되어 돈
이 들어올 것이다. 부인이 이 꿈을 꾸면 임신한다는 태몽이기도
하다.

싸리나무 가지에 맺힌 이슬을 보면?
　처녀가 이 꿈을 꾸면 머지않아 훌륭한 연인을 만나게 될 것이

며 미혼 남녀가 이 꿈을 꾸면 혼담이 있을 것이다. 사업가나 일반 남자가 이 꿈을 꾸면 좋은 일이 있을 것이다.

이슬을 그릇에 담는 꿈은?
재산이나 재물이 낭비되거나 병에 걸릴 염려가 있으니 건강에 주의해야 한다.

이슬이 내린 길에서 아침해에게 절을 하는 꿈은?
사회적으로 인정을 받고 높이 되거나 유명해질 징조이다.

서리가 내려 사방이 하얗게 덮인 광경을 보면?
하던 일이나 사업이 오그라들어 하향하는 불운을 나타낸다. 또한 다른 사람과 다투거나 고립되어 독자적으로 앞을 헤쳐 나가야 되는 어려움을 겪게 된다. 또 전염병이 걸릴 염려가 있으니 건강에 매우 조심해야 한다.

하얗게 서리가 내린 길 위에 개의 발자국이 있는 꿈은?
도둑을 맞거나 물건을 잃어버리거나 아랫사람이 자신의 돈을 가로채는 등 좋지 않은 일이 일어난다.

서리가 내려 숲이나 나무·꽃이 말라죽은 꿈은?
하던 일이나 사업이 진척되지 않고 막히거나 자칫하면 파산까지 이르게 된다. 가정 불화가 일어날 수도 있으니 유의해야 한다.

서리가 내리는데 나무들이 꽃을 피우고 있는 꿈은?
번민이나 고민으로 마음이 헷갈리고 정신이 집중되지 않아 자칫하면 큰 실수를 하거나 추태를 보여 망신을 당할 염려가 있다.

■ 얼음

얼음이 어는 것을 보면?
　어떤 일이든 어려움이나 힘든 처지를 참지 못하여 마침내 실패로 끝난다는 조짐이 있다.

■ 우박

　우박이 많이 쏟아지는 꿈은 집안이나 회사 안의 내분이 일어날 조짐이 있음을 알리는 예지몽이다.

■ 싸라기

　싸라기가 내리거나 내린 꿈을 꾸면 아차하는 순간에 잘못하여 큰 불행한 사건을 일으키게 된다는 좋지 않은 꿈이다.

■ 천둥

천둥(우레) 소리가 들려 오면?
　꿈에서와 마찬가지로 실제로도 깜짝 놀랄 만한 일이 생긴다. 소식을 모르던 사람이 갑자기 나타나거나 찾아와 깜짝 놀라거나 장사하는 사람은 갑자기 물건이 불티나듯 팔리는 등 큰 이익이 생긴다. 또 천둥소리가 멀리서 들려 오면 사회적으로 신임을 받아 지위가 오르고 출세를 하게 될 조짐이다. 이사를 가거나 이전을 하는 등 장소나 거래처 등을 옮기면 좋은 일이 생긴다.

그러나 천둥소리가 크게 우르르 쾅쾅 울리면 좋지 않은 일이 있거나 가정 불화나 회사에 내분이 일어날 조짐이다.

천둥소리에 놀라서 사람들이 무서워 떨고 있는 꿈을 꾸면?

밖에 나갔다가 난데없는 사고를 당하거나 재난을 당할 조짐이고 때에 따라서는 목숨도 잃어버릴 수 있는 좋지 않은 꿈이다.

천둥소리를 자동차 안이나 배 위에서 듣는 꿈은?

여자에 관한 기쁜 일이 있거나 여자로 인하여 즐겁거나 좋은 일이 생길 것이다. 또는 바람날 일도 있을 수 있으니 행동을 조심하도록 한다.

천둥소리가 땅에서 울려오면?

하는 일마다 뜻대로 이루어질 것이다.

■ 번개

번갯불을 꿈에서 보면?

번쩍 빛나는 번갯불을 꿈에서 보면 하는 일마다 순조롭게 되고 좋은 곳으로부터 초대를 받기도 한다.

번갯불이 하나의 띠처럼 길게 번쩍이는 것을 보면?

부부 사이에 불화가 생기거나 별거 또는 이혼하게 되거나 생이

별하게 될 징조이다. 또 연인은 실연의 아픔을 겪게 된다는 암시이다.

번갯불이 집안으로 들이비치는 꿈은?
 재물이나 보물을 얻게 된다는 길몽이다.

번갯불이 배 위를 비치는 꿈은?
 내분이나 갈등이 해소되고 서로 융합하게 된다는 암시이다.

번갯불이 자신의 몸에 비치는 꿈은?
 사회적으로 인정받고 신임을 얻어 지위가 높아지고 이름이 세상에 널리 알려지거나 집안에 경사가 난다는 길몽이다.

번갯불이 바다 속에서 불기둥처럼 솟아오르는 광경을 보면?
 지금까지 의심받거나 혐의를 받은 일이 환하게 밝혀져 누명을 벗게 된다는 암시이다.

■ 벼락

 벼락은 갑자기 전기를 가진 구름과 구름 사이에 또는 구름과 땅 사이에 방출한 전기가 맞부딪쳐 스파크가 일어난 현상이다. 이 꿈의 해몽도 역시 이처럼 돌발적으로 행운이 일어난다는 청신호이다.
 벼락친 다음 거짓말처럼 하늘이 말짱하게 개는 것처럼 불운에서 행운으로 대역전의 현상이 일어남을 의미하기도 한다. 일찍이 서양에서는 그리스의 신화의 최고신인 제우스(zeus) 신의 무기로서 신의 경고나 계시를 상징한다. 그래서 벼락 꿈은 사건·사고·시련·곤란을 극복하고 비약적으로 발전한다든지 수많은 사람들의 신임을 받게 되어 그 이름을 떨치거나 아무튼 예상하지 않았던 성공을 한다는 길몽이다. 그 시련 곤란을 극복하지 못하면 재난이나 불행을 맞기도 한다.

벼락을 맞는 꿈은?

벼락을 맞으면 으레 천벌을 받았다고 한다. 벼락 맞는 꿈도 슬픈 일이나 불행을 맞게 되리라는 예지몽이다. 그러나 벼락을 맞을 뻔하거나 벼락이 다른 데에 떨어지는 꿈은 좋은 일이 있으리라는 길몽이다.

벼락이 떨어져 불이 난 광경을 보면?

생각지도 않았던 좋은 일이 생기거나 국가나 사회적인 명예를 얻게 되어 이름을 날리고 포상을 받게 된다.

벼락이 떨어져 나뭇가지가 부러지거나 나무가 기울어지는 꿈을 꾸면?

가족이나 친족의 누군가에 불행한 일이 일어난다는 조짐이다. 또는 강력한 압력을 받아 사업이 정체되거나 수술해야 할 병에 걸리는 수도 있다.

벼락이 떨어져 바위가 부서지는 광경을 보면?

국가나 사회적으로 큰 변혁이나 개혁 또는 쿠데타가 일어날 조짐이다.

벼락 때문에 전기가 나가거나 등불이 꺼지는 꿈은?

한 집안이나 회사의 기둥이 되는 주요한 사람에게 큰 재난이 닥치거나 사업이 잘 진척되지 않음을 예고하는 꿈이다.

비가 오는데 벼락치는 꿈은?

윗사람이나 선배가 후원해 주거나 이끌어 주어 마침내 입신 출세할 징조이다. 사업하는 사람이 이 꿈을 꾸면 사업이 크게 번창할 것이다.

벼락이 산길에 떨어지는 것을 보면?

소원이나 소망이 뜻대로 이루어지고 목표를 달성할 조짐이다. 수험생이 이 꿈을 꾸면 시험에 합격할 것이다.

천둥 벼락이 치는 가운데 내나 강을 건너가는 꿈을 꾸면?

시련을 이겨내고 마침내 자기가 바라던 목적을 이루게 된다는 좋은 꿈이다. 자동차로 달리는 꿈은 좋은 곳으로 인도되어 성공하게 된다는 조짐이다. 그러나 천둥 벼락치는 가운데 빗속을 우산을 쓰고 가는데 우산이 부서지는 꿈은 좋지 않은 일이 일어날 것이라는 예고몽이다.

■ **바람**

바람도 부는 강도에 따라 다르다. 솔솔 부는 바람을 느끼는 꿈을 꾸면 즐거운 일이나 기쁜 일을 가져다 준다는 암시이다.

폭풍은 싸움이나 말다툼을 불러일으킬 것이며 회오리바람은 아주 불길한 꿈이다. 큰바람이 몰아치거나 날아가는 꿈은 소중한 사람이나 주요한 사람과 이별을 한다는 예고이다. 큰바람에 집이 흔들리는 꿈은 갑자기 재난의 피해를 입게 될 것이라는 조짐이다.

바람을 향하여 걸어 나가는 꿈 즉 바람을 안고 걸어가는 꿈은?
　괴로움이나 시련에 지지 않고 극복하여 마침내 목적을 이룬다는 예지몽이다.

바람을 등지고 걸어가는 꿈은?
　순풍에 돛단 듯 모든 일이 순조롭게 잘 되어 나간다. 큰 어려움이나 난관없이 주변 사람들의 협력과 후원을 받아 마침내 목적을 이루게 된다는 길몽이다.

옷을 벗길 정도로 바람이 세차게 부는 꿈은?
　질병에 걸릴 염려가 있으니 건강에 유의해야 한다는 암시이다. 바람에 옷자락이 날리는 꿈은 몰래 간직했던 비밀이 세상에 알려지거나 발각된다는 예지몽이다.

바람에 나뭇가지가 꺾어지거나 나무가 쓰러지는 꿈은?
　놀라운 일이 있을 것이다. 외부의 세력이나 압력 때문에 인재를 잃거나 재산상 손해를 보거나 집안이나 회사가 몰락하게 될 것이다.

바람을 타고 공중을 날아가는 꿈은?
　홍길동전의 홍길동이나 수호전의 손오공이나 삼장법사나 삼국

지연의의 제갈공명이나 부릴 재주이지만 보통 사람이 꾸는 이런 꿈은 남에게 속아서 선두를 뺏기거나 사기당할 수가 있으니 유의하라는 경고몽이다.

불길이 바람을 타고 더욱 세차게 치솟아 오르는 광경을 보면?
사회적으로 신임을 얻어 협조를 받거나 후원을 받아 사업이 더욱 번창하게 될 것이다.

비와 함께 강한 바람이 세차게 불어대는 것을 꿈에서 보면?
괴로움과 시련에서 벗어나지 못하고 잇달아 겪게 된다는 암시이다.

바람에 빨래가 날아가는 꿈을 꾸면?
남에게 속아넘어가거나 사기당할 염려가 있으니 조심하라는 경고몽이다.

강풍으로 기왓장이 날아가는 꿈은?
앞뒤가 막히어 어떻게 할 수가 없게 될 것이라는 조짐이다. 집이나 거처를 옮겨야 한다는 예지몽이기도 하다.

강풍으로 모래 먼지가 뿌옇게 날아가는 꿈을 꾸면?
친구나 잘 아는 사람이 갑자기 돌아가시게 된다는 암시이다. 작은 돌이 날아간다면 집안이나 회사 안에 괴이한 일이 생기게 될 것이다.

큰 비바람(폭풍우)이 세차게 불어닥치는 꿈을 꾸면?

다른 사람의 방해를 받거나 자신도 모르게 실수를 하여 일을 그르치거나 일이 잘 풀리지 않는 등 어렵고 힘든 처지가 계속된다는 암시이다.

폭풍이 불어닥치는 꿈은?

꿈에서처럼 실제로도 갑자기 사건 사고가 잇달아 그 동안 쌓아 온 재산, 부동산·증권·주식·보석 등을 잃게 되거나 큰돈을 쓰지 않으면 안 되게 된다. 어쩌면 가장 소중한 가족의 사랑마저도 잃어버리게 될지도 모른다. 운명이 위기에 직면해 있음을 알리는 경고몽이다. 이 때에는 투기나 도박 같은 데 손을 대서는 안 된다. 그러나 폭풍이 지난 뒤에는 새로운 가능성도 있으므로 큰 결단을 내려 새 출발을 도모해야 할 것이다.

폭풍이나 태풍으로 집이나 건물 등이 쓰러지는 꿈은?

폭풍이 불어닥치는 꿈과 같이 정신적으로나 물질적으로 위기가 닥쳐왔음을 알리는 경고몽이다.

■ 무지개

동양에서 무지개에 관한 꿈은 동쪽과 남쪽에 선 무지개만 행운의 꿈으로 풀이하고 그 밖의 다른 쪽에 선 무지개는 불운이나 불행을 암시한다고 본다. 방향을 알 수 없는 경우에는 운명에 큰 변화를 가져온다는 조짐으로 본다.

동쪽에 선 무지개를 본 꿈은?

윗사람이나 선배의 도움이나 후원을 얻어 행운의 기회를 맞아 불운하고 불행한 일이나 걱정거리 등은 모두 해소된다고 한다.

서쪽에 선 무지개를 보면?

도난을 당하거나 사기를 당할 염려가 있음을 알려주는 예지몽이다.

남쪽에 무지개가 선 모습을 보면?

진수성찬의 대접을 받게 된다는 예고몽이다.

무지개가 절반밖에 보이지 않은 꿈을 꾸면?

하던 일도 중도에서 흐지부지해지기 쉬워 목적을 이룰 수가 없다. 그러나 무지개가 온전하게 잘 보이면 명성을 얻게 되어 한때나마 이름을 날린다. 마치 스타들의 인기같이 머지않아 잊혀지고 만다. '무지개처럼 아름다운 꿈'이라는 말처럼 덧없는 인생임을 새삼 느끼게 한다. 비록 지금은 아름다운 사랑을 열렬히 하고 있는 연인이라도 해피엔딩으로 끝나기가 어려우니 마음의 준비나 각오를 해 두는 편이 좋을 것이다.

땅에 서 있는 무지개를 보면?

실제로는 있을 수 없으나 아무튼 이 꿈은 아랫사람이나 주변 사람들에게 배신당하여 재물이나 목돈을 잃어버릴 좋지 않은 꿈이다.

비가 내리는데 무지개가 서 있는 광경을 보면?

머지않아 기쁜 일이 찾아온다는 암시이며 또한 술이나 음식 대접을 받게 될 것이다.

아름다운 일곱 가지 색깔의 무지개가 선 것을 보면?

명예나 명성을 얻게 된다는 예지몽이다.

쌍무지개가 떠 있는 것을 보면?

부부 사이나 부모 자식 사이에 불화가 생기어 따로 떨어져서 별거하거나 반목을 하게 될지도 모르니 주의해야 한다.

무지개가 떠 있는 다리를 건너가는 꿈은?

바라던 일이나 목표가 이루어질 것이라는 예지몽이다.

무지개 아래로 냇물이나 강물이 흐르는 광경을 보면?

의논하는 일이나 상업상 교섭이나 상담이 바라는 대로 이루어질 조짐이다. 결혼 상대와의 혼담도 성사될 것이라는 예지몽이기도 하다. 또한 승진·입학·취직도 뜻대로 될 것이다.

무지개가 산 사이에 걸려 있는 꿈은?

명예를 얻거나 재물·돈이 들어올 길몽이다.

무지개 속으로 태양이 비쳐 보이는 꿈은?

실제로는 있을 수가 없는 현상이지만 이런 꿈을 꾸면 뜻밖의 사람으로부터 신임을 받아 후원해 주고 이끌어 줌으로써 마침내 성공하게 된다는 예지몽이다.

검거나 하얀 빛깔의 무지개를 보면?

희거나 검은 빛깔의 무지개를 보게 되면 그럴듯한 상대방의 감언이설에 속아넘어가 큰 피해를 입게 되니 주의하라는 경고몽이다. 중병 환자가 이 꿈을 꾸면 죽을 때가 가까워졌음을 알리는 꿈이다. 또한 여자 문제로 갈등이 생겨 손해를 보거나 구설수가 있을 것이다.

무지개를 타고 건너가는 꿈을 꾸면?

바라는 일이나 희망이 뜻대로 이루어지고 기쁜 일이 있을 것이다.

무지개 너머로 태양이 있는 것을 보면?

즐겁고 기쁜 일이 있을 것이다.

무지개 아래에 사슴 또한 학이 있는 것을 보면?

선배나 윗사람의 신임을 받아 후원과 협조를 얻어 지위가 높아지고 유명해져 출세하게 된다.

무지개가 서 있고 새들이 떼를 지어 날아다니는 꿈이나 새들이 지저귀는 꿈은?

즐거운 놀이에 빠져 재산을 낭비하게 될 조짐이다. 지나치면 가산을 탕진하고 망신을 한다.

무지개를 타고 신선이나 선녀가 내려오는 것을 보면?

세상에 널리 알려져 탤런트라면 인기가 오르고 작가라면 작품이 명성을 얻게 될 것이고 직장이라면 지위가 오르게 될 것이다.

■ 지진

대지가 흔들리는 지진이 일어난 꿈은?

현재의 지위나 신분 등이 승급하거나 승진하는 등 바뀌게 될 것이라는 예고이다. 그러나 지진으로 자기 자신이 흔들리는 꿈은 운수가 기울어지고 있음을 나타내며 집이나 회사 등이 도산되거나 또는 소송당하는 등 신중하고 조심하지 않으면 위험한 처지에 놓이게 되고 목숨까지도 잃게 된다. 그렇지만 가벼운 미진일 경우에는 주소나 직장을 옮기는 정도의 변동을 예고한다.

지진으로 물건이 떨어지거나 유리창이 흔들리는 꿈은?

부부간의 불화나 사업의 정체나 소송 사건에 시달림을 받게 될 것이다.

지진으로 산이 무너져 내리는 꿈은?

꿈에서와 마찬가지로 이런 꿈은 머지않아 걱정거리나 번민하던 문제가 한꺼번에 터져서 당황하게 만든다는 암시이다.

10. 바다·강·내·못·물에 관한 꿈

물은 감정의 상징인데 여러 곳의 물이 모여 이룬 바다는 잠재적인 감정의 움직임을 상징한다. 또한 바다에서 여러 가지 산물을 생산해 내므로 재능을 나타낸다. 따라서 바다에 관한 꿈은 인간 감정의 움직임과 재능을 암시한다.

■ 바다

잔잔한 바다를 꿈에 보면?

모든 면에서 평온한 상태 비교적 불만이 없는 마음(감정)을 암시하는 꿈이다. 그러므로 하는 일이나 계획도 순조롭게 이행되고 진척되며 주변으로부터 신임을 얻어 마침내 소원을 성취하는 길몽이다.

잔잔한 물결은 햇살을 받아 반짝이고 물은 맑아 누가 봐도 감탄하는 아름다운 바다를 보면?

바다의 그 아름다운 정경에 '시'라도 한 구절 읊고 싶을 것이다. 실제로도 예술적 재능이 세상에 드러나게 됨을 예고해 주는 꿈이다. 특히 아이디어나 창의력이 주가 되는 일을 하고 있는 사람이 이 꿈을 꾸었다면 큰 행운을 잡을 수 있다는 대길몽이다.

높은 파도가 무섭게 출렁거리는 거친 바다를 꿈에서 보면?

그 동안 참았던 감정이 거센 파도처럼 폭발하여 주변 사람이나 친지와 시비를 하거나 다투게 되어 일이 차질을 빚게 될 것이라는 예지몽이다. 이 때에는 정신 수양이 무엇보다 필요하다.

바닷물이 갑자기 빠져나가는 썰물을 보면?

뜻밖에 화재나 홍수 등 재난을 당하거나 도둑을 맞거나 교통사고 등 불행한 일을 맞는다.

빠져나간 바닷물이 다시 밀려와 다시 만조가 되는 꿈은?

썰물과 반대로 모든 일이나 사업이 번창하고 큰 이득이 생긴다는 길몽이다.

바다 속에 들어가 용궁을 보면?

모든 일이 뜻대로 이루어지고 행운이 찾아온다는 암시이다.

바다 위를 걸어가는 꿈은?

현실에서는 있을 수 없는 일인 만큼 현실에서는 시련과 난관을 물리치고 마침내 성공한다는 암시이다.

바닷물 속으로 빠지는 꿈은?

바다에 빠지는 것은 큰 사건이다. 그렇지만 현실에서도 머지않아 그와 같은 위기에 빠지게 된다는 것을 미리 알려주는 경고몽이다.

바닷물이 넘쳐나는 꿈은?

하던 일이 더욱 번창하고 큰 이득을 보게 된다는 길몽이다.

바다에서 헤엄치는 꿈은?

조난 사고나 배가 침몰되지 않았는데 넓고 넓은 바다에서 헤엄친다는 것은 아직도 의기가 왕성함을 나타내는 것이다. 열심히 노력하면 고생 끝에 뜻을 이루고 명예를 얻는다는 좋은 꿈이다.

바다에서 헤엄치다가 사람을 만나는 꿈은?

가정 생활에 불화가 생겨 골치 아픈 문제가 일어난다는 예고이다.

썰물 뒤에 갯벌에서 조개잡이를 하는 꿈은?

사업을 하거나 장사를 하는 사람은 날로 번창하여 그 이름을 날리게 되고 큰 이득을 본다는 조짐이다.

■ **내(川)·강(江)**

일찍이 부처님은 큰 내(강)는 이승(이세상)과 저승을 가르는 경계선이 된다고 했다. 사람이 죽어서 저승으로 가는 중도에 있는 '삼도내(三途川)'라는 큰 내를 반드시 건너야 되는데 이쪽 기슭을 '차안(此岸: 이승)' 건너 쪽을 '피안(彼岸: 번뇌를 벗어나 깨달음에 이른 경지)'이라 하여 구분했다.

그리고 '차안'에서 '피안'으로 건너가는데 이승에서 죄를 많이 지은 사람은 다리로 쉽게 건너가게 하고 죄가 적은 사람은 깊은 여울로 죄가 많은 사람은 깊고 물살이 센 급류로 시련과 고통을 겪으며 건너가게 한다고 한다. 어쨌든 내(강)에 관한 꿈도 큰 내(강)를 건너 새로운 세계인 피안의 세계로 가야 즐겁고 행복한 생활을 누릴 수가 있다. 그리고 큰 내를 건너는 데에는 무엇보다도 자기 자신의 개혁과 굳센 의지가 필요하다. 따라서 내(강) 꿈은 스스로의 힘으로 마침내 성공한다는 길몽이다. 그러나 냇물(강물)에 빠지는 꿈은 흉몽이다.

강물에 빠지는 꿈은?

물 속에 빠지는 꿈은 생활이 최저로 떨어져 목숨을 이어가기 어렵게 되고 주택이나 주거는 자꾸 옮겨다녀야 될 형편이 되며 하는 일마다 실패를 거듭하게 된다는 암시이다. 그러나 만일 스스로의 힘으로 헤엄쳐서 살아 나오는 꿈이라면 운명은 불운에서 행운 쪽으로 호전되어 행운을 잡을 좋은 기회가 왔음을 알려 주는 예지몽이다.

강이나 냇물이 말라버린 꿈은?

하는 일이 정체되고 침체되어 생활이 어려워질 것이며 뜻밖에 불행한 사고를 당하거나 걱정거리가 생길 것이라는 조짐이다. 물론 가정 생활도 원만하지 못하게 될 것이다.

강이나 냇물에서 헤엄치는 꿈을 꾸면?

쉽게 헤엄쳐 나가는 꿈은 쉽게 헤엄치듯 모든 일이 순조롭게 잘 되어 나가는 길몽이다. 그러나 허우적거리며 어렵게 헤엄쳐 나가면 시련과 고통을 헤쳐 나가야 한다는 것을 암시한다.

강물(냇물)이 목까지 잠기는 꿈을 꾸면?

갑자기 불행한 일을 당하거나 질병에 걸려 고통받을 조짐이다.

강물(냇물)을 헤엄치면서 다른 사람을 만나는 꿈은?

어찌해야 좋을지 망설이는 일이 많아지고 가정 불화로 갈등과 내분이 일어날 조짐이다.

헤엄쳐서 저쪽 강기슭(피안)까지 건너간 꿈은?

피안(불교에서는 이세상의 번민과 고뇌를 깨끗이 잊는 깨달음의 경지)에 닿았으니 바라던 뜻이 이루어지고 이름을 날리게 된다는 암시이다.

강물이나 냇물이 흙탕물처럼 흐린 것을 보면?

세상 사람들로부터 시비하거나 헐뜯는 비판의 말을 듣는 구설수가 있다는 암시이니 언행을 조심해야 할 것이다.

강물(냇물)이 폭포수처럼 세차게 흘러 떨어지는 것을 보면?

하는 일이 순풍에 돛을 단 듯 순조롭게 진척되어 간다는 조짐이다.

강물(냇물)을 가로질러 가는 꿈을 꾸면?

새로운 도전에 응전해야 할 새로운 모험이 시작된다는 암시이다.

강물(냇물)이 얼어붙어 있는 꿈을 꾸면?

하는 일이나 바라던 일이 제대로 되지 않고 얼어붙듯 정체되거나 침체된다.

강둑이나 냇둑에 올라앉아 강물이나 냇물이 흐르는 것을 바라보는 꿈은?

속을 썩이는 일·골치 아픈 일 등 걱정·근심거리가 끊이지 않을 조짐이다.

건너편 강기슭으로 가고 싶으나 다리가 없어서 가지 못하는 꿈은?

고통과 시련·성가신 일이나 귀찮은 문제가 발생하고 주변 사람들과 인간 관계가 원만히 이루어지지 않고 불화가 계속되어 하는 일마다 정체되고 침체된다는 예고이다.

강물(냇물) 위로 걸어서 건너가는 꿈은?

애써 해 온 일이 사회적으로 국가적으로 자신에게 유리하게 작용하여 결실을 맺는다는 암시이다. 사랑하는 연인들은 결혼으로 발전되고 작가나 예술가는 좋은 작품을 발표하게 된다는 예지몽이다. 물이 맑으면 맑을수록 더 좋은 행운을 가져다 준다.

■ 호수

아름다운 호수를 꿈에서 보면?

물결이 잔잔하고 아름다운 호수는 보기도 좋지만 이런 호수에

관한 꿈은 생각지도 않은 행운 특히 금전이나 재물의 행운을 얻
게 된다는 길몽이다. 그 호수가 크면 클수록 행운도 더욱 커진다.
그러나 호수의 물결이 거칠게 일렁거리면 불안·초조함·감정의
폭발 등으로 대인 관계가 나빠진다는 암시이다.

호수에서 뱀·물고기·용 같은 동물이 나오거나 있는 것을 보면?
좋은 아이를 낳는다는 태몽이다.

호수가 얼어붙어 있는 것을 보면?
'강물이 얼어붙어 있는 꿈'과 같이 일이 정체되거나 침체된다.

호수 안에 큰 나무가 서 있거나 큰 바위가 있는 것을 보면?
호수나 나무나 큰 바위 등은 하나의 장애물이라 할 수 있으므
로 일이 정체되거나 지연되는 것을 암시한다.

호수에서 손발을 씻는 꿈은?
공공 기관·회사나 어떤 단체 등에서 도움을 주거나 협조하여
바라는 목표나 소원을 이루게 된다고 미리 알리는 예지몽이다.

호숫물이 빨갛게 핏빛으로 변하는 꿈은?
공공 기관·회사나 단체 등을 감동시켜 새 바람을 일으키게 된다.

호숫물이 보랏빛으로 변하는 꿈은?
공공 기관·회사나 단체 등의 협조와 사랑의 손길을 준다는 암시
이다.

■ 우물 · 샘

우물물이나 샘물은 땅 속 깊이 숨겨져 있으므로 이에 관한 꿈 역시 잠재 능력이나 재능을 상징한다. 물의 양은 그 능력이나 재능을 발휘할 수 있는 가능성의 정도를 가리킨다. 또한 물의 상태가 깨끗한가 더러운가에 따라 행운·불운을 해몽한다.

맑은 샘물(우물)을 보면?

물이 맑고 깨끗하면 운수가 좋아 모든 일이 뜻대로 순조롭게 진척될 것임을 암시한다. 따라서 힘차게 밀고 나가면 뜻을 이룰 것이다.

맑은 우물물(샘물)을 길어 담는 꿈은?

타향이나 외국에서 돌아오거나 돌아오는 손님이 있음을 암시한다. 불안정한 상태에서 안정된 생활로 복귀함을 의미한다.

흐려진 우물물(샘물)을 길어 담는 꿈은?

맑은 우물물(샘물)을 길어 담는 꿈과는 반대로 윗사람이나 선배와 의견·주장이 달라 충돌을 하거나 불화로 자칫 신임을 잃고 왕따당할 염려가 있으므로 언행을 조심해야 할 것이다.

우물물(샘물)이 흐릿하거나 더러워진 것을 보면?

맑은 우물물(샘물)을 본 꿈과는 반대로 운수가 불운 쪽으로 기울고 있음을 암시한다. 따라서 이 때에는 신규 투자나 사업 확장을 삼가야 할 것이다.

우물물(샘물)에 자신이 비친 모습을 보면?

직장인은 신임을 받아 승진·영전하게 될 것이고 사업인은 신뢰를 받아 거래처가 증가할 것이며 부인은 임신할 태몽이기도 하다.

우물(샘)의 물이 바짝 마른 꿈을 꾸면?

재산상이나 금전상 손실을 보게 될 것이며 주거지나 주택 문제로 고민하게 될 것이다. 운수가 하향하는 때이다.

우물(샘) 속에서 큰 물고기가 헤엄치고 다니는 것을 보면?

직장인이나 상인·사업가는 운이 트여 재물이나 돈을 모으게 될 것이다.

우물물(샘물)이 바짝 말라 버린 꿈은?

물이 없다면 살 수도 없다. 물은 모든 생물에게 반드시 필요한 물질인데 말라 버린 꿈은 현실에서도 집안이나 회사·공공단체 등의 재원이 마른 것과 같다. 빈털터리나 도산의 위기를 맞게 될 것이라는 예고이다.

샘물이 콸콸 솟아나는 꿈은?

뜻밖에 좋은 일이 생기고 상인이나 사업가는 상품이 크게 인기를 얻어 불티나듯 팔릴 것이고 특히 작가나 예술가는 뛰어난 작품을 내놓게 되며 수험생은 시험에 합격하고 학자는 연구 실적으로 크게 명성을 얻을 길몽이다. 솟아난 샘물이 인근의 산과 돌을 덮는다면 금상첨화로 더욱 큰 행운이 올 것이다.

우물 안에서 웬 목소리가 들려오는 꿈을 꾸면?

한 집안이나 친족간에 의견·주장이 달라 서로 다투거나 반목을 하게 될 것이다.

우물물이 뒤집혀지는 꿈은?

좋은 일이 잇따를 것이다. 사업하는 사람이나 상인은 큰 이득을 보아 돈이나 재물이 모이게 될 것이다.

우물 속에 어떤 물건을 떨어뜨리는 꿈은?

난데없이 도둑을 맞거나 거래상으로 판매상 손해를 보게 될 것이니 주의하라는 경고몽이다.

우물물을 떠서 손발을 씻는 꿈은?

지금까지 걱정하고 근심하던 일이 깔끔히 씻겨 나간 듯 사라질 조짐이다. 수험생은 시험 문제, 미혼자는 결혼 문제, 실직자는 취업 문제 등이 해결의 실마리를 찾게 될 것이다.

우물물을 실컷 마시는 꿈은?

회사나 관청으로부터 반가운 소식이 온다. 또는 지위가 오르고 실직자는 취직이 되는 등 기쁜 일이 있을 것이다.

우물물에 물고기 같은 생물을 넣어 기르는 꿈은?

실제에서도 착하고 성실한 인품이 인정받듯이 회사·관공서 등의 직장인은 지위가 오르고 신임을 얻어 마침내 출세하게 될 것이다.

우물물 속에 빠지거나 들어갔다가 나오지 못한 꿈은?

아랫사람이나 주변 사람에게 모함을 받아 어려운 처지에 빠지거나 관청으로부터 호출이나 조사를 받게 될 것이다.

우물 속을 들여다보는 꿈은?

매우 좋은 일이 있을 조짐이다. 소식을 모르던 사람으로부터 반가운 소식이 올 것이다.

우물이 헐어지거나 무너진 것을 보면?

가산을 탕진하고 파산하거나 회사나 사업체는 부도가 나서 도산되어 고통과 시련이 있을 조짐이다.

우물을 파는 꿈은?

행운이 트이기 시작하여 서서히 조금씩 조금씩 나아진다는 것을 알리는 예지몽이다.

■ 못(연못 · 소 · 저수지)

*못(池) 넓은 의미로는 연꽃이 피는 연못(蓮池 · 蓮塘), 냇물이나 빗물이 고이는 깊은 물웅덩이 소(沼) · 연(淵)과 저수지까지도 포함시켜 같은 개념으로 쓰이므로 여기에서도 함께 해몽하기 바람.

못에서 물장난을 치며 노는 꿈은?

장난은 자칫 위험이나 장애를 불러들이므로 이 꿈도 일이나 사업이 일시적으로 정체되거나 마비될 조짐이라 할 수 있으므로 좋지 않은 꿈이다.

못에 물고기를 넣는 꿈은?

태몽이다. 넣은 물고기가 팔팔하게 헤엄쳐 나가면 씩씩하고 튼튼한 아이를 낳겠으나 잘 살지 못하고 죽거나 하면 유산될 염려가 있다.

못의 물고기들이 죽어서 물 위에 둥둥 떠다니는 꿈은?

국가적으로 전쟁이나 유행병 등으로 많은 사람의 죽음을 암시한다. 또한 지진·홍수·해일·태풍·화재 등으로 이재민들이 많이 발생할 것이다. 가정적으로도 재난을 당한다는 예고이다.

못 위에 다리가 걸쳐 있는 것을 보면?

그 동안 문제가 되던 일이나 상업적인 협상·상담 등이 잘 되어 결말을 짓게 된다는 암시이다.

못 안에 큰 나무가 서 있는 꿈은?

많은 사람들로부터 실력을 인정받아 신임을 얻고 지위가 높아져 사회적으로 기반을 닦게 되어 출세한다는 의미이다.

못 안에 물고기가 헤엄치며 다니는 모습을 보면?

큰 이득을 얻게 되어 돈과 재물이 들어온다고 한다. 또한 헤엄치고 다니는 물고기들은 자신에게 협조해 주는 자기에게 딸린 근로자들을 나타낸다.

못(저수지) 안에 있는 물고기를 모조리 잡는 꿈은?

대길몽이다. 하는 사업은 크게 번창하고 큰 이득이 들어올 꿈이다. 복권을 사면 당첨 확률이 높다.

물이 마른 못(저수지)에서 많은 물고기를 잡는 꿈은?

불법적인 방법으로 돈을 모으거나 돈을 벌게 된다. 주변의 나쁜 환경에 물들기 쉽다.

물이 얼어붙은 못을 보면?

'강물이 얼어붙어 있는 꿈'처럼 일이 정체되거나 침체될 암시이다.

■ 늪·수렁·늪지대

늪을 꿈에 보면?

늪은 대체로 호수보다 작고 못보다는 큰 물웅덩이처럼 생겼는데 밑이 진흙 바닥으로 되어 있고 갈대 같은 수생식물이 자라나 물이 맑지 않고 흐릿하다. '흙탕물'처럼 갑자기 재난이나 재해를 입어 몹시 고생할 조짐이다.

늪이나 늪지대(수렁)에 빠지는 꿈은?

늪이나 늪지대는 수렁과 같이 한 번 빠지면 나오려고 움직이면 움직일수록 더욱더 깊이 빠져 들어간다. 이에 대한 꿈도 그 동안 쌓이고 맺힌 감정에 사로잡혀 이성과 자제력을 잃고 좋지 않은 상황으로 깊이 빠져들고 있음을 미리 알려 깨우치는 경고몽이다.

또한 몸 안에 노폐물이 쌓여 깨끗이 씻어내야 한다고 알려주는 예지몽이기도 하다. 그렇지 않으면 변비나 위궤양·십이지장 궤양 등 속병을 앓게 된다.

■ 물(水)

조선시대에 사시사철 흐르는 대동강 물을 돈을 받고 팔았다는 봉이 김선달의 에피소드(일화)가 실감나는 때가 되었다. '생수'라 하여 맑고 깨끗한 물이 돈이 되는 시대가 온 것이다. 어쨌든 맑은 물, 솟아나는 물은 땅속에서 솟아나는 돈과 같은 것이다. 따라서 맑은 물에 관한 꿈은 그 꿈의 주인공에게 행운을 가져다 주는 조물주(신)의 배려인지도 모른다. 물론 흐린 물은 불운과 실망의 상징이다.

그런데 우리가 사는 지구촌의 물은 냇물·강물·못물·저수지물·우물물·샘물·큰물(홍수)·폭포수… 등 여러 가지 형태로 존재하므로 각 항목에서 상황에 따라 해몽하기로 하고 여기에서는 물에 대한 전반적인 관념에 따른 경우만 다루기로 한다.

맑은 물을 보면?

맑은 물은 마음이 깨끗하고 순수함을 상징하고 또한 독실한 신앙심을 가리킨다. 그래서인지 이 꿈을 꾼 사람은 행운과 이득을 얻게 된다. 직장인은 승진·영전할 것이며 주위 사람이나 선후배의 협조로 일찍이 남을 이끄는 지도자가 되어 명성도 떨친다.

맑은 물이 땅에서 솟아나는 것을 보면?

우연한 기회에 큰돈이나 재물을 얻을 기회가 왔음을 알리는 예지몽이다.

깊고 잔잔하며 고요한 모습을 꿈에서 보면?

강이든 호수든 저수지든 못이든 간에 어쨌든 물결이 잔잔하고 고요한 수면을 보는 꿈은 가정이나 회사 생활이 평온하며 하는 일도 순조롭게 진행되리라는 조짐이다.

흙탕물처럼 더럽거나 흐릿한 물을 보면?

믿는 사람으로부터 배반을 당하거나 바라던 소원이나 기대에 못 미쳐 실망할 징조이다.

흙탕물이나 진창에 잡초가 뒤얽혀 있는 꿈은?

몸의 내장 특히 배설 기관에 이상이 있을 징조이다. 또는 이미 어떤 이상이 있다는 암시이다. 특히 변비가 되지 않도록 하며 건강 진단을 받아 보도록 한다.

그릇의 물이든 흐르는 물이든 물이 넘쳐흐르거나 가득 차서 넘실거리는 것을 보면?

모든 일이 생각했던 대로 잘되어 나간다는 징조이다. 실직자는 직장을 얻게 되고 혼담이 있는 남녀는 결혼하게 되고 사업이나 어떤 타협을 하기 위한 상담 등은 뜻대로 이루어질 것이다.

물이 바닥에 가득 고여 있는 꿈은?

질병이나 몸을 다칠 수가 있다. 특히 허리 아래 즉 배·엉덩이·성기·다리·발 등에 병이 걸릴 조짐이 있으니 조심해야 한다.

물 위에 서 있는 꿈은?

실제로는 볼 수 없는 일이나 꿈에서는 얼마든지 가능하다. 아무튼 이 꿈은 골치 아픈 일이나 걱정스러운 일이 많을 조짐이다. 특히 친척이나 잘 아는 사람에게 좋지 않은 일이 일어나거나 또는 믿고 의지하는 사람 즉 부모 친척 등이 떠나가거나 사별할 징조이다.

물위를 아무렇지 않게 걸어다니는 꿈은?

모든 일이 자기의 뜻대로 이루어질 조짐이다. 협상·회담·상담 등도 순조롭게 잘 되고 혼담도 마침내 잘 이루어질 것이다.

아는 사람이나 부모·친척 등이 물 위에 서 있는 것을 보면?

서 있는 당사자에게 어떤 근심거리나 좋지 않은 일이 있다는 암시이다.

흐르는 물이든 고인 물이든 샘물이든 어떤 물이든 물을 긷는 꿈은?

어떤 물이든 간에 물을 긷는 꿈은 행운을 긷는 것과 같아 행운이 찾아올 조짐이다. 특히 윗사람이나 선배의 후원을 받아 모든 일이 잘 되어 나갈 것이다.

물 위를 건너가는 꿈은?

물이 있는 이쪽에서 저쪽으로 물 위로 건너가는 꿈은 좋은 일이 있을 조짐이다. 특히 사랑이 결실을 맺음을 의미하므로 연애는 결혼까지 발전하고 젊은 남녀는 멋진 여인을 만나게 되어 사랑을 하게 되고 결혼하게 될 것이다.

물 속에 들어가 있는 자신을 꿈에서 보면?

윗사람이나 선배 등으로부터 후원을 받아 자신의 뜻을 이루게 된다는 암시이다.

물 속에 빠지거나 물에 빠져 허우적거리는 꿈은?

꿈과 같이 현실에서도 어려운 처지나 괴로움에 빠져 고통스러워하거나 좋지 않은 일이 생길 것이다.

그러나 다행이 해안이나 강기슭에 밀려와 있으면 차차 불운이 가시고 행운이 찾아온다는 청신호이다. 또는 물에서 다시 살아나오면 행운이 찾아와 자신의 소원을 이루게 될 길몽이다.

누군가가 떠밀거나 내던져서 깊은 물에 빠지게 된 꿈은?

꿈처럼 누군가 다른 사람 때문에 큰 손해를 보게 될 조짐이다. 사기당하거나 횡령당하지 않도록 조심하라는 경고몽이다.

강물·냇물·바닷물 등 물이 발 밑까지 가까이 다가온 꿈은?

생각지도 못했던 자연 재난이나 교통 사고 등 불행한 일이 닥쳐올 조짐이다. 만일 그 물이 발을 적신다면 친척이나 부모가 갑자기 죽게 된다는 암시이다.

물에 빠져 나오려고 아무리 허우적거려도 나오지 못하는 꿈은?

모든 일이 방해를 받거나 장애를 받아 침체되거나 손해를 볼 것이며 건강이 나빠져 병을 얻게 될 것이다. 물론 물에서 빠져나오면 행운을 가져오는 길몽이다.

맑은 물을 마시는 꿈은?

맑은 물이 행운을 암시하므로 맑은 물을 마시는 꿈은 행운을 마시는 셈이므로 좋은 일이 있을 조짐이다. 장사를 하면 큰 이득을 보아 재물이 들어올 것이고 직장인은 승급 승진하게 될 것이다. 뜨거운 물을 마시는 경우도 하는 일이나 사업이 잘 될 것이라는 조짐이 있다. 그러나 물을 조금밖에 마시지 못하면 사물이 제대로 되어 가기는 하는데 그 꼴이나 정도가 감질날 정도여서 애가 탄다. 자칫 잘못하면 모든 것이 수포(물거품)로 돌아갈 수도 있다.

뜨거운 물을 마시는 꿈은?

맑은 물을 마시는 경우처럼 모든 일이 잘 된다는 길몽이다.

그릇에 담긴 물을 엎지르는 꿈은?

그릇에 담긴 물은 행운을 상징하여 재산·재물·돈·일의 기반의 안정을 의미하는 길몽인데 물을 엎지르면 엎지른 물의 분량만큼 모든 일이 불안정해지고 손실을 가져오는 좋지 않은 꿈이다.

방안에 물이 흥건하게 고여 있는데 그 물 속에 물고기가 헤엄치는 것을 보면?

부인이 이 꿈을 꾸면 아이를 낳을 태몽이다. 그 아이는 앞으로 예술가나 문학가·사상가 또는 사업가로 크게 될 인물이다.

방안에 가득 고인 물에서 목욕하거나 헤엄치는 꿈은?

길몽으로 재력 있는 큰 기업체나 기업인으로부터 후원을 받아 자신의 뜻을 이룰 수 있다는 암시이다.

부엌 안에 물이 가득 고여 있는 꿈은?
　고인 물은 재물이나 일을 이룬 업적을 상징하므로 이 꿈은 사업이 잘 되어 큰 재물을 얻거나 큰 이득을 볼 것이다.

물이 공중으로 높이 솟아오르는 꿈은?
　하는 일이나 사업 등이 성과를 올려 큰 업적을 세우게 될 조짐이다. 예술가나 탤런트 등은 자신의 작품이 세상 사람들에게 인기가 있고 깊은 감명을 주어 명성을 떨칠 것이다.

물 위에서 불길이 솟아오르는 꿈은?
　일이 잘 되지 않거나 어려움이 많아 그만 포기하거나 단념했던 일이 점점 좋아지기 시작할 조짐으로 새로운 각오로 힘껏 추진하면 대성할 것이다.

힘차게 흐르는 물이나 흘러 떨어지는 물을 꿈에서 보면?
　강물이나 냇물, 또는 폭포의 물이 힘차게 흘러 떨어지는 꿈을 보면 하는 일 모두가 순풍에 돛을 단 듯 잘되어 나갈 조짐이다.

물이 꽁꽁 얼어붙은 꿈은?
　매사가 장애나 압력을 받아 정체되거나 중단될 조짐이다. 따라서 시험을 보면 불합격되고 혼담은 깨지고 상담은 결렬되고 말 것이다.

수도꼭지를 틀어 물을 받거나 물이 나오는 꿈을 꾸면?

바라던 일이 이루어질 조짐이다. 따라서 환자는 병세가 점점 나아져 간다는 암시이다. 수험생은 시험에 합격하고 실직자는 직장을 얻게 되고 연인은 행복한 가정을 꾸밀 것이다.

수도꼭지를 틀었는데도 물이 나오지 않는 꿈은?

일을 시작하여 처음에는 잘 되어 나갔으나 점점 정체되거나 침체되어 바라던 일이 뜻대로 이루어지지 않는다는 암시이다. 경제적 뒷받침이 되지 못해 추진하는 일이 방해받거나 정체될 것이다.

수돗물을 마시는 꿈은?

수돗물을 실컷 마시면 실직자는 직장을 얻게 되고 수험생은 시험에 합격될 것이고 직장인은 진급·승급할 것이며 관청이나 회사로부터 반가운 소식을 듣게 될 것이다. 그러나 목만 축이거나 감질나게 조금밖에 마시지 못하면 무슨 일이든 일이 이루어지기는 해도 만족하지 못할 정도이다.

수도관이 파열되거나 깨지는 꿈은?

하는 사업이나 업무가 실패로 끝나고 추진했던 일들이 물거품이 될 조짐이고 돈과 재물을 잃을 징조이다. 또한 갑자기 불행한 일이나 사고가 일어날 것을 암시한다.

수돗물이 쏟아지는데 받을 그릇이 없이 흘러가 버리는 꿈은?

사업체나 공장이 잘 돌아가지만 앞으로 남고 뒤로는 밑지는 형상이라 낭비만 많고 실제로는 부채만 잔뜩 짊어지고 부도 직전에 이르게 될 징조이다.

■ 홍수(큰물)

홍수(큰물)가 나서 들판이나 주변이 물에 잠기는 꿈을 꾸면?

친구나 주변 사람들의 도움을 받게 되거나 그들의 말이나 행동이 자신에게 유리하게 작용해서 차차 큰 세력을 잡거나 큰 재물을 얻게 되며 예술인이나 문학가는 내놓은 작품이 차차 세상 사람들의 이목을 집중시켜 명성을 날리게 된다는 길몽이다.

그러나 홍수의 물이 흙탕물이거나 아주 더러운 물일 때에는 반대로 뜻밖의 재난을 당하거나 의견·견해 차이로 큰 어려움을 당하게 될 것이다. 심리학자들은 이 꿈을 가슴속에 맺히고 쌓인 불만을 현실 세계에서 털어놓지 못하여 꿈에서 발산시켜 해소시키려는 데에서 엉뚱하게 주변 사람들에게 마구 화풀이를 하려는 심리 작용에서 나타난 꿈이라 한다.

홍수가 나서 제방(뚝)이 헐어지거나 무너져 내리는 꿈은?

설상가상으로 좋지 못한 일이 연거푸 일어날 조짐이다. 교통사고나 화재 등 재난에 특히 유의해야 할 것이다.

홍수(큰물)로 다리가 떠내려가는 것을 본 꿈은?

다리는 양쪽을 이어주거나 서로 소개해 주거나 알선해 주며 또는 올라가야 할 단계를 의미하는데 그런 중도적인 역할을 하는 사람이 없어짐으로써 자칫 주위 사람들과 다툼이 일어날 것이며 경찰이나 법원에 가야 할 일이 생길 것이다.

홍수(큰물)로 집이 떠내려가거나 무너져 내리는 꿈은?

갑자기 불이 나거나 물난리를 겪거나 병이 들어 고통을 받을 조짐이다. 또 가족이나 친척 중에 법적 문제로 경찰서나 교도소의 신세를 져야 할 사건이 일어날 것이다.

홍수(큰물)가 나서 더러운 물이 온 집안에 가득 찬 꿈은?

자식이나 부모 등 집안에 불행한 일이 일어날 것이다. 특히 관청 일이나 법적 문제로 경찰서나 법원에 가야 할 일이라든지 교통사고나 화재나 물난리를 겪을 조짐이다.

큰물이 져서 물이 자꾸 불어나는데 물 속에서 아무렇지도 않은 듯 가만히 있는 꿈은?

주위의 도움이나 후원을 받아 일이 제대로 잘 되어 나가 큰돈을 모으게 되거나 큰 세력을 얻게 될 것이다. 그러나 두렵거나 무서워 달아나면 모처럼의 행운의 기회를 놓친다는 암시이다.

물에 더러운 손발을 깨끗이 씻는 꿈은?

고민하거나 걱정했던 문제가 깨끗이 해결되거나 잘 풀리게 될 조짐이다. 그러나 씻었는데도 깨끗하지 못하면 고민·걱정하던 문제가 거의 다 풀릴 듯하다가 다시 원점으로 되돌아가게 된다. 또한 손발을 씻다 잠이 깨어 버려도 마찬가지이다.

해일이 밀어닥치는 꿈은?

갑자기 바닷물이 해안을 덮치는 해일에 관한 꿈은 하는 일이나 사업이 크게 번창하여 이름을 떨칠 것이며 직장인은 지위가 오르고 승급할 조짐이다.

　태몽으로 부인이 이 꿈을 꾸면 앞으로 정치계나 예술계에서 크게 이름을 날릴 아이를 낳을 것이다.

11. 산·골짜기·땅·광물· 불에 관한 꿈

■ 불(화재)

세상이 이처럼 눈부시게 발전 번창한 주요 원인이 인류가 불을 발견했기 때문임은 주지의 사실이다. 우리 생활의 원천인 불인 만큼 불에 관한 꿈도 역시 크게 발전하고 번창함을 의미하며 행운을 가져오는 길몽이다. 근래 복권에 당첨된 많은 사람들이 불이 나는 꿈을 꾸었다니 이를 실제로 입증하는 것이다.

그러나 불의 꿈은 갑자기 분에 넘치는 큰 행운을 가져오기에 오히려 큰 불행을 자초하는 경우도 있음을 잊어서는 안 된다.

행운과 동시에 다툼 천벌·파괴를 상징하기 때문이다. 그리고 불타 버린 흔적이나 먼 곳에 불이 난 경우는 고난과 고통이 이어질 조짐이다.

불(화재)이 나는 광경을 보면?

꿈에 불이 나는 것을 보고 있으면 그 동안의 어려움과 고통에서 벗어나 크게 발전 번창함을 의미하므로 사업가는 사업이 더욱 발전할 것이고 직장인은 승진 승급을 할 것이며 연예인은 인기가 높이 올라갈 것이다.

멀리 산불이 나는 것을 보면?

여러 사람과 함께 하는 일은 잘 되어 갈 것이나 주변 사람들과 말다툼을 할 조짐이 있으니 언행을 조심해야 할 것이다.

자기 집에 불이 나서 타는 것을 보면?

고난과 고통에서 벗어나 집안이나 사업체가 번창하게 될 것이다. 직장인은 좋은 자리로 전직되거나 영전될 것이다. 그러나 불에 집이 모두 타 버리면 모든 것이 다 타 버린 것과 같아서 사업은 정체되거나 부도가 나서 도산 위기에 놓이게 되고 가정은 불화하고 결혼 생활이 파경을 맞게 될 것이다.

불이 나서 옷가지가 타는 것을 보면?

불운 끝 행운 시작의 운수이다. 청춘 남녀는 좋은 신부·신랑감을 만나게 될 것이다. 입고 있는 옷이 불타도 마찬가지이다.

주방(부엌)이 불에 타는 것을 보면?

생각지도 못한 사고나 사건이 나서 사업가는 회사가 부도가 나고 집안은 파산이 되거나 가족이 뿔뿔이 헤어질 조짐이 있으니 매사를 조심하라는 경고몽이다.

자기 자신에게 불이 붙은 꿈은?

불길이 자신의 몸에 붙으면 하던 일이나 사업이 불길처럼 일어나며 작품이나 상품이 널리 홍보가 되어 잘 팔려 나가 큰 이득을 보게 될 것이다. 또한 신분이 높아지고 명성이 날 것이다. 그러나 타다가 말거나 꺼져 버리면 행운이 멈추는 것과 같이 모든 일이 막히고 정체되며 불행한 일이 닥칠 것이다.

불에 데어 화상을 입게 되는 꿈은?

지금 하고 있거나 정체되고 있던 일이나 사업이 다시 일어나 뜻대로 성공할 조짐이 있는 길몽이다. 화상을 입은 듯하여 깜짝 놀라 잠에서 깨어난 경우도 마찬가지이다.

119 소방대원처럼 불 끄는 장비나 옷차림을 한 꿈은?

집안이나 자신이 속한 회사·단체 등에 좋은 일이 있어 자신에게도 기쁜 일이 생긴다는 암시이다.

불이 타오르는 속에서 소방대원처럼 인명을 구조하는 꿈은?

현실에서도 높이 칭찬받을 일이기 때문인지는 몰라도 사업가는 큰 이득을 얻게 되고 승부를 겨루는 사람은 승리를 차지할 것이며 재판을 하더라도 승소할 것이고 탤런트나 예술가는 그 명성이 천하에 떨칠 것이다. 동물을 구조했다면 아이를 낳는다는 태몽이다.

야산에 불이 나서 타오르는 것을 보면?

재물운과 명예를 한꺼번에 얻게 된다는 길몽이다.

불길에 방바닥이나 마룻바닥이나 잠자리가 타는 것을 보면?

부부가 협력하여 집안을 크게 일으키고 사업을 번창시켜 생활이 풍족해진다는 암시이다.

땅 속에서 불길이 솟아나는 꿈을 꾸면?

행운이 다 가고 불운이 시작될 조짐이다. 굳게 마음먹고 헤쳐나가야 할 것이다. 또 병에 걸릴 염려가 있으니 건강에 유의해야 한다.

모닥불이나 화롯불이 둘러싸고 있는 꿈은?

여름철 밤에 모닥불을 둘러싸고 여럿이 즐거운 한 때를 보내듯 현실에서도 이 꿈을 꾸면 여럿이 한 일이나 공동 작업이 좋은 결과를 가져온다는 암시이다.

길을 가다가 도중에서 불이 나는 것을 보면?

바라던 일이나 계획이 제대로 이루어지지 않고 상담이나 회담은 깨질 것이다.

모닥불이나 횃불을 보면?

금전상 손실을 보게 될 조짐이다.

우물 속에서 불길이 타오르는 것을 보면?

집안의 운수가 점점 기울어지고 하는 사업이나 일이 침체될 조짐이다.

불이 났는데 불길은 보이지 않고 검은 연기만 나는 꿈은?

머지않아 좋지 않은 일이 일어날 것이라는 암시이다. 또한 일은 되지 않아 실속은 없고 헛소문만 날 조짐이다. 따라서 걱정거리만 늘어날 것이고 자칫 병이 들 염려가 있다.

다른 곳에서 난 불이 자기의 집이나 자기의 논밭에 옮겨 붙어 타는 것을 보면?
다른 사람의 회사나 권리 등을 넘겨받아 큰 재산을 가지게 될 것이다.

불을 끄는 꿈은?
불길은 불같이 일어나 좋은 운세를 의미하는데 불길을 끄게 되면 불 같은 운세가 멈추게 되어 하는 일이 정체될 것이다. 또한 갑자기 교통 사고 같은 재난을 당하게 될 것이다.

불덩이를 치마나 품안으로 받는 꿈은?
태몽으로 장차 큰 사업가나 훌륭한 예술가가 될 아이를 낳을 것이다.

연기가 굴뚝에서 계속 나오는 꿈은?
공장 같은 곳의 굴뚝에서 연기가 계속 나온다는 것은 그 공장이 잘 되어 나가고 있음을 알리는 표시이다. 따라서 이 꿈은 모든 일이 잘 되어 갈 것이라는 조짐이다.

불에 몸이 타서 불쾌한 냄새가 나는 꿈은?
재산이나 재물에 대한 운세가 강성해짐을 의미하므로 복권 등을 사는 등 투기를 하거나 도박을 해도 행운이 뒤따를 것이다.

불에 다 타고 재만 남은 것을 보면?

일이나 사업이 잘 되어 나가다가 고생한 보람도 없이 모든 것이 물거품이 되어 버릴 징조이다.

발갛게 훌훌 잘 타오르는 아궁이의 불이나 난롯불을 보면?

훌훌 불길이 힘있게 잘 타오르고 밝은 빛을 띠면 행운이 찾아와 모든 일이 잘 되어 나갈 조짐이다.

힘없이 타오르는 아궁이 불이나 난롯불을 보면?

불길이 힘이 없이 피식피식 타거나 불빛이 어두우면 하고 있는 일이 정체되거나 가족 중에 누군가가 병에 걸려 고통을 받을 조짐이다.

화약 같은 것이 폭발하여 불길이 치솟는 꿈은?

현실은 위험하기 그지없지만 꿈에서는 행운의 기회가 찾아와 준다는 좋은 꿈임을 알리는 예지몽이다.

큰 불길이 치솟아 해나 달을 불태우는 꿈은?

오랫동안 고생하고 노력한 보람이 있어 지위가 오르고 사업이 번창하며 명성을 날리는 등 출세할 길몽이다. 또한 선후배의 큰 도움으로 인기를 얻고 뜻대로 일을 이룰 조짐이다.

불덩이가 하늘을 달리는 것을 보면?

갑자기 불행한 일이 생길 조짐이다. 각종 재난을 당할 염려가 있다.

불꽃놀이의 불꽃이 하늘 위로 올라가는 것을 보면?

생각지도 않은 스캔들로 세상 사람들의 이목이 집중되어 고민하게 될 조짐이다. 그러나 운세가 강세를 띠고 있으므로 투자나 승부를 겨루는 일에서는 승리를 보장받을 것이다.

불꽃놀이의 불꽃이 가까이에서 찬란히 터지는 광경을 보면?

행운의 운세가 강세이므로 경축받을 일이나 기쁜 일이 찾아올 조짐이다. 화약 같은 것이 폭발하는 불길을 보는 꿈과 같은 운세이다.

전깃줄이 합선되어 번쩍 하고 스파크가 일어나는 것을 보면?

정체되거나 막혀 있던 일이나 사업이 순간적으로 해결되어 다시 힘차게 추진될 조짐이다.

불이 나자마자 달아나는 꿈을 꾸면?

어떤 일의 불씨가 재난이나 불행한 사건·사고의 원인이 되어 고민하거나 고통을 받게 될 조짐이다.

횃불이나 등불을 들고 길을 걸어가는 꿈은?

하는 일은 모두 잘 될 조짐이다. 적극적으로 추진하면 뜻을 이룰 것이다.

마을이나 도시 전체가 불타는 것을 보면?

국가나 사회가 크게 발전될 조짐이다. 부인이 이 꿈을 꾸면 앞으로 훌륭한 사람으로 추앙받을 아이를 낳게 될 태몽이다.

누전이나 전기 공사 중에 두 전선이 합선되어 스파크가 일어나면서 공중으로 불타는 꿈을 꾸면?

추진하던 일이 잘 되어 세상 사람들로부터 좋은 평판을 받게 될 것이다.

■ 길(도로) · 거리

길은 그 사람이 나아갈 운명의 이정표와도 같다. 그 길이 어떤 상태냐에 따라 앞으로의 길흉화복의 방향이 결정된다고 볼 수 있다.

길을 천천히 걸어가는 꿈은?

주변이나 사회적인 후원이나 협력을 얻게 되어 어떤 일이든 힘차게 추진할 수가 있다.

넓은 도로나 국도로 가는 꿈은?

앞날이 밝다는 것을 암시한다. 또한 마음의 준비나 각오도 단단함을 나타낸다. 그래서 고속도로나 국도처럼 수험생이 이 꿈을 꾸면 시험에 합격할 것이고 직장인이라면 지위가 높아지고 승급하게 될 것이다.

꼬불꼬불 구부러진 길을 가는 꿈은?

실제로도 걷기 싫은 길이지만 고생스러움과 어려움이 앞에 놓여 진퇴양난의 난처함을 겪어야 할 징조이다.

험하고 좁은 길을 가는 꿈은?

앞길에 심한 방해가 있을 것이다. 앞으로 경쟁자와 앞다투어야 하므로 시련과 싸울 각오를 하지 않으면 안 된다는 것을 알려주는 경고몽이다.

좁고 더러운 길을 가는 꿈은?
근심 걱정거리가 잇달아 생기고 자칫 질병에 걸릴 염려가 있다.

길을 뛰어가는 꿈은?
무엇인가에 쫓기듯 뛰어가는 꿈은 대체로 마음이 약한 사람이 잘 꾸는 꿈인데 이 꿈은 바라는 일을 이루어 낸다는 암시이다. 실패나 좌절이 두려운 나머지 다른 경쟁자에게 지지 않으려고 안간힘을 쓰며 노력하려고 하는 마음이 숨겨져 있다.

고속도로(하이웨이)를 꿈에서 보면?
고속도로에 대한 꿈은 대개 그 길을 질주하는 자동차와 함께 보게 된다. 이 꿈을 꾼 사람이 직접 차를 운전하고 있다면 앞으로 목적한 일이 이루어진다는 암시가 되며 또 운전 기사 옆에 앉아 있다면 좋은 협력자나 후원자를 얻게 된다는 것을 알려 주는 꿈이다.

길을 혼자서 쓸쓸히 터벅터벅 걸어가는 꿈은?
그 모습 그대로 머지않아 가까운 사람들과 떨어져 쓸쓸히 고독한 생활을 보내게 될 것이라고 예고해 주는 꿈이다.

모래사장 길을 걸어가는 꿈은?
모래 길은 발이 푹푹 빠져 걷기가 힘들다. 이런 꿈을 꾸면 실

제로 하는 일도 모두 곤란한 상태에 빠지게 되어 정체되거나 목
표를 이루지 못하고 만다.

모래사장 길을 가는데 모래 먼지가 뿌옇게 일어나는 꿈을 꾸면?
　집안이나 친족간에 문제나 말썽이 일어날 조짐이다. 하는 일도
진퇴양난의 기로에 서게 될 것이다.

길에 검은 연기 같은 것이 피어오르는 꿈을 꾸면?
　검은 연기는 재난이나 불행의 상징이다. 따라서 갑자기 재난을
당하거나 불행한 일이 발생할 것이라는 조짐이다.

거친 들판이나 들판 길을 혼자서 걸어가는 꿈을 꾸면?
　걱정거리나 고민이 쌓이거나 실패하거나 재물을 잃어버리고 고
독하게 될 조짐이다.

가는 길가에 수목이 울창한 꿈을 꾸면?
　하는 일도 울창한 숲처럼 번성하게 되고 큰 이득을 보게 될 것
이다. 그러나 수목이나 수풀이 너무 울창해서 발을 디딜 수가 없
을 정도면 착각을 하거나 잘못 판단해서 일을 그르치거나 병에
걸릴 염려가 있다.

**길 따라 걸어가는데 갑자기 앞의 길이 없어져 다른 길로 나아가는
꿈은?**
　꿈처럼 실제로도 지금까지 하던 일을 그만두고 다른 일을 하게
되거나 인생 항로를 바꾸게 되는데 자칫 좋지 않은 길로 들어서

기가 십상이니 아주 신중히 조심해서 바꾸어야 한다. 아무튼 좋은 꿈은 아니다.

길에서 갑자기 나비가 춤을 추며 앞길을 어지럽게 하는 꿈을 꾸면?

왠지 기분이 좋지 않은 꿈이다. 난데없는 유혹의 손길에 현혹되기 쉬우니 조심하라는 경고몽이다.

갈림길을 만나는 꿈은?

갈림길을 만나 어느 길로 갈까 망설이는 꿈인데 이는 머지않아 근심·걱정거리가 생기게 된다는 암시이다. 우리의 두뇌는 오른쪽은 이성적인 판단, 왼쪽은 감정적인 판단을 하므로 왼쪽보다 오른쪽으로 가는 길이 왼쪽보다 정확한 길이라 볼 수 있다.

여러 갈래로 갈라진 길을 만나는 꿈은?

어느 쪽으로 가야 좋을지 망설여진다. 실제로도 걱정·근심거리가 많은 인생살이임을 암시해 주는 꿈이다.

질퍽질퍽한 진흙길을 걸어가는 꿈은?

계획 세웠던 일이 어려움이나 장애에 부닥쳐 난항을 겪게 된다. 갈수록 문제나 말썽이 잇따른다.

진흙이 튀겨 몸이 더럽혀지는 꿈은?

재난을 당하거나 사고가 나서 어려움을 겪게 될 것이다. 또 생각지도 않은 창피를 당하는 수가 있다.

막다른길에 이르는 꿈은?

더 이상 갈 수 없는 막다른길이니 좋지 않은 꿈이다. 그 동안 노력한 보람도 없이 계획이 좌절되어 버리고 만다는 암시이다. 이는 운명적인 상황이나 주변의 압력 때문인지도 모르지만 일이 이루어지지 않음을 나타낸다.

길을 여럿이 함께 걸어가는 꿈은?

같은 길을 가는 동반자나 협조자나 경쟁자를 의미한다. 이들을 어떻게 활용하느냐 포용할 수 있느냐에 따라 일의 성패가 달라진다.

산길을 걸어가는 꿈은?

재산과 돈이 들어온다는 길몽이다. 직장인은 지위가 오르고 자식을 둔 부모는 자식 덕을 보게 되고 사업하는 사람은 벌이는 일이 번창할 것이다.

내리막길을 내려오는 꿈은?

불운이 행운 쪽으로 기울어 운수가 상승하는 시기임을 나타낸다. 내리막길은 오르막길보다 걷기 쉽기 때문이다. 따라서 모든 일이 잘 되어 나간다.

오르막길을 올라가는 꿈은?

꿈에서처럼 오르막길을 오르려면 육체적으로나 정신적으로 힘이 든다. 그러므로 이 꿈은 운세가 하강하고 있음을 나타낸다. 따라서 모든 일이 정체되거나 침체되어 뜻을 이루지 못하게 된다.

■ 산 · 골짜기

산에 관한 꿈

산은 부모나 조상의 상징이며 우리가 바라는 이상이기도 하다. 그러므로 산봉우리에 올라 세상을 내려다보는 꿈은 그 이상을 실현하였음을 암시하는 길몽이라 할 수 있다. 또한 열심히 꾸준히 노력하면 마침내 그 보람을 얻게 됨을 알려주는 예지몽이기도 하다. 그러나 산봉우리에 눈이 덮여 있다면 목적을 이루기가 어려울 것이다.

백두산이나 금강산 같은 명산을 우러러보는 꿈은?

산은 우리의 이상이나 목표의 상징이므로 이상이나 목표가 이루어졌음을 암시하는 최대의 길몽이다. 그러나 겨울철 눈이 덮여 있는 모습이나 등산하는 꿈은 오히려 고생과 어려움이 많다는 것을 나타내므로 좋지 않은 꿈이다.

산을 정복하는 꿈은?

높은 산을 정복하는 꿈은 산을 정상까지 오르는데 따르는 시련과 어려움처럼 실제로도 수많은 어려움과 시련이 있음을 암시하므로 하는 일이 정체되거나 좌절되는 일이 있을 것이다.

산을 오르는 꿈은?

산봉우리까지 오르는 꿈은 좋지 않으나 단순히 산을 오르는 꿈은 길몽이다. 산이 높으면 높을수록 더 좋은 일이 있을 것이다. 처음에는 다소 어려움이 많던 일도 차차 좋은 방향으로 풀려 목적이나 목표를 이루게 된다.

산을 오르다가 다른 사람을 만나는 꿈은?

주변이나 선후배들로부터 후원이나 협조를 받게 되어 뜻을 이루게 될 것이다. 수험생은 시험에 합격될 것이고 연인은 결혼에 골인할 것이며 실직자는 직장을 얻게 되는 등 좋은 결과를 가져올 것이다.

산을 내려오는 꿈은?

산을 천천히 내려오는 것은 하는 일이나 사업 등이 큰 문제가 없이 순조롭게 진척될 것이나 황급하게 내려오는 꿈은 반대로 모든 일이 막히거나 침체되거나 큰 손실을 보는 좋지 않은 꿈이다. 자칫 병에 걸리는 수도 있을 것이다.

높은 산봉우리 아래에 구름이 가로 길게 뻗쳐 있는 꿈은?

사업을 하거나 공부를 하거나 무슨 일을 하든 선두 주자로 명성을 얻을 것이다.

산 속에 꽃이 피어 있는 것을 보면?

산 속에 꽃이 활짝 피어 있는 꿈은 지금 하고 있는 일을 벌이거나 사람들과 교제하는 데 많은 돈을 낭비하게 된다는 암시이다.

야산을 거닐거나 산책하는 꿈은?

모든 일이 갈피를 잡을 수 없게 될 징조이다. 환자는 병이 더 깊어질 것이다.

야산이 울창한 숲으로 덮여 있는 모습을 보면?

하는 일이 뜻대로 이루어지고 사업은 더욱 번창할 것이다.

산 속 숲 속으로 들어가는 꿈은?

새로 일을 착수하게 될 것이다. 이득을 볼 수 있으니 적극적으로 밀고 나간다.

산 속의 동굴 안으로 들어가는 꿈은?

좋은 집이나 좋은 자리를 얻게 되어 생활이 안정될 것이다.

산 속에서 무덤을 보는 꿈은?

어려운 고비를 넘기고 마침내 큰 이득을 얻게 된다는 암시이다.

봄과 여름에 산 속에서 사는 꿈은?

자연적인 혜택이나 주변의 도움을 받는 등 큰 행운을 잡게 될 징조이다.

산봉우리에서 빛이 나는 것을 보면?

다른 사람과 인간 관계나 이성간의 관계가 원만해져 편하게 일할 수 있게 될 것이다.

산을 급히 뛰어오르는 꿈은?

불운에서 행운 쪽으로 호전되어 감을 암시한다. 주변 사람들 특히 윗사람이나 선배가 밀어줌으로써 마침내 큰 일을 해내게 된다는 암시이다. 반대로 산을 뛰어내리는 꿈은 손해를 본다는 좋지 않은 꿈이다.

산을 오르내리는 케이블카로 천천히 내려오는 꿈을 꾸면?

직장인은 승급 승진하게 될 것이고 사업가는 날로 재산이 불어날 것이다.

무거운 짐이나 등산 장비를 짊어지고 산을 오르는 꿈은?

그 동안 노력한 보람이 있어 뜻을 이루게 된다는 암시이다. 여자가 이 꿈을 꾸면 임신한다는 태몽이다.

산에 올라 옷을 흔드는 꿈은?

그 동안 골머리를 앓고 있던 걱정거리 문제들이 말끔히 사라져 힘차게 나아갈 수 있게 된다는 길몽이다. 환자가 이 꿈을 꾸면 머지않아 병이 낳아 건강을 되찾는다는 조짐이다.

산에 올라 나뭇가지를 꺾는 꿈은?

나무를 꺾는다는 것은 삼가야 할 좋지 않은 행동이다. 현실에서도 모든 일이 남의 방해나 압박을 받아 좋지 않은 일이 일어날 조짐이다.

환자는 자칫 목숨을 잃게 되고 배필을 구하려던 혼담은 깨지는 등 불길한 꿈이다.

산불이 난 광경을 보거나 산불이 타오르는 것을 보면?

상업적인 상담은 순조롭게 이루어지고 수험생은 시험에 합격하고 연구가는 좋은 결실을 맺는 등 길몽이다. 그러나 말다툼이나 싸움을 하게 될 조짐도 있다.

산 속에서 금은이나 보물을 캐내는 꿈은?

실제로도 재물이 들어오거나 사업이 번창하거나 직장인은 승급 승진하는 등 좋은 일이 잇따르는 행운을 잡게 된다는 예지몽이다.

산 속에 논밭을 일구는 꿈은?

재물이 들어오고 의식이 풍부해져 풍족한 생활을 하게 된다는 암시이다.

산 속에서 길을 잃어 헤매는 꿈은?

주변 사람이나 믿었던 사람에게 배신당하거나 사기를 당하여 엄청난 손실을 보게 된다. 또한 수험생은 시험에 실패할 징조이다.

산 위에 올라 멀리 바다를 내려다보는 꿈은?

부부간이나 친족간에 화목하게 지내 집안이 잘 살게 되고 가업이 번창하게 된다는 암시이다.

산 위에 올라 멀리 배가 떠가는 것을 바라다보면?

무심코 베푼 호의가 인정을 받아 일하는 데나 상담을 하는 데 큰 도움을 받게 되고 잘 되어 나가게 될 것이다.

산과 산을 날아다니는 꿈은?

오지랖이 넓어 남의 일에 곧잘 참여하여 스스로 위험을 끌어안거나 고생을 사서 하게 된다. 또한 남의 감언이설에 속아넘어가 큰 실패를 하게 되니 언행을 조심하라는 경고몽이다.

높은 산에 올라 파란 하늘을 쳐다보는 꿈은?

노력한 보람이 있어 풍부한 수확을 하게 된다. 애쓴 결과 그

보답을 받는다는 길몽이다.

소나 말을 끌고 험한 산을 오르는 꿈은?
큰 재난이나 난리가 있을 징조이다. 정세나 사태가 매우 위급함을 알리는 경고몽이다. 어려운 결단이나 결심을 해야 하는 좋지 않은 꿈이다.

산에 갔다가 조난을 당하는 꿈은?
꿈과 마찬가지로 실제로도 매우 위험하게 되었다는 암시이다. 회사라면 부도 직전, 수험생이라면 불합격, 환자라면 죽음의 직전임을 알리는 꿈이다.

산에 오르는데 매우 험한 곳에 이르러 두려워 부들부들 떠는 꿈은?
무섭고 두려운 꿈이지만 실제로는 직장인은 승진 승급을 하고 사업가는 재운의 혜택을 받게 된다는 길몽이다.

산이 높고 바위가 가려 길이 보이지 않는 꿈을 꾸면?
꿈처럼 난처한 경우를 당하게 된다. 고생하고 애쓴 보람도 없이 모두 수포로 돌아간다는 암시이다. 이 때 밀고 나가면 더욱 곤란에 빠지는 좋지 않은 꿈이다.

등산하는데 산이 무너져 내리는 꿈은?
재난이나 사건 사고 등으로 다시 돌이킬 수 없는 지경에 이른다. 그 원인은 실력이나 재력이 부족한 때문이므로 보다 나은 실력이나 재력을 기르는 것이 급선무이다.

산사태가 나는 광경을 보면?

지금까지 애써서 쌓아올린 성과가 한꺼번에 무너져내릴 조짐이다. 실패나 도산을 알리는 예지몽이기도 하다. 또 윗사람이나 선배의 신상에 걱정거리가 생겼음을 알리는 꿈이다.

높은 산에서 살고 있는 꿈은?

얼마 후에 기쁜 소식이 온다는 암시이다. 그 산이 봄이나 여름이면 그 기쁜 소식은 더욱 좋은 소식일 것이다.

골짜기 밑으로 굴러 떨어지거나 발을 헛디디어 추락하는 꿈을 꾸면?

꿈처럼 실제로도 사업가는 도산하게 될 것이고 직장인은 직장을 잃게 될 것이다. 그러나 골짜기 밑에서 다시 살아서 올라온 꿈이라면 주변 사람이나 친지로부터 후원이나 협조를 받아 다시 일어날 수 있다는 조짐이다.

험한 골짜기를 만나 앞으로 더 나아가지 못하는 꿈은?

현실에서도 좌절하게 되어 앞으로 더 진척하지 못하게 된다는 암시이다.

아름다운 계곡을 만나게 되는 꿈은?

아름다운 계곡을 만나 한동안 정신 없이 바라보는 꿈은 현실에서도 그대로 한동안 휴식을 얻게 된다는 암시이며 또 그러한 휴식이나 휴양이 필요함을 알려 주는 예지몽이다.

아주 황폐한 계곡을 보는 꿈은?

행운에서 불운 쪽으로 운수가 기울고 있음을 알려 주는 꿈이다. 주변의 압력이나 좋지 않은 상황 때문에 어쩔 수 없이 정체된 상태이므로 이 때에는 좋은 때가 다시 오기를 기다리는 수밖에 없다.

■ 땅(대지)

땅바닥에 앉은 꿈을 꾸면?

글공부나 어떤 수련을 하게 됨을 나타낸다. 따라서 술과 음식 등 환대를 받게 될 것이다.

땅바닥 위에 드러눕는 꿈은?

질병에 걸리거나 고생스러운 생활이 시작됨을 알리는 예지몽이다.

땅바닥을 청소하는 꿈은?

머지않아 하는 일이 막히거나 정체되어 재산을 탕진하거나 재물을 낭비하게 될 조짐이므로 주의해야 할 것이다.

땅바닥이 왠지 붉거나 하얗게 되는 꿈은?

땅바닥이 발갛게 변했다가 또 금방 하얗게 되는 꿈은 좋지 못한 일이 일어날 것임을 알리는 예고몽이므로 매사에 주의하기 바란다.

땅이 온통 파랗게 되어 있는 꿈은?

온 땅이 풀이나 잔디 등이 나서 파랗게 되어 있는 꿈은 길몽이다. 오랜 동안 노력한 보람이 있어 모든 일들이 잘 되어 나간다는 암시이다. 수험생은 시험에 합격할 것이고, 실직자는 직장을 얻게 될 것이며 사업가는 목표를 이루게 될 것이고 직장인은 승급할 것이다.

땅 속이나 땅굴 속에 들어가는 꿈은?
고민하거나 걱정하던 문제가 깨끗이 해결되고 하는 일이 생각했던 대로 이루어진다.

땅을 파는 꿈은?
집안이나 회사 안에 분규와 갈등으로 다툼이 일어날 조짐이 있으니 다툼에 말려들지 않도록 조심하라는 경고몽이다.

땅에 도랑을 파는 꿈은?
마침내는 목표를 달성하고 즐거운 생활을 누리게 될 것이다. 그러니까 끙끙거리며 괴로워하지 말고 꾸준히 열심히 노력하며 즐거운 나날을 보내도록 해야 할 것이다.

땅에서 검은 연기나 연기 같은 것이 피어오르는 것을 보면?
가족이나 친족 중에 누군가가 죽음을 맞는다는 예지몽이다.

마치 땅바닥을 미끄러지듯 아주 신나게 달려나가는 꿈은?
꿈과 같이 순풍에 돛을 단 듯 모든 일이 순조롭게 나가게 됨을 알리는 예지몽이다.

온 나무에 꽃이 피고 새가 울어 열매를 맺은 지상 낙원을 꿈에서 보면?
꿈과 같이 모든 일에 행복이 넘쳐흐르고 사업은 날로 번창하며 직장인은 승진에 승진을 거듭하는 길몽이다.

대지가 둘로 갈라지는 꿈은?

목표는 달성하게 되지만 꿈에서와 같이 실제로도 가정이나 회사나 장사나 현재 하는 일에 내분이 생겨 갈라질 징조이다. 따라서 세력 다툼이나 분규에 신경을 쓰도록 한다.

대지가 갈라진 틈 사이로 떨어지는 꿈은?

현재 하고 있는 일이나 주거 생활에 곤란한 문제가 일어나게 된다고 알려주는 예지몽인데 때로는 파산되거나 좌천되거나 실직당하는 좋지 않은 꿈이다.

지면의 한 쪽이 떨어져 나가거나 깎이어 나가는 모습을 보면?

자신의 주변에 재난이나 불행한 사고가 일어나게 되니 조심하라는 경고몽이다.

널따란 대지가 온통 마른 풀로 덮여 있는 꿈은?

어려움이나 시련이 가까이 다가올 것이라는 암시이다. 평소에 마음의 준비와 함께 실력을 쌓아 놓도록 해야 한다.

대지의 흙을 손으로 움켜쥐는 꿈은?

부동산 등 재물이 손안에 들어올 것이다.

흙을 나르는 꿈을 꾸면?

개인적인 자기 사업을 일으키게 될 조짐이다.

모래 벌판을 걸어가는 꿈은?

모래 벌판을 걸어가려면 발이 푹푹 빠져 걷기가 힘들다. 꿈에서처럼 실제로도 하는 일이 잘 진척이 되지 않아 자꾸 정체되거나 허덕거리게 되고 뜻대로 일이 이루어지지 않음을 나타낸다.

흐린 날 들판을 바라보는 꿈은?

앞길이 잘 보이지 않고 방해하는 사람이 있어 목적이 계획했던 대로 되지 않음을 알려 주는 꿈이다.

땅을 파는 꿈을 꾸면?

부인이 이 꿈을 꾸면 훌륭한 아이를 얻게 되는 태몽이다. 땅을 팠다가 도로 메우는 꿈은 사업을 벌이거나 증권·주식 등에 투자한 자본이 큰 이득을 가져온다는 암시이다. 자신이 직접 땅을 파거나 메워도 시련을 현명히 극복해 내고 고비를 넘겨 마침내 큰 이득을 보아 돈이 들어온다는 예지몽이다.

흙덩이를 줍는 꿈은?

주택이나 토지 등 큰 부동산을 손에 넣게 된다는 길몽이다.

흙덩이를 남에게 던지는 꿈은?

꿈과는 반대로 흙덩이를 남에게 던지는 꿈은 다른 사람으로 인하여 손해를 보게 된다는 암시이다. 다른 사람에게 그 흙덩이를 건네주는 꿈도 역시 남에게 대접을 해 주어야 하는 등 손해를 보게 된다.

흙을 나르는 꿈을 꾸면?

흙을 나르는 꿈은 자기 자신의 사업을 시작해 보려는 의지를 나타낸다. 머지않아 자신의 사업을 착수하게 될 것이다.

진흙투성이가 된 꿈을 꾸면?

진흙투성이가 된 몰골로 남 앞에 나서는 일은 부끄럽고 창피한 일이다. 꿈에서와 마찬가지로 부끄럽고 창피당할 사건이 일어나게 된다는 암시이다.

흙이나 땅 속에 들어간 꿈은?

두더지처럼 땅 속으로 들어간 꿈을 꾸면 집이나 토지 등 부동산이 손안에 들어오고 합격·취직 등 기쁜 일이 있을 것이다.

땅 속에 몸을 엎드려 있는 꿈은?

수명을 재촉하는 암시로 만일 환자가 이 꿈을 꾸었다면 죽을 시기가 다가왔음을 알리는 예지몽이다.

흙으로 사람이나 동물 또는 도자기 등을 빚는 꿈을 꾸면?

난관을 뚫고 나가 마침내 어려운 고비를 넘기고 좋은 작품을 만들어 내거나 새로운 사업을 벌려 큰 이득을 올릴 조짐이다.

■ 광물·돌

돌(石)에 관한 꿈

"모난 돌이 정 맞는다."는 속담처럼 성질이나 언행이 원만하지 못하고 까탈스러우면 남에게 비난받거나 미움을 산다. 대인 관계가 원만하지 못하여 갈등을 빚거나 분쟁·말썽을 일으킬 조짐이다.

한편 말없이 있는 하찮은 돌이지만 우리 생활에 요긴하게 여러 모로 쓰이므로 그 안에 재능과 가능성이 숨겨져 있다 할 수 있다. 따라서 이익·이득을 얻는 특히 돈이나 재물에 대한 행운을 암시한다.

좁은 길가에 삐죽이 돌멩이가 박혀 있고, 또 그 옆에는 그보다 큰돌이 뒹굴고 있는 꿈은?

걸어가는데 지장이 있으므로 언뜻 보면 좋지 않은 꿈일 것 같으나 오히려 그 반대이다. 작은 돌멩이는 작은 돈이나 작은 이익, 큰 돌멩이는 그보다 큰돈이나 큰 이익을 의미한다. 비록 작은 돌멩이라도 많이 있다면 티끌 모아 태산이 되듯 큰돈이 될 것이다.

돌멩이를 던지는 꿈은?

주위 사람이나 친척·가족끼리 불화하여 갈등을 빚거나 다툴 염려가 있으니 언행을 조심하라는 경고몽이다.

돌멩이로 공기 집기 놀이를 하는 꿈은?

주변 친지나 친구의 협력이나 후원을 받게 될 조짐이다. 부인이 이 꿈을 꾸면 머리 좋은 아이를 낳는다는 태몽이다.

돌멩이들이 정원이나 마당에 깔려 있는 꿈은?

머지않아 좋은 일이 있을 길몽이다.

자갈밭이나 돌밭을 걸어가는 꿈은?

운이 트인다는 길몽이다. 돈이 들어올 일이 생길 것이다.

수도꼭지를 트니까 물과 함께 돌이 쏟아져 물통에 받는 꿈은?

경제적 혜택을 받는다는 암시이다. 돈과 재물이 들어올 것이다.

정원이나 뜰에 정원석을 배치해 놓거나 배치해 놓인 것을 본 꿈은?

바윗돌이나 정원석 같은 돌은 경제적 행운을 암시하므로 돈이나 재물이 들어올 것이다. 또한 집안이나 사업체 · 회사가 경제적 기반이 쌓여져 안정 · 발전 · 번창하게 될 것이다.

돌계단을 올라가는 꿈은?

업무 · 사업 등 일을 추진하는데 장애물에 부닥치거나 방해를 받을 것이다.

돌을 줍거나 돌을 쌓아올리는 꿈은?

비록 현실이 어렵지만 정신적으로 이겨낼 수 있음을 암시한다. 마음도 넓어져 원만한 대인 관계를 유지할 수 있게 될 것이다.

돌이 갈라지거나 돌을 깨뜨리는 꿈은?

행운이 트인다는 암시이다. 운이 트이기 시작하였으므로 지금까지 정체되거나 침체되었던 사업도 슬럼프에서 벗어나 새롭게 재충전될 것이며 의욕도 용솟음쳐 큰 이득을 얻게 됨을 알리는 예지몽이다.

돌 속에서 불길이 솟아오르는 꿈은?

운명의 역전을 암시한다.

"바위 속에서 불길이 솟아오르는 꿈"과 같은 해몽이니 참조하기 바란다.

■ 바윗돌(암석)

바윗돌(암석)은 갑부·입신 출세 등 큰 목표를 상징한다. 한편 앞길을 가로막는 바윗돌은 큰 목표를 달성하는 데 장벽이 되므로 장애물이나 없애버려야 되는 문제점·방해물을 상징하기도 한다.

큰 바위 위로 오르거나 올라서거나 올라앉는 꿈은?
장애물인 바위 위로 올랐으니 장애물을 극복하고 마침내 큰 목표를 이룰 기회가 왔음을 알려주는 예지몽이다.

바위가 갈라지거나 바윗돌을 깨뜨리는 꿈은?
"돌이 갈라지거나 돌을 깨뜨리는 꿈"과 같이 행운의 길몽으로 해몽하므로 참조하기 바란다.

큰 바윗돌이나 바윗덩이를 바라다보는 꿈은?
큰 바위는 이 석기시대에는 인류가 '거석문화'를 이루었을 정도로 숭배의 대상이었다. 이 꿈은 돌과 재물, 일석이조의 수확을 얻는다는 암시이다.

큰 바윗돌에서 뛰어내리는 꿈은?
이사 가거나 직장을 옮기거나 어떤 큰 변동이 있을 조짐이다. 또한 정신을 딴 곳에 팔리고 있으니 정신 차리라는 경고몽이기도 하다.

바위 밑에 깔리는 꿈은?

자신도 모르는 사이에 잘못을 저지르게 되거나 시대적 착오에 빠져 엉뚱한 것을 하게 될 조짐이다.

바윗돌에 머리를 찧거나 얻어맞은 꿈은?

목숨도 앗기는 큰 재난을 당할 조짐이다. 특히 교통사고에 조심하라는 경고몽이다.

도로상에 큰 바윗돌이 박혀 있는 꿈은?

앞길을 막는 큰돌이니 인생길의 방해자임을 암시한다. 다른 사람의 방해 공작으로 애 먹거나 고통을 받을 것이다. 또는 시험이나 시도에 실패할 것이다. 그러나 길가에 놓인 큰 바윗돌은 갑부가 되거나 입신 출세한다는 길몽이다.

바위 속에서 불길이 솟아오르는 꿈은?

행운에서 갑자기 불운으로 역전된다는 암시이다. 갑자기 불행한 일을 겪게 될 터이니 말과 행동을 각별히 조심하라는 경고몽이다.

■ 금(황금)

금(황금)은 누런 빛깔의 아름다운 광택을 내는 소중한 광물이며 돈과 같은 가치를 지니고 있어서 누구나 가지고 싶어하는 것이기에 명예·권리·재물 등의 행운을 상징한다. 그러나 자기의 신분에 걸맞지 않거나 생활 형편에 비하여 너무나 큰 집채만하거나 산더미 같은 금덩이(금괴)는 오히려 손실·실패·낭비·불명예 등을 상징한다.

금덩이(금괴)나 금으로 된 물건 등을 보거나 줍거나 받는 꿈은?

금(金)은 행운을 상징하므로 금덩이에 관한 꿈은 길몽이다. 최근에 주택 복권 1등에 당첨된 사람도 복권을 사기 전날에 금덩이를 줍는 꿈을 꾸었다고 한다.

그러나 자신이 두 팔로 끌어안지도 못할 만큼 큰 금덩이나 자신의 형편에 걸맞지도 않은 집채만한 큰 금덩이는 오히려 불운·실패를 상징한다. 겉으로는 호화롭고 풍족한 생활 같으나 수입보다 지출이 많아 항상 빚 생활이며 100만 원에 사서 90만 원에 팔아야 하므로 항상 손해·손실을 보니 언제 어떻게 될지 몰라 불안한 나날을 보내게 될 조짐이다.

금화나 금 동전을 줍거나 받는 꿈은?

사업가는 좋은 거래처나 후원자 등을 만나 사업자금이나 이득을 보게 될 것이고 직장인은 주변인의 도움을 받아 승진·승급할 것이며 무직자·실업자는 직장이나 재물 등을 얻게 되고 작가는 좋은 작품을 내놓게 될 것이다. 어쨌든 무언가를 얻는다는 행운의 꿈이다. 땅속에서 캐내거나 발견해도 마찬가지로 행운의 꿈이다.

금귀고리·금목걸이에 관한 꿈은?

"귀고리·목걸이에 관한 꿈"과 같이 해몽하므로 각 항목을 참조하기 바란다.

금비녀에 관한 꿈은?
"머리 꾸미개에 관한 꿈"과 같이 해몽하므로 참조하기 바란다.

금을 캐려고 금광을 찾아다니는 꿈은?
기대하고 바라던 목표를 이루려고 분주한 나날을 보낼 것이다.

금송아지·금두꺼비를 받거나 줍는 꿈은?
길몽이다. 최근 복권 1등에 당첨된 사람도 이 꿈을 꾸고 복권을 샀다고 한다.

■ 은(銀)

우리는 달빛을 은빛이라고 비유한다. 그런데 달빛은 '어머니·어머니의 힘'에 비유된다. 따라서 은빛은 '어머니의 힘' 곧 '끝없이 넓음·사랑·방어자·협조자'를 상징한다.

은화(은돈)를 줍거나 캐내거나 받은 꿈은?
뜻밖에 재물이 들어오는 등 경제적 혜택을 받을 것이다. 또한 후원자나 협력 업체의 도움을 받는다는 암시이기도 하다.

은비녀를 꽂거나 받은 꿈은?
사랑과 정신적인 도움을 받게 된다는 암시이다. 그 밖의 해몽은 "머리 꾸미개에 관한 꿈"과 같이 해몽하므로 참조하기 바란다.

은화를 버리는 꿈은?
은화를 줍는 꿈과는 반대로 경제적 손실·손해를 암시한다.

은반지를 끼거나 받는 꿈은?

애정과 정신적인 힘을 얻게 될 것이다.

다른 해몽은 "반지에 관한 꿈"과 같으므로 참조하기 바란다.

■ 보석

보석의 반짝반짝거리는 광채와 그 빛깔을 보고 감탄하지 않은 사람이 없다. 보석은 신비로운 힘과 가치를 지녔다고 할 수 있다. 여기에서 보석에 관한 꿈은 자기 자신도 그 보석처럼 값지고 찬란하게 빛나기를 바라는 간절한 마음이 꿈에 나타난 것이다. 꿈에 그 보석을 보거나 지니면 이미 그 가치와 신비로운 힘을 자신의 것으로 만들었음을 암시한다. 그 신비로운 힘으로써 불운을 행운으로 돌리어 마침내 소원을 성취한다는 뜻이다. 따라서 보석은 명예·명성·인기·재능·재물·지위·권세에 대한 행운을 암시한다. 그러나 바윗덩이만하거나 혼자 끌어안아도 넘칠 큰 보석은 오히려 자기 힘에 겨운 것이므로 불운·실패를 암시하는 흉몽이다.

보석을 보거나 선물받은 꿈은?

보석은 부와 명성·재능 등을 상징하므로 꿈에서 본 보석을 실제로 갖게 되거나 아니면 머지않아 그만한 가치와 인기·명성·지위·재물을 얻을 수 있음을 암시한다. 즉 사업가에게는 주요 거래처와 이득을 예술가·작가에게는 좋은 작품을 무직자에게는 직장을 직장인에게는 승급·영전의 행운을 미혼자에게는 좋은 배우자를 얻는 행운을 의미한다. 또 부인에게는 훌륭한 인재가 될 아이를 낳는다는 태몽이다. 그러나 자신의 형편·신분에 맞지 않게 바윗덩이 만한 보석이나 자신이 들 수도 없을 정도로 큰 보석은 오히려 불운을 상징한다. 손실·손해·재앙을 의미하므로 사업상 정체·침체·실패·실수를 의미한다.

보석으로 몸을 치장하거나 보석 장신구를 몸에 차는 꿈은?

큰 명성이 나고 인기와 함께 명예를 얻게 될 것이다.

보석을 캐려고 찾아다니거나 보석을 가지려고 애쓰는 꿈은?

자신의 명성이나 명예·지위를 얻을 시기가 다가왔음을 암시한다. 그러나 보석을 캐버리거나 얻게 되면, 그 명성·명예를 지키는 노력을 게을리하면 그 모든 명성·명예·지위가 땅에 떨어지는 불운으로 역전되어 버릴 것이다.

보석을 줍는 꿈은?

보석에 관한 꿈은 명성을 함께 얻는 길몽이다 줍는 꿈도 마찬가지이다. 다만 불을 조심해야 한다. 물론 화재의 뜻인 불도 조심해야 하지만 마음의 불 즉 질투·시기·증오에 대한 감정을 참지 못하고 터뜨림으로써 지금까지 쌓아올린 명예·명성·지위와 재물을 한꺼번에 잃어버리게 되니 특히 주의해야 할 것이다.

보석을 잃어버린 꿈은?

보석에 관한 꿈은 꿈과 현실이 그대로 들어맞는 정몽(正夢)이다. 그런데 보석은 명예·권세·재물·명성·지위 등을 암시하므로 그와 같은 행운을 잃어버리게 된다는 뜻이다. 그러나 자신이 들고 갈 수 없을 정도로 큰 보석은 실수·실패·불명예·모욕·좌천 등을 암시하므로 그런 큰 보석이라면 불운으로부터 벗어난다는 좋은 꿈이다.

보석의 색깔이 변하거나 빛이 나지 않는 꿈은?

보석은 명예·명성·지위·권세·재물 등을 암시하므로 지위나 권세에 좋지 않은 변화를 의미하며 명예·명성이 떨어지거나 재물에 손실을 가져온다는 의미이다.

인조 보석을 받거나 줍는 꿈은?

보석은 명예·권세·지위·재물에 대한 행운을 암시하므로 길몽이지만 인조 보석은 가짜 보석과 같으므로 그에 전혀 미치지 못하는 아주 작은 행운을 의미한다 이를테면 돈이나 재물인 경우 어떤 이득에 대한 수수료와 같이 아주 적은 것에 불과하고 또는 돈을 꾸워 주고 겨우 이자를 받는데 그 이자마저도 사채이므로 위험 부담을 안아야 하는 것과 같다.

진주에 관한 꿈은?

진주는 은빛으로 빛나는 보석이다. 그런데 은빛은 달빛에 비유하므로 달과 같은 이미지이다. 따라서 진주는 달과 같이 여성·크고 넓은 어머니의 품안·눈물·슬픔을 암시한다.

어두운 빛깔의 옷에 진주 장식을 한 꿈은?

슬픈 일·슬픈 마음을 암시한다.

다른 보석이나 장신구가 갑자기 진주로 바뀌는 꿈은?

머지않아 슬픈 사건이 일어날 조짐이다.

진주를 받거나 줍는 꿈은?

행운이 트인다는 암시이다. 슬프고 마음 아픈 일들이 사라지고 좋은 조짐이 나타나기 시작할 것이다.

진주를 먹는 꿈은?

환자가 이 꿈을 꾸면 건강을 회복한다는 암시이다.

특히 여자는 마음을 사로잡는 야릇한 힘이 나타나기 시작하여 인기가 오르고 명성이 날 것이다. 또 부인이 이 꿈을 꾸면 태몽임을 알려주는 수태 고지이다.

다이아몬드에 관한 꿈은?

다이아몬드는 바탕이 가장 견고한 광물로 변하지 않으므로 흔히 약혼·결혼 반지에 쓰이는 보석이다.

여기에서 굳은 결심이나 이상, 변하지 않은 약속·사랑(애정)을 상징한다.

다이아몬드 또는 다이아몬드반지 또는 백금반지를 받은 꿈은?

다이아몬드가 굳은 결심이나 변하지 않은 애정·약속을 상징하므로 그와 같은 것을 바라는 간절한 마음이 꿈으로 나타났다고 본다. 현실에서도 마찬가지로 변심하지 않을 애인·연인을 만나게 될 것이고 사업가는 고정 거래처로부터 이익을 꾸준히 얻어 기반을 튼튼히 쌓을 것이다.

■ 비취

비취는 짙은 초록색을 띤 반투명의 유리알처럼 빛나는 옥이다. 은은한 그 빛깔은 흔히 고려청자의 빛깔에 비유할 만큼 아름답고 신비로운 매력을 지녔다.

그래서 예부터 중국에서는 부(富)와 귀(貴)의 상징이 되어 왔다. 현실에서도 꿈의 주인공은 이미 그 신비로운 힘을 터득하였으므로 사람들로부터 인기가 오르고 명성이 나고 불운을 행운으로 바꾸어 소원을 성취할 것이다. 녹색은 건강을 의미하므로 환자가 이 꿈을 꾸면 병세가 호전되어 건강을 회복할 것이다

■ 루비

루비는 붉은 옥(홍옥). 그 빛깔에서 정열·승리·피·심장을 상징한다. 또한 서양에서는 옛부터 정열·명성·승리를 가져오는 보석이라 하여 왕관에 루비를 박았다. 루비를 받거나 줍는 꿈도 정열·명성·승리 같은 행운을 나타낸다.

■ 에메랄드(녹옥)

짙은 초록색의 보석이다. 녹색은 자연 치유력을 암시하므로 환자는 병세가 호전되어 병이 나을 것이다. 기대하거나 바라던 일이 뜻대로 이루어진다는 암시이기도 하므로 경쟁자와 겨루거나 싸워서 이길 것이며 재판에서도 승소할 것이다.

■ 사파이어(청옥)

파란빛의 옥. 파란빛(청색)은 맑고 깨끗한 마음 다시 말해서 참되고 성실함을 암시한다. 따라서 참되고 성실한 삶을 산다면 자연히 행운이 찾아올 것이라는 암시이다. 사파이어를 받거나 주운 꿈은 속임수나 사기 또는 감언이설에 넘어가지 말고 진실을 깨달으라는 예지몽이다.

12. 행동에 관한 꿈

인사받는 꿈을 꾸면?

누군가가 인사를 했다면 행운이 찾아온다는 예지몽이며 지위가 올라간다는 암시이다. 인사란 사회적으로 높은 지위나 남보다 우월한 경쟁의 상대방과 안고 싶다는 내 마음을 나타낸다. 의논할 일이 생기거나 상담을 하게 된다는 뜻.

인사하는 꿈은?

경쟁의 상대방과 서로 협력하게 된다는 의미이다. 고대 그리스에서는 적에게 인사하는 꿈은 싸움을 중지하고 서로 화해하게 된다는 뜻. 사랑하는 사람이 있다면 그 가족에게 구혼을 예고하는 꿈이다.

친밀하게 인사하는 꿈은?

상대방에게 무슨 일을 부탁하게 되거나 도움을 받게 된다는 에

고이다.

악수하는 꿈은?

악수하는 손이 따뜻한가 차가운가에 따라 달리 해몽된다. 아주 차갑다는 느낌이라면 자신이 세상으로부터 냉대받게 되거나 따돌림을 받게 될 것이다. 따뜻하다면 주위 사람들로부터 도움을 받거나 후원자를 만나게 될 것이다.

악수한 느낌이 없다든지 자신의 손 안에서 상대방의 손이 으스러지는 듯한 느낌이라면 자신이 무기력하고 폐쇄적이라는 사실을 알려주는 꿈이다.

모르는 상대방에서 인사하는 꿈은?

꿈에 본 그 사람 또는 그 사람과 비슷한 사람과 서로 알게 된다는 암시이다.

웃는 꿈을 꾸면?

불운 쪽으로 기울고 있다는 조짐. 불운한 일이 생기거나 어딘가 모르게 몸의 컨디션이 좋지 않게 된다. 고대 그리스나 이집트의 해몽가는 웃는 꿈은 불안하거나 근심스런 일이 있을 조짐이라고 했다.

웃음거리가 되는 꿈은?

다른 사람이 자기를 보고 웃는 꿈은 대인관계에서 근심 걱정거리가 생길 조짐이다. 또는 대인 관계에서 두려운 일이 있지 않을까 창피를 당하지는 않을까 근심 걱정을 하게 된다는 예고이다.

스트레스가 쌓여 있다는 증거다. 일상행활 속에서 자신도 모르게 억눌려서 지내는 노여움이 꿈으로 나타난 것이므로 자칫하면 남을 오해하게 되고 일이 생각대로 되지 않는다는 것을 암시한다. 생각한 대로 되지 않는다고 신경질을 내거나 하여 자칫하면 말썽을 일으키기 쉬우니 특히 대인 관계를 조심해야 한다는 경고몽이기도 하다. 당분간은 모든 일이 정체하는 기간이므로 때가 오기를 참고 기다려야 한다.

우는 꿈은?
꿈에서 우는 것은 쌓인 스트레스를 해소하려는 심리 상태, 즉 뒤집어 보고 싶은 심리가 작용했기 때문이다. 일하는 데 있어서나 연애하는 데 즐거운 일들이 있다는 약속의 증표다. 꿈 속에서 울고 슬퍼하는 일을 현실에서 보충해 준다는 뜻이다. 문제 해소와 함께 행운이 찾아온다는 예고다.

누군가가 자신을 울리는 꿈은?
언제나 상대방 때문에 긴장하거나 스트레스가 쌓인다는 예고다.

노래부르는 꿈은?
쓸쓸함을 달래거나 위로의 대상을 찾고 있다는 징표다. 즐거운 노래라면 즐거운 일이 생기고 슬픈 노래라면 슬픈 일이 온다는 암시. 또 노래 내용처럼 된다는 뜻이기도 하다. 즐겁게 노래부르는 꿈은 운명의 여신이 갑자기 불운에서 행운 쪽으로 운명을 돌려 놓는다는 뜻. 역전승의 기회가 온다는 뜻이기도 하다.

합창하는 꿈은?

많은 사람과 편안한 나날을 보내고 싶은 희망의 암시. 몇 사람이 합창하면 우호적인 인간 관계가 이루어진다는 예고다.

많은 사람 앞에서 악기를 연주하는 꿈을 꾸면?

자기 자신의 매력을 드러내고 싶은 심리가 작용한 꿈이다. 악기는 이성을 상징한다. 따라서 연애하는 이는 깊은 사랑을 하게 된다는 조짐이다.

연주하는 방법을 모르는 악기를 연주하는 꿈은?

악기가 이성을 상징하므로 이성간의 문제가 있어 고민하게 된다는 예고 또는 자신으로서는 이해할 수 없는 상대와 사귀게 된다는 알림이다.

춤추는 꿈은?

꿈속의 춤은 사랑을 고백하고 사랑을 바라는 뜻이다. 매력이 두드러지게 나타나고 사랑을 얻게 되는 암시. 그러나 다정한 탓으로 삼각 관계가 생길 위험성도 있다. 아무튼 사랑하는 사람은 사랑이 깊어간다는 행운의 암시. 또 짝사랑하는 사람에게도 이성이 나타난다는 예고몽이다. 꿈 속의 즐거움을 그대로 현실에서도 맛볼 수 있다는 뜻이다.

친구나 아는 사람의 애인과 춤추는 꿈을 꾸면?

그 상대방과 삼각 관계나 남몰래 그 상대방을 짝사랑한다든지 관심을 가지고 있다는 암시이다.

물건을 파는 꿈은?

대체로 물건을 판다는 것은 곧 자기 자신을 남에게 드러내어 알리어 흥미를 느끼게 하거나 관심을 가지게 한다는 뜻이므로 남에게 발탁된다는 의미다. 추천을 받거나 뽑히게 되어 명예를 얻게 되고, 행운이 찾아온다는 암시이다. 그러나 경매하는 꿈은 불운을 암시하는 자신이 침체된다는 의미다.

물건을 사는 꿈은?

물건을 산다는 것은 무엇인가를 가지고 싶어하거나 바라고 있음을 암시한다. 자신의 의식 속에 새로운 사고방식을 받아들이려고 한다는 뜻이다. 다시 말하면 물건을 사려면 돈이 필요하므로 저축을 의미한다.

저축하려면 공부를 하여 지식을 저축하고 부지런히 일하여 돈을 저축하게 된다. 따라서 평소의 근면한 생활 태도, 노력의 보답으로 좋은 아이디어가 풍부해지고 경제적으로 풍요로워진다는 것을 암시한다.

물건을 버리는 꿈은?

버리는 물건이 쓰레기나 자신에게 필요 없는 것이라면 걱정거리나 고민이 해소된다는 뜻이다. 환자에게는 병이 나아진다는 조짐이다. 그러나 자신에게 중요한 물건을 버리는 꿈은 중요한 단서를 잃어버리거나 사물을 무책임하게 처리하지 말라는 경고몽이다.

물건을 줍는 꿈을 꾸면?

자신이 생각지도 못한 중요한 힌트나 조언을 얻게 될 것이다.

주운 물건이 중요한 것이거나 값비싼 것이면 운세가 불운에서 행운 쪽으로 역전되어 좋은 기회를 잡게 될 것이다.

청소하는 꿈은?

무의식 중에 청소하여 깨끗이 잊어버리고 싶은 일이 많이 있음을 암시한다. 스트레스나 근심 걱정, 고민거리가 쌓여 있음을 나타낸다. 쓸데없는 일에 사로잡혀서 좋은 진로를 찾지 못하게 되고 목표를 잃어버릴 염려가 있다.

자기 방을 청소하는 꿈은?

머지않아 손님이나 외부 사람이 찾아올 것이다.

씻는 꿈은?

씻는다는 것은 운명을 깨끗이 정화한다는 의미이므로 행운의 문이 열릴 것이다. 운세가 상승한다는 뜻이기도 하다.

씻어도 씻기지 않는 꿈은?

씻고 또 씻고 아무리 씻어도 더러움이 씻기지 않거나 지워지지 않는다면 운세는 불운 쪽으로 기울고 있다는 조짐이다. 또 자신의 결백을 주장해도 받아들여지지 않는 데에 대한 저항감, 울분을 나타내기도 한다.

옛 것을 씻어 깨끗이 하는 꿈은?

그 물건에 대하여 새롭게 고쳐 보고 싶은 심리를 나타내고 있다. 머지않아 불안한 문제나 고민거리가 해소될 것이다.

목욕하는 꿈을 꾸면?

알맞은 온도의 물에 목욕하면 행운이 찾아온다는 조짐이다. 물이 너무 뜨겁거나 미지근하면 체력이 떨어지고 있으니 특히 건강에 조심할 일이다.

육체와 정신의 균형이 깨진다는 조짐. 연애운은 상승을 나타내므로 좋은 이성을 만나 순조롭게 사랑이 이루어질 조짐이다.

물을 뒤집어쓰는 꿈은?

재능이나 새로운 사랑에 눈이 띄게 된다는 암시이다. 지금까지 불운한 일들이 깨끗이 정하되어 고생 끝 행운 시작을 의미한다.

공부하는 꿈은?

운세가 한 발짝 한 발짝 진보 상승하고 있다는 징표다. 지금 관계하는 일이나 관련된 문제에 좀더 지식과 노력이 필요함을 나타낸다. 특히 능력이 점점 인정받고 있음을 나타낸다. 일의 성과가 오르고 시험 성적도 오르고 있음을 의미하기도 한다.

커닝하는 꿈을 꾸면?

자신이 하고 있는 일에 자신감이 없음을 의미한다. 열고 뛰쳐나가고 싶으나 마음대로 되지 않는다. 매사에 자신감이 없기 때문. 용기가 필요하다. 또한 좋지 않은 유혹이 뒤따르니 조심하라는 경고몽이기도 하다.

지각하는 꿈은?

시간이 늦어지므로 초조하고 걱정스러운 마음을 나타낸다. 이는 곧 찬스가 가까이 와 있음을 예고하는 것이다. 머지않아 행운의 문이 열릴 것이다. 연애운도 행운, 좋은 상대를 만나 서로 열렬히 사랑하게 된다는 조짐이기도 하다.

걸어가는 꿈은?

혼자서 한발짝 한발짝 힘있게 걷는 모습은 그렇게 보기가 좋은 편은 아니나 기반이 튼튼해서 운세가 상승한다는 암시이다. 함께 걷는 사람이 있으면 후원자와 함께 일을 해나갈 조짐이다. 그 사람이 부모나 윗사람일 경우에는 현재 하는 일에 후훤자가 나타나 일이 순조롭게 잘 되어 나간다는 것을 예고한다. 그러나 길바닥의 상태가 나쁘면 일이 순탄하지 않음을 예고하는 꿈이다.

산책하는 꿈을 꾸면?

현재 후원하고 있는 일이 허사로 끝날 것이다.

달리는 꿈은?

힘을 다해서 달리는 꿈은 현재 하는 일도 여유가 없고 정신없이 나가고 있다는 조짐이다. 의욕적으로 일을 해나가는 것도 좋지만 자칫하면 계획성이 없고 무모하게 밀고 나가기 때문에 항상 문제를 일으키기 쉽다. 좀더 신중히 안전을 확인하면서 추진할 일이다. 그렇게만 한다면 더 말할 필요가 없다.

넘어지는 꿈은?

매사를 신중히 처리하지 않으면 좌절되고 만다. 계획되고 목표에 무리는 없는지 재검토하라는 경고몽이다. 그러나 다른 사람이 넘어지는 꿈은 운세가 호전된다는 조짐이다. 누군가의 도움을 받아 일이 성사될 것이다.

올라가는 꿈을 꾸면?

산이나 나무 사다리나 계단을 오르는 꿈은 높은 이상을 목표로 하고자 하는 의욕이 강해진다는 뜻이다. 따라서 매사가 순조롭게 잘 되어 나갈 것이다. 그러나 자신의 존재가 주위 사람들보다 월등하게 뛰어오르거나 하여 눈총을 받거나 나쁜 평판이 날 염려가 있으니 특히 대인관계를 주의해야 할 것이다.

내려오는 꿈은?

산이나 나무, 사다리나 계단을 내려오는 꿈은 자기 자신에 대하여 반성하기 시작하거나 욕망이나 꿈이 적어진다는 예고다. 현실 세계에서 눈에 띄는 행동이나 말을 억제하고 좀더 활발한 생활이 필요함을 암시한다.

달아나는 꿈을 꾸면?

일상 생활이나 어떤 일의 속박에서 벗어나고 싶은 욕망의 표시다. 쫓기는 꿈도 같은 의미다. 자립하거나 자유로이 되고 싶은 마음의 의미이다.

도망가는 데 성공한 꿈은?

용케 잘 도망쳐서 성공을 하면 어떤 일이나 속박에서 벗어나게 된다는 뜻이므로 독립하여 개업에 성공한다는 암시이다.

도망가는 데 실패한 꿈을 꾸면?

아직 얼마 동안은 계속 속박된 생활을 해야 한다. 무거운 책임이나 의무를 피하려고 하다가는 도리어 큰 손해를 볼 것이다. 잘 참고 견뎌야 한다.

잡으러 쫓아가는 꿈은?

쫓아가는 상대에게 집착을 가지고 있음을 나타낸다. 또는 과거의 잘못에 대해서 스스로 꾸짖는 마음을 떨치지 못하고 있음을 나타내고 있다. 집념이나 집착에서 벗어나야 한다는 경고몽이다.

누구에게 쫓기는 꿈은?

자신이 잘못 가고 있는 것은 아닌가 또는 무슨 사건이 일어나지나 않을까 근심 걱정을 하면서 불안해하고 있다는 암시이다. 남이 자기에게 어떤 해를 입히고 있다는 피해 망상이나 자기 자신에 대해서 다시 살펴보고 피해 망상에서 벗어나도록 해야 할 것이다.

누군가를 붙잡는 꿈을 꾸면?

누군가를 붙잡거나 무엇인가를 붙잡는 꿈은 그 사람이나 그 물건, 사물에서 자신에게 유익한 것을 얻고 싶다는 의미이므로 길몽이다. 그러나 자칫하면 붙잡기 위해서 좋지 않은 수단을 쓰거나 옳지 못한 방법을 쓰기 쉬우므로 이 점을 특히 유의해야 한다.

누군가에게 붙잡히는 꿈은?

누군가에게 자신이 붙잡히는 꿈은 그 상대로부터 무엇인가를 얻게 된다는 좋은 꿈이다. 사랑하는 사람을 만나게 되어 연애에 성공하거나 평소에 바라고 있던 것을 남한테서 얻게 된다는 암시이다.

남에게 장난을 하는 꿈을 꾸면?

장난질을 하거나 시시덕거리는 꿈은 생각대로 행동하지 못한 데에 대한 불만의 표시다. 자기 자신을 주위 사람들에게 어필하고 싶거나 많은 사람들에게 칭찬을 받고 싶거나 주목받고 싶은 희망을 장난을 통해서 나타낸 것이다.

남에게 사과, 사죄하는 꿈은?

누군가 남에게 백배사죄하거나 하찮은 일에 정신이 빠져 실수나 말썽을 일으킬 염려가 있으니 한눈 팔지 말고 열심히 하라는 경고몽이다.

남이 자기에게 장난질을 하는 꿈을 꾸면?

상대방을 꿰뚫어 볼 수 있는 간파력을 갖추게 되었다는 예지몽이다. 하는 일마다 착착 잘 되어 나간다는 좋은 꿈이다.

정신없이 노는 꿈은?

정신없이 놀고 있는 꿈은 평소에 스트레스가 쌓여 있다는 알림이다. 그래서 해방되고 싶거나 다른 환경에 자신을 놓이게 하고 싶은 표현이다. 실제로 그런 일이 이루어질 수 있다는 좋은 꿈이다. 다만 야단법석만 떨고 있는 꿈은 자유롭고 여러 가지 방법이나 아이디어가 떠오르지 않거나 마음대로 행동하지 못하게 될 터이니 좀더 긴장하고 정신을 차리고 살펴보라는 경고몽이다.

머리를 숙이는 꿈은?

자신이 겸허한 자세로 남을 존중하는 행동은 곧 남에게 신임을 얻고 사랑을 받는다는 길몽이다. 허리를 낮추면 낮출수록 남한테 신뢰와 존경을 받게 되므로 그러한 인간성을 강조하는 꿈이다.

남에게 사죄. 사과받는 꿈을 꾸면?

누군가 남에게 폐를 끼치게 되거나 상대방이 이익을 얻게 됨으로 자신은 손해를 보게 된다는 암시이다.

화해하는 꿈은?

꿈과 현실이 반대되는 꿈이다. 현재 다투고 있거나 대치하고 있는 상대방과 결코 화해할 수 없게 된다는 암시이다. 또는 주변 사람들로부터 공격받거나 미움을 계속해야 된다는 암시이다.

때리는 꿈은?

생각지 못한 사건, 사고가 일어날 조짐이다. 또는 무슨 일에 정신이 번쩍 들게 된다는 암시이기도 하다. 또는 사랑을 고백하게 된다는 암시이기도 하다.

남자가 여자에게, 여자가 남자에게 맞는 꿈을 꾸면?

자기를 때리는 사람에게 호의를 받게 된다는 암시의 길몽이다.

남자가 여자를, 여자가 남자를 때리는 꿈은?

자신이 때리는 꿈은 그 상대방에게 관심을 갖게 되는 일이 생긴다는 암시이다.

다투는 꿈, 경쟁하는 꿈은?

누군가와 경쟁을 벌이고 있는 꿈은 자기 자신과 경쟁하고 있는 것과 같은 셈이다. 운세로는 한 걸음 한 걸음 상승하고 있음을 나타낸다. 노력이 필요하다는 암시이다. 노력하면 그만한 대가가 오니 온 힘을 다하라는 충고의 꿈이다. 고대 그리스의 해몽가는 죽은 사람과 다투는 것은 병이 든다는 조짐이라고 풀이했다.

다툼에서 패배하는 꿈을 꾸면?

꿈과 현실이 반대되는 꿈이다. 현실 세계에서는 승리를 하게 된다는 암시이다.

싸움, 경쟁에서 승리하는 꿈을 꾸면?

꿈과 현실이 반대되는 역몽이다. 꿈에서 이겼다면 현실에서는 패배한다는 뜻이다.

낯선 사람과 싸움, 결투하는 꿈은?

소송 사건이 있게 되거나 자기 주변에 위험한 일이 다가오고 있음을 알리는 예지몽이다.

여자가 남자와 남자가 여자와 싸움하는 꿈을 꾸면?

남자, 여자 이성간의 싸움은 이성과 성적 관계를 맺게 된다는 예고이다. 또는 사랑하든 안 하든 결혼을 하게 될 조짐이다.

떨어지는 꿈은?

높은 데에서 떨어지는 꿈은 좋지 않은 흉몽이다. 특히 남의 말이나 속임수에 넘어가지 않도록 조심해야 한다. 그러나 떨어진 느낌이 안정되고 좋다거나 떨어지는 속도가 스피드하여 스릴을 느끼고 기분이 좋다면 최고의 행운을 얻는다는 길몽이니 복권을 사도 당첨될 확률이 높다. 이 경우는 모든 일이 순조롭게 잘 풀려 발전한다는 암시이다.

날아다니는 꿈은?

어린이가 성장하여 어른이 되어 갈 때에 자주 꾸는 꿈이다. 힘차게 하늘을 날아다니는 꿈은 의욕이 넘치고 있는 조짐이니 연애도 사랑도 하는 일이 호전되어 간다는 반가운 소식이다. 그러나 둥둥 떠다니는 꿈은 몸의 컨디션이 좋지 않다는 조짐이다. 스트레스나 피로가 쌓이지 않도록 하고 쌓였다면 충분한 휴식을 통해서 풀도록 노력해야 한다.

날아다니다가 떨어지는 꿈을 꾸면?

생활 기반이 흔들리게 되거나 모았던 재산을 잃어버릴 조짐이다. 그러나 떨어졌을 때의 느낌이 안정되고 편안했다면 이제부터 안정된 생활이 시작됨을 알리는 꿈이다.

날다가 태양이나 별 가까이까지 날아오르는 꿈은?

옛날부터 구름이나 태양, 별 가까이 날아오르는 꿈은 높은 자리를 얻거나 명예를 얻게 된다는 암시이다.

날개를 달고 날아가는 꿈을 꾸면?

동양이나 서양이나 예나 지금이나 날개를 다는 꿈은 운세가 좋아진다는 길몽으로 해몽된다.

낮게 날아다니는 꿈은?

머지않아 여행을 떠나거나 이사를 하게 되거나 직장을 옮기거나 하던 일을 바꿀 조짐이다.

안내하는 꿈은?

누군가를 안내해 주는 꿈은 사실은 자신이 그 누군가의 지도를 받아 감화되고 싶은 심정이 나타난 것이다. 그 사람의 지도를 받아 모든 문제를 해결하고 있다는 암시이다. 머지 않아 출세하게 될 조짐이다.

자신이 안내받는 꿈을 꾸면?

누군가가 자신을 안내해주는 꿈은 문제를 자기 자신 혼자서 해결해야 된다는 암시이다. 고독한 길을 걸어가게 될 조짐이다.

기도하는 꿈은?

뚜렷한 목표가 없어 불안정한 상태에 있다는 암시이다. 즉, "뚜렷한 자기 목표를 정하시오." 하고 충고하는 꿈이다. 흘러가는 대로 사는 삶이 아무런 가치 없는 인생이라는 것을 잘 알면서도 실천 못하는 사람임을 깨우치는 꿈이다. 지금부터라도 마음속에 뚜렷한 목표를 세우고 실천하지 못한다면 정말 후회만 남는 인생이 될 것이다.

영화나 연극, 드라마를 보는 꿈은?

유명하게 되거나 인기를 얻는다는 암시이다. 그러나 영화나 드라마의 내용이 바로 자신의 현재의 상황을 나타낸다. 즐거운 내용이면 즐거운 일이, 슬픈 내용이면 슬픈 일이 생긴다. 그러나 대체로 길몽인 경우가 많다. 또한 자신이 직접 주인공이 되어 연기를 하는 꿈은 손실·손해를 상징한다.

연주회에 관한 꿈을 꾸면?

연주되고 있는 음악이나 노래는 현재의 상황을 나타내는 경우가 많다. 슬픈 음악이나 노래는 즐거운 일을 예고한다. 또 가사내용도 그대로 현실을 반영해 준다. "노래하는 꿈" 참조.

연설하는 꿈은?

현재 잘 되던 일도 잠시 정체되거나 중단해야 한다는 예지몽이다.

연설을 듣는 꿈은?

누군가 하는 연설을 듣는 꿈은 그 상대에게 설득되거나 감화된다는 뜻이다. 따라서 연설하는 사람이 낯선 사람이라면 주변의 사람들에게 영향을 받게 되거나 누군가의 충고를 받아들여야 하는 입장이 된다는 암시이다. 정치가의 연설을 듣는 것은 현재 시간을 낭비하고 있음을 알리는 예지몽이다.

아르바이트하는 꿈은?

조그마한 유혹이나 바람기를 나타내므로 그러한 기분에 빠졌다가 사건이나 말썽을 일으킬 조짐이다. 스릴을 만끽하다가 큰일을 당하지 말라는 경고몽이다.

운전하는 꿈을 꾸면?

자동차는 자신의 신체 및 건강의 상징이다. 씽씽 잘 달라는 꿈은 건강 상태가 좋다는 뜻이며 하는 일도 마음과 뜻대로 잘 되어 간다는 행운의 꿈이다. 또한 자동차는 성적(性的) 성숙도를 상징하기 때문에 섹스를 적극적으로 밀어붙이는 성숙도를 나타낸다. 그러나 부서진 자동차나 고장난 차를 운전한다면 반대 결과를 나타낸다. 이 경우는 좋지 않은 꿈이다.

운전 중의 자동차 조수석에 앉는 꿈은?

운전하는 꿈이 바람직한 인생을 약속받는 길몽인 것처럼 그러한 행운을 남에게 기대하는 심리를 나타낸다. 그 운전이 편안했다면 역시 모든 일이 좋은 방향으로 나간다는 행운의 길몽이다.

헤엄치는 꿈은?

능숙하게 헤엄치면 재능이 개발되어 지금까지 이루지 못했던 일을 할 수 있게 된다는 암시이다. 또한 의욕이나 능률이 향상되어 가장 의욕적이고 활동적인 시기가 왔음을 알려주는 꿈이다. 연애운도 마찬가지로 애정이 고조되고 새로운 이성을 만날 수 있는 시기임을 알려 준다. 또한 재정도 튼튼해져 부자가 될 조짐이다 .다만 물의 상태가 중요하므로 <물> 편을 참조.

물에 빠지는 꿈은?

헤엄쳐 나가는 것은 길몽인데 비해서 물에 빠져 버리는 꿈은 좌절·실패를 의미하므로 좋지 않은 꿈이다. 그러나 누군가 도움을 받아 물에서 빠져 나온다면 힘이 있는 협력자나 후원자가 나타나 도움을 받게 된다는 예고다.

익사자가 되어 표류하는 꿈을 꾸면?

현실에서도 죽은 것과 다름없이 정체되거나 침체되어 꼼짝 못하는 상태를 암시한다. 그러나 그때의 기분이나 상태가 평온하고 편안했다면 머지않아 행운이 찾아온다는 예지몽이다.

숨거나 숨기는 꿈은?

자신의 본래의 모습이나 사물, 물건 등을 숨기는 것은 세상의 이목이 집중되어 있음을 나타낸다. 실제로는 그러한 사물, 물건이나 자신을 세상에 자랑하고 싶은 심리가 작용하기 때문이다. 자칫하면 구설수에 오를 수가 있다. 세상에 진출할 수 있는 좋은 기회가 왔으니 보다 적극적으로 대처하라는 경고몽이기도 하다.

당황하며 허둥대는 꿈을 꾸면?

현재 무엇인가 중요한 일을 잊고 있음을 경고하는 꿈이다. 잠재의식이 그 점을 깨우쳐 주기 위하여 꿈으로 나타낸 것이다. 다시 한 번 주변을 잘 살펴보도록 해야 한다.

엘리베이터나 에스컬레이터를 타고 올라가는 꿈은?

현재 인기가 계속 높아가고 좋은 평판이 난다는 의미이다.

엘리베이터나 에스컬레이터를 타고 내려오는 꿈은?

올라가는 꿈과는 반대로 인기가 내려가고 명예롭지 못한 일들이 잇달아 일어난다는 조짐이다. 앞으로 언행을 좀더 신중히 하라는 경고몽이다.

습격받는 꿈은?

꿈과는 반대로 곤란한 문제나 어려운 처지에 놓이면 반드시 누군가 찾아와서 도와준다는 암시이다. 전혀 기대하지 않았던 사람이 찾아와 도와줄 것이니 항상 모든 대인 관계를 원만하게 하도록 노력해야 할 것이다.

외국어를 하는 꿈을 꾸면?

자신도 알 수 없는 외국어를 하는 꿈은 외국을 가고 싶다는 의미이기도 하지만 어떤 영적인 메시지일 경우도 많은데 그 내용은 말씨라든지 억양이라든지 악센트 등을 기억했다가 찾아내도록 해야 한다.

대화하는 꿈은?

상대방과 주고받는 이야기 내용이 실제 있는 일인 경우가 많으므로 무슨 말인가를 잘 기억해 두기를 바란다. 그 내용은 자신에게 신령이 어떤 경고를 해주는 말이다.

글씨를 쓰는 꿈을 꾸면?

자신이 잘 몰랐던 일이나 확실하지 않던 일을 쓰는 경우가 많다. 때로는 누군가와 약속이 지켜지기를 바라는 뜻이기도 하다. 실제로는 거래상 약속이나 혼인, 약혼의 약속 등이 깨어지는 경우가 있다. 잊어서는 안 되는 일은 잘 기억해 두도록 한다.

자신이 쓴 것을 보이거나 남이 쓴 것을 받는 꿈은?

쓴 내용에 따라 해몽도 달라진다. 내용이 곧 현실 상황을 의미하기 때문에 좋은 내용이면 길몽이고 나쁜 내용이면 좋지 않은 꿈이다.

공식적인 서류를 받는 경우는 지위나 명예를 얻게 되는 것을 암시한다.

키스하는 꿈은?

꿈과 현실이 반대인 역몽이다. 키스는 애정 표현의 심볼이므로 두 사람 사이가 아주 좋다는 착각에 빠지기 쉽다. 변심할 조짐이 있으니 조심하라는 경고몽이다. 비록 상대방과 좋은 사이라 할지라도 언제 어떻게 될지 모른다는 뜻이니 방심은 금물이다.

섹스하는 꿈을 꾸면?

섹스는 생명력을 높이는 행위라 할 수 있다. 창조 의식이나 생명력이나 호기심이 고조된다는 암시이다. 따라서 사물에 대한 직감력, 판단력, 결단력이 높아지는 좋은 조짐이다. 기본적으로 길몽이다.

싫어하는 사람이나 싫은 사람과 섹스하는 꿈은?

그 사람과 문제가 일어나거나 이로 인한 서글픈 생각이나 비참한 느낌이 들면 운세는 불운 쪽으로 기울어져 불행한 사건을 겪지 않을 수 없는 처지에 놓인다.

좋아하는 사람이나 좋은 타입의 사람과 섹스하는 꿈을 꾸면?

꿈과 현실이 일치되는 꿈이다. 즐거움을 맛보았다면 현실에서도 기쁘거나 즐거운 일이 있을 것이다.

그리워하는 애인과 섹스하는 꿈은?
이 꿈도 현실과 일치되는 꿈이다. 운세가 점점 좋아지고 있다는 길몽이다.

그리워하는 사람과 섹스하는 꿈은?
애인은 아니지만 자기가 바라는 타입이나 그리워하는 사람과의 섹스는 좋은 점, 장점을 본받게 된다는 조짐이다.

동성간에 섹스하는 꿈은?
생각지 않은 사고나 사건이 일어나거나 남과 싸움을 하게 된다는 좋지 않은 꿈이다. 즉 불운에 대한 경고몽이다.

가까운 친족과 섹스하는 꿈을 꾸면?
다시 어머니 뱃속으로 들어가고 싶거나 안정된 마음을 갖고 싶어하는 심정에서 꾸는 꿈이다. 화해나 행운이 찾아오리라는 예고이다.

어린아이와 섹스하는 꿈은?
고대 그리스의 해몽가는 자기 아이들과의 섹스는 그 아이에게 위험한 사고나 목숨을 앗아갈 중병이 든다고 하는 경고몽이라고 하였다.

죽음에 대한 꿈을 꾸면?
죽음은 현재의 생활에서 벗어나 새로운 생활을 갈구하는 암시이다. 또 때로는 새로운 시작의 의미에서 지금까지 믿었던 종교를 다른 종교로 바꾸는 개종을 의미한다고 했다.

환생하는 꿈은?

한 번 죽었다 다시 살아나는 꿈은 생명력이 높아지고 신화를 보면 한 번 죽은 영웅이 염라대왕 앞에서 새로운 힘을 얻어 다시 현실 세계로 돌아와 위업을 남긴다는 이야기가 수없이 많다. 이와 같이 환생의 꿈은 큰 힘(능력)을 얻어 불가능을 가능하게 한다는 길몽이다.

죽어서 수의를 입은 꿈은?

머지않아 결혼하게 됨을 암시한다. 또는 좋은 배필을 만나게 된다는 것을 예고하는 꿈이다.

시체 안치실이나 묘소로 가는 꿈은?

결혼 예식장이나 신접 살림을 차리는 것을 암시한다.

자살하는 꿈은?

지금까지 자신의 사고 방식이나 행동, 태도를 버리고 새로운 자기 자신을 발견하고 변신하여 발전해 간다는 길몽이다. 죽음을 경계로 해서 이승과 저승이 달라지듯 새로운 시작을 의미하기 때문이다. 그러나 자살했는데도 목숨이 끊어지지 않은 경우는 과거의 잘못된 미련이나 집착을 버리지 못함을 의미하므로 발전이 없다. 과오가 되풀이될 수 있음을 나타내니 좋지 않은 꿈이다.

죽음을 당하는 꿈이나 죽는 꿈을 꾸면?

자기 자신을 변신해 보고 싶은 마음을 암시한다. 행운의 길몽이다. 지금까지 불운했던 일들이 죽음으로써 없어지고 한번에 좋은 운세가 찾아온다는 의미이다. 새로운 인생의 새출발이나 자살과 마찬가지로 길몽이다. 다만 죽었는데 목숨이 붙어 있다면 실패, 좌절을 의미하므로 좋지 않은 꿈이다.

살인하는 꿈은?

남을 죽이거나 적을 죽이는 꿈은 길몽이다. 죽일 때에 피가 튀거나 피를 뒤집어썼다면 이 역시 길몽이다. 큰 이익과 성공을 약속받는 아주 좋은 꿈이다.

가라앉거나 서서히 떨어지는 꿈을 꾸면?

한마디로 불운을 암시한다. 특히 대인 관계에서 이상이 생겨 앞길이 막히거나 정체되고, 생활에 활력을 잃어버리니 불운이 찾아오는 것도 당연한 일. 이 때 가장 중요한 일은 남과 교류를 넓히고 생활에 새 바람을 일으키는 일이 무엇보다 필요하다.

가위바위보를 하는 꿈은?

꿈에서 가위바위보를 해서 이겼다면 운세가 상승한다는 의미이고, 졌다면 운세가 불운으로 들어섰다는 예고이다.

시험 보는 꿈을 꾸면?

멀지않아 자신이 시험대에 오르게 된다는 것을 의미한다. 다시 말해서 책임을 지게 되는 새로운 일의 책임자가 됨을 예고하는 꿈이다. 미리 마음의 준비를 했다가 때가 오면 떳떳이 나아갈 일이다. 답안지에 답을 쓰지 못했다고 걱정할 필요도 없다. 시험 보는 꿈만으로도 새로운 미래가 펼쳐진다는 약속이니까.

수술하는 꿈은?

주위 사람들의 협력을 받아 문제를 해결하게 된다는 꿈이다. 비록 지금은 어떤 난관에 부딪혀 있다 해도 걱정없다. 머지않아 해소될 것이다. 큰 수술이라면 큰 문제가 해결될 터이고 새바람이 불어 새로워질 것이다. 다만 주위 사람들의 협력이 필요하므로 대인 관계를 원만히 갖는다면 인생의 탄탄대로가 눈앞에 열릴 것이다.

부상당한 꿈은?

부상당하여 피를 흘리는 꿈은 좋은 꿈이다. 흐르는 피가 많으면 많을수록 같은 부상이라도 큰 부상일수록 행운이 배가 된다. 그만큼 몸안으로 새바람이 많이 불어들기 때문이다.

다리를 부상당한 꿈은?

외출하지 않거나 행동을 하지 않는 편이 좋다는 것을 예고하는 꿈이다.

손을 부상당한 꿈은?

손을 써서 하는 일은 하지 않는 편이 좋다는 예고몽이다.

병이 드는 꿈은?

죄의식이나 스트레스가 원인이 되어 우울증에 빠져 있음을 알리는 꿈이다. 또 병이 듦으로서 책임에서 벗어난다거나 인간 관계의 문제에서 회피하고 싶은 마음을 나타낸다. 다만 아픈 곳에 만성적인 병마가 침범해 있을지도 모른다는 예고이다. 또 사물이 침체되거나 운세나 건강이 좋지 않게 되어간다는 조짐이다. 따라서 이 시기는 특히 매사에 신중하고 식사, 건강면에 주의해서 생활하도록 한다.

정신이상자가 된 꿈은?

옛날부터 전설에 나오는 미친 사람은 성인이든지 아니면 바보, 둘 중의 하나였다고 한다. 정신 이상은 운명의 변화를 알리고 지금의 상황에서 역전될 가능성이 높다. 환자는 병이 회복되고 평온한 생활이라면 뜻밖의 사고가 예상된다.

향(香)을 피우는 꿈은?

좋은 향내는 마음의 정화 상태를 암시하고, 그 꿈은 좋은 이미지를 준다. 반대로 좋지 않은 향내는 정체되어 있는 마음의 상태를 말한다. 우울증이 생길 염려가 있다.

결혼하는 꿈은?

결혼은 자기 자신이 새롭게 변신하는 것을 의미한다. 따라서 행운의 꿈이다. 특히 목돈이 손안에 들어온다는 암시이다. 결혼 때 축의금이 들어오는 것과 같은 의미일 것이다. 그러나 환자나 병자가 이 꿈을 꾸면 생명의 위기를 맞이한다는 의미이다.

화장하는 꿈을 꾸면?

화장은 꾸며서 남에게 잘 보이는 것이므로 "속인다", "거짓"이라는 의미가 있다. 따라서 남의 속임수나 사기에 유의해야 한다. 빌려준 돈을 받지 못하게 되는 좋지 않은 꿈이다. 투기에 조심하라는 경고몽이기도 하다.

아기를 낳는 꿈을 꾸면?

새로운 자기 자신의 변신을 의미하는 길몽이다. 새로운 가능성과 기회가 찾아왔음을 예고한다. '임신부가 꿈에서 여자아이를 낳았을 때에는 여자아이를 낳는 경우가 많다. 환자기 아이를 낳는 꿈은 죽음을 예고하기도 한다. 또 유산하거나 사산(死産)은 자신의 목표에서 벗어나게 되거나 실패나 좌절을 암시하는 좋지 않은 꿈이다.

화장발이 잘 먹히는 꿈은?

자신의 매력이 잘 드러나 하는 일이 잘 되거나 연애는 성공을 의미한다.

임신하는 꿈은?

생명을 잉태하는 꿈이니 모든 일이 순조롭게 잘 되어 나가고 재정적으로 풍요로움을 암시한다. 자신이 노력한다면 무슨 일이든 성취됨을 알리는 길몽이다. 다른 사람이 임신한 경우도 길몽이다. 비록 곧바로 행운이 오지 않아도 머지않아 행운이 찾아올 것이다.

외국어를 통역하는 꿈은?

통역은 다른 문화, 가치관의 메시지를 전달하는 상징이다. 만일 통역이 잘 된다면 새로운 가치관을 맞게 되는 일로 자신에게 유익한 일이 있음을 암시한다. 지금까지 알려지지 않은 자기의 재능이 드러남을 나타낸다. 그러나 통역이 잘 되지 않은 경우는 반대로 자기 주변 사람과 대인 관계가 크게 달라지게 된다는 것을 암시한다. 또한 자기 재능이 드러나지 않게 되고 만다는 뜻이기도 하다.

꿰매는 꿈은?

생활이 곤궁하게 되거나 무엇인가 부족해서 애를 먹는다는 조짐, 또는 병이나 부상을 당하게 된다는 것을 암시한다. 옷을 꿰매는 경우 그 꿰매는 부위의 몸에 이상이 있음을 알리는 꿈이기도 하다.

이사가는 꿈을 꾸면?

지금까지의 방침이나 자세, 사고 방식, 생활 환경의 변화를 의미한다. 그렇게 변화하지 않으면 앞길이 막히고 하는 일이 정체되므로 생활 환경을 개선해야 할 시기가 왔음을 알리는 꿈이다. 또한 계약이라든지 사무상 대인 관계에 어떤 함정이 있으니 조심하라는 경고몽이기도 하다. 남을 믿기 전에 다시 한 번 재검토하고 냉정한 판단력으로 대처해야 할 것이다.

여행하는 꿈은?

혼자서 여행하는 꿈은 고독하게 된다는 조짐이다. 얼마 동안은 쓸쓸한 나날을 보내야 할 것 같다. 동행인이 있는 여행이라면 반대로 현실에서 협력자와 후원자를 의미하므로 서로 친하게 지내도록 노력해야 한다.

여행을 하거나 짐 꾸리는 꿈은?

실제로 여행할 기회가 생기게 된다. 또는 중요한 일을 잊고 있음을 암시하는 꿈이기도 하다.

장기 여행이나 먼 곳으로의 여행은?

자기 자신에 대한 새로운 변신과 대처해 나가기를 암시한다. 바다를 건너가거나 하늘을 비행하는 꿈은 성공·성취를 암시한다.

모험하는 꿈을 꾸면?

모험에서 만나는 장애물과 마물(魔物)은 그대로 현실의 어려움을 나타낸다. 마물을 쓰러뜨리거나 미로를 빠져 나가거나 보물을 찾아낸다면 어려운 현실에서 벗어날 수 있음을 알려 주는 길몽이다. 그러나 마물에게 패배하거나 두려워서 싸우지 못하고 잠을 깨면 마물을 해치울 방법을 생각하게 되고 무의식적으로 좋은 아이디어를 발견하게 될 것이다.

어린 시절로 돌아간 꿈은?

현재 문제되고 있는 원인에 대한 해결책에 도움이 되는 좋은 아이디어를 떠오르게 해준다. 또한 과거의 잘못을 되풀이하게 될지도 모른다는 예고이기도 하다. 과거일을 생각하다 보면 지금과 비슷한 경우를 생각하게 되고 그 당시 해결했던 방안들이 떠올라 뜻밖에도 좋은 방안이 떠오르게 될 것이다.

떠드는 꿈을 꾸면?

큰 소리를 지르거나 웅성웅성 떠드는 꿈은 지금 현실에 불만

불평을 암시한다. 어떤 문제나 말썽이 생겼다면 이는 자신에게 그 원인이 있으므로 스스로 반성하고 조심하라는 경고몽이다. 대체로 스트레스가 많으므로 심신 피로를 풀도록 노력해야 할 것이다.

심문을 받는 꿈은?

누군가에게 심문을 받거나 책임 추궁을 당하는 꿈은 자신이 무엇인가에 얽매이거나 사물에 너무 집착하는 데 문제가 있다. 그러한 성격이 운세를 나쁜 쪽으로 돌리는 것이므로 모든 사물을 넉넉히 생각하고 어떻게 되겠지 하는 넓은 마음을 갖는 것이 가장 중요한 일이다.

실을 잣는 꿈을 꾸면?

실은 운명을 암시하므로 실을 잣는 일은 운명적인 사건이나 만남이 다가왔음을 예고하는 꿈이다. 때로는 결혼을 암시하기도 한다. 베를 짜는 일도 마찬가지다. 그런데 고대 아라비아와 이집트의 해몽가들은 실을 잣거나 베를 짜는 일은 여행을 떠난다는 의미로 해몽하였다.

실이 끊기는 꿈을 꾸면?

실을 끊거나 끊기는 꿈은 운명을 믿지 않고 스스로 기회를 찾아서 자신을 개척해 나간다는 암시이다. 또한 그렇게 해 나가야 된다는 경고몽이기도 하다. 중병을 앓는 환자가 이 꿈을 꾸었다면 죽음이 임박했음을 알리는 꿈이다.

상담을 받는 꿈을 꾸면?

자신이 상담을 받는 꿈이라면 그 사람에 대해서 자신이 어떤 도움이나 협조를 해 줄 일이 머지않아 찾아온다는 의미이다.

변신하는 꿈을 꾸면?

추한 괴물로 변신하면 병이 든다는 암시이다. 미인이나 멋쟁이로 변신하면 자기를 속이고 있음을 알리는 꿈이다.

남이 변신하는 모습을 보는 꿈을 꾸면?

변신한 모습이 상대방의 본심임을 나타낸다.

변장하는 꿈은?

남자가 여자로, 여자가 남자로 변장하는 꿈은 하던 일이 역전된다는 의미이다. 고민하던 일은 해결되고 기대했던 일은 기대에 어긋난다. 가난한 형편은 부유한 형편이 되고 이익은 비용이 많아 손해가 된다.

무엇인가를 발표하는 꿈을 꾸면?

강요하는 듯한 성격이나 거만한 태도가 주위 사람들에게 반감을 사니 자기 중심의 사고방식을 고치고 밀어붙이듯 독촉하는 태도를 고치지 않으면 운세가 점점 불운으로 기울고 마침내 다른 사람들로부터 따돌림을 받아 쓸쓸한 생활을 한다는 경고몽이다.

탈것에 타는 꿈을 꾸면?

자동차, 지하철, 버스 등에 타는 꿈은 타는 마음씨가 어떠냐에 따라 달리 해몽될 수 있다. 난폭한 운전으로 사고를 당하면 자신의 목표나 목적지에 이룰 수 없음을 암시한다. 또한 건강에도 문제가 있다. 탔을 때의 마음이 편안하거나 자리가 편안하면 새로운 가능성이 열린다는 행운의 길몽이다.

이처럼 탔을 때의 마음이나 기분에 따라 행운, 불운이 갈린다.

점을 치는 꿈은?

운명의 전환기에 접어들었음을 예고한다. 꿈 속에 나타난 점쟁이가 머리를 길게 길렀다든지 훌륭한 모습을 보였다면 그의 조언이나 충고는 앞으로 살아 나가는 데 좋은 지침이 될 것이다.

무엇인가를 짊어진 꿈을 꾸면?

무엇인가를 등에 짊어지고 있는 꿈은 마음의 부담감을 나타낸다. 짐이 무거우면 무거울수록 현재의 생활에 부담이 크다. 몸 컨디션도 나쁘고 기운도 떨어지고 있다는 증거이다. 주위의 압력이나 해를 물리치고 나아가야 할 건강한 심신이 절대로 필요함을 예고한다.

정리 정돈하는 꿈은?

깨끗이 정리, 정돈한 꿈이라면 바라던 일이 뜻대로 이루어진다는 것을 예고하고, 멋진 성공을 달성하게 될 것이다. 정리 정돈했으나 깨끗하지 못하고 아직도 치울 것이 남았다면 반대로 하는 일이 뜻대로 되지 않고 아직도 해결해야 할 일이 산더미같음을 의미한다.

스포츠를 하는 꿈은?

마라톤 : 자기 자신과의 싸움인 경기므로 바라는 일이 이루어

지려면 시간이 걸린다는 것을 의미한다. 테니스, 배드민턴, 배구, 농구, 축구 같은 팀워크가 필요로 하는 경기를 한다면 대인 관계에서 사소한 문제들이 일어날 가능성이 많다. 주변 사람들과 원만한 관계를 유지하도록 하고 지금 관련된 문제를 극복하는 데 실력이 부족함을 암시한다.

어떤 경기든 마음 편히 기분 좋게 해 나간다면 운세가 호전되어 가고 있음을 나타내고 괴롭거나 경기에 진 경우는 운세가 정체되고 있음을 나타낸다. 그러나 때로는 뜻밖에도 문제가 깨끗이 해결될 가능성도 있음을 알리는 꿈이다. 문제를 정면 돌파해 나가는 힘을 얻게 된다는 것을 의미하기도 한다.

상담하는 꿈을 꾸면?

냉정한 사람이나 자신을 이해해 주지 않는 사람과의 상담은 충족되지 않은 희망을 충족하게 된다는 암시, 따라서 이 꿈을 꾼 다음 서로의 관계가 호전된다는 예고이다.

13. 태몽에 관한 꿈

   태몽이란 임신할 조짐으로 꾸는 꿈이지 아들, 딸을 구별해주는 꿈이 아니다. 그러므로 태몽으로 아들이나 딸이라고 단정적으로 말할 수는 없다.

   그러나 태몽에서 아들을 보았거나 딸을 보았다면 이 경우는 꿈에 나타난 그대로 아들, 딸이라고 구별할 수 있다. 가령 태몽에서 분명히 수컷인 황소, 수탉, 수사자나 수캐나 용이나 호랑이 등을 보면 아들이고, 아름다운 꽃이나 반지, 보석, 뱀 등을 보면 딸이라 할 수 있다. 또 물건은 주로 남자가 가지고 다니거나 또는 물건 즉 톱, 곡괭이, 삽, 칼 등 남자와 직접 관련된 물건을 보면 아들이고 아름다운 반지, 꽃, 목걸이 등 여자와 관련된 물건을 보면 딸이라고 할 수 있다. 그렇지만 꽃뱀이나 꽃을 보고도 아들을 낳은 사람이 있는가 하면 용이나 호랑이 꿈을 꾸고도 딸을 낳은 사람도 있다. 만일 호랑이나 용꿈을 꾸고 딸을 낳았다면 그 아이는 장차 큰 사업이나 운동, 정치 활동 등 남자처럼 활발하게 사회 활동을 할 여자임을 암시하고 반대로 꽃같은 딸을 낳을 꿈을 꾸고도 아들을 낳았다면 그 아이는 장차 여자처럼 소극적이고 작은 일에 성공할 확률이 높다.

태몽

■ 용·뱀·구렁이

용이 하늘로 올라가는 꿈을 꾸면?
　장차 정치권이나 정부 기관에서 명예로운 일을 성취할 훌륭한 아들을 잉태한다.

구렁이가 지붕으로 올라가는 꿈을 꾸면?
　장차 국제적으로 훌륭한 일을 하며 크게 성공할 자손을 얻는다.

뱀이 물려고 하여 밟아 죽이는 꿈을 꾸면?
　잉태한 아기가 유산될 징조다.

큰 뱀을 본 꿈은?
　효성이 지극한 딸을 낳게 된다.

작은 실뱀이 우글거리는 꿈을 꾸면?
　생각지 않은 돈이 생기며 장차 많은 사람을 수하에 거느릴 훌륭한 인재를 낳게 된다.

용이 죽어 있는 꿈을 꾸면?
유산될 우려가 있으니 주의해야 한다.

구렁이한테 물리는 꿈을 꾸면?
나라에 큰 공헌을 할 아이를 잉태하게 된다.

뱀이 우글거리는 것을 보며 미소짓는 것은?
많은 사람을 선도하고 계몽하는 교육자가 될 아이를 잉태하게 된다.

빨간 실뱀이 치마폭으로 들어오는 꿈을 꾸면?
예쁘고 효성이 지극한 딸을 낳게 된다.

많은 구렁이가 즐비하게 늘어져 있는 꿈을 꾸면?
장차 입신양명하며 어떤 기관에서 크게 성공할 자손을 잉태한다.

■ 새 · 나비

까치가 우는 것을 본 꿈은?
수까치는 남자아이, 암까치는 여자아이를 상징한다.

공작새가 날개를 펴고 있는 것을 본 꿈은?
예술적인 방면이나 인기인으로서 크게 성공할 아이를 낳게 된다.

봉황새 한 쌍을 꿈에서 보면?
천재적인 아이를 낳거나 여러 방면에 뛰어난 훌륭한 아이를 낳게 된다.

비둘기가 날아가는 꿈을 꾸면?
박애주의적인 여아를 낳는다.

꾀꼬리가 방으로 날아드는 꿈을 꾸면?
인기인이나 무관으로 대성할 아들을 낳게 된다.

학이 품안으로 날아드는 꿈을 꾸면?
학자나 성직자가 될 아이를 낳게 된다.

참새가 방안으로 날아드는 꿈을 꾸면?
평범한 여자아이를 낳게 된다.

나비가 날아다니는 꿈을 꾸면?
고위직 관리나 권세를 누릴 태아를 잉태한다.

■■ **소·호랑이·말·돼지**

달리는 말을 본 꿈은?
성격이 호쾌한 정치가나 사회적으로 큰 업적을 이루고 이름을
떨칠 자식을 낳게 된다.

새끼돼지가 우글거리는 꿈을 꾸면?
훌륭한 교육자나 사업가로서 크게 성공하고 부귀영화를 누릴

아이를 낳게 된다.

돼지우리에 돼지가 가득 차 있는 꿈을 꾸면?
교육자나 작가로서 종신할 아이를 낳게 된다.

소가 들에서 풀을 뜯어먹는 것을 꿈에서 보면?
통솔력이 뛰어난 사업가로서 성공하고 부모에게 효도하는 아이를 낳게 된다.

산돼지가 집안으로 들어오는 꿈을 꾸면?
높은 관직에 오르거나 교육자로서 크게 성공할 아이를 낳게 된다.

말이 잔디밭에서 풀을 뜯고 있는 꿈을 꾸면?
교육자로서 사회에 크게 공헌할 자식을 낳게 된다.

■ **금붕어 · 잉어 · 붕어**

땅에 덜어진 금붕어를 어항에 넣는 꿈을 꾸면?
예술성이 뛰어난 아이를 잉태한다.

잉어가 죽어 있는 것을 본 꿈은?
아이가 유산될 우려가 있다.

물속에 잉어가 나타난 꿈을 꾸면?
학자나 무관으로서 크게 성공할 아들을 낳게 된다.

붕어를 두 팔로 안고 있는 꿈은?

명예와 부귀 영화를 누릴 아들을 낳게 된다.

연못에서 헤엄치던 잉어가 갑자기 없어지는 꿈을 꾸면?

아이가 유산될 우려가 있다.

■ 과일 · 음식

오이를 먹는 꿈을 꾸면?

미인을 얻게 된다.

과일이나 식품을 치마폭에 받는 꿈을 꾸면?

귀한 직업을 갖게 되며 순탄한 삶을 유지한다.

고구마를 먹는 꿈을 꾸면?

전문직에 종사할 건강한 아들을 낳게 된다.

고구마가 많이 쌓여 있는 꿈을 꾸면?

많은 사람을 거느리거나 집안에 기둥이 될 훌륭한 아이를 낳게 된다.

푸른 열매를 본 꿈은?

푸르빛은 남자를 상징하며 붉은빛은 여자를 상징한다.

대추를 따서 먹는 꿈을 꾸면?

장차 큰 인물이 될 총명하고 건장한 자손을 낳게 된다.

고추를 본 꿈은?
아들을 낳을 꿈이다.

과일을 따는 꿈을 꾸면?
아들을 잉태할 꿈이다.

과일을 따서 먹는 꿈을 꾸면?
태아가 유산될 우려가 있다.

밤알이 광에 가득한 꿈을 꾸면?
여아가 태어날 꿈이다. 장차 부를 누리고 집안을 일으킬 것이다.

떡시루의 떡을 모두 먹어치우는 꿈을 꾸면?
정신적인 지도자로서 크게 명성을 떨칠 것이다.

■ 우물 · 물

집에 있는 우물물이 넘쳐흐르는 꿈을 꾸면?
아들을 잉태하게 되고 재물도 생긴다.

샘물을 마시는 꿈을 꾸면?
예술가나 작가로 대성할 아이를 잉태한다.

■ 태양 · 달 · 별 · 번갯불 · 무지개

태양을 손으로 따거나 만나는 꿈을 꾸면?
장차 부귀 영화를 누리고 권세와 능력이 뛰어난 아들을 낳게 된다.

무지개를 향해 달려가는 꿈을 꾸면?
인기인이나 유명인으로서 크게 성공할 아이를 낳게 된다.

별이 품안으로 떨어지는 꿈을 꾸면?
명예와 업적을 쌓아 장차 지도자적인 인재를 낳을 것이다.

햇빛이 자신을 향해 이글거리는 꿈을 꾸면?
말썽꾸러기 자식을 낳지만 후에 크게 부모의 이름을 날리게 된다.

번갯불을 본 꿈은?
자손이 귀한 집에 자식을 얻게 된다.

해가 서쪽으로 기우는 것을 본 꿈은?
여자아이를 낳게 된다.

해와 달을 짊어지는 꿈을 꾸면?
장차 영부인이 될 귀한 여아를 잉태하게 된다.

■ 꽃

활짝 핀 꽃이 타인으로 인하여 꺾여지는 것을 본 꿈은?
유산되거나 생후 얼마 안 되어 사망하게 된다.

벚꽃이 만발한 것을 본 꿈은?
부모에게 효도하는 예쁜 여아를 잉태하게 된다.

무덤 위에 꽃이 피어 있는 꿈을 꾸면?
자수성가하여 크게 명성을 떨칠 아이를 낳게 된다.

고목나무에 꽃이 피는 꿈을 꾸면?
많은 사람을 선도하고 계몽하는 리더가 될 아들을 잉태한다.

꽃을 보고 꺾어들면?
장차 사회적인 명성을 크게 떨칠 자식을 얻는다.

난초나 죽순을 본 꿈은?
신분이 고귀한 자손을 얻게 된다.

아카시아꽃이 만발한 곳을 거니는 꿈을 꾸면?
장차 부귀하고 명예로운 자손을 얻게 된다.

■ 반지 · 가구 · 기타

은수저를 얻는 꿈을 꾸면?
장차 사업가가 될 미남인 아들을 잉태한다.

가구를 옮기거나 돌려놓는 꿈을 꾸면?
임신중에 유산될 우려가 있으니 몸조심해야 한다.

새집에 문패를 다는 꿈을 꾸면?
가문을 일으킬 훌륭한 자녀를 두게 된다.

거울을 얻는 꿈을 꾸면?
부모를 모시고 봉양할 자식을 낳게 된다.

금반지를 얻는 꿈을 꾸면?

신분이 고귀한 여아를 출산하게 되며 성품이 원만하여 사회적인 지위가 높게 된다.

솥이나 냄비를 얻는 꿈을 꾸면?

훌륭한 경영인으로서 대성할 아이를 낳게 된다.

14. 복권 당첨과 관련된 꿈사례

■ 돼지꿈을 꾸면 복권을 사라.

조사기간(2001. 1. 1~ 12. 31)

지난 2001년도 한 해 동안 주택, 또또복권 1억원 이상 고액 당첨자 43명에 대한 설문 조사를 실시한 결과, 이들이 복권을 구입하게 된 동기는 꿈이 32.6%, 재미 30.2%, 수집 14% 순 등이었다.

당첨과 관련된 꿈으로는 복꿈의 상징인 돼지꿈이 26.3%로 가장 많았고 그 다음으로 조상꿈, 불(火), 뱀, 시체 등의 순이었다.

'98년도 주택복권 1억 이상 당첨자와 관련된 "꿈" 사례

- 황금옷을 입은 사람이 꿈에 나타났다 (제1094회 주택복권)
- 돈과 뱀을 만지는 꿈 (제1093회 주택복권)
- 어머니가 운명하시는 꿈 (제1089회 주택복권)
- 돼지가 많이 모여 있는 꿈(제1083회 주택복권)
- 부인이 인분을 만지는 꿈(제1086회 주택복권)
- 3~4년 전에 헤어진 사람을 만나서 서로 몸에 붙은 인분을 털어주었으나 털어지지 않았음 (제1072회 주택복권)
- 초라한 시골집 잔디밭에서 쥐를 뜯어먹고 피를 보고 있는 꿈을 3회 반복해서 꿈(제1057회 주택복권)
- 돌아가시기 전에 복권을 자주 구입하셨던 아버지가 꿈에 손을 내밀었는데, 그 꿈을 아내에게 이야기한 후 아내가 복권을 구입(제1054회 주택복권)
- 돼지가 우리에서 놀고 있는 꿈(제36회 또또복권)
- 용이 하늘로 올라가는 꿈을 꾸고 난 후 복권을 구입. 추첨 당일날엔 이회창씨 꿈을 꿈(제35회 또또복권)
- 사슴을 보고 쫓아가 잡았는데, 어미사슴이 울고 있는 것을 보고 놓아줌(제36회 또또복권)
- 남편이 임신한 꿈(제35회 또또복권)
- 큰 호랑이 세 마리가 나타나서 도망가는데 반대편에도 호랑이가 나타나자 겁이나 도망가지 못하고 그 자리에서 움츠리고 서 있다가 잠에서 깨어남(제36회 또또복권)

· 백발의 도사님이 불러서 높은 곳으로 따라 올라갔는데
  내려올 때 몸 전체가 반짝거리는 황금으로 길게
  늘어져 있어 웃으면서 잠에서 깨어나 아침 일찍
  복권 구입(제34회 또또복권)
· 김대중 대통령과 면담하는 꿈(제34회 또또복권)
· 구입한 복권 번호를 맞춰야 한다는 꿈을 3일
  전부터 계속 꿈(제34회 또또복권)
· 쥐머리에 불이 붙는 꿈(제33회 또또복권)

'99년도 주택복권 고액 당첨과 관련된 "꿈" 사례

- 용변을 보는 꿈(41회 또또복권)
- 돌아가신 선친께서 복권을 주시는 꿈(43회 또또복권)
- 출가한 큰딸이 빌려가지도 않은 돈을 주고 갔다
  (43회 또또복권)
- 집이 불에 타고 있는 꿈(44회 주택복권)
- 외간 여자와 동침한 꿈(1098회 주택복권)
- 돼지가 집에 들어오는 꿈(1100회 주택복권)
- 친정 어머니께서 저의 손을 자르는 꿈
  (1103회 주택복권)

- 변을 상추에 싸서 맛있게 먹고 재래식 화장실을
  청소하는 꿈(1104회 주택복권)
- 안방 장롱에서 불이 타 오르는 꿈(1105회 주택복권)
- 타개하신 공인이 꿈에 나타남(1110회 주택복권)
- 보석을 줍는 꿈(1117회 주택복권)
- 돌아가신 모친께서 꿈에 나타나 그동안 고생
  많았다고 말씀하셨다.(1120회 주택복권)
- 공장에 불이 났다.(1121회 주택복권)
- 불타는 산에서 바위가 굴러 내려오다가 제일
  큰 바위가 몸에 부딪쳤다.(1124회 주택복권)
- 별 다섯 개가 떠 있는 꿈(1126회 주택복권)
- 방에서 변을 보는 꿈(1127회 주택복권)

· 복권에 당첨된 꿈과 용꿈을 이틀 간격으로
  꾸었다. (1128회 주택복권)
· 돼지가 안방으로 무리를 지어 들어오는 꿈
  (1129회 주택복권)
· 돌아가신 모친께서 이젠 고생이 끝났다고
  말씀하시는 꿈(1146회 주택복권)

' 2001년도 고액 당첨자 "꿈" 사례

- 큰 호박과 오이를 품에 많이 안는 꿈(주택 1200회)
- 눈 위에 조상님의 모습이 보임(주택 1209회)
- 수녀님들이 집안 가득 들어오는 꿈(주택 1210회)
- 큰 뱀을 보고 놀라는 꿈(주택 1216회)
- 부인과 함께 집에 불이 나는 꿈(주택 1219회)
- 돼지 꿈(주택 1222회)
- 인분을 덮어쓰는 꿈(주택 1225회)
- 이상하게 생긴 동물을 손으로 잡는 꿈(주택 1227회)
- 제사 하루전날 돌아가신 할머님이 꿈에 보임(주택 1243회)
- 불을 껴안는 순간 불이 꺼지는 꿈(주택 1244회)
- 집에 들어온 돼지를 잘 쓰다듬어 주는 꿈(주택 1245회)
- 돌아가신 아버님이 꿈에 나타나서 말씀하심(주택 1255회)
- 화산이 폭발하여 용암이 흘러넘쳐 내 발 앞에서 멈춤
  (주택 1256회)
- 돌아가신 어머님께서 용돈 10,000원을 주심(주택 1257회)
- 집안에 돈다발이 널려 있는 꿈(또또 56회)
- 집마당에 많은 메기가 모여 있는 꿈(또또 64회)

복권 당첨자 이야기

■ 배추장사 다시 시작합니다

사업 실패로 눈덩이처럼 불어난 빚 때문에 생계조차 막막했던 L씨. 하지만 그는 세상을 원망하며 포기할 여유조차 없었다. 막노동 일거리가 있는 곳이라면 어디라도 찾아다니며, 네 식구를 위해 열심히 일하는 성실한 가장 L씨는 고된 노동에 시달려 몸이 잠시라도 성할 날이 없지만 절망하지 않고 버티어 나가는 데는 나름대로 이유가 있다.

"허리가 휘도록 남의 집 밭일을 하는 아내와 뭐하나 제대로 누리지도 못하고 자라는 애들 생각하면 무슨 일인들 못하겠습니까?" L씨는 가족 이야기를 하며 금세 눈시울이 붉어진다.

사랑하는 아내와 자식을 위해서라면 자신의 몸은 부서져도 상관없다는 강한 의지로 살고 있는 L씨는 "하늘은 스스로 돕는 자를 돕는다." 는 좌우명을 가지고 힘겹지만 하루하루를 열심히 생활하고 있는 가장이었다.

그러던 어느 날 일자리를 구하던 L씨에게 멀리 제주도에서 일거리가 들어왔다. 아무리 멀다한들 가지 못할 곳이 없는 그로서는 제주도의 한 건설 현장이 먼 곳이 아니었다.

제주도에 도착한 L씨는 그 누구보다 더 열심히 일을 했다. 행운의 꿈을 꾼 그날 밤 역시, L씨는 파김치가 된 채 숙소로 돌아와 한잔 술로 고단함을 달래며 잠자리에 들었다고 한다. 참으로 신기한 꿈이었다.

"전에 배추 도매를 하다 돈을 홀랑 까먹었는데, 꿈에서도 배추장

사를 하지 뭡니까? 그런데 어찌나 잘 팔리던지 신나게 돈을 쓸어 담다가 그만 꿈을 깼어요.." 너무 생생하고 기분이 짜릿했음은 물론, 그는 이 꿈이 예사롭지 않다는 생각까지 들었다. 그는 주머니 속의 쌈지 돈을 몽땅 털어, 제주도 건설 현장 부근에 있는 복권 판매소에서 제 1193회 주택복권 13장을 구입했다.

'이건 분명 대박이다!!!'라는 생각이 머리에서 잠시도 떠나지 않아 L씨는 구입하는 날부터 가슴이 떨려오기 시작했다.

"월요일 신문으로 당첨번호를 맞춰 보다가 정말 졸도할 뻔했습니다. 당첨을 확인한 순간에도 제발 이게 꿈이 아니기를 빌었으니까요." 무척 흥분된 상태로 말을 이어가는 L씨는 제 1193회 주택복권 13장 중 2장이 1등과 2등에 당첨되어 총 3억6천만 원의 주인공이 된 것이었다.

"아내에게 전화로 이 기쁜 소식을 알려줄 때는, 정말 하늘을 훨훨 날아가는 듯한 기분이었습니다."

그는 다소 진정이 되는 듯 "이제 정말 새로 시작한다는 각오로 다짐하고 있습니다. 집도 장만하고 배추 장사도 다시 시작할 겁니다. 그리고 이번엔 꼭 성공할 겁니다."라며 기쁨에 겨운 웃음을 지었다.

지긋지긋한 고생은 이제 굿 바이! 제주도에서의 복권 당첨은 L씨와 그의 가족들에게 멋진 행운의 추억이 되었다.

■ 주택복권 당첨 비결! 자식 사랑! 부모 사랑!

  서울 자양동에 사는 조 할아버지(70세). 자양동 로터리에서 구입한 주택복권 중 1등과 2등에 당첨되어 3억6천만 원의 당첨금을 받게 된 행운의 주인공이다.

  1974년도에 30만 원이라는 거액에 당첨되기도 한 조 할아버지는 지난 30년 동안 한 주도 빠짐없이 주택복권을 구입해 온 열렬한 복권매니아이다.

  조 할아버지는 공무원으로 퇴직 후 일급장애자인 아내를 돌보며, 건설회사에 다니는 둘째아들 내외와 함께 오순도순 살아가고 있었다. 빠듯한 살림이지만 장애가 심한 노모를 아무런 불평없이 정성껏 모시는 둘째아들 내외와 손자, 손녀들의 웃음이 끊이지 않는 화목한 가정이었다. 그런데 얼마 전 은행으로부터 청천벽력과 같은 경매통지서가 날아들었다.

  큰아들의 사업 실패로, 보증을 섰던 둘째아들까지 빚더미에 올라앉게 된 것이다. 이미 할아버지 소유의 집은 경매에 부쳐졌고, 매달 엄청난 이자를 감당하지 못하던 둘째아들의 소유 재산에 대한 강제집행이 개시되었다.

  어려움이 닥치자 조 할아버지는 과거에 엄청난 행운을 가져다 준 적이 있는 주택복권을 생각하게 되었다. 그러던 **어느 날, 아침 일찍 일어난 아내는 불현듯 길몽을 꾸었다고 했다. 몸이 불편한 아내를 어떤 낯선 이가 몸에 좋다는 약수터로 안내해 목욕을 하는 꿈이었는데, 아내는 물에 관한 꿈은 행운을 가져다 준다며 몹시 기뻐하였다.**

  조 할아버지는 그런 아내를 보며 희망인 주택복권을 10장 샀다. 제 1187회 주택복권 추첨이 있었던 일요일 낮, 조 할아버지는 내심 기대를 버리지 않고 복권 방송에 채널을 고정시킨 채 눈을 떼지 못하고 있었다. 1등 당첨 번호가 발표되는 순간, 조 할아버지는 꿈을 꾸고 있는 것 같았다. 뛰는 가슴을 겨우 진정시키고, 주택복권 복권사업팀으로 전화를 걸어 1등 당첨 번호를 확인했다. 틀림없이 일등이었다. 조 할아버지가 주택복권 제 1187회 10장 중 2장이 1등과 2등을 차지한 것이다.

당첨금을 찾으러 온 조 할아버지는 둘째아들의 효성에 감복한 것이라며, 자식의 어려움을 해결할 수 있게 되어 기쁘다고 말씀하셨다.

더불어 앞으로도 계속 주택복권의 팬이 될 것이라는 말씀도 잊지 않으셨다. 조 할아버지의 환한 표정 뒤로 맑게 갠 가을 하늘이 함께 웃고 있었다.

■ 카니발과 2억1천만 원의 행운을 거머쥔 또또복권 매니아!

복권 당첨은 전날밤 상서로운 꿈을 꾼 사람들에게는 물론 가슴 한 켠에 늘 희망 하나를 품고 살아가는 이들에게조차 하늘의 별 따기만큼이나 어렵기 마련, 하지만, 진정으로 그것을 바라고 오랫동안 정성을 쏟는다면, 행운의 여신도 그 사람을 향해 미소를 짓지 않을 수 없을 것이다. 평범한 회사원인 김모씨(35세)가 바로 그러한 '한 우물형 노력파'가 아닐까 싶다. 직장 동료들을 포함해 김씨를 아는 대부분의 사람들 사이에서 이제 그는 '행운을 몰고 다니는 사나이'로 통한다.

지난 '93년 제1회 또또복권이 발행되고부터 지금까지 오로지 또또복권만을 구입해 온 김씨는 주위로부터 '또또복권 매니아'란 별명을 얻을 정도로 복권광이다. 그가 유달리 또또복권만을 고집하는 이유는 간단했다.

국내의 다른 추첨식 복권과는 달리 한 번 구입으로 여러 번의 추첨 기회가 주어진다는 것과 당첨금 이월 제도가 있어 정기발행 복권들 중 개인이 당첨될 수 있는 당첨 금액이 가장 크다라는 이유 때문이다. 그러나 김씨는 당첨의 행운과는 늘 인연이 닿지 않았었다.

그러던 4월 초순의 어느 날, **"어미돼지 1마리와 새끼돼지 10마리가 집안으로 들어오는 꿈을 꾸었어요. 잠에서 깬 뒤에도 돼지꿈을 꾸었다는 사실만으로도 얼마나 기뻤는지……."**

그날 아침 김씨는 또또복권(제 48회) 10장을 구입했다고 한다.

"복권을 사는데 예감이 좋았어요. 그런데 1차 추첨에서 꽝, 2차 추첨도 꽝……. 하지만 끝까지 제 예감을 믿어 보기로 했죠. 최종 3차 추첨(2000.4.30)에선 조마조마한 마음으로 기다리는데, 갑자기 또또복권 추첨중에 제일 먼저하는 보너스상에서 제가 갖고 있는 복권 번호를 사회자가 부르는 거예요. 순간 너무나 신기해서 집사람과 같이 기뻐할 겨를도 없었어요." 행운은 거기서 끝나지 않았다.

"그리고 나서 2달쯤 뒤에 회사에서 점심을 먹고 잠깐 쉬고 있는데 밖에서 까치 두 마리가 어찌나 시끄럽게 울어대는지 멀리 쫓으려고 나무 밑으로 가 보니까 새끼까치가 둥지에서 떨어져 있는 거예요. 안쓰러운 마음에 회사 동료들과 함께 새끼까치를 둥지로 돌려보내니 신기하게도 어미까치가 울음을 딱 멈추더군요."

며칠 후 김씨는 여느때처럼 제50회 또또복권 5장을 구입했고, 그 중 2장이 각각 1차 추첨에서 2, 3등에 당첨되어 총 2억1천만원의 행운을 거머쥐게 되었다.

김씨는 단 2개월만에 또또복권에서 카니발 자동차와 2억1천만원의 당첨금을 챙긴 행운의 사나이가 된 것이다.

주위에선 현대판 흥부전이 현실로 나타났다며 부러움을 감추지 못하고 있다. 김씨 또한 '당첨금의 일부를 불우한 이웃을 위해 쓰겠다' 는 흥부 같은 말을 남기고 환하게 웃으며 복권사업팀을 나섰다.

■ 주택은행 직원이 건네 준 4억2천만 원의 행운!

3년 전, 20여년간 천직으로 생각했던 공무원의 생활을 청산하고, 자신의 전 재산인 퇴직금으로 건설 중장비 사업을 시작한 김씨(남, 48세). 하지만 그는 사업 시작 3개월 만에 IMF를 맞게 되었다. 처음 몇 달은 그럭저럭 버텨나갈 수 있었지만, IMF의 타격이 극심했던 건설 분야는 어려움이 점점 가중되어 갔고, 김씨의 중장비 사업은 일하는 날보다 공치는 날이 점점 많아지게 되었다. 결국, 사업 시작 초기에 빌린 사채와 은행 대출금의 이자도 내지 못하기에 이르렀고, 그렇게 버텨가기를 3년…… 남은 것은 늘어난 빚더미뿐이었다.

평생을 성실하게 살아온 김씨였지만 중장비 사업을 시작한 지난 몇 년 동안, 잇따른 실패로 인해 몸과 마음이 많이 지쳐 있었다. 모든 것을 포기하고 싶었지만 언제나 자신만을 믿고 따라주었던 가족과 많은 도움을 주셨던 주위 분들을 생각하면 어떻게든 살아야겠다는 생각만 들었다. 특히 이러한 김씨의 사정을 이해하고 계속되는 이자 연체에도 편의를 봐주었던 주택은행…… 바로 이것이 15년 동안 한결같이 김씨가 주택은행 한 곳만을 거래하도록 한 이유이기도 했다.

그러던 중 큰아들과 함께 대학 학자금 대출 문제로 주택은행 종로3가 지점을 방문하게 되었다. 김씨는 5년 전 아들 명의로 가입한 차세대통장으로 200만 원을 어렵지 않게 대출받을 수 있었다. 대출 신청을 마치고 돌아서려는 순간 김씨의 눈에는 창구에 놓인 주택복권이 들어왔다.

"복권 사세요!"

창구에 앉아 있던 직원은 그런 김씨의 마음을 아는 듯 주택복권 3장을 직접 골라주었다.

이렇게 해서 구입한 것이 주택복권 1조 229375, 229376, 229377번!

"그날 밤이었습니다. 꿈에 전두환 대통령이 나타나서 저에게 훈장을 달아주는 것이 아니겠습니까?"

김씨는 구입한 복권에 대해 까맣게 잊어버리고 있었다. 한 달이 지난 후 주택은행 가락동 지점에 대출 이자를 내러 갔다가 창구에 게시된 당첨번호표를 보고 난 후에야 한 달 전에 구입한 주택복권을 생각해 냈다. 지갑 속에서 구겨진 복권을 꺼내 당첨 번호와 자신의 복권 번호를 맞춰 보던 김씨는 순간 아무 생각도 할 수 없었다. 한 달 전에 구입한 제 1171회 주택복권(2000. 6. 11추첨) 3장 모두가 1등과 2등 총 4억2천만 원에 당첨된 것이다. 김씨는 자신에게 이렇게 엄청난 행운이 올 수도 있다는 것은 꿈에도 생각하지 못했다. 한참 후 정신을 차리고 생각하니, 한 달 전 꾼 대통령 꿈이 복권 당첨의 징조였다는 생각이 문득 머리를 스쳤다.

그는 우선 일생의 마지막 기회와 행운을 주신 하느님과 어려울 때마다 도움을 주셨던 주위 분들께 감사드렸고, 또한 자신에게 행운의 메신저 역할을 한 주택은행 직원에게도 감사의 말을 잊지 않았다.

■ 돌아가신 아버지와 복권 한장

제 1157회 주택복권 1등 3억 원 당첨의 주인공은 서울에 사는 이모씨(남, 44세)로 지난 20여 년 동안 매주 열두 장의 복권을 꾸준히 구입해온 결과 마침내 대박을 맞은 행운아!

하지만, 주택복권 1등 당첨이라는 행운을 갖게 되기까지 이씨의 인생은 고난의 세월이었다. 초등학교 졸업을 앞두고 갑자기 돌아가신 아버지, 이씨는 중학교 진학마저 포기하고 병약하였던 어머니와 어린 동생들을 위해 가장의 역할을 맡아야만 했다. 생활 전선에 뛰어든 후 중국음식 배달원부터 막노동까지 안해 본 일이 없었다. 하지만 한번 기울어진 생활 형편은 나아질 줄 모르고 이씨마저 장남이라는 책임감과 심한 육체 노동으로 인해 심신이 지쳐가고 있었다.

그때마다 이씨에게 희망과 위안이 되어준 주택복권! 주택복권은 그에게 운명처럼 따라다니는 가난의 굴레를 청산할 수 있는 유일한 희망이었다. 그래서 없는 형편에도 매주 주택복권 구입을 멈추지 않았고, 그 후 20여 년이라는 세월이 흘렀다.

이제 동생들은 모두 성장하여 나름대로 자리를 잡아갔지만, 어려서부터 고생이 심했던 이씨는 건강마저 악화되어 생계를 아내에게 의지할 수밖에 없었다.

그러던 어느 날 이씨의 꿈에 나타난 아버지! 돌아가신 아버지께서는 환하게 웃으시며 "이제 고생은 그만 하거라."는 말씀과 함께 복권 한 장을 주셨다. 이씨는 다음날 바로 지하철 1호선 동대문역내 복권판매소에서 주택복권을 구입했고, 그날 이후에도 복권에 당첨되는 꿈을 또 한번 꿨다고 한다.

마침내 기다리던 추첨일! 이씨는 TV를 통해 주택복권 추첨 광경을 지켜보았지만 12장의 복권을 맞춰 보기에는 시간이 부족하여 전화로 자신의 복권 번호와 당첨 번호를 맞춰보았다. 순간 이씨는 자신의 귀를 의심하지 않을 수 없었다.

　　그 다음날인 월요일 아침, 이씨가 찾은 동대문역 복권판매소에는 제1157회 주택복권 1등 판매소라는 문구가 있는 커다란 안내판이 걸려 있는 것을 보고 당첨 사실을 믿을 수 있었다고 한다.

　　이씨는 이 모든 행운을 돌아가신 아버지와 그동안 고생이 심했던 아내에게 돌렸다. 그리고 아내에게 당첨 사실을 알리지 못했다며 아내에게 어떻게 말해야 할 것인지 행복한 고민을 하면서도, 지난날 자신이 겪었던 일들을 회상하며 눈시울을 붉혔다.

■ 커다란 잉어를 잡는 꿈으로 1등 당첨!

서울 용산구 한강로 2가. 국제빌딩이 우뚝 서 있는 4호선 신용산역 출입구를 나와 한강대교쪽으로 10여 미터쯤 올라와 육교를 지나자마자 바로 보이는 작은 토큰 판매점. 주택은행에서 제작한 대형 당첨복권 패널과 3억원 1등 복권 판매점이라 적힌 깃발이 나부끼고 있다. 이곳이 바로 지난 4월 16일 추첨의 주택복권 제1163회 1등 당첨복권이 팔린 행운의 복권판매소이다.

1등 3억 원과 2등 앞뒤 번호 2장 각 6천만 원, 모두 4억2천만 원, 그런데 1등 행운의 주인공은 다름이 아닌 이 판매점의 주인인 박상렬씨(59세 여) 자신이다. 박씨는 추첨 바로 전날 매주 그랬듯이 팔고 남은 복권 가운데서 몇장씩 사놓던 복권에서 1등이 터진 것이다.

"바깥 양반이 맑은 냇물에서 커다란 잉어를 잡는 꿈을 꾸셨어요. 손주를 볼 때도 같은 꿈이어서 예사롭게 여기지 않았지만 복권에 당첨될 줄은 몰랐죠. 전에도 즉석복권 1등이 터져 손님들이 행운의 집이라고 불렀는데, 이렇게 큰 액수는 처음이죠. 하지만 손님들에게 돌아갈 행운이 저에게 온 것 같아 참 미안합니다."

매주 미판매복권을 반납하면서 조별로 1,2장씩을 사두곤 했는데 이번에는 4조 복권이 많이 덜 팔려 몇 장을 더 남겼다가 이 가운데에 1,2등 2장이 맞은 것! 2등 한 장은 판매점 바로 앞의 호프집 손님에게 돌아갔다.

이곳에서 1등이 터졌다는 소문이 며칠 사이 근처 동네에 쫙 퍼져 박씨는 부쩍 늘어난 손님들을 맞기가 바쁘다. 하루에 팔리는 복권은 보통 5~600장. 4년 전 작은 가게를 하다가 때려치우고 이곳을 인수했지만 처음에는 생활조차 힘들었다.

하지만 새벽부터 밤늦게까지 억척스럽게 뛰어 이젠 용산구 일대 통털어 가장 많이 팔리는 소매점으로 꼽힌다. 근처 직장인과 이곳 주민들 중에는 박씨의 단골손님이 부지기수.

"비결이라면 사소한 말 한마디라도 친절하게 대해주는 것이죠. 그러면 꼭 다시 들러요. 복권을 고르는 분들에게 '행운 한번 잡아보세요' 라는 말을 건네는 것도 빠뜨리지 않지요."

내일 모레 환갑이 가까운 나이지만 왕년에는 미인이었음직한 세련된 용모, 환한 미소를 잊지 않는 밝은 표정과 친절한 서비스 정신이 손님들의 마음을 편안하게 해주기 때문인 것 같다.

■ 진학 꿈 키울 수 있어

"3조 433524" 월요일 아침 조간신문을 펼쳐든 K씨의 가슴은 기쁨 대신 놀라움으로 한동안 할 일을 잊었다. 강원도 홍천이 고향인 K씨는 어려운 집안 형편으로 '89년 고등학교 졸업 후 대학 진학을 포기한 채 상경, 특별한 기술을 익히지도 못했던 터라 저녁엔 시내 모 레스토랑에서 아르바이트를 하며 낮에는 미용학원을 다니고 있었다. 지갑속에 든 1장의 복권은 물질 이상의 든든한 정신적 위안을 안겨 준다는 K씨가 684회 1등 1억5천만 원 행운의 복권을 구입한 곳은 자신이 다니고 있는 레스토랑 근처의 목동 사거리 가로판매점. 여느때완 달리 **복권을 구입하기 전날밤 꿈에 땅을 파는데 10원짜리 동전부터 500원짜리까지 차례로 나오더니 나중엔 시체가 불쑥 튀어오르더란다.** 악몽인지 길몽인지도 모른 채 684회 주택복권 2장을 구입, 그 중 1장이 1등에 당첨되는 큰 행운을 안게 되었다며 꿈이 복권과 무슨 관련이 있냐며 되묻기도……. 가난 때문에 포기했던 대학 진학을 이젠 다시 시작할 수 있게 되었다며 그동안 산골에서 고생만 하며 살아오신 부모님을 위해 당첨금을 사용할 것이란다.

[제684회 주택복권 1등 1억5천만 원 당첨자]

■ 친구 덕분에 억대부자

제704회 1등 1억5천만 원은 청주에 살고 있는 40대 초반의 시내버스 운전 기사가 차지, 주변의 부러움을 사고 있다. 꿈이라도 좋은 날이면 가끔 한두 장씩 복권을 산다는 기사 아저씨의 행운담은 순전히 친구 덕분이란다. 일찌감치 일을 끝낸 지난 수요일(6. 26) 저녁 퇴근길 동료 기사와 함께 포장마차에서 소주를 가볍게 나누던 중 마침 담배가 떨어져 친구가 담배를 사고 남은 잔돈으로 즉석복권 8장을 구입, 각기 4장씩 나눠 가지고 동전으로 은박지를 벗겨 보니 오백원과 일천원에 각기 1장씩 당첨이 되더라는 것. 남은 술잔을 비우고 집으로 가던 도중 조금 전 복권을 구입했던 담배가게에서 즉석식복권을 추첨식으로 교환한 것이 1등에 당첨되는 큰 행운을 안게 된 것이다. 704회 추첨이 있기 전날 부인에게 복권을 내보이며 "걱정마쇼. 이래뵈도 지갑 속에는 1억5천만 원의 행운이 자라고 있어" 라는 농담이 꿈같은 현실로 다가왔다며 당첨 사실을 처음 알았을 땐 흥분이 되고 혈압이 오르더라고. 끝이 안 보일 정도의 구렁이가 부인의 꿈에 나타난 것이 어떤 길조인지 모르겠지만 포장마차 속에서 즉석복권을 건네준 친구 덕분에 억대부자가 되었다며 동료 기사인 친구에게 내심 고마워하는 눈치.

[제704회 주택복권 1등 1억5천만 원 당첨자]

■ 쓰레기통 속에서 건진 행운!

미군부대 군무원으로 반평생을 몸담아 왔던 직장에서 정년퇴직을 앞둔 인천에 살고 있는 장씨.

가을걷이를 마친 빈 들녘에 선 사람처럼 마음 한구석이 허전해 있던 차에 며칠 전부터 돌아가신 조상들의 모습이 자꾸만 꿈에 나타나 뭐가 잘못되려나 싶어 아내와 함께 가까운 절을 찾아 부처님께 불공까지 드렸다.

절에서 내려와 소일거리로 이것저것 집안일을 돌본 다음, 그동안 모아 두었던 복권을 정리하면서 수집 상태가 깨끗한 복권은 앨범에 끼우고 나머지는 쓰레기통에 버리는 작업을 하던 중 787회는 미처 당첨 번호를 맞춰보지 않은 것을 알고 쓰레기통에 버렸던 복권 중 787회만 다시 골라 당첨 번호를 확인했다.

매번 끝자리만 맞춰 보던 습관으로 당첨 번호를 확인하던 중 1등과 끝자리가 같은 복권이 있어 혹시나 싶어 십단위를 맞추는데 "어! 백, 천… 조까지!" 눈앞이 캄캄하고 가슴은 뛰고… 돋보기까지 갖다 놓고 확인해도 분명 1등! 하마터면 쓰레기로 버릴 뻔했던 복권이 1등 1억5천만 원으로 둔갑(?)한 순간이었다.

뭐라고 한마디로 소감을 표현할 수 없지만 아직도 믿기지 않는다며 당첨금은 결혼한 지 얼마 되지 않은 자녀들의 집장만을 위해 골고루 나눠줄 것이란다.

[제787회 주택복권 1등 1억5천만 원 당첨자]

■ 국내 복권 사상 최고 금액 첫 당첨자는 부산 아줌마!

추첨 전날 입원중인 친정어머니 간병을 하다가 새벽녘에 설핏 잠이 들었는데 **지팡이를 짚은 백발의 할아버지가 나타나 "그 동안 고생이 많았으니 선물을 주고 싶다"**고 말하는 꿈을 꾸었다는 것.

사실 문씨는 건축일을 하던 남편의 사업 실패로 단칸방을 전전하며 안해본 것이 없는 억척 아줌마. 시장에서 행상, 핫도그 장사 등 생활에 보탬이 될 만한 온갖 궂은 일을 가리지 않았으며 한편으로 어려운 살림을 쪼개 내집 마련의 꿈을 키우며 주택부금을 부어 온 알뜰주부이다.

사업이 실패한 허탈한 심정을 조금이라도 위로해 주고 싶어 매주 5~6장씩 꾸준히 복권을 사서 몰래 남편의 지갑속에 넣어두기도 했다는 행운의 주인공 문씨. "생활이 어려워도 항상 세상을 밝게 보려고 노력해 왔다."며 당첨금으로 남은 빚을 갚고 조그만 아파트를 사서 가족과 함께 살 것이란다.

[제1회 또또복권 3억5천만 원 당첨자]

■ 이젠 빚 다 갚고 편히 살아라!

2년 전에 아파트를 마련하였지만 빚 때문에 입주는 엄두도 못 내고 전세를 놓고 월세방에서 살아오던 신씨. 신씨는 복권을 구입하기 며칠 전 **꿈속에 평소 좋아하던 선배가 나타나 "이젠 빚 다 갚고 편히 살아라"란 말을 했고, 그의 아내는 복권 추첨 당일밤 빨래줄에 벌거벗은 남자 3명이 널려 있는 이상한 꿈을 꾸는 등 신씨 부부는 교대로 꿈을 꾸었다.** 복권 당첨이 남의 일인 줄로만 알고 살던 두 사람은 그 신통한 꿈을 믿고 산 복권 한 장으로 이제 남의 빚도 다 청산하고 번듯한 그들만의 아파트에서 그간의 고생을 접고 꿈같은 행복을 맛보고 있다며 함박 웃는다.

[제972 주택복권 1등 3억원 당첨자]

■ 애틋한 꿈과 돈독한 형제애 덕분에 행운 당첨!

부모님을 일찍 여의고 5형제 중 차남으로, 최근에 형님마저 불의의 교통사고로 잃고 가장 노릇을 해오던 정 모씨. 얼마 전 막내동생에게 어려운 일이 생겨 고시공부를 잠시 중단하고 매일 새벽 절에 나가 불공을 드렸다. 그러던 중 묘한 꿈을 꾸어 약간의 기대를 가졌는데 그 꿈이 일생 일대의 행운이 될 줄이야……

"오솔길을 걸어가는데 멀리서 비명 소리가 들려서 달려가 보니 돌아가신 형님께서 괴물에게 쫓기고 있었습니다. 먼저 형님을 안전한 곳으로 피신시킨 뒤 쫓아오던 괴물을 물리치고 형님께 달려가자 형님이 저를 부둥켜 안으면서'장남의 짐을 너에게 맡기고 먼저 가서 미안하다. 너에게 행운을 줄 테니 행복하게 지내라'라고 말씀하시는 꿈을 꾸었습니다."

그는 다음날 정류장에서 버스를 기다리다가 형님이 꿈속에서 하신 말씀이 생각나 버스표를 사면서 주택복권 2매를 구입했다. 추첨 다음날 당첨을 확인하기 위해 설레는 마음으로 조간신문을 펼쳤다. 그런데 어찌된 일인가 말문이 막혀 버렸다. 1등에 행운상까지 당첨된 것이 아닌가!

당첨금이 들어 있는 통장을 보던 정씨는 "저는 돈이 필요 없어요. 고시에 합격될 때까지 책값만 있으면 되니까요. 서로 떨어져 고생하고 있는 동생들에게 골고루 나눠주고 싶어요" 라며 소박하게 웃는다.

[제946회 주택복권 1등 1억5천만 원 당첨자]

■ 즉석식복권에도 과연 1등이 있을까?

　나는 좋은 꿈을 꾸었을 때는 반드시 복권을 사는 습관이 있다. 어느 날 꿈에 변기통에 빠졌다가 간신히 기어나와 달려가는데 쌍둥이 여자 2명이 계속 따라와 앞을 가로막고 서서 미소를 지은 후 사라져 버렸다. 꿈이 좋아 평소처럼 복권을 사야 한다는 생각에 주택복권 6매를 구입했는데 그 중 3장이 당첨되었다. 당첨된 복권을 찬스복권으로 교환하여 광화문 지하도에서 긁었는데 순간 복권 위에 집 세 채가 나타나는 것이 아닌가! 꿈속에서 나에게 미소지은 두 명의 여자가 행운의 여신이었던 것이다. "즉석복권에서도 1등에 당첨될 수 있을까?" 늘 궁금했었는데 이렇게 큰 행운이 현실로 나타나다니……. 이 작은 복권 한 장이 그렇게 크고 멋져 보일 수가 없었다.

[제56회 찬스복권 4천만원 당첨자]

■ 아기사슴이 준 선물!

젊은 시절 서울로 상경하여 한때 청량리에서 청과물 도매상을 하면서 지냈으나 사업 실패로 친구들도 잃어버린 채 방황의 나날들을 지내고 있던 김씨. 부인이 아이들을 키우기 위해서 직장 생활을 시작한 1년 전부터 마음을 잡고 그는 택시운전을 시작하였다. 부인이 낮에 직장을 나가기 때문에 자신은 야간 운행조를 선택하여 밤에는 운전하고 새벽이면 귀가하여 아이들을 학교 보내는 것이 자신의 몫이었다. **어느 날 낮잠을 자다가 꿈속에서 새끼사슴을 잡았는데 그 순간 어미사슴이 새끼사슴을 보면서 눈물을 흘리고 있어 새끼사슴을 놓아주는 꿈을 꾸었다.** 꿈이 너무도 생생하여 택시 운전을 하다가 화양리에서 복권을 구입하였는데 복권을 지갑 속에 보관하고 다니는 10여일 동안 꿈 내용이 머리속에서 지워지지 않았다. 그날도 평상시처럼 택시 운전을 마치고 귀가하여 화장실에서 신문을 보는데, 복권 당첨 번호가 자신의 복권번호와 일치하는 것 같아 번호를 맞추어 보았다. 그의 아내도 믿기지 않았는지 무려 5번이나 번호를 확인했으나 분명한 당첨 번호였다.

내집 마련을 위해 주택부금통장에 돈이 쌓이는 것을 희망으로 살았는데 이젠 빚도 갚고 전셋집도 마련할 수 있게 되었다.

[제35회 또또복권 1억7천만 원 당첨자]

■ 담배값으로 주택복권 4억2천만 원 당첨!!

경기도 광주가 고향인 올해 43세 강씨는 비철금속·합금을 제조하는 제련소에서 25년 동안 부인과 자녀 둘, 그리고 모친과 함께 살고 있는 그는 주위 사람들로부터 성격 좋고 온순한 사람으로 통한다. 담배를 많이 피우던 강씨는 3년 전부터 담배를 끊고 주택복권과 또또복권을 구입하기 시작했다. 매주 10장씩……

"4월 17일에는 한 달전쯤 새로 생긴 경기도 광주 3번 버스 종점 복권전문점에서 평소대로 복권 10장을 구입했지요. 그리고 이틀 후 꿈을 꾸었는데 **누워 있던 자리에 수십, 아니 수백 마리의 뱀들이 무리지어 있지 뭡니까?"**

강씨는 예사롭지 않은 꿈이라는 생각에 신문을 구입해 당첨 번호를 확인하였다. 제 1216회 주택복권(추첨일 : 4월 22일) 1등 "3조 783774번" 신문에 기재된 당첨 번호와 강씨가 손에 들고 있는 주택복권의 1등 당첨 번호가 일치하였다.

1,2등 총 4억2천만 원 당첨의 주인공이 된 강씨. "정말 믿기지 않았어요. 복권 1등 당첨되었다는 사람들 얘기는 한 번도 들어본 적이 없어 모두 말뿐이라고 생각했었는데……. 내가 이렇게 당첨이 되다니 정말 꿈만 같았어요."

다음날 아침 장롱 깊이 모셔 두었던 주택복권을 꺼내 경안지점을 찾았다. 1억원이 넘는 당첨금은 본점에서 지급한다는 얘기를 듣고 바로 주택은행 본점으로 향하였다고 한다.

허름한 잠바 차림의 강씨 내외는 당첨 사실이 믿기지 않아 수십 번이나 당첨 번호를 확인했다고 한다. 그 동안 되지도 않는 복권을 구입한다며 잔소리를 하던 부인도 이런 행운을 얻게 되었다는 자체를 아직 인정하지 못한 듯 얼떨떨한 표정이었다. 어려서부터 제련소에서 근무해 제대로 공부를 못했다는 강씨는 이제야 못다한 만학의 꿈을 펼칠 수 있겠다며 밝게 웃었다. 그리고 은행 빚을 모두 갚고 자신의 이름이 새겨진 문패가 걸린 새집을 장만할 꿈에 부풀어 있다.

■ 돼지꿈 꾸고 3억6천만 원 당첨!

서울시 용산구에 거주하는 서씨는 집에 들어오자마자 부인으로부터 "여보! 빨리 나가서 복권 사와요." 라는 소리를 들었다. 부인의 황당한 이야기에 서씨는 자초지종을 물어보았다. 부인은 **"아침에 꾸었던 꿈이 조금 전에 생각났어요. 꿈에 우리 방안에 돼지가 가득 차 있었는데,** 그 중에 여섯 마리가 나에게 달려오더라구요.. 그래서 달려오는 돼지를 엉겁결에 품에 안았는데 돼지가 너무 커서 두 마리밖에 안지 못했어요."서씨는 그렇지 않아도 지하철 마포역 근처에서 주택복권 세 장을 지갑 속에 넣고 퇴근하는 길이라며 부인과 함께 크게 기뻐했다고 한다.

"평소에는 아무런 생각없이 복권을 구입했는데 그 날은 왠지 당첨될 것 같더라구요. 집에 돌아와 아내가 꿈 얘기 하는 걸 듣고 나니 꼭 당첨이 된 것 같은 착각까지 들 정도였다니까요."

제1223회(추첨일 : 2001. 6. 10) 주택복권 1등 당첨 사실을 확인한 뒤 서씨는 오히려 덤덤했다고 한다. 본인의 이름이 새겨진 통장에 당첨금이 입금된 것을 확인한 순간 비로소 당첨 사실을 실감할수 있었다고……

"큰형님이 사업하시다 지금 어려움을 많이 겪고 있어 도움을 주고 싶습니다. 저는 나무(목재판매)하고 살다 보니 빚은 별로 없어요." 서씨는 돼지꿈을 꾸고 당첨된 복권이니 좋은 일에 모두 사용하겠다며 환한 미소로 답했다.

■ 새끼 밴 돼지 꿈 꾸고 4억2천만 원 당첨!

전남 광주시 동구에 거주하는 김씨는 자영업 등 여러 가지 일들을 하였지만 번번이 실패하고 지금은 작은 학원을 운영하고 있다. 하지만 학원 운영도 만만치 않아 어려울 때가 자주 찾아오곤 한다고. 하지만 김씨는 2년 전부터 열심히 주택복권을 구입하며 잠깐의 여유를 즐기고 있다.

자주 가는 광주시 충장로 광주세무서 앞 복권 가판대에서 주택복권 3장을 구입했다고 한다."꿈을 자주 꾸지도 않는데 그 날은 새끼 밴 돼지가 방안에 들어와서 밥을 먹는 꿈을 꾸었어요. 돼지꿈을 꾼 것도 처음이었구요."김씨는 복권을 구입한 뒤 당첨자 발표일까지 무척 기다렸다고 한다.

월요일 아침 10시경 조간으로 배달된 신문을 보자마자 당첨 번호를 확인하였다. 제 1222회 주택복권(추첨일 : 2001. 6. 3)1등 1조 264943번, 2등 1조 264942번, 1조 264944번이었다. 김씨는 구입한 세 장의 복권이 모두 1등, 2등에 당첨되어 총 4억2천만 원 당첨금의 주인공이 되었다.

당첨금으로는 채무 정리와 많은 가족들이 함께 살 수 있는 큰집을 구입할 계획이라고 한다.

■ 부부가 같은 꿈을 꾸고 당첨된 1억원!!

사업하는 남편이 어느 날 찬스 복권을 불쑥 내밀며 "한번 긁어 봐" 하는 것이었다. 생전 복권을 사지도 않고 요행이란 걸 전혀 바라지 않는 남편이라 의아해서 웬일이냐고 물어보았더니 "아는 사람한테 선물로 받았어" 라며 빙그레 웃는 것이었다.

강원도 동해시에 거주하는 안씨는 남편이 선물로 받은 제78회 찬스복권으로 1등 1억원에 당첨되었다.

"처음 긁어보는 복권이라 긴장하며 긁어보았더니 총 7장이 당첨되어 주택은행 동해지점으로 가서 새 복권으로 교환했어요. 다시 긁으니 이번에도 7장이 당첨되었어요." 그때 그 행운의 순간을 떠올리며 어린아이처럼 무척 기뻐하는 안씨는 "내가 제일 좋아하는 숫자 7이 계속해서 나오더라구요." 라며 설레이는 마음을 가누며 그날 밤 잠을 청했다.

그날밤 안씨는 하려는 일마다 술술 잘 풀리는 꿈을 꾸었다. 전날 꾸었던 꿈 생각에 매우 상쾌한 마음으로 동해지점으로 향한 안씨는 평소에 무척이나 보고 싶어 했던 반가운 사람을 두 명이나 만나 반갑게 서로의 얘기를 나누고 헤어졌다. 기분 좋게 집으로 돌아온 안씨는 찬스복권은 까맣게 잊어 버리고 있었다. 남편이 퇴근하고서 "여보! 복권 바꿔왔어?" 라는 물음에 그제서야 생각난 듯 복권을 가방에서 꺼냈다는 안씨.

남편과 자신이 꾸었던 꿈이 너무나도 똑같이 뭔가 일을 내도 크게 낼 것 같다는 안씨 내외는 두근거리는 마음으로 함께 찬스복권을 확인해 보았다. 당첨금 오천만원이라고 인쇄된 복권을 보는 순간 "우리한테 오천만원이 되겠어?"라고 반신반의하며 별생각없이 복권을 확인했는데 집그림이 차례로 3개가 나왔다고 한다. 두 내외는 설마하는 생각에 동해지점으로 전화를 걸어 다시 한번 확인해 보았지만 1등 5천만원이 두 장이나 당첨된 것이 확실하였다.

두 내외는 한잠도 못이루고 다음날 아침 일찍 동해지점으로 향했다. "어떻게 은행을 왔는지도 모르겠어요"라며 기쁨을 감추지 못하는 두 내외는 "지금처럼 정신없을 때 현금을 가지고 있으면 금새 어디론가 사라질 것 같아 1원짜리 하나도 빠짐없이 예금을 하고 갈 겁니다."라며 정기예금 통장을 가방속에 소중하게 넣고 두 손 꼭 잡고 은행문을 나섰다.

통장을 보면서 천천히 멋진 계획을 세우겠다며……

[취재 : 주택은행 동해지점 과장 김인남]

■ 초상집 문상 가는 꿈꾸고 10억원 당첨!!!

또또복권 제66회 2차 추첨 (2001.11.25)에서 10억원 당첨의 행운을 거머쥔 송 할아버지(대전시, 65세)는 20년 동안 꾸준히 복권을 구입해 온 애호가. **10년 전 돌아가신 친구 아버지의 문상을 가는 꿈을 꾸고 또또복권 사상 최고액인 10억원에 당첨되었다.**

그동안 또또복권 최고액 당첨은 8억원. 이번 행운의 당첨자는 대전시에 거주하며 아파트 경비업무에 종사하는 송 할아버지이다. 당첨금을 수령하러 오기 전 날에도 철야 근무를 하고 오는 길이라 조금은 피곤한 기색이 역력했지만 10억원의 행운을 잡은 탓인지 시종 입가에 웃음이 떠나지 않았다.

송 할아버지는 그 동안 복권에 당첨된 적이 한 번도 없었으나, 20년 동안 매주 2~3매씩 꾸준히 복권을 구입해 온 복권애호가. '당첨이 돼면 좋고, 안 돼도 서민들 주택마련 기금 조성에 한 몫 하는 것 아닙니까?' 늘 같은 마음으로 복권을 구입한 송 할아버지는 드디어 10억원이라는 어마어마한 당첨의 대박을 터뜨렸다. 혹시나 하는 마음에 복권 추첨이 있는 다음 날이면 어김없이 신문을 보며 당첨번호를 맞춰 보던 송 할아버지는 이번 당첨 사실을 확인하는 순간 정신이 아찔했다고. 들고 있던 또또복권 66회차 5매중 총 3장이 1,2등에 나란히 당첨됐기 때문이다. 설마하는 마음에 다른 신문을 찾아 들고 맞춰 보니 틀림없는 당첨이었다.

'처음 이렇게 큰 행운을 맛보니 조금은 얼떨떨하지만 기분은 정말 좋습니다.'

당첨되기 며칠 전 송 할아버지는 10년 전 돌아가신 친구 아버지의 초상집에 문상 가는 꿈을 꾸었다. '방안에는 혼자밖에 없었고 시신을 저 혼자 물끄러미 바라보다 꿈에서 깨어났어요. 10년전 임종하신 어른의 모습이 얼마나 선명하게 보이던지 꿈에서 깨어나 몇 일 동안 머리 속에서 떠나질 않아 이상하다고 생각했는데, 그 꿈이 이런 큰 행운을 몰고 올지 정말 몰랐습니다.'

송 할아버지는 당첨금으로 그 동안 4자녀 교육시키느라 여기 저기서 진 빚을 갚겠다고 말한다. '아직 출가 안한 2자녀 결혼 자금도 마련됐으니 한 시름 놓았습니다. 허허허…….'

이번 당첨으로 이젠 손주들 재롱보며 편한 여생을 보내도 될 여건이 마련되었지만 여전히 경비 일을 그만두지 않겠다는 송 할아버지는 '사람이 일이 없으면 너무 비참해집니다. 당장 거액의 돈이 생겼다고 일을 그만 두면 삶이 무기력해질 것 같습니다.' 송 할아버지의 삶을 더욱 멋있고 윤택하게 해 줄 10억원이라는 대박 행운. 그러나 그보다 송 할아버지의 삶을 더 값지게 만드는 것은 요즘 젊은 세대들보다 건강한 정신을 소유했다는 것이 아닐까!

■ 사별한 남편이 준 선물!!!

찬스복권 제79회 1등 5천만원(단식 1매)의 주인공은 경남 진해시에 거주하는 이모씨에게 돌아갔다. 이모씨는 찬스복권 5장을 구입하여 1등 오천만원권 1장이 당첨되었다.

남편과 일찍 사별하고 삼남매를 키우며 힘들게 생활하던 어느 날, 이모씨는 사별한 남편에 대한 그리움을 삭이고자 몇몇 친구들과 어울려 소주 한 잔으로 외로움을 달래었다. 친구들과 헤어져 잠을 청하는데 그 날 따라 잠도 오지 않고……. 가까스로 잠을 청했는데 **멀리 남편의 모습에서 숫자"1"이 입체적으로 서서히 눈 앞으로 다가오는 꿈을 꾸게 되었다고 한다.** 잠에서 깨었지만 눈 앞에 아른거리는 꿈 속의 모습들이 복권을 사라고 말하는 것만 같아 아침도 거르고 자주 찾는 주택 진해지점 옆 복권 판매소로 발걸음을 옮겼다고 한다. 찬스복권 5장을 구입하여 당첨 여부를 확인하는데 집 그림 세 채가 보여 주변에 있는 사람들에게 일일이 물어보았다고……. 그제서야 1등 당첨을 확인하고 집으로 돌아온 이씨는 벅차오르는 마음을 진정하기 힘들었다고 한다.

"식구들을 모두 불러 모아 함께 의논하여 당첨금을 사용할 계획입니다. 이제껏 자식들을 위해 조금씩 진 빚을 모두 정리하고 자식들과 떳떳하고 편안한 마음으로 함께 생활할 겁니다." 라며 행복한 미소를 머금은 이모씨는 한결 가벼워진 어깨를 꼿꼿이 세우며 은행문을 나섰다.

[취재 : 진해지점 행원 김나영]

■ 2장의 복권으로 당첨된 3억6천만 원!!!

성남시 중원구의 작은 음식점에서 종업원으로 생활을 하는 김모씨는 어려운 생활에도 한 달에 두어 번 정도 복권을 구입하여 나름대로 꿈을 키우고 있었다.

그런 김모씨에게 복권은 삶의 활력을 찾을 수 있는 방편이었다. 얼마 전 즉석식복권에 당첨되어 1천만 원을 거머쥐기도 하였고, 5십만 원, 1십만 원도 수차례 당첨되어 주위 사람들로부터 부러움의 시선을 한 몸에 받았던 것이었다.

10월 중순경 평소와 다름없이 주택복권 2매를 구입한 김모씨는 주택복권 두 장을 소중히 가슴에 품고 발걸음을 집으로 향했다. 작년에 100세로 돌아가신 시할머님을 제대로 모시지 못해 항상 마음속에 앙금이 남아 있어 "이 주택복권에 당첨되면 할머님 묘소를 정성껏 모시리라" 다짐하였다고 **그날 저녁 김모씨는"네가 제일 가없다"고 말하는 할머님의 모습을 볼 수 있었다고 한다.**

주택복권 제1243회 추첨일(2001.10.28) 다음날 아침 신문을 펴고 주택복권 1등 당첨 번호를 확인했을 때 다시한 번 김모씨에게 행운이 찾아왔다. 1등 3억6천만 원의 주인공이 된 것이었다. 30여 년을 구두를 닦으며 성실하게 생활하는 남편과 가족들의 모습이 환한 웃음을 지어 보이는 듯했다고……

"당첨금은 모두 통장에 입금하고 평상시와 다름없이 생활해야지요. 내일 모레 할머님 기일에는 평소 좋아하시던 음식으로 정성껏 준비해 할머님께 감사의 마음을 보여 드릴 겁니다."

기쁨에 찬 김모씨의 얼굴에 이슬이 맺히는 듯 보였다.

■ 福꿈은 역시 돼지꿈!!

서울시 양천구에 살고 있는 유모씨는 10년 동안 한 주도 빠지지 않고 주택복권만 매주 3장씩 구입해 온 복권애호가이다. 양천구에 주소를 둔 작은 무역회사에 근무중인 유씨는 맡은 일에 매우 성실하기로 소문난 그런 사람이었다. 하지만 작년 12월말 직원의 약 30%에 해당하는 대규모 인력구조조정으로 한 번도 생각조차 하지 못했던 정리해고 대상자가 되어 거리로 쫓겨나는 신세가 되고 말았다. 그 후 유씨는 평소에 큰 관심을 갖고 있었던 게임기 사업구상도 할 겸 틈나는 대로 영등포 유통상가와 용산 전자상가를 기웃거려야 했다. 어려워진 생활속에서도 한 가닥 희망을 위해 매주 주택복권을 구입하면서 복권에 대한 꿈과 기대는 버리지 않고 있었다.

그러던 중 유씨는 **어미돼지가 자신에게 달려와 품에 안기는 꿈을 꾸었다. 품에 안긴 돼지는 어느새 새끼 13마리를 낳아 유씨의 방안은 온통 돼지들이……**

전날 꾼 꿈이 너무 좋아 다음날 아침 그 전주에 당첨된 복권을 교환할 겸, 친구에게 복권 교환을 부탁했다. 강서구 등촌동의 한 가판대에서 유씨의 친구는 제1265회 주택 복권 3매를 구입하였다. 1등에 당첨되면 당첨된 사람이 5천만원을 주기로 그 친구와는 벌써 몇 해 전부터 약속한 사이라고…….

주택복권 추첨 다음날인 월요일 아침. 신문을 보자마자 당첨 번호를 확인하던 유씨는 놀라움을 감출 수 없었다. 2002년 3월 31일 추첨한 주택복권 제1265회차 추첨에서 유씨가 구입한 3장의 복권 가운데 2장이 1등과 2등에 당첨되어 총 4억원의 당첨금을 거머쥐게 되었다.

"10년 동안 매주 주택복권만 구입했었는데 당첨된 적이 한번도 없었습니다. 당첨 사실이 도무지 믿겨지지 않아 몇 번이고 확인했어요. 너무 기쁘고 놀랍습니다." 라며 기쁨을 감추지 않았다.

게임기 업계에 관심을 가지고 있다는 유씨는 당첨금을 어떻게 사용할지 묻는 질문에 "아직까지는 저축만 생각하고 있어요. 나머지는 차후에 천천히 생각해 볼 예정이예요. 한가지 확실한 건 주택복권을 대신 구입해 준 친구에게 5천만 원을 주기로 약속했으니 약속은 지켜야겠지요" 라고 말하였다.